徽学文库（第二辑）　　教育部人文社会科学重点研究基地
主　编◎周晓光　　安徽大学徽学研究中心基金资助
副主编◎王振忠　胡中生

晚清乡绅家庭的生活实态研究

——以胡廷卿账簿为中心的考察

董乾坤◎著

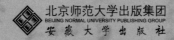

图书在版编目(CIP)数据

晚清乡绅家庭的生活实态研究:以胡廷卿账簿为中心的考察/董乾坤著. ——合肥:安徽大学出版社,2020.8
(徽学文库/周晓光主编. 第二辑)
ISBN 978-7-5664-2111-1

Ⅰ. ①晚… Ⅱ. ①董… Ⅲ. ①士绅-家庭生活-研究-徽州地区-清后期 Ⅳ. ①D691.93

中国版本图书馆CIP数据核字(2020)第177357号

晚清乡绅家庭的生活实态研究
——以胡廷卿账簿为中心的考察

董乾坤 著

Wanqing Xiangshen Jiating De Shenghuo Shitai Yanjiu

出版发行:	北京师范大学出版集团 安 徽 大 学 出 版 社 (安徽省合肥市肥西路3号 邮编230039) www.bnupg.com.cn www.ahupress.com.cn
印　　刷:	安徽新华印刷股份有限公司
经　　销:	全国新华书店
开　　本:	170 mm×240 mm
印　　张:	23.75
字　　数:	342千字
版　　次:	2020年8月第1版
印　　次:	2020年8月第1次印刷
定　　价:	68.00元

ISBN 978-7-5664-2111-1

总　策　划:陈 来　齐宏亮			
执行策划编辑:李 君　钟 蕾　汪迎冬		装帧设计:李 军　孟献辉	
责 任 编 辑:钟 蕾　汪迎冬		美术编辑:李 军	
责 任 校 对:李 健		责任印制:陈 如　孟献辉	

版权所有　侵权必究
反盗版、侵权举报电话:0551—65106311
外埠邮购电话:0551—65107716
本书如有印装质量问题,请与印制管理部联系调换。
印制管理部电话:0551—65106311

总 序

徽学是以徽州历史地理、徽州传统社会、徽州历史文化及其传承创新为研究对象的一门学问。尽管关于徽州自然与人文的记述与探究,历史上由来已久,但作为具有现代学科意义的徽学,则形成于20世纪80年代。已故徽学研究奠基人和开拓者张海鹏先生在《徽学漫议》一文中说:"在20世纪70年代末到80年代中期,随着'科学的春天'的到来,学术园地百花齐放,异彩纷呈。其中,'徽学'也在群芳争妍中绽开了蓓蕾,成为地域文化中的一枝新秀。"①已故著名徽学专家、原中国社会科学院历史研究所周绍泉先生在《徽州文书与徽学》一文中说:"徽学(又称徽州学)是80年代以后才出现的新学科。"②著名徽学研究大家叶显恩先生在胡益民先生编著的《徽州文献综录》一书写的序中说:"徽学在短暂的三十年间,从默默寡闻而勃然兴起,今已蔚然成大国,耸立于学界之林,成为与敦煌学、藏学相比肩的显学。"③回溯30年,正是20世纪80年代。中国社会科学院栾成显先生在《明清徽州宗族文书研究》中同样指出:"20世纪80年代徽学兴起以来,学者们利用谱牒、方志及其他文献资料,乃至进行社会调查,对徽州宗族作了较为深入的研究,成果

---

① 张海鹏:《徽学漫议》,《光明日报》,2000年3月24日。
② 周绍泉:《徽州文书与徽学》,《历史研究》,2000年第1期。
③ 叶显恩:《徽州文献综录序》,见胡益民:《徽州文献综录》卷首,合肥:安徽教育出版社,2014年。

显著。"①上述关于徽学形成于20世纪80年代的观点,已是学术界的基本共识。

徽学之所以在20世纪80年代以后勃然兴起,有其天时、地利、人和等多种因素。

从"天时"来看,20世纪80年代是学界处于中华人民共和国成立以来的一个学术研究重要转型期。就史学研究而言,著名史学理论与史学史研究专家、北京师范大学瞿林东先生认为:"中国史学上的第五次反思出现于20世纪八九十年代,其历史背景和学术背景是,20世纪七十年代末,中国的政治形势从'以阶级斗争为纲'转向实行改革开放、以经济建设为中心;在意识形态领域则是以拨乱反正、正本清源、解放思想、实事求是为其时代特征……中国的理论界、学术界从'万马齐喑'的状态一下子活跃起来,几乎每一个学科或学术领域都在思考自身的发展道路。"②中国史学"视野开阔了,研究领域拓展了,中外史学交流日益加强了,新问题、新材料、新成果不断涌现出来"。③ 在此转型期中,文化史、社会史和区域史的研究受到高度重视。徽州因其独特的地理与历史文化秉性,吸引了海内外学者的目光,有关徽州及其历史文化的各类研究成果纷纷问世。由此,徽州成为当时区域史研究的一个重要对象。正是基于学术研究转向的这一背景,徽学因时而生。中国社会科学院卜宪群先生在《新中国七十年的史学发展道路》一文中评述这一时期的史学研究时说:"与历史文献学有密切关系的甲骨学、简帛学、敦煌学、徽学等古文书学研究取得了重要成就。徽学成为国际性学科,敦煌在中国,敦煌学在国外的状况得以根本改变。"④1999年12月,中华人民共和国教育部设立首批15所人文社会科学重点研究基地,安徽大学徽学研究中心入选。它标志着经过20年的发展,徽学学科得到了国家层面的正式认可。

---

① 栾成显:《明清徽州宗族文书研究序》,见刘道胜:《明清徽州宗族文书研究》卷首,合肥:安徽人民出版社,2008年。
② 瞿林东:《史学理论史研究 中国史学上的五次反思》,《史学史研究》,2015年第1期。
③ 瞿林东:《传播·反思·新的前景——新中国70年史学的三大跨越》,《中国史研究动态》,2019年第4期。
④ 卜宪群:《新中国七十年的史学发展道路》,《中国史研究》,2019年第3期。

从"地利"来看,它包含了多个方面的内容:

一是历史上关于徽州自然与人文的探究传统,为徽学形成奠定了基础。从南朝梁萧几《新安山水记》、王笃《新安记》,唐代《歙州图经》,北宋祥符年间《歙州图经》、黄山祥符寺僧行明《黄山图经》,南宋姚源《新安广录》、罗愿《新安志》、刘炳等《新安续志》,到元代朱霁《新安后续志》,明代程敏政《新安文献志》、程曈《新安学系录》《新安文献补》、何东序等《徽州府志》、方信《新安志补》、蒋俊《祁阊图志》、戴廷明等《新安名族志》、张涛等《歙志》、傅岩《歙纪》,清代高晫《徽州府通志》、赵吉士《徽州府志》、施璜《紫阳书院志》《还古书院志》等,以及各历史时期其他大量有关徽州的府县志、专志、纪述,都是涉及徽州山川风物、疆域沿革、风俗变迁、宗族迁徙、文教兴衰、人物事迹等自然与人文历史的记述与考察。近代以来,学者又开始有意识地关注徽州历史与文化问题,把徽州视为一个既有特殊性、又具普遍性的区域加以关注、研究。其成果为20世纪80年代的徽学成为专门学问奠定了基础。

二是源远流长且内涵丰富的徽州历史文化,为徽学形成提供了研究对象。徽州文化具有丰富的内涵,其内容包括新安理学、徽派朴学、徽州教育、新安医学、徽商、徽州科技、徽派建筑、新安画派、徽派篆刻、徽派版画、徽剧、徽菜、徽派雕刻、徽派盆景、宗族、民俗、方言,以及文房四宝等。其文化秉性既是区域个性的标签,也展现了独特的文化风采。第一,徽州文化是连续不断的文化。宋徽宗宣和三年(1121)"徽州"得名,从此开始了徽州文化的时代。在其后的800年间,徽州文化有过盛衰变迁,但它从未中断过,长期保持了高位水平发展态势且始终具有个性特征。这在其他区域文化中是不多见的。徽州文化的"连续不断",主要表现在两个方面:一方面,宋代以降,各个时期徽州都是传统文化的发达之区,其生生不息的文化传承,构成了徽州文化的连续性;另一方面,徽州文化中的一些主要文化现象,宋代以来一直传承不息,源远流长。比如,徽州传统学术文化从新安理学到徽派朴学延续了600多年而未断层就是一个典型的事例。第二,徽州文化是兼容并包的文化。徽州文化虽有其独立的个性,但在其发展过程中,也吸收了大量的其他区域、其他学派的文化。因此,兼容并包成为徽州文化的重要特色之一。第三,徽州文化是引领潮流的文化。作为引领潮流的文化,徽州文化中的新安理学成为国家意志和国家"主流"意识;而徽州文化中的其他各种文化现象,不仅因其地域特色鲜明而在中国传统文化中独树一帜,而且能突破区域局限,引领各领域的文化潮流。第四,徽州文化是世俗生活的文化。徽州文化中无论是精神层面的文化,还是物质层面的文化和制度层面的文化,都与世俗生活息息相关。第五,徽州文化是体系完备的文化。在中国传统社会后期,随着传统文化的地域化发展,各具特色的区域文化纷纷出现,形成繁星满天的情景。这些区域文化,各擅其长,或以哲学思想影响当时及后世,或因文学流派享誉天下,或藉教育和科举形成特色,或由民风民俗传扬四方,但集各种文化现象于一身者,并不多见。徽州文化则因其具有丰富的内涵,成为别具一格的文化体系,形成鲜明的区域特色。这些文化现象,涉及徽州经济、社会、教育、文学、艺术、工艺、建筑、医学等学科,涉及中国传统文化的各个方面,也全面反映了中国传统社会后期经济、社会、生活及文学艺术等基本内容。无论是物质层面的文化、制度层面的文化,还是精神层面的文化,中国传统文化的特质在徽文化中均有典型体现。因此,徽州文化具有独特的研究价值,也成为徽学之所以形成的"地利"因素之一。

三是丰富的徽州历史文献和大量的文化遗存,尤其是20世纪80年代以来近百万件徽州文书的重新发现,为徽学的形成提供了坚实的资料支撑。徽学是以历史学为基础的综合性学科,史料是支撑学科成立的重要因素。历史上徽州向来以"文献之邦"著称,《新安歙北许氏东支世谱》说,江南诸郡中"以文献称者吾徽为最"。[①] 清乾隆年间编纂的《四库全书》,收录徽人著作254种(含存目类);而道光《徽州府志·艺文志》则著录徽人著述宋504种、元288种、明1245种、清(道光以前)1295种,总数达3332种,分经、史、子、集四大类,数十门类。胡益民编著的《徽州文献综录》著录的各类徽州典籍文献逾15000种。[②] 这些历史文献成为徽学研究的重要史料,并且在20世纪80年代以后包括《四库全书》在内的大型丛书陆续影印出版,为研究者提供了便

---

① 《新安歙北许氏东支世谱》卷五《寿昌许公八秩序》。
② 胡益民编著:《徽州文献综录》,合肥:安徽教育出版社,2014年。

利。徽州还是物质和非物质文化遗产保存较为丰富的地区,祠堂、牌坊、古民居、古村落、传统工艺、民间艺术等数量巨大,类型多样,它们既是徽学研究的重要内容,也是支撑徽学学科的资料类型之一。值得特别强调的是,20世纪80年代以来近百万件徽州文书的重新发现,在徽学形成过程中起到了极其重要的作用。甚至有学者认为,徽州文书具有"启发性、连续性、具体性、真实性和典型性的特点",这些特点"吸引了许多研究者全力以赴地研究它,以致出现了一门以徽州文书研究为中心、综合研究社会实态、探寻中国古代社会后期发展变化规律的新学科——徽学"。[1] 丰富的历史文献、大量的文化遗存和百万件的徽州文书,成为徽学形成的重要"地利"因素。

从"人和"来看,学术界致力于徽学学科的理论与方法研究,推动了徽学的形成。20世纪80年代以来,众多学者开始自觉为构建徽学学科体系而开展了一系列的讨论,涉及的问题包括徽学的名称、徽学的研究对象和研究范围、历史时段等。张立文、刘和惠、张海鹏、周绍泉、赵华富、黄德宽等学者分别撰文,探讨徽学学科建设的相关问题。安徽大学徽学研究中心在2004年还召开了"徽学的内涵与学科建构研讨会",40余位专家围绕徽学的内涵和学科体系建构等问题展开了深入讨论,会议成果被编成论文集《论徽学》,由安徽大学出版社出版。[2] 2000年,中国社会科学出版社出版的《徽州学概论》,也是一部探讨徽学理论与方法的著述。[3] 这些有意识地构建徽学学科的研究,成为20世纪80年代以后徽学形成的重要因素。

天时、地利、人和,三者共同促成了徽学在20世纪80年代后成为一门与藏学、敦煌学齐名的"显学"。在至今近40年的发展历程中,徽学研究取得了丰硕的成果。数千篇散见于报刊的徽学相关领域研究的论文,为我们展示了徽文化的博大精深和研究者的深度思考;数百部徽学专著,为我们解读和剖析了徽文化中诸种文化现象的前因后果,以及这些文化现象在中国历史和中国文化史上的地位与作用;数十种大型徽州文书与民间文献丛刊的影印出

---

[1] 周绍泉:《徽州文书与徽学》,《历史研究》,2000年第1期。
[2] 朱万曙主编:《论徽学》,合肥:安徽大学出版社,2004年。
[3] 姚邦藻主编:《徽州学概论》,北京:中国社会科学出版社,2000年。

版,为我们提供了徽学研究的重要珍稀资料。徽学成为一门"显学",正是立足于近40年徽学研究的成果之上。

为推动徽学研究的深入开展,集中展示最新的徽学研究成果,从2014年开始,安徽大学徽学研究中心与安徽大学出版社联手打造了《徽学文库》项目。该项目受到了国家出版基金的立项资助,第一辑共9种于2017年全部推出。《徽学文库(第一辑)》出版后,在学界产生了较大的影响。随后,我们策划了《徽学文库(第二辑)》出版项目,并再次得到国家出版基金的立项资助。《徽学文库(第二辑)》共收录徽学研究原创性著作10部,其中部分著作是省部级以上重点项目的结项成果,前后持续数年打磨而成;部分著作是学界新锐的博士学位论文,在导师指导下积数年之功形成的学术精品。作者分别来自安徽大学、复旦大学、上海财经大学、安徽师范大学、黄山学院和香港浸会大学等高校,均为长期关注徽州、从事中国史和徽学研究的学者。

《徽学文库(第二辑)》呈现了以下特色:

第一,聚焦徽学研究薄弱领域,填补学科发展空白之处。第二辑推出的10部著作,选题大多聚焦于徽学原先研究中相对薄弱的课题。比如,近年来随着徽州文书和民间文献的发现和整理,数量众多的徽州日记得以披露,但学界关于徽州日记的专题研究成果,尚未出现。第二辑中《明清以来徽州日记的整理与研究》一书,是作者20余年来深入村落田野进行调查,收集到大量散落民间的日记后,探幽发微、精心整理而成的著作,既有重要的学术价值,又填补了徽学相关研究领域的空白。徽州长期以来被视为儒学发达之区,有关徽州儒学的研究备受重视,而对徽州宗教的研究则相对薄弱。《徽州佛教历史地理研究》通过对大量徽州文书、佛教史籍、金石文字和考古资料的分析,从不同角度对徽州特定历史与地区的佛教传播、寺院分布、高僧籍贯等进行全面研究,对徽州各地区佛教发展的水平层次及其前后变化进行探讨,揭示了徽州佛教文化与其他文化的关系,以及佛教文化与徽州地理的相互作用。这一研究也是针对现有徽学研究的薄弱之处而进行的探索,具有填补空白的意义。《宋元明清徽州家谱的历史演进》《宋明间徽州社会和祭祀礼仪》等,均为徽学研究中独辟蹊径、创新领域的成果。

第二，重视徽州文书和民间文献等新资料的挖掘、整理与研究，推动徽学研究利用特色资料走向深入。大量徽州文书和民间文献存世，是20世纪80年代以来徽学得以形成的重要"地利"因素。本辑中的多部著作，非常注重利用徽州文书与民间文献开展研究。如《宋元明清徽州家谱的历史演进》立足于徽州地域社会，以时间为序，对宋元明清徽州家谱进行了细致的考察与分析，揭示其内在特质及发展规律。《明清以来徽州日记的整理与研究》分上、下两编。上编为研究编，收录作者研究明清徽州日记的最新成果，内容涉及徽州乡土社会、徽州商人的活动和徽州名人的事迹等。下编为资料编，收录《曹应星日记》《复堂日记》《习登日记》等10部日记，或为稿本，或为抄本，极具学术研究价值。《晚清乡绅家庭的生活实态研究——以胡廷卿账簿为中心的考察》对晚清时期的徽州乡村社会及民众的日常生活图景作了总体性描绘，而其主要资料来源则是胡廷卿账簿前后19年的流水记录。通过对胡廷卿一家日常生活状况的研究，结合族谱资料，分析晚清时期徽州社会民众日常生活中的空间、生计及社会关系等问题。注重对徽州文书与民间文献的挖掘、整理与利用，成为本辑多数著作的共同特色。

第三，致力于以微见著，体现徽学作为区域史研究的典范价值和宏观意义。本辑著作从题目来看，多为关于徽学领域中的具体问题或某一现象的研究，但作者往往以小见大，着眼于相关问题的宏观意义，从而凸显徽学研究在解读中国历史、社会和文化发展中的样本价值。如《多元视角下的徽商与区域社会发展变迁研究——以清代民国的婺源为中心》围绕徽商中婺源商人与区域社会之间的互动、融合、发展与变迁这一核心问题展开讨论，希望揭示的是传统社会中商人群体兴起和形成的原因、商业经营网络及其主要经营行业、商人流动迁徙及其组织形态、同乡组织及其慈善事业、乡村的人口流动与商业移民、商业移民与侨寓地的社会变迁、商人和商业与市镇之间的关系等宏观问题。《历史社会地理视野下的徽商及徽州社会——以清民国时期的绩溪县为中心》较为系统地考察了绩溪本土社会的近代化表现，而作者的立意则是剖析近代商人、商业与地方社会变迁之间的内在联系。《晚清乡绅家庭的生活实态研究——以胡廷卿账簿为中心的考察》虽是关于胡廷卿一家日常生活状况的研究,但作者的目的在于阐释晚清时期国家、社会与个人之间的相互关系。《传统职业变迁与明清徽州人口流动研究》从明清徽州的自然与社会因素出发,较为系统地考察了明清徽州传统职业观的转换与建构,而作者的意图还在于解读"四民"间职业变迁、"四民"间人口流动及其对整个明清社会的作用和影响。本辑10部著作是关于徽州区域史研究的精微力著,但其学术价值和研究意义是远远超出徽州的。

第四,跨学科方法的运用,也是本辑著作的显著特色之一。如《民间历史文献与明清徽州社会研究》首先从文献学的角度对徽州档案文书史料进行了系统的考证和研究,再立足历史学、社会学等视角对徽州民间文书所反映的各种社会关系加以阐发,深入解读并阐释徽州民间文书的形式和内涵,从而探索基层社会诸侧面,以及开展徽州区域社会的研究。《徽州佛教历史地理研究》《多元视角下的徽商与区域社会发展变迁研究——以清代民国的婺源为中心》《历史社会地理视野下的徽商及徽州社会——以清民国时期的绩溪县为中心》等作品,则侧重于采用历史学、历史地理学、宗教学、社会学等多学科方法进行综合研究。《徽州文献探微》在研究中采用了文献学、方志学、谱牒学及史学研究的方法。跨学科的研究方法,有助于多角度、多层面探讨相关问题,从而得到更为可靠的结论。

徽学作为一门新兴的学科,只有近40年的历程,未来要发展为成熟的学科,仍需学界同仁作出持之以恒的努力。我们相信,久久为功,必有大成。这次推出《徽学文库(第二辑)》,是我们为发展繁荣徽学贡献的绵薄之力,期待有助于徽学研究水平的提升和徽学学科的建设。

是为序。

周晓光

2020年5月20日于
安徽大学徽学研究中心

前　言

自20世纪40年代以来,徽商以及徽州社会逐渐成为学界研究的对象之一,并逐渐形成了"徽学",其中,徽州本土社会是徽学研究的主要对象之一。在前辈学者的努力下,诸如徽州的宗族、教育、土地制度等等问题都得到了很好的揭示。然而由于资料与时代的限制,目前学界关注的多是徽州社会的整体结构和各类组织,对于个人日常生活的探讨则不多见。

近年来,对账簿进行研究的学者并不多,但依然取得了不俗的成绩(详见第一章第二节)。账簿特别是商业账簿、家用收支账簿、排日账,作为普通民众所留下的民间文献,具有极高的真实性。账簿中除了有丰富的经济信息外,亦有体现民众日常生活的其他信息,透过这一类文献,能更真实地反映传统时代中普通民众的日常生活。其实,对于各类账簿在史学研究中的作用,诸多学者都作过中肯的评价。经济史学者袁为鹏、马德斌认为"民间商业账簿史料的整理与发掘为我们提供新的更为可靠的经济数据资源。作为百姓日常生活所实际使用而无意中存留下来的重要史料,账簿史料首先更具有真实性。"[①]王振忠教授亦指出:"日常生活史的研究需要发掘新的文献史料,而

[①] 袁为鹏、马德斌:《商业账簿与经济史研究——以统泰升号商业账簿为中心(1798—1850)》,《中国经济史研究》2010年第2期,第51页。

排日账(工夫账)以其翔实的记录,为此项研究提供了丰富的史料来源。"①刘永华认为:排日账"相较于普通账簿,这些账簿记载的信息不以来往账目为限,其内容涉及记账人参与的各种经济、社会、文化、仪式等活动,在形式上与日记颇为接近,因而包含相当丰富的社会生活信息。"②因此,笔者以《徽州千年契约文书》中所影印的胡廷卿家庭账簿为核心史料,在借鉴前辈学者所提倡的各种新的研究理念方法的基础上,结合其它史料,对他们一家生活实态的某个侧面加以复原,并探讨背后的原因,藉此来丰富晚清乡村的面貌。

本书共分六章,在各章中,绪论部分主要探讨历史社会地理在理论上的意义及其来源,并回顾了民国以来账簿研究的三种路径。第二章主要讨论贵溪胡氏的建立、发展过程,胡廷卿本人的生平概略以及账簿的相关问题,其目的是要为后面的分析作一背景式的交代,并厘清胡廷卿账簿的内容及其性质。第三章从祁门传统空间格局出发,在复原了胡廷卿日常生活空间的基础上,着重分析了决定这一生活空间的各种因素和实现的途径。其中,经济生活空间是重点讨论的问题。第四章主要讨论胡廷卿的收入来源,笔者将其收入分成三大类,对三类收入分别进行细致的统计,从中了解一个生员家庭如何利用知识和习俗在传统乡村中谋生。第五章探讨的是,胡家在生活中主要与哪些人发生了联系,决定这些联系的动机和原因是什么,有哪些人与他们建立了固定的联系。同时亦对其生活空间中所存在的一些宗族组织加以探讨,其主要目的是了解这些组织在管理运作上的一些方法和规则,并借以探讨这些组织与胡家之间建立怎样的联系,在其生活中具有什么样的意义。最后一章是结论,笔者首先从"表"与"里"来将徽州社会分成社会构架与日常生

---

① 王振忠:《排日账所见清末徽州农村的日常生活——以婺源〈龙源欧阳起瑛家用账簿〉抄本为中心》,《中国社会历史评论》,第十三卷,天津:天津古籍出版社,2012年,第107页。

② 刘永华:《从"排日账"看晚清徽州乡民的活动空间》,《历史研究》2014年第5期,第163页。

活,指出,以往在讨论商业对徽州本土社会影响的研究中,大多都是在"表"的层面上展开讨论,并未深入到社会深层次如民众的日常生活观念、行为方式以及由此产生的日常生活实态层面。其次,笔者对书中各章所涉及的问题进行了逐一总结,最后指出:至晚清时期,商业观念已深入到徽州民众的日常生活中,在此观念指导下,他们以商业的模式来演绎自己的日常生活。

概而言之,本书通过考察胡廷卿家庭账簿的记载,主要阐释晚清时期徽州社会民众日常生活中的空间、生计以及社会关系,并藉此一窥晚清时期国家、社会与个人的相互关系。通过对胡廷卿一家日常生活的探讨,本书认为,明代以来形成的商业传统,经过几百年的浸淫,至晚清时期,商业中的各种观念、习惯已透过徽州特有的教育模式深深地融入徽州民众的血液中,使他们的日常生活呈现出商业化的模式,并对其生活空间、生计、社会关系等方面的形成,产生了重要影响。

目 录

MULU

第一章 绪论 ……………………………………………………………… 1

  第一节 历史社会地理视域下的中国史研究 ……………………… 1

    一、历史社会地理学的提出 ……………………………………… 2

    二、有关历史社会地理(学)的几点思考 ………………………… 3

  第二节 民国以来账簿研究的三种取向及本书创新之处 ………… 22

    一、对账簿本身的研究 …………………………………………… 23

    二、经济史的转向 ………………………………………………… 27

    三、账簿中的日常生活史 ………………………………………… 34

    四、本书创新之处 ………………………………………………… 38

第二章 贵溪胡氏、胡廷卿家族及其账簿 …………………………… 42

  第一节 贵溪胡氏家族的建立与发展 ……………………………… 43

    一、宋代贵溪胡氏家族的建立 …………………………………… 44

    二、元代贵溪胡氏家族的发展 …………………………………… 50

    三、明代贵溪胡氏家族的衰落与祁门胡氏宗族的构建 ………… 53

    四、清代贵溪胡氏族人的努力和宗族权势的转移 ……………… 63

  第二节 胡廷卿家族及其本人 ……………………………………… 72

    一、胡廷卿家族及其胡上机的经营 ……………………………… 72

二、胡廷卿生平概略 …………………………………………… 83
  第三节　胡廷卿账簿及其产生的社会机制 …………………………… 96
　　一、账簿形制 …………………………………………………… 98
　　二、账簿种类 …………………………………………………… 104
　　三、胡廷卿账簿产生的原因及其社会意义 …………………… 108
　　四、关于《徽州千年契约文书 清·民国卷》排版中的疑问 ……… 118
  结语 ……………………………………………………………………… 119

第三章　传统、身份与生活空间的形塑 ……………………………… 120
  第一节　祁门的空间格局及其相关问题 ……………………………… 120
　　一、祁门县概况 ………………………………………………… 120
　　二、祁门的空间格局 …………………………………………… 125
　　三、元代以前祁门的交通与经济格局 ………………………… 129
　　四、明代"四乡"的形成 ………………………………………… 138
  第二节　胡家的生活空间 ……………………………………………… 141
　　一、胡家活动空间的分布(1881—1912) ……………………… 142
　　二、胡家活动空间的历时性变化 ……………………………… 149
　　三、胡家在祁门县内的生活空间 ……………………………… 153
  第三节　形塑生活空间的因素 ………………………………………… 157
　　一、地理环境与经商传统 ……………………………………… 157
　　二、胡廷卿的职业和身份 ……………………………………… 161
　　三、日常生活中各类需求 ……………………………………… 166
  结语 ……………………………………………………………………… 174

第四章　知识、土地与胡家的收入 …………………………………… 176
  第一节　晚清的教育与胡家的束脩 …………………………………… 176
　　一、胡廷卿的教书生涯 ………………………………………… 176
　　二、晚清教育改革与胡家的塾馆 ……………………………… 186
　　三、收入 ………………………………………………………… 197
  第二节　技术知识与传统乡村社会 …………………………………… 202
　　一、技术知识及其收入 ………………………………………… 203

二、晚清时期的徽州乡村 ·············· 215
　　三、技术知识收入的早、晚期比较 ·········· 226
第三节　胡家的土地经营 ················ 228
　　一、土地来源 ··················· 230
　　二、土地收入 ··················· 241
结语 ······················· 253

第五章　社会关系、经济网络与社会组织 ········ 255
第一节 社会关系与胡家日常经济网络的形成 ······· 255
　　一、经济网络的社会关系分析 ············ 256
　　二、久公派与胡家的经济生活 ············ 266
第二节　社会组织 ·················· 278
　　一、胡廷卿生活空间中的社会组织考实 ········ 279
　　二、社会组织的构成与管理 ············· 284
　　三、社会组织在生活中的意义 ············ 297
结语 ······················· 300

第六章　结论：国家、社会与民众的日常生活 ······ 301
　　一、徽州社会的"表"与"里" ············ 301
　　二、地理环境与民众的经济生活空间 ········· 303
　　三、职业身份、经济结构与生存模式 ········· 305
　　四、社会关系、经济网络及其社会组织 ········ 311
　　五、商业传统与日常生活的商业化 ·········· 314

参考书目 ······················ 321
　　一、原始文献 ··················· 321
　　二、资料汇编 ··················· 326
　　三、指导用书 ··················· 326
　　四、研究论著 ··················· 327

附录：胡廷卿年谱　357

第一章 绪论

徽学作为区域史研究的一块"试验田",是中国史的一部分,其最终目的在于揭示中国史的某个重大问题。无论是采用区域社会史的视角,还是历史社会地理的方法,前辈学者皆从理论和实证两个方面作出了很多思考和论证。民国以来,学界对账簿的研究逐渐深入,也取得了不小的成绩,而且近年呈繁荣之势。本章主要就这两个方面,对既有的研究成果作一简单回顾。挂一漏万之处,祈请方家海涵。

第一节 历史社会地理视域下的中国史研究

梁启超于1902年发表《新史学》一文,揭开了中国史学由传统步入近代的序幕。随着西方现代学科体系概念的引入,学科体系逐渐细化,学者们纷纷根据自己的研究兴趣与内容按照西方学科体系划分领域,确立自己的学科属性,其中具有现代学科意义的历史地理学在顾颉刚、谭其骧等先生的倡导下于此时诞生。自1935年《禹贡》杂志在北平创办至今,其间虽经历了20世纪六七十年代的人为中断,但中国历史地理学从理论到实证研究仍取得了丰硕的成果①。随着历史地理学的发展、研究的不断深入与细化,历史地理学内部也出现了各个分支,正是在此背景下,历史社会地理学在 20 世纪 90 年代被学者提了出来。本书即是运用历史社会地理学的相关理论,以家庭收支账簿为切入点,对晚清时期祁门生员的日常生活进行探索。下面笔者仅就与此相关的理论方法作一简单的回顾,并提出自己的些许思考。

一、历史社会地理学的提出

作为一门交叉学科,历史社会地理学不仅是历史地理学发展的必然结果,也是历史学、地理学以及其他社会学科相结合的产物,这一点可以从历史社会地理学倡导者的相关论述中看出。1997 年王振忠首次提出"历史社会地理"的概念②,在文章中,王氏从社会史对"人"的关注说起,指出人文地理学与此不谋而合,"人地关系一直是人文地理学关注的焦点,只有通过研究地理行为以及人对空间的感觉和思维,才能真正理解人类的世界",并强调"特别是从事社会分析、生产布局及人文现象的研究,更不能停留在过去传统因素和概念的分析上,而应从其他学科汲取相关的成果和方法"。③ 由此不难发现历史社会地理学概念的形成,是王氏及时地将当时社会史研究的理念方法运用于历史人文地理学的产物。除此之外,他还指出"社会地理学的传统内容包括人口、聚落和城市等方面。此前,聚落与城市地理已独立成为人文地理学的分支学科,而社会地理新近的发展趋势则侧重于对社会实际问题的解决。"由此他总结出"历史社会地理研究历史时期各种人群(社会集团)的区域分布,分析比较人文类型及其形成过程。人群的地理分布,人群的形成、发展及与社会文化环境的关系,人群的特征和心理差别,等等,都是历史社会地理研究的重要内容。"④与此同时,唐晓峰亦提出了"历史社会地理学"的概

---

①具体可参见华林甫:《中国历史地理学·综述》,济南:山东教育出版社,2009 年。
②王振忠:《社会史研究与历史社会地理》,《复旦学报》(社会科学版),1997 年第 1 期。
③同上,第 16 页。
④同上,第 16~17 页。

念,在文章中同样指出了历史研究中"人"的因素以及在人地关系之外的人人关系①。

应该说,历史社会地理(学)的概念提出以后,并未引起学界应有的重视,直到七年后,吴宏岐、王洪瑞才合作撰文对历史社会地理学的若干理论原则作进一步的探讨②。一年后,王振忠经过多年的实证研究及理论思考,再次撰文,对历史社会地理的学科性质、研究对象加以完整的阐述③。与前一篇文章相比,除延续其对历史社会地理的基本看法外,该文主要从社会地理学的学术脉络出发,阐述历史社会地理的学科属性及建立的必要性,并参照当代社会地理学的框架,进一步指出历史社会地理学所研究的内容有二:历史时期社区的地理研究和历史时期社会现象的研究。"历史时期社区的地理研究"主要是探讨历史上存在过的社区中各种要素的社会构成,关照的是社会结构问题;而"历史时期社会现象的研究"主要探讨历史存在的某一历史人群的构成、风俗及其发生的社会变迁,社会结构是宏观视野下的考察,人群、风俗则是具体到"人"这一研究实体上,它们都属于对历史社会事实的静态复原,注重的是人地关系的空间视角,而社会变迁则是将社会、社会所包含的人群置入历史时段里作动态探索。这个体系涵盖了宏观与微观、空间与时间,因此,就研究内容来说,该文表明了王氏对历史社会地理学科理论的进一步思考。

二、有关历史社会地理(学)的几点思考

正如王振忠本人所言:"由于此前历史社会地理尚未在历史地理学中占据应有的位置,而社会地理研究的范围又相当广阔,作为一门尚待建立的分支,上述刍议很大程度上只代表我个人对于历史社会地理研究的粗浅认识。

---

① 唐晓峰:《社会历史研究的地理学视角》,《读书》,1997年第5期。
② 吴宏岐、王洪瑞:《历史社会地理学的若干理论问题》,《陕西师范大学学报》(哲学社会科学版),2004年第3期。
③ 王振忠:《历史社会地理研究刍议》,《中国历史地理论丛》,2005年第4期。

该一分支的最终确立,需要更多扎实的实证研究,需要更多学者的参与和共同思考。"①时至今日,距离这一呼吁的发出已过去了十五年,十五年间,无论是历史学还是历史地理学都发生了巨大变化。然而,客观地讲,出于各种原因,历史社会地理(学)并未取得应有的位置。尽管如此,无论是此前还是此后,历史社会地理学所涵盖的诸项内容以及所蕴含的理论方法在诸多学者的研究中一直存在,并取得了巨大的成就。限于水平,笔者在此无力就历史社会地理的学科建设进行探讨,下面仅就其所涉及的各项因素,结合以往学者的研究成果进行一些粗浅的分析。

(一)人地的关系

人地关系一直都是历史人文地理学研究的核心内容,以社会为关注点的历史社会地理更是如此。地理环境(地表景观与气候)对人类及其历史的发展有着重要的影响,中国学者很早就注意到这一现象。从《礼记·王制》"广川大谷异制,民生其间者异俗",到《史记·货殖列传》中有关各地风俗物产的描述,再到王士性、谢肇淛有关各地人群风俗的概括,都突出了地理环境对各区域人群风俗习惯的形成所带来的重要作用。如果将之置入人文地理学科的脉络考察,这一思想可称之为"地理环境决定论"。在西方,这一理论思想自古希腊时期即已产生,近代以来多被哲学家和历史学家所遵循,后被地理学家洪堡(Humboldt)和李特尔(Ritter)不同程度地运用到研究当中,而首次系统地把决定论引入地理学研究的则是拉采尔(F. Ratzel)。其后,这一思想成为欧美学界长期流行的学术理念。然而,这种地理环境单一决定人类文化的思想无法解释复杂的历史现象,因而受到众多的批评。苏联学者普列汉诺夫在地理环境决定论的基础上提出,人类不仅单一受制于地理环境,同时在社会发展中亦会增强控制自然的能力,这一思想后来发展成为"人地相关论"。该理论强调地理环境与人类社会处于相互影响、相互制约之中,因此相较于地理环境决定论,具有更强的解释力。不过该理论由于其抽象性及其所

---

① 王振忠:《历史社会地理研究刍议》,第13页。

蕴含的决定、被决定的绝对关系,特别是由于当时苏联所处的国际环境,影响面不大。

  自地理环境决定论衰落之后,被国际学界广泛认同的是"或然论"。19世纪末,弗朗兹·波兹(F. R. Pitts)率先提出人地关系的可能性。他强调,面对自然环境,人类可以自由地选择和利用,即突出人类的主观能动性。这一思想被后来的法国地理学家维达尔(P. Vidal de la Blache)及其学生阿尔贝·德芒戎(A. Demangeon)发展成为著名的或然论。1922 年,美国的地理学家哈伦·巴罗斯(Harlan H. Barrows)将此理论发展成"地理调节论"并加以推广。这一理论在文化地理学派伯克利学派的创始人卡尔·索尔(Carl Sauer)以及地理学家普雷斯顿·詹姆斯(Preston E. James)的研究中得到运用并进一步发展。[①]

  由此可见,在有关人地关系的讨论中,人们不再相信地理环境决定人类或是人类决定地理环境这种单一的绝对关系,而是选择将之放入一个动态的多元视角当中。尽管目前对或然论的解释不同,但是"它们在思想方法上有一个共同的特点,即:从多元的角度来分析人类文化状态形成与地理环境的关系。"[②]实际上,在人类社会产生后,地理环境不可能再是那种自然的地理状态,会打上人类文化的烙印,这一认识自 20 世纪 50 年代兴起的文化转向与空间转向之后变得流行起来。正如海蒂·斯格特(Heidi Scott)所言:"这一转向已经将人们的目光聚焦于文化,并且让其成为当代社会中为认同、归属与正义而奋斗的中心焦点。"[③]在此背景下,英国地理学家迈克·克朗认为:"地理景观首先指的是不同时期地球形态的集合。地理景观不是一种个体特征,它们反映了一种社会的——或者说是一种文化的——信仰,实践和

[①] 具体研究可参见鲁西奇:《人地关系理论与历史地理研究》,《史学理论研究》,2001 年第 2 期;《人地关系:地理学之外》,《书屋》,1996 年第 6 期。

[②] 鲁西奇:《人地关系理论与历史地理研究》,第 42 页。

[③] Heidi Scott, *Cultural Turns*, Edited by James S. Duncan, Nuala C. Johnson and Richard H. Schein, *A Companion to Cultural Geography*, Blackwell Publishing, 2004.

技术。地理景观就像文化一样,是这些因素的集中体现。"①美国华裔地理学家段义孚亦在存在主义与现象主义哲学基础上发展出了人文主义的地理学派,该学派强调人类对自然、世界的感悟能力,其主要任务是发展方法论,并深刻理解人类在世界所处的地位②。这一新的人文地理学是从人类本身来探讨人地关系的思想,目前被学界广泛接受。

(二)区域的转向

人类社会无不存在于一定的时间与空间当中,但是,空间的范围有大有小,把多大的区域当作研究对象,如何划定空间,不同的研究者对此有着不同的看法。就历史社会地理来说,区域问题是其思考的核心问题之一。王振忠在谈到历史社会地理研究的对象时说:"历史社会地理研究历史时期各种人群(社会集团)的区域分布,分析比较人文类型及其形成过程。"③这一表述明确强调区域与区域比较的问题,基于此,历史社会地理,亦可称为"区域社会地理"。就实际情况而言,无论是史学界还是历史地理学界,从区域的角度来把握整个国家或社会历史的观念目前已达成共识。下面笔者就这一问题作一简要梳理④。

面对中国这样一个面积辽阔、人口众多的国家,如何探讨其社会性质、把握其发展规律一直是学界关注的话题。就历史研究而言,20世纪80年代以前,学者倾向于从宏观上考察中国发展的特质。然而,这一研究思路在80年代以后越来越受到批判,因为这一思路指导下的史学研究,虽然取得了瞩目的成果,但是它无法真正揭示各地域独特的社会文化类型。此时,美国人类学家施坚雅(G. W. Skinner)的研究成果经翻译传入国内并产生很大影响。

---

① [英]迈克·克朗著:《文化地理学》,杨淑华、宋慧敏译,南京:南京大学出版社,2005年,第13~14页。
② 具体可参见段义孚:《人文地理学之我见》,《地理科学进展》,2006年第2期。
③ 王振忠:《社会史与历史社会地理》,第16~17页。
④ 李甜曾对这一问题以"区域研究的三个维度"为题,分别从历史地理学、历史学以及历史人类学三个角度加以详细梳理。参见李甜:《明清宁国府区域格局与社会变迁》,上海:复旦大学出版社,2016年,第3~17页。

施坚雅借鉴克里斯塔勒(Walter Christaller)的"中心地理论"和廖什(August Losch)的"市场区位理论",以中国四川盆地为对象,构建起了著名的"区域市场体系理论"。按照这一理论,他将中国分成九大区域,按照市场的标准以及与各级市场的关系,将这九大区域分成核心区与边缘区两大类。施坚雅认为,正是市场的层级联系,把庞大的中国整合为一个整体。他从空间体系与经济体系的角度对集市进行了分析,认为集市贸易体系由基层市场(standard market)、中间市场(intermediate market)、中心市场(central market)三个向上递进的等级构成①。施坚雅模式"最终回答西方中国研究的一个重要问题,即中国幅员辽阔,地区差异极大,为何可以历久不衰地整合为一个统一的国家。"②尽管这一理论此后受到中外学者的质疑与批判③,然而这种按照不同标准划分区域的研究范式极大地影响到了历史学、人类学以及经济学学者对中国的研究。1982年,郝若贝(Robert Hartwell)发表题为《中国的人口、政区与社会转化(750—1550)》的论文,把研究重心从整体而笼

---

① [美]施坚雅著,史建云、徐秀丽译:《中国农村的市场和社会结构》,北京:中国社会科学出版社,1998年。
② 黄国信:《区与界:清代湘粤赣界邻地区食盐专卖研究》,北京:生活·读书·新知三联书店,2006年,第5页。
③ 相关文章可参见:[美]Lawrence W. Crissman, *Marketing on the Changhua Plain, Taiwan*(《台湾彰化平原的市场》),载 *Economic Organization in Chinese Society*, Stanford University Press, 1972; Barbara Sands and Ramon H. Myers, *The Spatial Approach to Chinese History: A Test*, The Journal of Asian Studies. Vol. 45. No. 4; Helen F. Siu, *Recycling Tradition: Culture, History, and Political Economy in the Chrysanthemum Festivals of South China*, Comparative Studies in Society and History, 32, 4(1990):765~795;[美]萧凤霞:《文化活动与区域社会经济的发展:关于中山小榄菊花会的考察》,《中国社会经济史研究》,1990年第4期;陈其南:《家庭与社会——台湾与中国社会研究的基础理念》,台北:联经出版事业公司,1990年;刘永华:《传统中国的市场与社会结构——对施坚雅中国市场体系理论和宏观区域理论的反思》,《中国经济史研究》,1993年第4期;David Faure and Helen Siu, *Down to Earth: The Territorial Bond in South China*, Stanford University Press, 1995;林美容:《祭祀圈:信仰圈与民俗宗教文化运动的空间结构》,收入《地方文化与区域发展研讨会论文集》,台北:"行政院"文化建设委员会,1996年;王铭铭:《空间阐释的人文精神》,《读书》,1997年第5期。

统的中国转移到各个不同的区域,在这篇文章中,郝若贝认为,在讨论中国在这800年来的变化时应当考虑四个方面,也就是他的文章主体部分所论述的:1.各区域内部的发展;2.各区域之间的移民;3.政府的正式组织;4.精英分子的社会与政治行为的转变。他把唐宋到明代中叶的历史研究重心,从原来整体而笼统的中国,转移到各个不同的区域,把原来笼统的文人士大夫阶层,分解为建国精英(Founding elite)、职业文官精英(professional elite)和地方精英士绅(local elite gentry)阶层,他特别重视区域差异,并通过计量的研究方法,研究人口、尤其是精英阶层的流动状况。① 此后,西方汉学界开始转向中国地方区域的研究中,并取得了不错的成绩②。

与此同时,深受地理学思想影响的法国年鉴学派,亦从提倡整体史的研究思路逐步转向区域史、村落史的方向上来。年鉴学派创始人之一吕西安·费弗尔(Lucien Febvre)的博士论文《菲利普二世与法郎什——孔泰地区:政治、宗教和社会史研究》,"是法国地方史的楷模,其特点是把一个省的地理因素融合到前工业化时代的社会演变中去。"③从标题中我们即可看出费弗尔在论文中所体现出的总体史倾向。这一倾向,到了年鉴派第二代学者费尔南·布罗代尔(Fernand Braudel)时更加明显,他的名著《菲利普二世时代的地中海和地中海世界》一书不仅提出了广泛影响学界的长时段、中时段和短时段三个时间标尺,而且亦透露出对于总体史的理想追求。该书试图对菲利普二世时期整个地中海有关地理环境、社会文化各个要素进行复原,进而把握历史发展的进程④。然而,这一对整体史的追求,在年鉴派的第三代学者

---

① 葛兆光:《重建关于"中国"的历史论述——从民族国家中拯救历史,还是在历史中理解民族国家?》,《二十一世纪》,2005年8月号。

② 具体成果可参见李甜著:《明清宁国府区域格局与社会变迁》,上海:复旦大学出版社,2016年,第11~17页。

③ 鲁西奇:《区域历史地理研究:对象与方法——汉水流域的个案考察·绪论》,南宁:广西人民出版社,2000年,第2页。

④ 参阅[法]费尔南·布罗代尔著,唐家龙、曾培耿等译:《菲利普二世时代的地中海和地中海世界》,北京:商务印书馆,1998年。

身上逐渐被放弃,以雅克·勒高夫(J. Le Goff)、勒华拉杜里(E. Le Roy Ladurie)和罗杰·夏蒂埃(Roger Chartier)为代表。他们开始引入人类学的理论方法,高扬历史人类学的旗帜,走进地域社会和村落,对地域社会乃至小村庄进行细致的描绘,展开了微观史的研究。虽然这一研究理念受到了"碎片化的历史学"的批评[1],但它对史学界的影响十分广泛。

在同样的背景下,20世纪80年代以后,以森正夫为代表的日本明清史学界也同样转向了对地域社会的研究。常建华曾撰文对这一转向作了准确的概括,他说:"战后日本明清史学,至80年代发生重要转折,进入新的历史时期,其特点之一是,有关地域社会的研究占据主导地位。"[2]1981年,森正夫在名古屋大学举办的中国史研讨会上,提交了一篇名为《中国前近代史研究中的地域社会视角——"中国史研讨会'地域社会——地域社会与指导者'"主题报告》的论文,第二年该论文与其他论文结集出版,由此逐渐为学界所熟知[3]。"他提出:所谓秩序或秩序原理,与进行生命的生产或再生产的场所,即人们生存的基本场所深深关联着,它对于整合构成这个场所人们的意识来说,是不可或缺的要素。换言之,虽然孕育着阶级矛盾和差异,但面对从广义上来说共同的再生产的现实课题时,每个人都处于共同的社会秩序下。这样由共同领导者统治下被整合的地域场所叫作地域社会。这是和行政区划、市场圈等实体概念、基点不同的方法概念。"[4]由此看出,森正夫所说的"场域"概念,并非我们历史社会地理概念中地理环境意义上的空间,它是一个由地方统治者及地方民众所形成的社会网络或社会体系,李甜认为可称之为"人

---

[1] 参阅[法]弗朗索瓦·多斯著,马胜利译:《碎片化的历史学:从〈年鉴〉到"新史学"》,北京:北京大学出版社,2008年。
[2] 常建华:《日本八十年代以来的明清地域社会研究述评》,《中国社会经济史研究》,1998年第2期,第72页。
[3] 该论文中文版收入[日]沟口雄三、小岛毅主编,孙歌等译:《中国的思维世界》,南京:江苏人民出版社,2006年。
[4] 常建华:《日本八十年代以来的明清地域社会研究述评》,第73页。

域社会论"①。地域社会论自提出以后,即受到日本学界的批评与质疑,但是其对学界的影响是显著的,在此一理论的指导下,日本出现了一批有关中国史研究的优秀成果②。

20世纪80年代以后,上述西方与日本的有关理论逐渐为中国学界接受,这种情况亦影响到了历史地理学者的研究旨趣。谭其骧先生于1989年撰文说:"只有先从区域历史地理入手,一个地区、一个地区地先做好具体而细致的研究,才有可能再综合概括成为一部有系统有理论的中国历史地理学。③"而鲁西奇更是认为"区域地理研究是地理学的核心组成部分"④。与此同时,史学界也开始借鉴包括地理学在内的其他学科的理论方法,大力开展区域史的研究,常建华对此加以论述:"改革开放以来的中国历史学发生了巨大变化,社会史学异军突起,极大地改变了中国史研究的面貌。新时期的中国社会史研究,以探讨社会生活、社会文化、区域社会为重点,吸收借鉴社会学、人类学、地理学等多种理论方法,具有跨学科研究的特质。"并进而认为"宏观社会形态史往往忽略历史的地理空间因素,而社会史学者大多认为区域史是认识历史的有效途径。特别是对于中国这样的大国来说,区域史研究更具有可操作性与实际意义。"⑤陈春声亦持有同样的看法,他认为:"社区的典型研究对于理解一个社会内部多种因素的相互关系,从总体上把握社会发展的趋向,具有其他研究所不能取代的意义。……这种小社区的研究实际上已带有揭示'整体历史'的意义,而且这种在较深层次上对复杂社会关系的总体把握,也只有在小社区的研究中才有可能。"⑥唐力行亦认为"区域史不仅

---

①李甜:《明清宁国府区域格局与社会变迁》,上海:复旦大学出版社,2016年,第11页。
②相关情况可参见常建华:《日本八十年代以来的明清地域社会研究述评》和李甜:《丘陵山地与平原圩区:明清宁国府区域格局与社会变迁》两文。
③孙进己等纂:《东北历史地理·谭其骧序》,哈尔滨:黑龙江人民出版社,1989年。
④鲁西奇:《区域历史地理研究:对象与方法——汉水流域的个案考察·绪论》,第26页。
⑤常建华:《在开拓创新中不断发展的中国社会史学》,收入氏著《观念、史料与视野——中国社会史研究再探》,北京:北京大学出版社,2012年,第100、101页。
⑥陈春声:《中国社会史研究必须重视田野调查》,《历史研究》,1993年第2期,第12页。

代表了20世纪以来史学研究的大趋势,而且是将中国史学的传统与新史学的研究理路相糅合,辅以跨学科方法,从而推动关注全面的、整体的社会史研究进一步深入的必由之路。"①因此,笔者认为区域历史社会地理的研究,无论从史学还是从历史地理学的发展来看,都应该成为研究中国史的一种有效可行的理论方法。

(三)区域的边界

区域视角下的中国史研究俨然成为一股潮流,然而,对于如何划分区域,目前学界并未达成统一。如前所言,施坚雅根据市场体系理论所划分的九大区域显然无法解释中国复杂的事实,因而研究者从自身研究的需要以及根据自己的理解纷纷对"区域"的界定提出了自己的看法。改革开放不久,谭其骧先生在谈到中国文化时就指出:"自五四以来以至近来讨论中国文化,大多数学者似乎都犯了简单化的毛病,把中国文化看成是一种亘古不变且广被于全国的以儒学为核心的文化,而忽视了中国文化既有时代差异,又有其地区差异。"②这是从文化的角度来划分区域,其后,谭先生在涉及划分区域时又表示:"各个历史时期都有不同于此前此后的经济区域和文化区域,恰当指出各区的地域及其特色,是论述这一时期人文地理的重要内容。经济区域当然是由不同的生产方式和生产关系形成的,而文化区域的形成因素则主要是语言、信仰、生活习惯、社会风气的异同。"③此时,他又提出了一个经济维度。经济区的概念比较早地出现在学者的研究中,冀朝鼎于1935年完成其博士学位论文《中国历史上的基本经济区域水利事业的发展》,从中国基本经济区的形成与转移入手,目的在于揭示中国王朝统一与分裂的经济地理基础④。经济区的概念后被中国学界所采用,从而成为研究中国历史发展的基本概念

---

①唐力行等:《论题:区域史研究的理论与实践》,《历史教学问题》,2004年第5期,第32页。
②谭其骧:《中国文化的时代差异和地区差异》,《复旦学报》,1986年第2期,第12页。
③谭其骧:《积极开展历史人文地理研究》,《历史地理》(第十辑),上海:上海人民出版社,1992年。
④冀朝鼎著,朱诗鳌译:《中国历史上的基本经济区域水利事业的发展》,北京:中国社会科学出版社,1981年。

之一,在历史地理学界,逐渐形成了历史经济地理。

就历史人文地理来说,继谭其骧先生之后,以文化类型对全国加以划分区域的是周振鹤。他首先由各地方言入手,通过回顾各地方言的形成过程,将历史行政地理作为某些地区方言的基础对其加以划分,但他亦清醒地意识到这种方法的局限,他指出:"历史地理方法也有它的局限性。它只适用于行政区划和人口成分长期稳定的地区,在那些政区变迁和人口流动频繁的地区,则完全不能采用这种方法。"①此后,1994年"区域人群文化丛书"出版,邹逸麟任主编、王振忠任副主编。在序言中,他们首次提出了"区域人群"的概念,"所谓区域人群,是指历史上特定时期具有明显区域特征、对中国社会产生不同程度影响的人群,他们不仅有着纵向遗传和横向衍播的民俗传承,而且,其名称又是历史时期约定俗成的。"②随后这一概念逐渐被学界所认可并使用③。1997年《中国历史文化区域研究》一书出版,在该书序言中,周振鹤具体细致地表达了以文化为标准划分区域的思想,他认为最能表达一个地区文化的有三个核心要素,即语言、宗教与风俗。以此核心要素再综合其他,便能对全国进行文化区域划分④。而鲁西奇则从另一个角度提出区域划分的标准,他在《历史地理研究中的"区域"问题》一文中认为:"历史地理研究中的区域划分,既有与地理学(尤其是人文地理学)中的区域划分共同的原则,也有其特殊性。其特殊性首先表现在历史性方面,这是历史地理的研究对象所决定的。与一般地理学研究不同,历史地理研究必须考虑到其研究对象在历史时期的区域状况,其区域的设定与划分,即必然以某一历史阶段的共同性

---

① 周振鹤、游汝杰:《方言与中国文化》,上海:上海人民出版社,1986年,第66页。
② 王振忠:《历史社会地理研究刍议》,第11~12页。
③ 可参见邹逸麟主编:《历史人文地理》的社会文化部分(由王振忠执笔),北京:社会科学出版社,2001年;胡兆量、阿尔斯朗、琼达等编著:《中国文化地理概述·第八章》,北京:北京大学出版社,2001年;吴宏岐、王洪瑞:《历史社会地理学的若干理论问题》一文。
④ 周振鹤主著:《中国历史文化区域研究·序论》,上海:复旦大学出版社,1997年。

和某种社会经济文化特征等特点为依据。"①他在批判了四种人为的、带有主观随意性的区域划分标准后,提出了区域划分的四个原则:自然性、历史性、完整性与现实性,并认为"如何将这四个原则有机地结合起来,是历史地理研究中区域划分的关键所在;而只有实现了这种结合,才有可能建立起科学的历史地理区划体系。"②在此基础上,他又进一步提出"区域历史研究的第一步就是恢复历史时期的区域环境系统,从而为探讨当今地理环境的历史渊源打下基础。这就要求历史地理研究中的区域与自然地理所划分的区域尽可能保持一致,以便保证所研究的区域设定应以自然地理区划作为基本构架,这是历史地理区划的一个重要原则。"③随着研究的不断深化,在吸取其他社会学科相关理论的基础上,周振鹤又提出"文化区域主要是由感知而来的认识",从而更多地从区域中生活的人本身来探讨区域的界线④。

此一问题不仅在历史地理学科得到不断讨论,在历史学界尤其是社会史学者中间也展开了讨论。1987年杨国桢从社会经济史的角度指出,社会经济区域所指的地域组合,必须是自然生态环境、经济环境、人文环境、政治环境条件大体相同或相近的地理空间有机结合起来的体系,在某种程度上可以借用行政区域的划分系统⑤。随后,宋元强概括了区域划分的三种标准,即按行省划分,按自然经济条件划分,按行省、山脉走向、江河流域、市场网络、人文风格划分⑥。可以看出,前两种标准比较单一,而第三种则是多种因素的综合。

---

① 鲁西奇:《历史地理研究中的"区域"问题》,《武汉大学学报》(哲学社会科学版),1996年第6期,第83页。
② 鲁西奇:《历史地理研究中的"区域"问题》,第85页。
③ 鲁西奇:《区域历史地理研究:对象与方法——汉水流域的个案考察·绪论》,第31页。
④ 周振鹤:《中国历史上的自然区域、行政区划与文化区域相互关系管窥》,《历史地理》(第十八辑),上海:上海人民出版社,2002年,第6页。
⑤ 杨国桢:《清代社会经济区域划分和研究架构的探索》,收入叶显恩主编:《清代区域社会经济研究》,北京:中华书局,1992年。
⑥ 宋元强:《区域社会经济史研究的新进展》,《历史研究》,1988年第3期。

尽管这些学者有关区域划分的标准自有其合理性,但是一旦从社会经济史转向社会文化史之后,便迅速显示出其不足之处。如刘志伟就认为"历史认识中的地域观念,不只是历史学家为研究的方便而划出来的范围,更是人们在自己的历史活动过程中划出来的历史的和流动的界线,历史学家的睿智是将这种流动性呈现出来。要做到这一点,就必须以研究人的活动、人的精神以及他们的生存环境的互动过程为中心,通过人的历史活动区把握历史时空的互动关系,而不是把历史时空固定化、概念化之后,再作为研究的出发点。"[①]这一认识显然与上述周振鹤的"文化区域主要是由感知而来的认识"的看法相一致,强调人在生活中对于区域是如何感知的,避免了鲁西奇所批评的人为的、随意划分的做法。不仅如此,近年来常建华从中央、地方二元观念把森正夫所提出的"场"这一概念中所蕴含的区域史、地域史、社区史概括为"地方史"[②]。虽然这一提法还有待检验,但这种从概念本身入手去讨论区域标准的思路亦有诸多创新之处。

(四)社会的形成

无疑,"社会"是历史社会地理(学)中的基本研究对象,这一点从上述王振忠给历史社会地理所下的定义即可看出,吴宏岐、王洪瑞也认为"顾名思义,历史社会地理学的研究对象就是历史时期的社会"[③]。但是,对什么是社会,以及如何研究社会尤其是历史时期的社会,不同的学者则有不同的看法,且在学术研究中有一个不断深入的过程。

就历史社会地理(学)本身而言,所要研究的对象有两点,即人地关系与人人关系。人地关系,前已述及,而人人关系则包含于社会之中。常建华认为"所谓'社会'其含义是人与人之间的相互联系及其共同活动。"[④]事实上,

---

[①] 刘志伟:《区域史研究的人本主义取向》,载姜伯勤著《石濂大汕与澳门禅史——清初岭南禅学史研究初编·引论》,上海:学林出版社,1999年。
[②] 常建华:《跨世纪的中国社会史研究》,《中国社会历史评论》第八卷,2007年,第370页。
[③] 吴宏岐、王洪瑞:《历史社会地理学的若干理论问题》,第89页。
[④] 常建华:《社会生活的历史学》,第1页。

除去"社会"一词外,"共同体"亦能涵盖此内容。这两个词都是外来词,前者对应 Society,后者对应 Community。两者显然是有区别的①,但都是指称一定地域内的人群及其关系,其范围有大有小,大到一个国家,小至一个村落(当然有时可以用"社区"指称)。如果将其置入历史社会地理(学)概念下考察,笔者认为可以从三个维度来对其把握,即国家视野下的社会、与中央相对的地方社会和整体下的区域社会。当然,无论是纵向还是横向,社会都是一个相互联系不可分割的整体,三个维度下的社会都有其局限性,我们只是为了研究需要而加以人为界定,在研究中仍需要时刻保持对国家、中央与整体的关注。

从学术发展脉络来看,不管是史学界还是历史地理学界,对社会的研究都与社会学、人类学的发展密切相关。在笔者看来,其发展历程包含了三个阶段。

首先是对社会形态的研究。20 世纪之初,随着西方现代学科理念的引进,社会学与人文地理学在我国得以确立,并出版了代表性的著作。社会学方面,费孝通先生的《江村经济》一书,不仅影响中国学界至今,而且对国际学界亦有深刻影响。人文地理学以张其昀先生为代表,他在 20 世纪 30 年代即已翻译了白吕纳的《人文地理学》一书,40 年代著有《人地关系概论》,50 年代主编了《中国区域志》。费先生通过对一个村落的调查,仔细分析了社会的结构、关系网络,而张先生则从全国着眼,将全国划分成若干个区域,概括了各个区域的人群特点、风俗文化,他们从不同角度对中国社会进行了研究。可是,从当时来看,占据学界主流的是著名的社会史大论战。此一论战自 20 世纪 30 年代至五六十年代持续进行。其论战的主要问题是所谓的"五朵金花",而核心理念则是运用马克思主义理论有关社会发展阶段的经典论述来讨论中国的社会形态问题。此一论战虽出现了一批有关中国古代社会尤其

---

① 德国社会学家滕尼斯(Ferdinand Tennies)认为"共同体是古老的,社会是新的,不管作为事实还是作为名称,皆如此。"参见[德]斐迪南·滕尼斯著,林荣远译:《共同体与社会——纯粹社会学的基本概念》,北京:商务印书馆,1999 年,第 53~54 页。

是史前社会的优秀著作,由傅衣凌、梁方仲等先生创立了社会经济史学派并影响至今,但是,这种以进化史观为指导、以西方中心主义观建立起来的宏观史学在20世纪80年代以后逐渐受到挑战,原因在于,中国历史自有其发展脉络,而宏观史更无法揭示中国丰富多元的事实,在此背景下,计量学派、结构学派应运而生。由此,对社会的研究进入第二个阶段。

计量史学可以说是在实证主义史学的基础上发展而来,强调史学的科学化。所谓计量史学,"即历史计量学（Cliometrics）,也称定量史学（Quantitative History）或定（计）量经济史学（Quantitative Economic History）。也有人称它为新经济史学（New Economic History）。计量史学是指采用数学和推论的分析方法,根据实际数字统计（数据）,对历史进行计（定）量分析,再用计量结果来验证历史。"在当今西方史学界中,是一门十分时髦、方兴未艾的学科。"① 计量史学产生于法国,最先由法国实用经济学家提出,后被年鉴学派的第二代学者所采用,巴勒克拉夫就宣称"'数学化的历史学'……这种历史学只有数字才能说明白。"② 由此,布罗代尔等年鉴派学者运用计量的方法对经济史、社会史和文化史进行了广泛的研究,在《年鉴:经济、社会、文化》杂志上发表了大批计量史学的研究成果。计量史学在20世纪80年代被引进中国并迅速发展③,他们对历史数据进行统计分析,企图建立一套社会发展的模型,来解释历史社会现象。

与此同时,结构主义亦开始运用于史学研究。严格说来,结构主义运用于史学并未出现类似于"历史人类学"的概念,但其对史学的影响则是广泛的。结构主义起源于瑞士语言学家索绪尔对语言学的研究,他通过对语言（language）和言语（parole）的区分,探讨语言的"所指"与"能指",指出了语言

---

① 袁传伟:《计量史学刍议》,《探索与争鸣》,1987年第5期,第48页。
② [英]杰佛里·巴勒克拉夫著,杨豫译:《当代史学主要趋势》,上海:上海译文出版社,1987年,第61页。
③ 霍俊江:《计量史学基础——理论与方法》,北京:中国社会科学出版社,1991年。

中的"共时性研究和历时性研究",进而分析语言中的"句段关系和聚合关系"①,最终分析了语言整体系统。这一分析理路即是结构主义的原始模式。实际上,"索绪尔所确立的语法共时性和语音历时性两大范畴,及由此延伸的语言和言语的区分,则直接受惠于涂尔干的集体表象等理论。"②涂尔干是法国社会学家、人类学家,他认为社会是一个有机体,社会结构、社会事实、社会因素都在其中发挥各自的作用,个体只有在社会的范围内才能被理解;他注重对社会整体结构和各层次的社会现象进行实证分析,使社会学理论与经验研究相结合,进而探求社会演进规律。但结构主义直到二战后的60年代才在法国达到顶峰,其重要人物是列维-斯特劳斯。斯特劳斯以索绪尔的结构主义语言学为基础,创建了结构人类学,他提出:"既然语言本身可以被看作是一套符号系统,那么,人类社会文化现象同样也可以被看作是一种符号系统。因此,语言学理论可以直接或间接地被借用过来,用以对纷繁复杂的社会文化现象进行分析。"③进而他认为,我们在观察社会文化现象时,要用整体的观点,即透过表层结构去探析深层结构所要传达的意义。由此,他对人类认知和心理过程、亲属结构、社会组织和神话进行结构分析,完成了广泛影响人类学界、社会学界和历史学界的诸多著作。尽管学界对于布罗代尔与斯特劳斯在学术思想上的相互关系一直有争论④,但是他们相互熟悉对方的理论思想并且在诸多方面观点一致则是可以肯定的。前已述及,作为第二代年鉴学派的掌门人,布罗代尔对总体史的追求,对三个时段的提倡,对深层结构

---

① 侯文瑜:《索绪尔的结构主义语言观》,《东北农业大学学报》(社会科学版),2007年第3期。
② 王作成:《试论布罗代尔对列维-斯特劳斯结构主义理论的借鉴》,《苏州大学学报》(哲学社会科学版),2009年第3期,第14页。
③ [法]列维-斯特劳斯著,张祖建译:《结构人类学》,北京:中国人民大学出版社,2005年,第86页。
④ 关于争论可参见:何兆武、陈启能:《当代西方史学理论》,北京:中国社会科学出版社,1996年;孙晶:《布罗代尔的长时段理论及其评价》,《广西大学学报》(哲学社会科学版),2002年第3期;瞿骏:《超越的基础——年鉴学派史学范型再认识》,《历史教学问题》,2006年第4期;王作成:《试论布罗代尔对列维-斯特劳斯结构主义理论的借鉴》。

的关注,实际上既是对法国传统史学的那种流于表面描述与注重实证方法的反叛,也是对结构主义思想方法的借鉴。

结构主义无疑在史学领域尤其是年鉴学派中获得了巨大影响力,从而推动了人类学界、社会学界和历史学界对社会的研究,使它步入了一个新阶段。然而,斯特劳斯所主张的结构主义却拒绝历史的连续性,因此遭到20世纪80年代以来"新史学"学者的批判。斯特劳斯认为:"历史是由诸历史领域组成的非连续体的集合,其中每一领域都是由一特殊频率和由一在前与在后的特殊的编码来决定。"① 这表明,在斯特劳斯看来,历史是由一个个的片段组织而成,他否认历史发展河流中的不间断性。这一看法虽然在同时代的布罗代尔那里遭到反对,但并未真正得到历史学界彻底的修正。同时,计量史学中所蕴含的那种排斥人的心理因素而单纯依靠数字得出的模型,亦不能解释数量丰富且生动活泼的历史社会现象,因此,历史学危机下的新史学应运而生。对社会的研究亦进入第三个阶段。

所谓的新史学或后现代史学,是20世纪80年代以后逐渐兴起于西方的一股史学思潮,在法国以年鉴学派的第三、四代学者为代表,主要包括雅克·勒高夫、勒华·拉杜里、罗杰·夏蒂埃,在英国以彼得·伯克为代表,在美国以罗恩·达恩顿和娜塔莉·泽蒙·戴维斯为代表,在意大利以卡洛·金兹堡为代表。他们开始对布罗代尔所提出的总体史表达不满,更反对仅强调结构主义而舍弃政治和个人的做法,特别反对那种对社会发展恒定模式的致力追求。他们开始把目光向下,强调描述普通人和小人物的历史,注重生活史、心态史的探索,他们不再把历史看作固定的结构,而是在变动中把握它。正如雅克·勒高夫在《新史学》中所强调的:"历史不仅是政治史、军事史和外交史,而且还是经济史、人口史、技术史和习俗史;不仅是君主和大人物的历史,而且还是所有人的历史。"彼得·伯克更把这种反对,概括为三种趋势:人类

---

① [法]列维-斯特劳斯著,李幼蒸译:《野性的思维》,北京:商务印书馆,1987年,第297页。

学的转向、政治的回归与叙事的复兴。① 其中人类学的转向为人类学与历史学的合作提供了契机,形成了迄今为止发展最为迅速的"历史人类学"。

何为"历史人类学"？正如黄国信等学者所言"这是一个很难回答的问题"②。尽管如此,国内外的人类学者和历史学者都对这一概念及其学术的发展历程作过细致梳理和详细探讨,下面笔者即依据这些学者的研究作一简单回顾。

对于人类学者而言,历史人类学即为历史化的人类学（Historical anthropology）,据人类学家黄应贵的梳理,19 世纪初人类学科刚成立时即存在于历史之中,其代表人物是英国的摩尔根及其代表作《古代社会》,其指导思想为达尔文的进化论,其不足则是把空间时间化,把世界各个地区看作历史发展的不同阶段。20 世纪初,以马林诺斯基（Bronislaw Malinowski）为代表的功能主义人类学派,虽然反对进化论进而强调文化要素的多元性和整体性并且开启了田野调查的新方法,但是他们却拒绝历史,强调社会结构的静止性。这一点与上述以法国列维－斯特劳斯为代表的结构主义人类学具有一致性。但 20 世纪 80 年代以后,美国的文化人类学界开始改变这一情形,其中以格尔兹（Clifford Geertz）和萨林斯（Marshall Sahlins）为代表。格尔兹以位于东南亚的巴厘岛为例,运用"深描（thick discription）"的方式对巴厘岛当地特有的权力模式进行了历史性考察,从而引入了历史学的方法。而萨林斯则在其著作《历史的隐喻与神秘的真实》一书中明确提出"文化界定历史",即"用通俗的话来说,就是每一人群均有自己的文化,每一人群的历史表达均由自己文化的历史性（historycity）来决定。在各自的历史性中,时间与记忆各不相同,从而各自的历史观不同,

---

① [英]彼得·伯克著,刘永华译：《法国史学革命：年鉴学派 1929—1989》,北京：北京大学出版社,2006 年。
② 黄国信、温春来、吴滔：《历史人类学与近代区域社会史研究》,《近代史研究》,2006 年第 5 期,第 46 页。

对自己历史的言说亦不一致。"①显然,这一思想对于以研究各个地区的文化人类学来说,历史的回溯必不可少。②

对于历史学界来说,历史人类学则是人类学化的历史学(Anthroplogical history),主要是指运用人类学的相关理论方法来研究历史。这一研究过程可以通过林富士、张小军、赵世瑜、黄国信等学者的梳理来把握③。历史学界首先提出了历史人类学的概念,其代表人物是年鉴学派的第三代领军人物雅克·勒高夫,他在20世纪70年代所编的《新史学》中就提出了这一名称,其后这一名称迅速被国际学界所接受。就中国大陆而言,历史人类学首先被以科大卫、刘志伟、陈春声、郑振满、赵世瑜为代表的"华南学派"所接受,当然,历史学的人类学化也为历史社会地理学提供了新的视角与新的方法理念。

显然,不管是人类学界还是历史学界,此时在研究范式上都有一个转向,那就是文化的转向。1999年,林·亨特与波尼尔(Victoria E. Bonnell)合编了《文化的转向:社会和文化研究中的新方向》,探讨了文化转向引出的五个关键结果:第一,"社会"已经不再是所有解释之源,社会范畴不是稳定的客体;第二,文化在社会结构之上被研究,文化被作为象征、语言和表征系统来讨论;第三,文化的转向威胁到要抹掉所有涉及社会脉络或者理由的东西;第四,社会说明范式的瓦解;第五,各学科专业的重新结盟,尤其是文化研究的

---

①黄国信、温春来、吴滔:《历史人类学与近代区域社会史研究》,《近代史研究》,2006年第5期,第48页。

②黄应贵:《历史学与人类学的会合——一个人类学者的观点》,收入《学术史与方法学的省思——"中央研究院"历史语言研究所七十周年研讨会论文集》,台北:"中研院"历史语言研究所出版品编辑委员会,2000年;黄应贵:《历史与文化——对于"历史人类学"之我见》,《历史人类学学刊》,2004年第2期。

③林富士:《"历史人类学":旧传统与新潮流》,收入《学术史与方法学的省思——中央研究院历史语言研究所七十周年研讨会论文集》;张小军:《历史的人类学化和人类学的历史化——兼论被史学"抢注"的历史人类学》,《历史人类学学刊》,2003年第1期;赵世瑜:《历史人类学——在学科与非学科之间》,《历史研究》,2004年第4期;黄国信、温春来、吴滔:《历史人类学与近代区域社会史研究》等文。

兴起。① 同时,"史学的人类学转向强调平民历史和平民文化(plebeian culture),背后涉及三对有关历史的争论:上层历史(history from above)/下层历史(history from below);事件史(event history)/连续史(serial history);当地人的历史观(native view of history)/外部人的历史观(outsides' view of history)。人类学家强调关注下层平民、连续的日常生活世界和当地人的看法,去批评国家和政治精英建构的历史、琐碎的事件历史和外人强加的历史观。"②由此不难发现,在文化转向、历史学与人类学结合的背景下,历史社会地理(学)中的"社会"一词,有了更为丰富的含义。在学术研究中不仅要注重对其中诸如社会人群、风俗习惯进行时空中的静态复原,同时更应该进一步从当地、当时人的视角来探讨其社会现象变化及其背后的原因、机制。

从上面的讨论中,我们可以发现,历史社会地理(学)作为研究历史的一种方法,与其他学科有着共同的关注点,因此这一理论方法也应不断地从其他学科中汲取营养,以便充实自己。其中社会赖以存在的空间(区域)和组成社会的人,成为它所关注的重点。近年来,由法国年鉴学派所提倡的以"人"为主体的历史研究,逐渐为中国学界所认同。刘志伟在与孙歌的一次对谈中即表述了他的基本学术观点:"我们也许可以有一个共同的地方,就是以'人'为历史的主体,以人的行为作为历史解释的逻辑出发点,这就与传统历史学以王朝国家为历史主体有根本的区别",随后他以此为依据对施坚雅的区域模型作了一个与传统认识不同的评价:"施坚雅的'区域'是在他早年提出的中国社会的'网状交叠层级体系'的分析架构基础上推演出来的,这个'网状交叠层级体系'的形成,以理性的经济人的交换与交往行为作为论证的逻辑

---

① Lynn Hunt and Victoria Bonnell, "Introduction," in *Beyond the Cultural Turn: New Direction in the History of Society and Culture*, ed. Victoria Bonnell and Lynn Hunt. Berkeley: University of California Press, 1999。

② 张小军:《历史的人类学化和人类学的历史化——兼论被史学"抢注"的历史人类学》,第3页。

出发点。"①指出了施坚雅在摆脱王朝历史框架中的贡献。

这一点给笔者带来了极大的启发,在本书中,笔者所要探讨的基本问题有两个:其一,与传统对空间的研究不同,本书所要讨论的空间是从人本身出发,将胡廷卿日常生活中经由各种原因所构筑起来的生活空间勾勒出来。这一空间范围不限于其周围及其本人所到之处,而是将所有与其产生联系、对其生活产生影响的空间皆纳入其中;其二,胡廷卿及其家庭借助各种手段获得生存资源,在此过程中与各种机构和组织产生联系,将这一过程与事实复原出来。解决这两个基本问题所依赖的资料即是胡廷卿生前所留下来的几十年的家庭收支账簿。

第二节　民国以来账簿研究的三种取向及本书创新之处

在《历史社会地理研究刍议》一文中,王振忠指出历史社会地理研究的内容应包括两个,其中第一个即为"历史时期社区的地理研究"。他结合学界已有的相关研究成果,认为当代社会文化人类学的研究方法亦可应用于历史时期的社区研究,并指出:"社区研究的对象是现代社区还是历史时期的社区,主要看资料的情况来决定。而从资料的角度来看,在历史时期,有的地区保留下来的民间档案文书相当丰富。比如说宋元明清一直到民国的徽州文书,数量就相当之多,其中就包含了相当丰富的乡村社区研究资料(我将这些资料称为村落文书),它的详细程度,在某种程度上讲甚至不亚于当代社会文化人类学者实地调查获得的资料。"②本书所选择的研究对象正是位于"村落文书"异常丰富的徽州府祁门县境内。所使用的资料则是晚清塾师胡廷卿所留下的长达几十年的家庭收支账簿,账簿中较为详细地记录了他日常生活中的

---

① 刘志伟、孙歌:《在历史中寻找中国——关于区域史研究认识论的对话》,香港:大家良友书局有限公司,2014年,第16、19页。
② 王振忠:《历史社会地理研究刍议》,第11页。

各种信息,这为探讨传统时代日常生活中的各个问题提供了可能。由于账簿是本书的核心资料,笔者下面将对民国以来对账簿研究的情况作一回顾,以便廓清本书在对这一特殊资料研究时,对已有成果的借鉴与自己的创新之处。

账簿,又称簿记,在我国有着悠久的历史,据民国时期会计人士李梦白先生的考证,"吾国簿记导源最早,周礼'以会计制国用',又司会之注云'主计会之簿书',孔子言:'会计当而已矣',是会计簿记之应用,已滥觞于三代。其后汉魏及唐,亦常有'计簿''主簿''会计录'等名称。宋史职官志:'比部郎中员外郎,掌勾覆中外账籍,凡场务仓库出纳在官之物,皆月计,季考,岁会,从所隶监司检查以比上部,至则审覆其多寡登耗之数,考其陷失而理其侵负',是则不惟有簿记之应用,而且具有审查之手续程序,较前详备多矣。至明清之户部红册及四柱清册,规模尤为严整。"[1]据此可以看出,账簿最早应出现于官府。但随着时代的发展尤其是商业的兴起,这一形式必然出现于店铺以及其他阶层的人群中。特别是明清以后,在全国各地都发现了各类账簿。这些账簿作为古人在生活中留下的无意史料,所含内容丰富,对揭示当时的历史社会有着重要的意义,因此逐渐引起了学界的注意。下面笔者即对民国以来对我国账簿的研究作一简单的梳理。需要说明的是,笔者在梳理过程中仅对具有代表性的成果纳入本综述的范围内,其他则不论。

据笔者管见,自民国至今,不同的学科先后都对账簿作过研究,所取得的成果亦是各有侧重,按照笔者的分类标准,拟从三个方面加以梳理。

一、对账簿本身的研究

民国初年,在欧风美雨的影响下,当时从事会计事务的爱国人士,有感于中国记账方式的落后,掀起了一场对账簿本身的改良运动。当时上海著名会计师徐永祚先生,不仅创办了位居上海四大会计师事务所之一会计机构,还

---

[1] 李梦白:《对中式簿记原理之另一贡献》,《会计杂志》,1935 年第 6 卷第 5 期,第 11~12 页。

开设培训学校、培养改良中式簿记人才①，创办《会计杂志》刊发文章，对中外账簿的形式和来源进行比较研究。徐永祚会计师事务所于1933年编订了《中式账簿记账须知》《西式账簿记账须知》，并刊登于《会计杂志》的第1卷第1期上②，以便当时的读者进行比较使用。第二年，陆善炽先生将日本学者黑泽清于前一年发表在日本《会计》杂志上的《复式簿记发生史的考察》一文翻译成中文，以《复式簿记源流考》为名刊发。遗憾的是，此文探讨了复式账簿的来源，但限于资料，黑泽清仅从西方的脉络中展开讨论，并未涉及中国账簿的来源③。而同期刊发的潘士浩先生所撰的《中式簿记与西式簿记之比较》一文则从十个方面，将中、西账簿加以对照，初步归纳了二者的异同点④。这一研究实际上是回应了当时社会上有关中、西账簿孰优孰劣的争论。

这一点在同年刊发的张心徵先生的《未改良的中式簿记原理具备已进化的西式簿记的优点》一文中亦有涉及，他从中式账簿记账的内容、形式等方面论述了中国固有账簿已经具备了西式账簿的诸多优点，认为其完全可以继续发扬下去⑤。此亦得到了李梦白先生的赞同，他先后撰长文阐明中式账簿的诸多原理是对账簿的发展贡献，并且对改良之后的中式账簿的格式也表达出不同的意见和理由。他在文中论述了中国传统簿记的两大类，即三脚账和四脚账，并指出了账簿的"账"的正确写法。可以说，这篇文章是当时对中国账簿研究的代表作⑥。

《会计杂志》至1936年因各种原因而停办，其存续时间虽然不长，但其所

---

①详见《会计杂志》，1935年第6卷第6期第50页所登招生广告。
②详见《会计杂志》，1933年第1卷第1期，第105～109页。
③[日]黑泽清，陆善炽译介：《会计杂志》，1934年第3卷第1期，第75～90页。
④潘士浩：《中式簿记与西式簿记之比较》，《会计杂志》，1934年第3卷第1期，第95～100页。
⑤张心徵：《未改良的中式簿记原理具备已进化的西式簿记的优点》，《会计杂志》，1934年第3卷第4期，第79～88页。
⑥可参见李梦白：《对中式簿记原理之另一贡献》，《会计杂志》，1935年第6卷第5期，第9～26页；《对中式簿记原理之另一贡献》（续），《会计杂志》，1935年第6卷第6期，第25～50页；《改良中式簿记账簿格式及其登记法之商榷》，1936年第8卷第2期，第85～106页。

刊发的文章无疑对国人弄清中西方账簿的相关问题具有开创之功。然而,不容否认的是,当时的研究有诸多不足。首先,在西学东渐的背景下,在进化史观的影响下,国人多以中国的账簿为落后而以西式为先进,即如张心徵先生所言:"自西式簿记输入我国以来,中式簿记久为人所摈斥唾弃,我竟敢大胆地说未改良的中式簿记具备了已进化的西式簿记的优点,虽然有徐永祚会计师在那里改良中式簿记,可以壮我的胆,但是我所说的还是指未改良的中式簿记;将已进化的摩登西式簿记和未改良的老腐败的中式簿记等量齐观,这岂不是故作骇人听闻的说话么?"①由此可见时人心态之一斑。因此,在此情形下,很难对中式账簿本身作出客观的评判,更不能持客观的态度加以研究。其次,从研究者的群体来看,大多都没有学习过相关的系统理论,只是长期从事会计工作的工作人员。如张心徵,他长期在邮政部门担任会计的工作,而李梦白也一直在云南的政府部门担任会计一职。他们虽然熟悉账簿和记账的流程,但是其研究也只能基于一种感性认识,并无理论方法上的归纳。再加上条件的限制,因此,这一时期对账簿的研究尚属感性阶段。

此后,很长时间学界都再没有对此问题加以探讨,直到20世纪50年代末,黄忠堃根据当时农村中普遍采用的记账方法,对此进行了探索,但是研究不够深入②。学界对账簿问题的重新探讨,则是随着考古学的新发现而展开的。李孝林通过对1973年考古发掘出土的湖北江陵凤凰山10号汉墓简牍的解读和对三脚账的梳理,于1982年刊文论证了我国复式记账法的悠久历史,并认为应该修改"借贷法是世界上最早的复式记账法的论断"③。与此同时,郭道扬的巨著《中国会计史稿》上册亦出版,在本书中他通过对史料的梳理,结合考古上的证据,指出"四柱结算法在唐代后期业已创立,并在一定范围内得到运用。"④二者的论断可谓是殊途同归。此后,李孝林又结合1975年

---

① 张心徵:《未改良的中式簿记原理具备已进化的西式簿记的优点》,第79页。
② 黄忠堃:《农村人民公社生产队的记帐方法》,《中国经济问题》,1964年第6期。
③ 李孝林:《我国复式记账法溯源》,《安徽财贸学院学报》,1982年第1期,第57~65页。
④ 郭道扬:《中国会计史稿》(上),北京:中国财政经济出版社,1982年,第352页。

考古发掘的湖北秦梦竹简,写出了一系列论文,分别细致地探讨了龙门账与复式账簿的区别与联系①、"四柱法"的来源②。进而提出"根据复式记账法的发展史实,按照其对复式记账法特征所具备的程度,复式记账法的发展,似乎可以分成孕育、产生、成长、成熟等四个阶段"③。并在前人研究的基础上,对中国和意大利的复式簿记的创始进行了历史性比较④。姜永德在此基础上,对中国与其他国家的账簿体系亦作了比较性的研究,指出在账簿体系产生之初,中外并无不同,并都在公元前后形成了自己的固定格式,所不同的是,中国的会计账簿一直都在官厅会计上发展,民间则没有;埃及和巴比伦在官厅和民间都有所发展,但由于体系不健全,大大制约了其发展;而古希腊和罗马,在官厅会计上无大建树,但民间则不断得到改进、完善和发展并最终成为近代会计的领导者⑤。

由此可以看出,20世纪八九十年代,是对账簿本身进行研究的重要时期,这一时期的成果基本理清了我国传统账簿的历史渊源、基本特征,以及在国际簿记体系中的重要位置。进入21世纪后,此一问题又有了新的拓展。一是问题的细化。如史宏对1916—1951年账簿贴花的历史考证⑥;邢维全对账簿封面的装帧形式的历史性探讨⑦;宋冰雁对于清水江木商账簿中的记账符号的考释⑧等等。这些研究成果,虽数量不多,且是初步探讨,但不失为一个新思路。二是材料的细化。如卢忠民、孙林对民国时期旅京冀州商帮账簿的分类、内容、记账方法、账务处理方法、账簿制度的作用等所作的系统研究,

---

① 李孝林:《龙门账辨析》,《财务会计》,1985年第5期。
② 李孝林:《"四柱法"溯源》,《北京商学院学报》,1987年增刊。
③ 李孝林:《我国复式记账法产生和发展阶段试探》,《北京商学院学报》,1988年第4期。
④ 李孝林、孙芳城:《中意复式簿记创始比较观》,《四川会计》,1990年第3期。
⑤ 姜永德:《古代会计账簿体系的国际比较》,《北京商学院学报》,1996年第4期。
⑥ 史宏:《1916—1951年华北地区账簿贴花历史考证》,《税史研究》,2007年第11期。
⑦ 邢维全:《账簿装帧溯源》,《财会月刊》,2011年第7期。
⑧ 宋冰雁:《清水江木商账簿中的记账符号考释》,《原生态民族文化学刊》,2014年第3期。

深化了对民国时期民间商业账簿的认识①。三是历史学者的加入。如陈明光通过对走马楼吴简的细致考辨,对三国时代孙吴官府仓库账簿体系的初步研究②。这些新的变化,使得对当代账簿、历史账簿以及历史上账簿体系管理制度等方面的研究,都变得更为深入。

二、经济史的转向

明清以来,在中国的商业大潮中,为数众多的商人留下了许多账簿。这些账簿除了当作实物可以作为会计界的研究对象外,也为历史学者提供了丰富的历史信息。历史学者以此为媒介,对历史时期特别是明清时期的商人组织、商店的管理、商业的经营等等问题进行了大量丰富详实的研究,并取得了诸多成果。

从目前发表的成果来看,最早利用账簿研究的是当代农民的经济生活、物价问题。民国时期,著名学者甘博、李景汉等人就利用账簿对当时北京及其周边地区农民的经济生活进行了卓有成效的研究③。何廉主持南开大学经济系时,在他的主持下,编制出了享誉学界的南开物价指数。据他的回忆,他们当时在南开一位工作人员的帮助下,搜集到了大量的商业账簿,而物价指数的编制则大大得益于这些账簿的获得④。进入20世纪80年代后,郭道扬亦在其所编著的《中国会计史稿》中利用账簿讨论了跟会计学有关的问题⑤,而两年后的李孝林亦指出了云梦秦简中有关秦代会计制度的史料价值⑥。

当然,上述的研究成果皆是经济学者从自身专业出发而进行研究的结

---

① 卢忠民、孙林:《民国旅京冀州商帮之账簿研究——基于北京档案馆藏五金商铺账簿》,《财会月刊》,2014年第5期。
② 陈明光:《走马楼吴简所见孙吴官府仓库账簿体系试探》,《中华文史论丛》,2009年第1期。
③ 孟天培、甘博:《二十五年来北京之物价工资及生活程度》,北京:国立北京大学出版部,1926年。
④ 何廉著,朱佑慈等译:《何廉回忆录》,北京:中国文史出版社,1988年,第71页。
⑤ 郭道扬:《中国会计史稿》(上),北京:中国财政经济出版社,1982年。
⑥ 李孝林:《从云梦秦简看秦朝的会计管理》,《江汉考古》,1984年第3期。

果,历史学界对此的研究则稍晚一些。据笔者管见,最早正式把账簿作为核心资料研究的历史学者是英国汉学家鲁惟一(Loewe,Michael),他在20世纪60年代即对居延汉简进行了整理分类,并据此对汉代的书面通信、行政制度进行了探讨①。随后,日本学者永田英正在《居延汉简集成》中又作了进一步的整理,特别是对其中的三类账簿,即戍卒被簿、现钱出纳以及口粮簿作了细致梳理②。中国大陆学者最早利用账簿进行历史研究的是梁淼泰。他为了探研当时学界比较关心的资本主义萌芽问题,利用江西景德镇陶瓷馆所藏的两部清同治至光绪年间的吴福顺窑号账簿,对清代景德镇民窑内部的规模、人员构成、成本与利润进行了复原。并指出,与传统行会手工业的铺户作坊相比,清代景德镇民窑瓷器业的组织出现几点明显的不同③。尽管这一研究的目的是在于探讨资本主义萌芽问题,但对于历史学界来说,对账簿的利用无疑拓展了史料的丰富性。不过,此文发表后,并没有引发历史学界对账簿的大规模研究,至20世纪结束,史学界也只有八篇利用账簿资料进行研究的文章,且其中七篇跟当时考古学的发现有关。李孝林先后利用湖北江陵凤凰山10号汉墓出土的简牍、居延汉简以及云梦睡虎地11号墓竹简,写出了五篇文章,分别探讨了汉代初的赋税史④,汉朝和战国晚期的会计史⑤以及古代的商业经济⑥。而徐扬杰和杨剑虹则都是利用居延汉简中的账簿进行研究。

---

① [英]鲁惟一(Michael Loewe)著,于振波、车今花译:《汉代行政记录》,桂林:广西师范大学出版社,2005年。
② [日]永田英正编:《居延汉简集成之一——破城子出土的定期文书(一)》,余太山译,收入中国社会科学院历史研究所战国秦汉研究室编:《简牍研究译丛》(第一辑);《居延汉简集成之二——破城子出土的定期文书(二)》,谢桂华译,收入《简牍研究译丛》(第二辑),北京:中国社会科学出版社,1983年、1987年。
③ 梁淼泰:《清代景德镇一处炉寸窑号的收支盈利》,《中国社会经济史研究》,1984年第4期。
④ 李孝林:《从江陵10号墓简牍研究汉初赋税史》,《江汉考古》,1990年第1期。
⑤ 李孝林,孙芳城:《从旧居延汉简看汉朝会计》,《北京商学院学报》,1992年第5期;《从云梦睡虎地十一号墓竹简研究战国晚期会计史》(上),《北京商学院学报》,1997年第2期;《从云梦睡虎地十一号墓竹简研究战国晚期会计史》(下),《北京商学院学报》,1997年第3期。
⑥ 李孝林:《从秦汉简牍研究古代商业经济》,《重庆商学院学报》,1996年第4期。

前者主要利用汉简中戍边吏卒及随军家属支领口粮的流水账簿(廪名籍),探讨了其中所记录的口粮标准及其性质,指出汉代戍边吏卒及其家属所领的口粮并非是以吃饱为标准,其性质是勉强维持劳动和生命的基本口粮①。后者在鲁惟一、永田英正研究的基础上,主要从"吏奉名籍""吏卒廪名籍"和"戍卒衣物券"三个方面,分别就居延汉简中学界比较关心的现金、粮食、衣物及与此相关的汉代经济生活进行了进一步的探讨,是国内早期利用账簿进行历史研究的优秀成果之一②。除此之外,唯一的一篇是阮明道利用四川师范学院图书馆所收藏的三册乾隆时期芜湖(或在芜湖经商的)吴氏账簿,探讨了芜湖物价在乾隆时期的变化,以及店业经营形式、盈亏消长、店业性质、经营得失等问题,并从长时段考察一个商店面对时代变迁的策略调整③。可以说,此文与前述杨文一起成为利用账簿研究社会经济史的探索之作。

从20世纪最后三十年学界对账簿进行史学问题的研究成果来看,此一时期所利用的账簿多为考古学所发现的秦汉简牍,因此,所探讨的问题多集中于战国、秦、汉。利用明清账簿探讨明清商业问题的则不多。正如杨国桢在此一时期所指出的:"1985年春至1986年秋,余客寓日本、美国,在东京大学东洋文化研究所、东洋文库、斯坦福大学胡佛研究所东亚图书馆内,睹及流落海外的商人私人文书,诸如契约、钱票、牙贴、账簿、书信、铺规、民间杂书等多种,鲜为人研究利用。"④另外,此时期学者的问题意识,多为对历史时期的经济问题作静态的复原,而对与各种经济问题相关的社会以及长时段的动态考察,虽然出现,但却很少。同时,研究者的主体(特别是国内)亦集中于从事会计学、经济学研究的学者,而历史学者比例则相对较低。进入21世纪后,随着史学观念的发展,新的账簿的发现,对账簿的研究从问题意识到账簿的

---

① 徐扬杰:《居延汉简廪名籍所记口粮的标准和性质》,《江汉论坛》,1993年第2期。
② 杨剑虹:《居延汉简三类会计簿书窥测》,《西北史地》,1994年第2期。
③ 阮明道:《吴氏经商帐簿研究》,《四川师范学院学报》,1996年第6期。
④ 杨国桢:《明清以来商人"合本"经营的契约形式》,《中国社会经济史研究》,1987年第3期,第1页。

类别以及研究者的主体,都发生了很大的变化。

2001年,范金民利用《徽州千年契约文书》中所收的《万历程氏染店查算账簿》,解决了史料中的"青蓝布"是"青布"还是"蓝布"的问题,同时还将商业中的"余利"现象从此前学界认为的清代前期,提前到"至迟在万历中期",并且指出此染店的资金来源除合伙人投资外还吸纳社会资金等问题。两年后刘秋根再次对此一账簿进行了研究,他通过对账簿中程氏染店资金来源的分类研究,发现了明代的合伙店铺的融资形态包括股东、金融机构、一般私人家庭三个来源。其中金融机构所占比例随着时间的发展越来越高,而私人家庭资金所占比例则越来越低。除此之外,他还指出了资本的利息率及商人之间的信用问题[1]。此后,他结合其他账簿继续对此进行探讨,先后指出了明清时期企业的股东类型及相关的权利和义务[2],并从会计学的角度认为程氏染店账簿并非日记账,而是一种比四柱式会计报告更为先进的资产负债表[3]。与此同时,孔祥毅、康均等学者亦分别利用账簿对山西商人在会计史的地位和江浙地区的钱庄会计的状况进行了探讨[4]。自此以后,利用账簿作经济史研究的学者队伍不断壮大,账簿的数量越来越多,且在探讨经济史的同时,也切入了社会史的角度。

首先是经济学者的加入。彭凯翔等人于2008年开始利用民间文书研究近代中国农村借贷市场的机制,表明了经济学界对研究资料的转向[5]。此后,袁为鹏、马德斌共同发表了《商业账簿与经济史研究——以统泰升号商业

---

[1] 刘秋根:《明代徽商合伙制店铺融资形态分析——以万历程氏染店帐本为例》,《河北大学学报》(哲学社会科学版),2003年第3期。

[2] 刘秋根、谢秀丽:《明清徽商工商业铺店合伙制形态——三种徽商帐簿的表面分析》,《中国经济史研究》,2005年第3期。

[3] 刘秋根、张建朋:《明清时代工商企业的资产负债表——以〈万历程氏染店查算账簿〉为中心》,《河北大学学报》(哲学社会科学版),2010年第1期。

[4] 孔祥毅:《山西商人对中国会计史的贡献》、康均、张雪芬:《浅谈江浙钱庄会计》,均收录于中国会计学会编:《会计史专题》,北京:中国财政经济出版社,2005年。

[5] 彭凯翔、陈志武、袁为鹏:《近代中国农村借贷市场的机制——基于民间文书的研究》,《经济研究》,2008年第5期。

账簿为中心(1798—1850)》一文①。该文在详细梳理了经济学界对账簿研究的成果后,以北直隶宁津县大柳镇(今山东省德州市宁津县大柳镇)统泰升号商业账簿为对象,认为统泰升作为一家杂货铺,积极从事借贷活动,且借贷的利率和期限都相当灵活。文章最后亦指出了商业账簿在经济史研究中的重要价值。显然,此文所解决的问题,史学界已经进行了探讨,但是,该文作为经济学者对历史资料和历史问题的关注与探讨,其意义非凡。正是在此一理念下,袁、马等学者通过对统泰升号账簿进行详细梳理和归类,揭示了18世纪晚期至19世纪中期,中国商铺的财务报表产生的途径,且将此置入全球视野下,阐明了复式簿记在西方资本主义发展中的重要意义,进而指出中国的传统账簿和商业组织的特征以及中国商业文化和发展路径的宏观性问题②。彭凯翔亦通过北京火神会的账簿探讨了近代北京货币行用与价格的变化问题③。此后,卢忠民也以近代旅京冀州商帮所经营之万和成及其联号五金商铺账簿为中心,进一步探讨了商业账簿与经济史研究的关系④。

其次是越来越多的账簿被用于研究。传统社会中,由于政府会计核算、商人经商等各类原因,产生过大量的账簿。从上面的梳理来看,目前所发现最早的账簿当出自秦汉时代。可以推测,秦汉以后,必定会有越来越多的账簿产生,但由于年代久远,绝大部分账簿已不可见。现在所发现的账簿多出自明清及民国时期。据何廉的回忆,他在南开工作期间,对天津的商铺进行

---

① 袁为鹏、马德斌:《商业账簿与经济史研究——以统泰升商业账簿为中心(1798—1850)》,《中国经济史研究》,2010年第2期。
② Weipeng Yuan, Richard Macve and Debin Ma, *The Development of Chinese Accounting and Bookkeeping Before* 1850: *Insights from the TongTai Sheng Business Account Books*(1798—1850), London School of Economics and Political Science Department of Economic History Working Papers, NO. 220—May, 2015.
③ 彭凯翔:《近代北京货币行用与价格变化管窥——兼读火神会账本(1835—1926)》,《中国经济史研究》,2010年第3期。
④ 卢忠民:《也谈商业账簿与经济史研究——以近代旅京冀州商帮所营之万和成及其联号五金商铺账簿为中心》,《中国经济史研究》,2011年第4期。

调查时,当时天津的民间还保留有大量的账簿,且多不注意保存,甚至急于处理①。这不仅说明当时学界对账簿的学术价值未能给出应有的重视,同时也说明大量账簿在新的政治体制下失去了其有效性而遭到持有者的抛弃,这或可作为绝大多数账簿消失的原因。尽管如此,随着学界对账簿的重视,越来越多的账簿被发现并用于研究。除去上述所提到的账簿之外,一些学者继续利用现已影印出版或各图书馆所藏的账簿进行研究。汪崇筼利用《徽州千年契约文书》(第一辑)影印出版的各类账簿作了各类研究。首先他分析了万历程氏染店账簿(前已提及)和乾隆广丰布店账簿,指出典当业研究中把"典当资本利率"误认为"最高资本利率"的误区②。同时,他还对《徽州千年契约文书》中所影印的兆成字号"程鸣记"的照抄单、彭永顺照抄单、同成德账单以及一张主人不明的账单,进行了初步的整理研究③。不久,桑良至亦对自己在黟县南屏村所获得的三份咸丰年间商业账簿作了介绍,丰富了学界对账簿的认识④。此后,王裕明亦利用大量账簿探讨了明清工商企业中的官利制和典当资本的经营效益问题。他所利用的账簿除前已提及的《万历程氏染店查算账簿》外,还包括中国国家图书馆所藏的《万历收支银两册》,中国社会科学院历史研究所藏的《康熙程氏应盘存收支总账》一册、《乾隆元年时顺典年总》一册、《乾隆五年时顺典年总》一册、《道光二十二年隆泰、恒裕、敦和、泰丰、长隆、长兴、恒隆七典盘总》一册,中国社会科学院经济研究所藏《乾隆四十二年张恒裕典总账》一册、《乾隆四十八年吴丰典总账》一册、《道光十年隆泰、益泰、恒裕、恒隆、恒丰、泰丰、敦和、泰源典盘总》一册,安徽师范大学图书馆所

---

① 何廉著,朱佑慈等译:《何廉回忆录》,北京:中国文史出版社,1988年版,第71页。
② 汪崇筼:《徽州典当业研究中三个可能的误区》,《安徽师范大学学报》(人文社会科学版),2006年第2期,第131~132页。
③ 汪崇筼:《清代徽商合墨及盘、帐单——以〈徽州文书〉第一辑为中心》,《中国社会经济史研究》,2006年第4期。
④ 桑良至:《珍贵的徽商经营档案——咸丰年间经商帐簿》,《大学图书情报学刊》,2008年第1期。

藏《道光二十六年岁次丙午盘查二十五年总》①。其所使用的账簿,大都此前未被学界发现,且数量较为丰富。同一时期,马勇虎利用黄山学院徽州文化资料中心所藏的账簿进行了系列的研究。

三是社会史视角的切入。20世纪三四十年代,傅衣凌先生首倡社会经济史的治学方法;80年代以后,社会经济史逐渐成为史学界的一个重要学派,涌现出了诸多的杰出学者。然而,据笔者管见,利用账簿自觉地进行社会经济史研究的则不多,在这方面,近年来马勇虎的研究可圈可点。他首先利用咸丰元年(1851)至咸丰十一年(1861)婺源商人所开志成号所记录的70册账簿进行了研究,在对此账簿的种类、内容、制作者进行考证后,又对志成号的经营方式、经营业务、经营规模以及经营业绩与发展趋势作了考证。最后,他以晚清商业与社会的角度切入,分别从社会背景、厘金征收、金融市场、商号的地方社会四个方面,探讨了在社会动荡时,商家生活的主题更多的是逃难,而非经营。在此情景下,国家透过厘金局等机关加重对商人的剥削,加之地方社会各方力量的挤压、吏役陋规的索取,商号虽以书院等力量作为平衡各种势力后盾,却仍然处境维艰②。同时,他还以民国十二年(1923)至民国十六年(1927)的黟县培本公司26册的各类商业账簿为对象,揭示了徽州的工业发展路径与江南、华北的差异性,市场结构的特殊性以及企业对外部环境的严重依赖的现象③。此外,他亦通过对同治二年(1863)的万隆号账簿和上面提及的志成号账簿的共同考察,探讨了钱号与地方基层差役、官僚机构以及各种民间组织的各种互动关系,尽量选择对己有利的阶层势力来改善自

---

①王裕明:《明代商业经营中的官利制》,《中国经济史研究》,2010年第3期;《明清徽商典当资本的经营效益》,《安徽大学学报》(哲学社会科学版),2011年第6期。
②马勇虎:《乱世中的商业经营——咸丰年间徽商志成号商业账簿研究》,《近代史研究》,2010年第5期。
③马勇虎:《民国徽商、乡村工业与地方市场——培本有限公司经营账簿研究》,《中国社会经济史研究》,2011年第1期。

己的生存环境①。诚然,笔者对马氏文章中所得出的某些结论并不完全赞同,但文章中所体现的新视角则不多见。

上述学者们利用账簿所进行的经济史或社会经济史的研究无疑是丰富而具有开拓意义的。他们利用账簿厘清了商业中诸如合伙形式、资金来源、利润、利率以及商业与地方社会的关系等等重大问题。不仅如此,他们的研究逐渐引起了学界对账簿这一历史文献的重视,越来越多的账簿被发现并用于研究,丰富并充实了史学及经济学的研究。但其不足之处亦是明显的。账簿作为商人账目的记录,从中提取跟经济有关的各种信息,对其进行归类、研究,自是应有之义。然而,商业账簿中除去经济信息外,还包含着大量其他类型的信息,如人物关系、生活空间等等,可是在上面所列举的研究成果中,除马勇虎的研究有所涉及外,则很少提及。

三、账簿中的日常生活史

日常生活史,顾名思义,就是利用历史文献复原过去曾经存在于民众生活中的社会事实。但其中所蕴含的内容以及学术取向则异常丰富,它是在新文化史或社会文化史、历史人类学兴起的背景下对史学研究的一个重大转向②。关于它的重要地位,常建华曾指出:"日常生活应当成为文化史、社会史、历史人类学研究的基础,也就是日常生活应当成为社会文化史研究的基础。"③基于此,载有丰富信息的账簿,理应成为日常生活史研究所依据的重要文献之一,但可惜的是,目前依此路径对账簿进行研究的成果并不多。当然,这一现象与资料的发现不无关系。

---

①马勇虎:《晚清徽州钱号与地方社会的互动——以咸同年间万隆、志成账簿为中心》,《安徽师范大学学报》(人文社会科学版),2011年第1期。
②有关日常生活史的讨论可参见刘新成:《日常生活史:一个新的研究领域》,《光明日报》,2006年2月24日;常建华:《从社会生活到日常生活——中国社会史研究再出发》,《人民日报》(理论版),2011年3月31日;《日常生活与社会文化史——"新文化史"观照下的中国社会文化史研究》,《史学理论研究》,2012年第1期。
③常建华:《日常生活与社会文化史——"新文化史"观照下的中国社会文化史研究》,第79页。

1992年元旦,比利时鲁汶大学的高华士(NÖel Golvers)无意中获得了一本由比利时传教士鲁日满(Franois de Rotagemont, S. J.)于康熙年间在常熟传教时所记录的私人收支账簿,于是他便对其悉心研究。7年后,其研究成果出版①。与上面对账簿的研究路径不同,在这部名为《清初耶稣会士鲁日满常熟账本及灵修笔记研究》多达800页的著作里,高华士不仅对账簿本身进行了细致研究,而且利用账簿所载的信息,并结合其他史料勾勒出了鲁日满在常熟传教期间的社会交往圈、作为神职人员的日常生活、传教方式,以及包括衣食住行在内的生活物质结构和早期传教工作的财政基础。此外,根据账簿中所出现的银、钱比率升降的记载,揭示出诸如三藩之乱这种国家重大事件对金融市场造成的影响,及对居民百姓的日常生活造成的影响。书中的描摹对象,并非仅仅是鲁日满一人,更多的是同时代的平民及其日常生活状态,因此该书被国内学者称为"清初江南天主教史的一幅真实画卷"②。此书中译本于2007年出版后,国内学者章文钦受此影响,对嘉定籍耶稣会士吴渔山账簿进行了类似研究,对吴渔山在主持嘉定堂区时期社会交往、经济生活等方面进行了初步的研究③。

同一时期,国内学者黄志繁、邵鸿也对自己所发现的排日账进行了日常生活史的研究。早在2002年,邵鸿和黄志繁便利用在江西婺源县(原属安徽省徽州府)寻获的一册由晚清时期的学童所记录的排日账④,对排日账的主人及家庭的日常生活内容、家庭经济构成、生活交往空间、民众与市场

---

① [比利时]高华士(NÖel Golvers)著,赵殿红译、刘益民审校:《清初耶稣会士鲁日满常熟账本及灵修笔记研究》,郑州:大象出版社,2007年。
② [比利时]高华士(NÖel Golvers)著,赵殿红译、刘益民审校:《清初耶稣会士鲁日满:常熟账本及灵修笔记研究》"序言二"。
③ 章文钦:《吴渔山嘉定账簿初探》,《中华文史论丛》,2009年第2期。
④ 值得说明的是,当时二位学者由于第一次接触,并不清楚此文献的性质,因此称之为"日记簿"。

的关系等等问题作了初步的研究①。6年后,二位学者又对新收集到的5册排日账进行了更为细致的研究。他们首先分析排日账的内容、性质、生产者以及存在的区域,其次通过5个家庭的日常农业生活,基本复原出了晚清时期的皖南小农的职业构成、劳动内容、家庭经济的构成比例、生活空间及其原因②。

排日账作为一种新发现的民间文献类型,由于其具备信息的真实性、生产者身份的底层性,因此无疑是复原历史事实的重要史料。但是,一些诸如排日账名称的由来、是否有不同身份的人记录排日账、排日账中还有哪些历史信息可以利用等等方面的问题,在黄、邵二人的成果中并未解决。此后几年,随着更多排日账的陆续发现,诸多相关问题渐次解决。王振忠经过数年的收集,其所藏的排日账多达10种,计16册,应是此类文献收藏最多的学者。他根据婺源县冷水亭村的《龙源欧阳起瑛家用账簿》抄本1册,结合实地考察,探讨了晚清徽州农村的日常生活问题。首先,他详细考证了"排日账"一名的由来,并指出排日账亦可称为"工夫账",其记录者并非局限于下层民众,除了农民、学童之外,还包括文化素养较高的私塾先生,而且这一逐日记账的习惯当与徽州当地经商风气的盛行密切相关。其次,他把婺源当地的地理环境与账簿结合起来考察,指出了冷水亭村与其他村落的茶叶买卖的事实。同时还根据账簿勾勒出了晚清时期婺源乡村的节日民俗、民间信仰、诉讼纠纷等日常生活的各个侧面③。

约略同时,另一位学者刘永华亦收集到13册计约40万字的排日账并对其加以研究。他首先对这批始自道光十八年(1838)止于光绪二十七年(1901),时间长达60余年的账簿中所涉及的活动空间进行了探讨。民众

---

① 邵鸿、黄志繁:《19世纪40年代徽州小农家庭的生产和生活——介绍一份小农家庭生产活动日记簿》,《华南研究资料中心通讯》,2002年第27期。
② 黄志繁、邵鸿:《晚清至民国徽州小农的生产与生活——对5本婺源县排日账的分析》,《近代史研究》,2008年第2期。
③ 王振忠:《排日账所见清末徽州农村的日常生活——以婺源〈龙源欧阳起瑛家用账簿〉抄本为中心》,《中国社会历史评论》,2012年。

的生活空间在稻田清一①、洪璞②以及前面提及的黄志繁、邵鸿等学者的研究中已经作过探讨,但他认为这个问题尚有进一步探讨的必要,而利用这批排日账恰好能达到其研究目的。他首先根据账簿并结合实地走访,复原了账簿的记录者婺源北部程家的活动空间范围,然后指出程家活动空间范围的确立与六个因素有关,即粮食种植、茶叶生产、亲戚往来、集市贸易、食盐贩卖及齐云进香。可以看出,这六个方面基本上涵盖了小农家庭日常生活的四个方面:农业生产、社会交往、贸易往来及宗教信仰。然而,他的研究并未止步于此,他还从时间的纬度,历时性地考察出程家在60多年间其生计模式发生了变化,而这些变化又导致了活动空间范围的变化。最后他通过对程家个案的研究指出,中国传统乡村并未如费孝通所概括的"孤立、隔膜",而是在各种因素的作用下,活动空间较大,空间的流动性也较高③。除了对村民活动空间的探讨外,他还利用这批账簿从全球史的角度,将婺北程家置入五口通商以来的国际背景下来讨论小农家庭、土地开发与国际茶市的相互关系。其所要解决的问题是五口通商以后,面对国际贸易的冲击,中国小农家庭的经济状况究竟是怎样的?采取了怎样的应对机制?透过他的研究,我们可以发现,面对中国经济全球化浪潮的冲击,晚清小农通过不断地开发土地,结合当地地理环境与传统农业结构改变自己的生计策略来加以应对,并因此改善了自己的生活水平,改变了当地的阶级关系以及生活空间。尽管如此,债务的积累,偿清债务能力的丧失,最终引发了家计危机,而与当时生活的时代并无直接关系。这一研究表明,晚清小农经济的基本走向,要比以往学术界所认识的更为复杂,需要利用类似排日账

---

①稻田清一撰,张桦译:《清末江南一乡居地主生活空间的范围与结构》,《中国历史地理论丛》,1996年第2期。
②洪璞:《乡居·镇居·城局——清末民国江南地主日常活动社会和空间范围的变迁》,《中国历史地理论丛》,2002年第4期。
③刘永华:《从"排日账"看晚清徽州乡民的活动空间》,《历史研究》,2014年第5期。

的民间文献,作更加具体、更为实事求是的研究①。除此之外,周致元、王玉坤、马勇虎等学者分别对黟县宏村的万氏家用账簿、祁门县贵溪村胡廷卿家用账簿作了相关的讨论,兹不赘述②。

从以上梳理中,我们可以看出,目前学者所利用的账簿主要有三类,即政府账簿、商业账簿及家庭收支账簿——排日账。这三类账簿的记录者不同,因此所要解决的问题亦各有不同。目前,学界对账簿的研究并不多,归纳起来,自民国开始,学界对账簿的研究大体有三种取向:其一是从会计学的角度对账簿本身的形式、构成进行研究,以利于进一步的改善,此一取向多为会计学、经济学界的学者,他们在民国初期,在西方科学主义、进化论的影响下,有感于中国账簿形制的落后,最早对其加以系统研究并加以改良。其二是从经济史或社会经济史角度,利用传统社会中留下的账簿来探讨相关的历史问题,其中既有从事经济学研究的学者,亦有从事历史学研究的学者,但以后者为多,所取得的成果也较多。其三是从日常生活史的角度,对账簿中所记载的包括经济信息在内的所有信息都加以利用,借以描摹出传统社会中的普通百姓的日常生活,进而探讨与此相关的各类问题,其视野不仅限于民众本身,而且扩展至国家制度、全球贸易的层面,探讨更为复杂、更为宏观性的问题。

四、本书创新之处

本书是在学习吸纳前述已有研究成果的基础上进行的探讨,与既往研究相比,本项研究的创新之处主要体现在两个方面。

---

①刘永华:《小农家庭、土地开发与国际茶市(1838—1901)——晚清徽州婺源程家的个案分析》,《近代史研究》,2015年第4期。

②周致元:《一份"流水日志"中所见的近代徽州社会》,《合肥学院学报》(社会科学版),2011年第4期;王玉坤:《近代徽州塾师胡廷卿的家庭生计》,《安庆师范学院学报》(社会科学版),2015年第3期;马勇虎、李琳琦:《晚清乡村秀才的多重角色与多样收入——清光绪年间徽州乡村秀才胡廷卿收支账簿研究》,《安徽史学》,2018年第3期。

(一)账簿研究方面

如前所述,已有的账簿研究主要有三种路径,本书属于第三种研究取向,即日常生活史的研究。在黄志繁、刘永华等学者对账簿展开的小农生活空间、小农的生计模式与国际形势的研究中,所涉及的阶层均为贫困小农,本书研究所用的材料则为乡村生员所书写,所展现的是具有较高知识素养的居民生活,本书除探讨生活空间、生计模式外,还包括社会基层组织、经济交往关系两个部分的内容。本书所作的探讨,不仅丰富了传统中国乡村多个阶层的生活实态,同时也展现了传统乡村中包括民俗、社会组织的运作实态。

在前述王振忠对账簿的研究中,所用资料类型与本项研究所使用的类型类似,皆为乡村塾师所记载。王氏的研究是一个提纲挈领式的探讨,在文中指出了这类文献对研究传统社会的重要性及其产生于徽州的原因,并为后来的研究提出了建议。本书即是在此指导下所作出的更为细致的探讨,在使用账簿同时,亦使用跟其有关的其他类型的文书来作更为全面精细的展示。

(二)日常生活史研究

20 世纪 70 年代,法国年鉴学派史家埃马纽埃尔·勒华拉杜里(Emmanuel Le Roy Ladurie)根据 14 世纪法国南部教会留下的档案细致探讨了 14 世纪法国乡村居民的生活、思想与习俗的全貌[①]。约略同时,意大利史家卡洛·金兹堡(Carlo Ginzburg)亦出版了其代表作《奶酪与虫子:一个十六世纪磨坊主的宇宙观》,在本书中,金兹堡试图通过重构麦诺齐奥的生平历史,从一个小人物的侧面分析主人公的异端思想言论产生的原因。通过建构16 世纪意大利北部小山村的磨坊主的思想渊源的个案,进而去理解发现意大利的下层社会独特的思想基础。作者利用大量的宗教审判记录材料重现这个小山村磨坊主的生活轨迹[②]。这两部著作所表达的史学观念是从日常

---

① [法]埃马纽埃尔·勒华拉杜里著,许明龙、马胜利译:《蒙塔尤》,北京:商务印书馆,2007 年。
② Carlo Ginzburg, *The Cheese and the Worms*: *The Cosmos of a Sixteenth－Century Miller*, translanded by John and Ann Tedeschi, The Johns Hopkins University Press, Baltimore,1992。

生活的琐碎中把握时代发展的脉动,堪称微观史或日常生活史的奠基之作。毋庸置疑,本书的思路与方法受其影响是很明显的。然而,在研究对象上,本书所探讨的是中国传统社会,从资料到社会的特征都存在着很大的不同,在研究中自会采用不同的视角与叙述方式。

美国学者史景迁(Jonathan D. Spence)与英国学者沈艾娣(Henrietta Harrison)的研究给本书带来诸多借鉴。史景迁的研究以其独特的叙述形式,将学术与文学结合在一起,一问世即引起了极大的争论。无论如何,其对学界尤其是中国学界的影响是巨大的。在其妙笔生花的著作中,对康熙、雍正特别是山东郯城普通平民妇女王氏的研究,让我们领略到个人生活史研究的魅力。然而,其研究所利用的资料或者是大内档案、《清实录》、官员奏折①,或者是地方志、文人笔记②,所能揭示的只能是旁观者或是经过筛选的印象,与历史的真实尚有一定的距离。而与本书比较接近的是沈艾娣的《梦醒子》一书。她以山西晚清士人刘大鹏日记为核心,描述了其曲折的一生。刘大鹏的科举之途十分曲折,他当了十几年的家庭塾师,又从事过各种商业活动,因此与本书所要探讨的人物胡廷卿在时代和人生际遇上都有着惊人的相似,为本书的写作提供诸多借鉴③。尽管如此,与之相较,本书亦存在着诸多方面的特异。首先,在资料上,《梦醒子》所用的核心史料为日记,而本书则是账簿。与日记相比,账簿虽然缺乏有关内心与情感的记载,但更真实,更具体,更加有利于对某项专题的研究。此外,除去账簿外,本书利用了族谱、契约文书等一批反映真实景象的民间文献,相较于《梦醒子》所用资料仅有日记、地方志而言,更具有丰富性,也更接近基层社会。其次,在地域上,《梦醒子》所探讨的是晋商所在的山西,而本书则是

---

① [美]史景迁(Jonathan D. Spence)著,邱辛晔译:《皇帝与秀才》,上海:上海远东出版社,2005年。
② [美]史景迁著,李璧玉译:《王氏之死》,上海:上海远东出版社,2005年。
③ [英]沈艾娣(Henrietta Harrison)著,赵妍杰译:《梦醒子:一位华北乡居者的人生(1857—1942)》,北京:北京大学出版社,2013年。

以徽商著称的徽州。二者在自然环境、地域区位上有着极大的差异,因而塑造出的地方传统与社会发展模式亦有着巨大的不同。中国是多元一体下的中国,唯有对更多地区做具体而微的研究,才能缀合出整个中国的图景,这也是区域社会研究的应有之义。

中国大陆学者[①]对日常生活的研究,据笔者管见,最早开展的是王振忠。他自1999年以来至今,除前已提及的对排日账的研究外,发表了数十篇有关日常生活史的文章,所用资料包括日记、杂字、信件、商业书、杂锦、《太平欢乐图》等各类文书,所探讨的包括学徒、学生、清末秀才、商人等各类民众的有关学习、学徒、经商等方面的日常生活,其时限上起明末清初、下迄新中国成立前夕,而地域则西北至敦煌、南至江南、江西等广大地域[②]。另一位学者常建华则从理论上论述了日常生活史对于史学研究的重要意义[③]。他们的学术旨趣皆是以人的活动为研究对象,探讨社会与日常生活中的关系,这一点给笔者以极大的启发,本书的研究正是在接受了这一研究取向的前提下,以胡廷卿家庭账簿为核心史料,集中复原胡廷卿长达三十多年日常生活中各个方面。

[①] 有关港台学者的相关研究可参见王鸿泰:《社会图像的建构》,收录于胡晓真、王鸿泰主编:《日常生活的论述与实践》,台北:允晨文化实业股份有限公司,2011年。
[②] 由于篇目较多,可参见附录《参考文献》一节。
[③] 常建华:《历史人类学应从日常生活史出发》,《青海民族研究》,2013年第4期。

第二章 贵溪胡氏、胡廷卿家族及其账簿

对于账簿的研究,首要任务是确定账簿的生产者,唯此方可对此一文献作社会史层面的深入探讨。本书所利用的"胡廷卿家庭收支账簿",据王玉坤考证,其记录者胡廷卿为祁门县贵溪村人,此论无误①。然而,王文并未对胡廷卿及贵溪胡氏进行深入探讨。笔者以为,欲要对此账簿中所载信息进行充分的理解与利用,须先解决这一问题。

贵溪胡氏是祁门望族之一,自宋代始就以科举而闻名。但进入明代以后,科举衰落,清代虽稍有起色,但与宋代相比,已不可同日而语。胡廷卿系列账簿的主人胡廷卿即出自于这个宗族,他终生居于贵溪村内。从他所留下跨越晚清、民国长达几十年的账簿中,可以一窥晚清塾师的日常生活及其置身的社会。不过,若要理解晚清的诸种文化现象,则需要对胡廷卿所在的宗族进行历史性的探讨,并且对胡廷卿本人及其所留下的账簿作一说明。本章拟对上述问题进行初步讨论。

---

① 王玉坤:《清末徽州塾师胡廷卿的乡居生活考察——以〈祁门胡廷卿家用收支账簿〉为中心》,《贵州师范学院学报》,2015年第5期。

第一节 贵溪胡氏家族的建立与发展

有关祁门胡氏的情况,民国时人胡光钊曾有过大致的概括:

> 周武王封舜后胡公满于陈,子孙以谥为姓。传至六十一世唐金紫光禄大夫仆射瞳公,于广明初,由歙之篁墩集壮士御贼于祁东。有子七人,四子宅随侍,卜居于贵溪,是为贵溪一世祖,今贵溪、平里、城南门、仓溪、桥里、胡村、正街、楚溪、竹园、桃墅、郭口、严潭、倒湖、城学前、北门、溶口、桃峰、城西门,均属宅派。七子学以翰林官常侍卜居于婺源清华,长子大公随祖保障祁东,其子孙散居祁之福州、柏源、凫溪口、庸溪、山亭、浒溪。其芦溪、清源、胡村、贵闻、赤桥,□由清华分迁,均属学派,《胡氏宗谱》振绿《世系源流序》可证。其外又有宅派之西石坑、学派之叶川坞、官田,均系异流同源。而环谷乡之和村,原系宅派,因事于乾隆时未曾修。考胡氏宗谱,于宋乾道癸巳临川通守俊杰、大德丁酉建宁路提学司炎午、明成化戊子自立先后纂修。明万历歙官传用宾修有统谱。清康熙癸丑弘文院庶吉士士著、乾隆壬午举人启道、光绪戊子举人廷琛续修。①

据《祁门县志》载:"胡光钊(1893—1985),字樵碧,居城里……光钊热心地方公益事业和文化教育事业,民国期间,曾发起请撤厘金分卡和减免征粮运动,对县图书馆和私立祁阊初级中学的筹建均尽过心力。他尤其关心地方文献,为搜集整理乡先达遗著备尽心力。1942年,胡光钊主持编修《祁门县志》,因人力物力所限,仅编印《祁门艺文考》《祁门氏族考》两个分册。续编有《祁诗合选》,惜已散佚,另编有《凤凰山志略》,所著有《溪上吟稿》4卷、《光明

---

① (民国)胡光钊编修:《祁门县志·氏族考·金紫胡氏》,民国三十三年(1944)刊本,现藏于复旦大学图书馆,第15b~16a页。

斋吟稿》1卷、《待园存稿》2卷。"①于此可发现胡光钊在编撰时对当地的宗族文献做了十分详尽的搜集,并做了大量的采访工作。他居于县城西隅,出贵溪派,因此,他对祁门胡氏尤其是贵溪胡氏的概括当有充分的证据作为支撑。

表 2-1-1　祁门胡氏族谱情况收藏一览表

谱名	编修者	编修年代	现藏地
贵溪胡氏族谱	胡自立	明成化四年	国家图书馆
祁阊胡氏族谱	胡士著	康熙十二年	屯溪吴敏家中
胡氏族谱	胡启道	乾隆二十七年	贵溪胡恒乐家中
祁门胡氏族谱	胡绍南	道光十七年	屯溪吴敏家中
祁门胡氏族谱	胡廷琛	光绪十四年	上海图书馆,贵溪胡恒乐家中
贵溪胡氏支谱	胡承祚	民国十三年	贵溪胡恒乐家中

从其对胡氏族谱的考证来看,胡氏族谱自南宋乾道癸巳年(1173)至光绪戊子年(1888)长达 751 年间,包括统宗谱在内,仅进行了七次修谱,并不算多,当然这里不包括各支所修的支谱,如编修于民国十三年(1924)的《贵溪胡氏支谱》就未被收录。目前可资我们利用且与贵溪胡氏有关的族谱有六部,最早的一部编修于成化四年(1468),编修者为贵溪村的胡自立(见表 2-1-1)。

一、宋代贵溪胡氏家族的建立

目前判断贵溪胡氏家族创建活动的依据之一,是保留于胡氏族谱中的一篇为胡俊杰所撰的谱序。虽然文献中有关胡俊杰的记载不多,但从中亦可看出他对贵溪胡氏谱系的建立和家族之构建所作出的贡献。

(一)胡俊杰其人

据成化《胡氏族谱》载:"俊杰,宋绍兴三十年庚辰登科,官至抚州通判,墓

---

① 祁门县地方志编纂委员会办公室编:《祁门县志》,合肥:安徽人民出版社,1990 年,第 715 页。

在一都。"①由此看来,胡俊杰的生活年代当为南宋,其官职为江西抚州通判。抚州在宋代属江南西路,为军事要地,下辖五县:临川、崇仁、宜黄、金溪、乐安②。"通判"一职,设于宋初,由皇帝直接委派中央官员驻于地方,以行使监察管理之权。"南渡后,设官如旧,入则贰政,出则按县。有军旅之事,则专任钱粮之责,经制、总制钱额,与本郡协力拘催,以入于户部。既而诸州通判有两员处减一员。凡军监之小者不置。又诏更不添差。其后,或以废事请,或以控扼去处请。绍兴五年以后旋添置之。除潭广洪州、镇江建康成都府见系两员外,凡帅府通判并以两员为额,余置一员。"③可见,通判直接受中央管理,为中央尤其是中央财政服务,其品阶与地方长官相等甚至略高。由于抚州府在唐代以前称为临川郡,因此胡俊杰自称官职为"临川通守"。然而,在永乐《祁阊志》中则称胡俊杰为朝散郎,"白杨院,邑南四十五里,在十二都,里人朝散郎胡俊杰先世布福田之所,院有四景:曰松萝阁,曰竹间亭,曰碧波亭,曰般若亭。元废。"④朝散郎,在宋代属文官散官,从七品上⑤,在中央属低级官僚。又据明嘉靖《江西通志》载"胡俊杰,朝散郎……俱嘉泰间",此条被置于"通判军州事"下⑥,显然前面对胡俊杰的记载无误。而清同治九年(1870)刊刻的《临川县志》中的记载更为具体,"胡俊杰,府志作杰俊,嘉泰元年任",其前有说明:"宋,通判俱以朝散、朝请、通直、承议诸郎大夫任"⑦。至此,我们可以确定,胡俊杰在嘉泰年间(1201—1204)以朝散郎的身份任抚州通判,此时距其考中进士的绍兴三十年(1160)已达40年之久。抚州通判当是胡俊

---

① (明)胡自立编纂:《贵溪胡氏族谱》卷三《始祖四公第三迁世系图》,成化四年(1468)刻本,现藏于国家图书馆。
② (元)脱脱编修:《宋史》卷八十八《志第四十一江南西路·抚州》,北京:中华书局,1977年,第2190页。
③ (元)脱脱编修:《宋史》卷一百六十七《志第一百二十职官七·通判》,第3974~3975页。
④ (明)黄汝济主纂:《祁阊志》卷五《僧寺》,据永乐九年(1411)抄本点校,祁门县地方志办公室整理,皖内部资料性图书2004-129号,第54页。
⑤ (元)脱脱编修:《宋史》卷一百六十九《志第一百二十二职官九·文散官》,第4050页。
⑥ (明)林庭㭿编修:《江西通志》卷之十九《抚州·秩官·通判军州事》,明嘉靖间刻本。
⑦ (清)童范俨编修:《临川县志》卷三十二《职官志·文职》,同治九年(1870)刻本。

杰所任的最高官职,且时间不长,只有两年左右。此后胡俊杰应该是告老还乡或是死于任上。据此亦可判断,胡俊杰对"临川通守"的自称,是后人所加无疑,但从其所撰序文来看,他对家族构建的努力则是事实。

(二)胡俊杰的家族建设

首先是编撰谱图,构建谱系。俊杰所编族谱,今已失传,其所撰写的谱序,被保存于胡氏所编撰的历代族谱中。该序较长,但由于其对胡氏家族的创建具有首创之功,且对理解贵溪胡氏在宋代时的情形有重要作用,因此笔者不惮其繁,照录于下。

> 人之所以别于禽兽者,以有义也。人惟其有义也,必知我所自出之同焉,而不为异也。宗族之义大矣。尊卑相聚,而后有以致其敬;贫富相通,而后有以致其爱。冠婚宾客相庆而欢欣存焉,死丧病患相恤而哀矜存焉。夫是之谓,宗族之义,吾知其能别于禽兽也。自夫尊卑之不相聚也,尊者不怜其卑而以傲,卑者不奉其尊而以悍。尊卑黩乱,讥骂讼争交忿而不知反,向之敬变而悖矣。自夫贫富之不相通也,富者以财自侈而凌侮其下,贫者窘于衣食而疾视其上。富者愈高,贫者愈傲,向之爱变而为狠矣。冠婚宾客之不相庆,则欢欣之心无乃以绝欤;死丧病患之不相恤,则哀矜之心无乃以息欤?至于亲者反疏,疏者反亲,仇雠作而礼义灭,此皆由此之故也。噫!其不知义矣乎,其何以别于禽兽乎?虽然禽兽,尚有义也。鸡之在庭也,鹿之在野也,而食则相呼;鸿雁之在川也,猩猩之在山也,而动则相应,亦可谓知义矣。矧以人而不如之乎!吾胡氏之先,自周封舜后妫满于陈,是为胡公。其后子孙蕃衍,而西都之常,东都之广,晋之威,唐之证,凡显登载史传者,其流虽别,其为胡一也。唐末巢寇之乱,四公宅由徽之黄墩来居贵溪,是为始祖。今推而列之得十余代孙矣。人众浩繁,阗溢里巷,呜呼!可谓盛矣。贤明敏秀,温文恭俭,不可谓无人矣。而吾未以为盛焉,特恐其间不知义之所在,而尊卑之亵慢,贫富之间隔也;冠婚病患之不相往来,而亲疏之易位

也。是数者之不能行,而群焉以游,而庐焉以处,安于不义而靡然成习。敦厚消而风俗坏,天理民彝沦胥颠倒,而莫之救也。故明道先生尝曰:以管摄人心,收宗族,厚风俗,使人不忘本,须是谱系。因获旧图而新之,置之座隅,庶几与吾同所自出者观之,深省其故,而崇亲之义,宜敬者敬,宜爱者爱,宜欢欣而欢欣,而(宜)哀矜而哀矜。非惟足俾吾宗族之睦,将见一乡而暨一国而天下,和协之气熏蒸四达,苏氏曰:民相与亲睦者,王道之始也。诚知言矣,吾宗其谨思焉,笃行而无拂于斯焉。再批:始予作族谱图序,或者谓贬驳太过。及观王提刑汝舟(字君济)所作族谱图序,讥责尤甚。盖言不切,则不足以劝善而惩恶也。方知言言亦有合焉也。

宋乾道九年癸巳二月朔旦任临川通守十二世孙俊杰序。①

此篇序文,首先指出了"义"是人区别于禽兽的根本,并推之于宗族之中。然而当时的社会现实却是尊卑不聚、贫富相绝,宗族之谊无存,故而对其进行了谴责。其次,概括叙述了胡姓及贵溪胡氏的由来,并指出了贵溪胡氏的"贤明敏秀,温文恭俭"。但胡俊杰对此并不满意,原因是"不知义"。最后,引用程颢、苏轼的相关论述,指出编修族谱的意义。

透过胡俊杰的序文,我们可以发现,他所描述的社会是一个礼崩乐坏的失序社会,因此他企图通过编修族谱,确立各自的亲疏、尊卑,从而达到"管摄人心、收宗族、厚风俗"的效果。他所编修的族谱虽已不存,但从"因获旧图而新之,置之座隅,庶几与吾同所自出者观之"的记载来看,其所编族谱,实际是族图,即明清族谱中的世系图。此图并非俊杰首创,而是由其将旧图加以更续而成,这一编纂族谱的形式当是借鉴了欧阳修的编谱之例。

在宋代,提倡编撰族谱的是欧阳修与苏洵二人,他们所编族谱成为后世编谱的样板,但二者不同。欧氏谱名称为谱图,用吊线谱的方式记载;苏氏谱则名为族谱,实行的是横排法,五世一表,他们所编的族谱分别收录于《欧阳

---

① (明)胡自立编纂:《贵溪胡氏族谱》卷首《胡氏家谱旧序之一》。

文忠公集》与《嘉祐集》中。欧阳修所编族谱分为"谱图序""谱图"和"谱例"三个部分①,而胡俊杰在上述引文中的再批之言,说明此篇序即是"谱图序",不仅如此,其中所提到的王提刑汝舟②,亦曾作过谱图序。显然,自欧氏谱编撰以来,谱图序在江西以及毗邻的婺源、祁门等地产生了较为明显的影响。至于谱图的编撰方法,欧阳修作了说明:

> 自唐末之乱,士族亡其家谱。今虽显族名家,多失其世次,谱学由是废绝。而唐之遗族往往有藏其旧谱者,时得见之,而谱皆无图,岂其亡之?抑前世简而未备欤。因采太史公《史记·表》、郑玄《诗谱略》,依其上下旁行,作为谱图。上自高祖,下止玄孙,而别自为世。使别为世者,上承其祖,为玄孙,下系其孙,为高祖。凡世再别,而九族之亲备推,而上下之则知源流之所自。旁行而列之,则见子孙之多少。夫惟多与久,其势必分,此物之常理也。凡玄孙别而自为世者,各系其子孙,则上同其出祖,而下别其亲疏。如此,则子孙虽多而不乱世传,虽远而无穷。此谱图之法也。③

由此可见,欧阳修是借鉴了司马迁的《史记》中"表"的写法及郑玄的《诗谱略》加以糅合而成谱图,按照上自高祖下至玄孙,五代而别的原则建立自己的世系,实现其"上同其出祖、而下别其亲疏"的目的。可以推测,胡俊杰所编撰的谱图当与此方法相类。

---

① (宋)欧阳修:《欧阳文忠公集》外集卷第二十一·集七十一《欧阳氏谱图序》,据中华书局1936年版影印,"四部备要"第74册,北京:中华书局,1989年,第359~361页。
② "王汝舟,字公济,婺源武溪人,生三岁而孤,不好戏弄,弱冠登第。性豁达,以风节自许,所不合不肯降色词。知舒城县,熙宁中岁荐,推行荒政所,全活甚众。后知南剑州,所部沙县,获强盗十三人,已杀其首,余皆当死。汝舟阅牍,得捕盗官利赏增入其赃之状,三日而决,皆免死。以治行,为诸郡第一,除知建州,后又知虔州……自江西徙夔州路提点刑狱,告老而归,历官十七任,余五十年,未尝有失,卒年七十九。"见(明)彭泽修,汪舜民纂:《徽州府志》卷七《人物一·勋贤》,据弘治十五年刻本影印,"天一阁明代方志选刊"第21册,上海:上海古籍书店,1964年。
③ (宋)欧阳修:《欧阳文忠公集》外集卷第二十一《欧阳氏谱图序》,四部丛刊·集部。

除在形式上借鉴外,胡俊杰在对胡氏谱系的追溯上,亦能明显看到受欧阳修的影响。在其谱图序中,欧阳修记载:"某又尝闻长老言:当黄巢攻破江西州县时,吉州尤被其毒。欧阳氏率乡人捍贼,赖保全者千余家。"①而在上述胡俊杰的序文中,虽然尊胡满为始祖,但对始迁祖的追溯则至唐末黄巢之乱时的胡宅。"唐末巢寇之乱,四公宅由徽之黄墩来居贵溪,是为始祖。"黄墩,位于歙县,原有黄墩湖。在徽州各大宗族的族谱里有许多从此处迁移的记载,虽然大多值得怀疑,但此处当是北方移民南渡后最早的定居点之一。歙县是徽州(北宋宣和三年以前称歙州)的政治中心,而黄墩也很早就成为民众迁出地记忆对象。实际的情形是否如胡俊杰所记载,已无可考,但黄巢起义所引起的动乱以及贵溪地处深山的地理位置,显然是民众迁移至此的动因,且胡俊杰的这一追溯为后世胡氏族人所认同,为胡氏谱系的建立奠定了基础。当然,随着时代的变迁,出于各种现实的需要,这一谱系亦得以不断丰富。

其次是立义山、续置义田、设义学。关于此,《新安大族志》有相关的记载:

> 先是俊杰、介教念子姓繁衍,倡率族人建立"救贫义山"于十三都,计四百余亩,子孙世守其业,综理益密,生利笃义无穷;又立学舍(于)里中平冈,教授子弟,至今名曰"夫子山";续立义田以供祠事。②

胡俊杰认为"尊卑相聚,而后有以致其敬;贫富相通,而后有以致其爱。冠婚宾客相庆而欢欣存焉。死丧病患相恤而哀矜存焉。夫是之谓宗族之义,吾知其能别于禽兽也"。面对失序的社会状况,谱系的构建有助于厘清宗族内部的尊卑与亲疏,但要真正地实现"管摄人心、收宗族、厚风俗"的目的,须

---

① (宋)欧阳修:《欧阳文忠公集》外集卷第二十一·集七十一《欧阳氏谱图序》,"四部备要"第74册,第359页下。
② (明)戴廷明、程尚宽等辑,朱万曙等点校、余国庆等审订:《新安名族志》前卷《胡·贵溪》,合肥:黄山书社,2007年,第310页。

有其他的辅助手段,首先就是经济上救助内贫困者。于是他与同族的胡介教一起率族人设立"救贫义山",专门救助族中那些贫苦孤寡者。这一举措的实施,有利于宗族的维持与发展。

胡俊杰的另一项措施是续立义田,以供祠事。在《新安名族志》中,有关于他和胡介教续立义田的记载,从中可以看出在俊杰之前,胡氏族人已经设置了义田用于祭祖。在前引永乐《祁阊志》中白杨院的记载指出,白杨院是"俊杰先世布福田之所"。布福田,即祭田,是为了每年祭祖筹集经费而设置的田产。白杨院,应该是放置祖先牌位、祭祀祖先之处,方志将其列入"僧寺"条内,说明它是一座寺院。据学者的研究,宋代祭祖多采用墓祭与庙祭①,白杨院记载正好说明了祭祖与寺院结合的论断。

与此同时,胡俊杰还在里中的平冈山上创办义学,以提高胡氏族人的教育水平,培养科举人才。据胡宅的十五世孙、曾任建宁路提学司的胡炎午所载:"村心来山雄拔,基山建夫子庙,坐北面南,山趾设乡校门。春秋丁祭。比毁兵火,旧址尚存。初宋都汴(名器之)贡入京师太学。时晦庵先生父(名松),号韦斋先生,居婺源,间岁迁访约归斋庐。二公极相雅善。"②平冈即是胡炎午所言之"村心"之山,又称"夫子山",该名保留至今。因此,胡俊杰在此创办义学应为事实,且此处还建有夫子庙,立乡校门,春秋丁祭。同时,朱熹之父因与胡器之的关系,亦来此拜访。因此,贵溪在宋代俨然是祁门的一个理学中心。

二、元代贵溪胡氏家族的发展

在宋代,贵溪所处的地理位置以及国家的征税制度使得贵溪成为当时祁门的行政中心之一,这为贵溪胡氏的文教事业提供了便利。然而进入元代,贵溪务的撤销,政治势力的退出,给贵溪胡氏家族的发展带来了不利的影响。

---

① 常建华:《宋元时期徽州祠庙祭祖的形式及其变化》,《徽学》第1辑,合肥:安徽大学出版社,2001年。
② (明)胡自立编纂:《贵溪胡氏族谱》卷首《胡氏家谱旧序之三》。

元代时,贵溪胡氏无人应举。据嘉靖《徽州府志》载：

> 岁办之课,其目有九。九者之中惟婺源县有横征铁课,婺、祁二县有横征竹木课……竹木课者,歙南十五里浦口,休宁率水来会,乃桴筏聚处。宋时州郡抽分竹木公用,至元十五年,本路于此置场,依商税则以十分抽一,后不复抽分本色,后又与正税同额。至大四年,以徽土瘠,厥木微小,不堪横,定为额外课。旧志云：六邑惟婺、祁有竹木课者,以婺、祁商人贩竹木行鄱阳。①

此记载表明,元代以降,随着歙县逐渐成为徽州府的政治中心,以及国家征税制度的改变,对徽州竹木课的征收之所开始置于歙南的浦口,利用水运来完成。同时,"至元二十一年抽分变卖到中统钞五十一锭二十两五分。自本年为始,定作课额恢办,不复抽分本色"②,由于竹木课开始成为定额,祁门县政府为了便于征收,在县城里的宣化坊设置在城务,而贵溪务已无存在的意义,据弘治《徽州府志》载：

> 柏溪务,宋置,在县北八都,元至元二十九年裁革。贵溪务,在县南十二里,宋置,元至元二十九年裁革。石门务,在县西二都,宋置,元因之,国朝裁革。税课局,即元之在城务,至元中裁革,柏溪、贵溪二务并入在城、石门二务带办。③

由此看来,贵溪务与柏溪务一起于至元二十九年(1292)裁撤,而并入在城务。国家的这一举措对于贵溪胡氏的影响,目前虽未能找到直接的记载,然而,从诸多历史事实来看,我们似乎不能对这一影响熟视无睹。据前引胡自立所编《贵溪胡氏族谱》可知,元代虽短,但贵溪胡氏还是举行了两次修谱

---

① (明)何东序修：《徽州府志》卷七《食货志上》,明嘉靖四十五年(1566)修,北京图书馆古籍珍本丛刊(29)史部·地理类,北京：书目文献出版社,1998年,第158~159页上。
② (明)彭泽修,汪舜民纂：《徽州府志》卷三《食货二·财赋》,据弘治十五年(1502)刻本影印,"天一阁明代方志选刊"第21册,上海：上海古籍书店,1964年,页20b。
③ (明)彭泽修,汪舜民纂：《徽州府志》卷二《地理二·古迹》,据弘治十五年(1502)刻本影印,"天一阁明代方志选刊"第21册,上海：上海古籍书店,1964年,页16a、b。

活动,时间分别为至元十七年(1280)和大德元年(1297)。其编修者分别为胡宅十五世孙胡琦、胡奎①。可惜的是这两次所修之谱皆未存世,可能是因为未能刊刻所致,因此我们对元代时期的贵溪胡氏所知甚少。

元代尽管存在时间不长,且是异族统治,实行的科举政策亦对汉族士人有诸多限制,特别是对包括徽州在内的南人有许多制度上的歧视。但是,由于元代政府对朱熹思想的抬高,因此这于朱子的故乡徽州而言,是一个理学逐渐影响社会的时代,这一点,已有诸多的研究成果,无需赘言②。理学的渗透,影响到徽州士大夫群体对宗族构建的实践,徽州的宗族意识已成为整个社会的共同心理,不仅编修了大量的族谱③,同时在祭祖的形式上也发生了变化④,进而影响到宗族内部的日常生活⑤。具体到祁门,此时已经产生了四大望族的说法,据元末明初祁门理学家汪克宽记载:"君讳龙,字义仲,新安祁门人。世称竹溪陈氏,代有显者,与同邑韩溪汪氏、润田张氏、孚溪李氏,并为望族,事载县志。"⑥这里所言及的县志,应是元时祁门士人汪元相所编《祁阊志》。该志于元至顺三年(1332)编修而成,是祁门第一部方志,但由于各种原因,并未传世,其部分内容在黄汝济于永乐九年(1411)所编的《祁阊志》中得以保存。⑦永乐时,汪克宽已去世多年,因此,他所言及的县志为已经失传的

---

①(明)胡自立编纂:《贵溪胡氏族谱》卷首《胡氏家谱旧序之二、三》。
②代表性成果可参见朱开宇:《科举社会、地域秩序与宗族发展——宋明间的徽州,1100—1644》,台北:台湾大学出版委员会,2004年;章毅:《理学社会化与元代徽州宗族观念的兴起》,《中国社会历史评论》第9卷,天津:天津古籍出版社,2008年;章毅:《理学、士绅和宗族:宋明时期徽州的文化与社会》,香港:香港中文大学出版社,2013年。
③赵华富:《徽州宗族研究》第4章第1节《宋元徽州谱牒》,合肥:安徽大学出版社,2004年。
④常建华:《宋元时期徽州祠庙祭祖的形式及其变化》,《徽学》,2000年卷,合肥:安徽大学出版社,2001年。
⑤王振忠:《明以前徽州余氏家族史管窥:哈佛燕京图书馆所藏〈婺源沱川余氏族谱〉及其史料价值》,《徽学》第6卷,合肥:安徽大学出版社,2010年。有关徽州宗族研究状况,可参见唐力行:《徽州宗族研究概述》,《安徽史学》,2003年第2期。
⑥(元)汪克宽:《环谷集》卷八《墓碣铭·元故将仕郎全州路清湘县主簿陈君墓碣铭》,钦定四库全书·集部五·别集类四·元。
⑦(明)黄汝济主纂:《祁阊志》卷首《重编祁阊图志序》及《祁阊志旧序》。

汪氏《祁闻志》无疑。有关祁门四大望族的说法已载入县志,说明这是当时祁门士大夫的共识。但四大望族并未包括贵溪胡氏,由此可看出,在元代,贵溪胡氏虽然依然有胡炎午、胡琦等知识分子的存在,但其家族的文教事业已经开始衰落则是事实。

三、明代贵溪胡氏家族的衰落与祁门胡氏宗族的构建

明代的贵溪胡氏,在宗族构建上虽然与其他宗族一样,通过联宗、祭祖、修建祠堂等手段不断发展,但是,贵溪村显然已经从宋代祁门的理学中心变成了一个边缘之地,这跟贵溪村在科举上的衰落、逐渐失去了在宗族各派中以及祁门当地的话语权有很大的关系。

(一)明代贵溪胡氏在科举上的衰落

明代以降,贵溪衰落的最直接表现是在科举上。除去元代外,笔者即以宋明两代的进士数量加以说明。有关明清时期徽州一府六县进士数量、分布等方面,李琳琦曾作过相关研究①,但正如李氏所言:"由于府志记载不甚完整,再加上明清徽州人'多客游于外,往往即其地之籍以等第仕宦者',因而,明清徽州进士总数迄今尚未有一个统一的说法。"②因此,他利用各县方志中所载数字加以统计,在此基础上进行分析。但笔者拟利用淳熙《新安志》与康熙《徽州府志》对宋、明两代进士数量重新加以统计分析,其原因有二:其一,由于方志的编撰者的主观标准不同,并受各县地方之影响,因而所得数字当与事实出入较大;其二,淳熙《新安志》编修于宋代,修纂者对当时的情况较为了解,所载相对较为客观,而康熙《徽州府志》的主纂者为清初著名学者赵吉士,据他本人介绍:

> 余在都,日与郡缙绅吴祭酒苑、汪太常晋征、程侍御文彝、张编修瑗、黄比部元治诸同志反复参阅,刻期修举,几有成劳矣。而太守

---

① 李琳琦:《明清徽州进士数量、分布特点及其原因分析》,《安徽师范大学学报》(人文社会科学版),2001年第1期。
② 李琳琦:《明清徽州进士数量、分布特点及其原因分析》,第33页。

旋报罢,余喟谓:念囊日之回循,历数十年而未有就,乃今几成而复置之,为深可惜也。勉力编摩,自丁丑春迄己卯冬,凡阅三十有六月,而书成。为卷者十有八,汇而为纲者九,……大约以府志为经,以邑志为纬,删繁就简,而益以嘉靖以后之人、之事,详核而精讨之。字不加多而文义略具,独人物一志,则前乎嘉靖者以嘉靖旧志为准,后乎嘉靖者以六邑新志为征,若乃众目之所未经见,众耳之所未尽闻,则宁从阙疑之,例不敢以己意轻为采入焉。①

由此可见赵吉士对此部志书的用心程度,其所载内容亦应较为符合事实。基于此两点,笔者对两部方志的相关记载进行了统计分析(见表2-1-2和表2-1-3)。

表2-1-2　宋、明两代徽州科举数量统计分析表

宋				明							
进士				进士				举人			
县份	数量	比例(%)	名次	县份	数量	比例(%)	名次	县份	数量	比例(%)	名次
歙县	99	17.2	3	歙县	174	43.4	1	歙县	456	38	1
婺源	174	30.5	1	婺源	91	22.6	2	婺源	262	21.8	2
休宁	135	23.5	2	休宁	57	14.2	3	休宁	217	18.1	3
祁门	52	9.1	5	祁门	46	11.4	4	祁门	152	12.7	4
绩溪	23	4	6	绩溪	18	4.5	5	绩溪	68	5.7	5
黟县	76	13.2	4	黟县	11	2.7	6	黟县	36	3	6
未知	13	2.4		未知	5	1.2		郡城	10	0.8	
总计	572	100		总计	402	100		总计	1201	100	

(说明:本表所使用资料为淳熙《新安志》卷八和康熙《徽州府志》卷九《选举志上》,其中《新安志》中有79位进士未标明籍贯,笔者根据康熙《徽州府志》增补。此数据中不包含武科进士,其中宋代有4位占籍者,明代有9位)

①(清)丁廷楗修,赵吉士纂:《徽州府志·序》,赵吉士纂,据清康熙三十八年(1699)刊本影印,中国方志丛书·华中地方·第二三七号,台北:成文出版社有限公司印行,出版年代不详。

表 2-1-3　宋、明两代祁门各姓及胡氏科举数量统计分析表

宋		明						宋代		
进士		进士		举人				姓名	籍贯	
姓氏	人数	姓氏	人数	姓氏	人数	姓氏	人数	胡多闻	祁门人	
胡	11	汪	7	汪	22	马	2	胡良	祁门人	
汪	5	谢	6	谢	17	倪	2	胡汝器	贵溪人	
陈	3	程	5	程	12	孙	2	胡刚中	贵溪人	
程	3	李	3	李	10	光	1	胡景伊	贵溪人	
方	3	王	3	康	9	江	1	胡俊杰	贵溪人	进士
黄	3	余	3	王	9	林	1	胡尚礼	贵溪人	
康	3	方	2	方	7	卢	1	胡有德	贵溪人	
李	3	冯	2	胡	7	饶	1	胡元采	贵溪人	
王	3	吴	2	黄	7	唐	1	胡镇孙	东街人	
谢	3	叶	2	吴	5	总计	151	胡元符	泥坑人	
许	3	郑	2	叶	5			总计	11	
冯	1	胡	1	许	4			明代		
傅	1	黄	1	郑	4			胡深	城东人	进士
丘	1	蒋	1	陈	3			胡安	城东人	
苏	1	康	1	徐	3			胡辅	城东人	
吴	1	倪	1	余	3			胡蒙	城东人	
叶	1	饶	1	张	3			胡深	城东人	举人
章	1	孙	1	周	3			胡守忠	贵溪人	
赵	1	许	1	蒋	2			胡思诚	溪头人	
周	1	张	1	冯	2			胡永兴	赤桥人	
总计	52	总	46	洪	2			总计	8	

（注：本表的资料来源与表 2-1-2 相同）

由表 2-1-2 中可以看出，就整个徽州府而言，相较于宋代，明代时祁门县总的科举人才数量处于上升阶段，然而，从表 2-1-3 来看，祁门县内部的各个姓氏在科举上发生了巨大的变化，其中最明显的莫过于贵溪胡氏。纵观整

宋代,祁门县考中进士的姓氏有20个,共计52位文科进士,平均每姓2.6%,其中胡氏一姓即有11位,约占祁门县总数的21.2%,超过了五分之一的数量。仔细分析胡姓中的各派,则发现贵溪一村即有7位,约占全部数量的13.5%,其余4名中,胡多闻、胡良所在村落未知,而胡镇孙与胡元符则属于翠园胡氏。由此可以看出,宋代的贵溪胡氏在祁门科举中占有重要地位。但整个明代,祁门县考中举人的有151位,考中进士的有46位,其中胡姓举人7位,出自贵溪村者仅有1位。其余6位中,胡安、胡辅、胡蒙、胡深皆居于县城东街,属翠园胡氏,另外两位胡思诚、胡永兴则属学公派,胡深于正统十年(1445)考中进士,他也是明代祁门唯一的一名胡姓进士。占据明代祁门科举人才数量前四位的姓氏是汪、谢、程、李四姓,其中汪、谢、李即包含于前述汪克宽所指的祁门四大望族中。可见,元代是祁门社会发生重要变化的时期。

显然,科举上的衰落是祁门社会变迁中的一种反映,其背后有多种因素。无论如何,贵溪胡氏凭借在宋代所取得的成功,已经构建起了自己的谱系,进入元、明后,虽然形成了翠园胡氏与以胡学为始迁祖的学公派,但多数的祁门胡姓依然以贵溪胡氏后裔自居,他们在明代中期以后,通过各种手段,以贵溪为象征进行了宗族化建设。

(二)明代中期贵溪胡氏的宗族构建

相较于其他宗族,贵溪胡氏所修族谱并不多,据文献记载,"(祁门胡氏)谱牒之修,肇宋乾道九年,迄明成化、万历,屡经纂辑,越我朝则康熙时始一修,乾隆时乃再修之。至是又百有余年。"①这里所言之乾道、成化、万历,分别是指不同年代修纂的三部族谱。其中,乾道九年(1173)胡俊杰所修之谱,前已述及。成化之谱,是指前已提及的成化四年(1468)由胡自立所编修之谱。上述二人,皆生活于贵溪村。而万历之谱,则是指婺源人胡用宾于万历十二年(1584)所编,是婺源清华学公派与祁门学公派之联宗谱。现有两部,分别藏于安徽省图书馆和上海图书馆。显然,此篇序文的作者没有提及元代

---

①(清)胡廷琛纂修:《祁门胡氏族谱·序一》,清光绪十四年(1888)刻本,现藏于上海图书馆。贵溪村胡恒乐家中亦藏有其中的两册。

所编的两部族谱,其原因可能是早已不存,或是失传已久并在胡氏宗族中不具有重要作用。当然,分居于祁门县之外、以贵溪胡氏后裔自居的石埭琉溪派亦在明万历年间单独修谱①,但它跟贵溪胡氏关系不大,不仅在贵溪胡氏宗族建设中不具有作用,而且对本书的研究亦无多大益处,因此,笔者所依据的文献,仅有一部存世的成化族谱以及清代年间所编的三部族谱。下面,笔者即以此四部族谱为中心,结合其他文献对明代贵溪胡氏的发展加以探讨。

成化胡氏族谱,目前存世的仅有一部,共四册,藏于中国国家图书馆,有残页。② 该谱分六卷,首一卷。卷首有 5 篇序文及"家谱例略";卷一至卷五为世系图、遗像图、沧溪景致图及贵溪祖墓总图;卷六为族谱后序及附录,附录包括"大塘胡氏谱序""贵溪胡氏立斋自叙""贺胡公旻芳六十序"三篇文章,其编修者为胡宅的第二十一世孙胡自立。据其自序,他本名胡达,字自立,一字邦立,号立斋。好读书,但未中科举,于夫子山下开馆授徒,应是一名低级知识分子。③ 其父胡旻芳,生于洪武二十九年(1396),娶二妻,纳一妾,育有五子二女。胡自立排行老三,是胡旻芳第二任妻子所生之长子。他生于宣德八年(1433),至成化四年(1468)编修族谱时 35 岁。④ 在其族叔胡里宁的提倡下,他开始编修本谱,并得到了族侄胡常清的辅助。⑤ 编谱的依据是其所藏旧谱,与其他各支各派参互考订,"幸有祖宗名目,合吾旧谱者则皆录而续之"⑥。可见,胡自立在此谱中收进了诸多新的支派,具有类似联宗的性质。透过此谱,我们可以发现此时的贵溪胡氏有着自己的特征。

首先是谱系的重新构建。从宋元时代的四篇谱序来看,明代以前的贵溪知识分子一直是以胡宅为始迁祖,胡宅之前的世系语焉不详,其迁移的路线亦是由歙之黄墩而至贵溪,其迁徙的缘由仅是避乱。关于谱系,据胡炎午所

---

①以上各谱在清代所编胡氏族谱中皆录有谱序可证。
②有关此谱的版本、品相等信息,可参见国家图书馆网站对其的介绍文字。
③(明)胡自立编纂:《贵溪胡氏族谱》卷六《附录·贵溪胡氏立斋自叙》。
④(明)胡自立编纂:《贵溪胡氏族谱》卷五《四公宅第五迁世系图·惟琇公派下》。
⑤(明)胡自立编纂:《贵溪胡氏族谱》卷六《贵溪胡氏族谱后序》。
⑥(明)胡自立编纂:《贵溪胡氏族谱》卷六《附录·贵溪胡氏立斋自叙》。

言:"余后五岁入学,即知四公为吾始祖,六传而至八公,其派有四。自四以来,云仍郁茂,麻竹相多。"①由此可知,元代时贵溪胡氏谱系较为简略,宅公六传而至八公胡杲,胡杲有四子,分成四派,后面才分为众多支派。然而胡自立通过该谱的编订,重新建构了一套谱系。

  盖吾胡氏自周武王封帝舜之后胡公满于陈而姓始也。传至二十一世,有曰仕能,迁扬州刺史,封安定王,其子元善,亦袭爵为安定郡王。故胡姓称安定郡者,又从此而始也。自是以来,子孙蕃衍,散居天下。虽其间迁徙不常,然世系相传有自来矣。至五十八世,有讳福者,任姑孰守,因家古歙之黄墩,生一子讳裕,裕生伸,伸生五子,曰焰、曰烂、曰烨、曰焕、曰炼。其后,焰居黟县黄山,烂居休宁环珠,烨居休宁渭桥,焕居黟县横岗。炼讳瞳,居黄墩。唐僖宗朝,为宣歙府尹,封太常卿,卒赠金子光禄大夫,以王礼葬之,墓在吾祁门土坑。有七子,讳康、讳宁、讳仁、讳宅、讳惠、讳珍、讳学。后经黄巢之乱,各自迁焉。讳康、讳宁、讳仁、讳惠,迁居他郡,莫知其所。讳珍、讳学,迁居婺源清华。其第四子讳宅,迁居祁之贵溪,即本宗是也。吾贵溪遂又以四公宅为始祖焉。复传至六世祖八公杲,有四子,讳衔、讳汉、讳应、讳恭。厥后,族蕃地逼,各卜其居。②

从此篇序文可以看出,胡宅以前的世系已变得十分清晰,且有了郡望,属安定胡氏,至胡福而至苏州,因家古歙之黄墩。其孙胡伸生五子,分居徽州各县,而第五子胡瞳又生七子,除胡康、胡宁、胡仁、胡惠迁居他郡而无考外,胡珍、胡学则迁居婺源清华,第四子胡宅迁至贵溪,作为其始迁祖。其后六传而至胡杲,生四子而为四派。这一谱系构建于何时,我们不得而知,但是它通过本次修谱得以以家族文献的方式获得确立,可以说是从历史记忆正式变为史实,不仅在客观上提高了贵溪胡氏的地位,使其上升为一个历史悠久、身份显

---

① (明)胡自立编纂:《贵溪胡氏族谱》卷首《胡氏家谱旧序之三》。
② (明)胡自立编纂:《贵溪胡氏族谱》卷首《重编胡氏世系源流记序》。

赫的缙绅大族，而且也为后面编修联宗谱提供了条件，使其成为指导当地人群组织活动的思想资源。

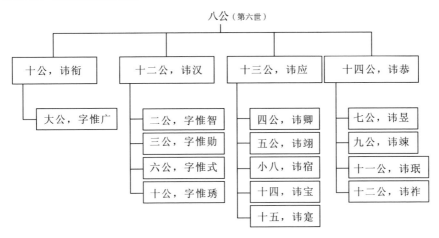

图 2-1-1　宅公秩下六至八世世系图

同时，通过对始迁祖的认同，胡自立在谱序中将当时居住于祁门各处的胡姓族人统合到贵溪。宋元时期，贵溪胡氏的知识精英们在观照宗族时，其范围仅限于贵溪一村，并未兼及祁门境内其他胡氏。然而，明代成化时期，他们将眼光扩大至整个徽州。在前引胡自立的叙述中，胡宅之父胡曈的几个兄弟分别位于徽州的歙县、休宁、黟县，而胡曈的三个儿子胡珍、胡宅和胡学分别位于婺源与祁门，这体现了徽州宗族发展的事实。对于胡宅后裔在祁门的分布，胡自立亦给出了具体的地点：

> 由是，有溶潭、罗村、倒湖、许村、楚溪、胡村、相潭、郭潭之派焉，俱讳汉之后也；有郭溪、王源、王村之派焉，俱讳应之后也；有新义、沧溪、楮梓源之派焉，俱讳衔之后也；有在城、平里、郭口、严塘之派焉，则俱衔、汉、应之胤也。其世居贵溪者，则皆汉、应之后焉。讳恭已迁池之石埭，其散居四方及他郡者甚众，不可尽述。①

在这份记载地点的名单中，包括贵溪在内共有 19 个村落，分别是胡衔、

---

① (明)胡自立编纂：《贵溪胡氏族谱》卷首《重编胡氏世系源流记序》。

胡汉、胡应的后裔,而胡恭则因迁居池州的石埭县且"不可尽述"而没有涉及。我们无法得知哪些人群的确是由贵溪迁出,哪些人群是后面加入的,而且正如上述谱系一样,我们亦无法判断这一宗族支派名单何时形成,但无论如何,在宗族观念加强的背景下,这一记载对后世胡氏宗族的构建与扩大无疑提供了另一依据。

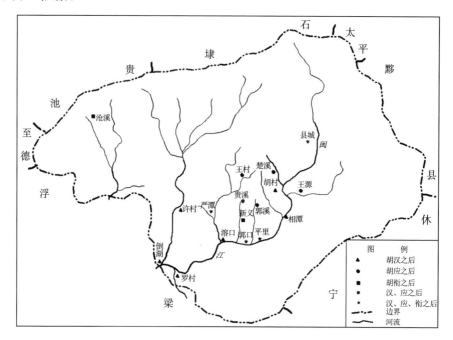

图 2-1-2　成化时期贵溪胡氏空间分布图①

(笔者自绘,底图为民国时期祁门县全图②)

注:由于时代变迁,檵梓源与郭潭两处笔者未能确定其位置。

其次是祭祖的形式。由上述讨论可知,宋代时期的贵溪胡氏,已经设置了义田"以供祠事",其祭祖地点则是在名为白杨院的寺庙。此外,据万历《祁

---

①该图所用资料除(明)胡自立所编纂《贵溪胡氏族谱》外,还包括(明)余士奇修、谢存仁纂:《祁门县志》卷四《人事志·乡市(里)》,明万历二十八年(1600)抄本,复旦大学图书馆藏(有缺漏),祁门县地名委员会办公室编:《祁门县地名录》,上海:上海市印刷四厂印刷,1987年。

②该图原件现藏于祁门县档案局,无编绘年份,由祁门城内东街口新生商店印刷部印刷。

门县志》记载:"贵溪古寺,在十二都胡氏祠旁,唐贞观二年建,嘉靖中僧清潭、志云重修。"①有关贵溪古寺的记载,首次出现于弘治《徽州府志》中,但成化、嘉靖所编的府志中仅指出其在十二都,却并未指出其与胡氏祠堂的关系,直至万历时期,方明确指出其在胡氏祠堂旁,这似乎表明胡氏祠堂与该庙的关系。从胡自立所编族谱的内容上,我们未能找到有关祠堂的相关记载。鉴于祠堂在宗族中的重要性,笔者认为在成化时期,贵溪胡氏并未建立祠堂,其祭祖的方式应该延续了宋元时期的墓祭或庙祭。

嘉靖年间,受到国家祭祀制度的影响,②贵溪胡氏亦建立了自己的祠堂,在嘉靖《徽州府志》中,有专门记载徽州各县祠堂的文字。祁门县共有三十一座祠堂进入府志,其中胡氏祠堂有三座,两座为贵溪胡氏所有:一座在贵溪,一座在县城的胡源坑口。③至万历时,贵溪胡氏的祠堂为三座,除上面所提及的外,又增加了邑北溪头一座。④当然,资料记载的时代并非一定是开始建立的时代。但徽州士人对宗祠的记载一直不遗余力,即如嘉靖时郡人汪尚宁所言:"宗祠视海内特盛,载之,示民厚也。"⑤而万历时期的祁门士人谢存仁则认为:"宗祠以聚族人,自吾党厚俗,名流建置,不欲就湮。"⑥因此,嘉靖《徽州府志》和万历《祁门县志》对于当时徽州祠堂的记载当与实际相符,由此可见,胡宅是明代祁门贵溪胡氏共认的始迁祖无疑。

然而,嘉靖以后,众多支派虽依然尊贵溪村为始迁之地,但贵溪胡氏的活动中心已不在此,而是转移到了县城,这从宗祠的建造方面可见一斑。

前已述及,在胡自立于成化四年(1468)编修族谱时,贵溪村并未建造宗祠,有关宗祠的建造记载,见于胡宅的二十三世孙胡时良及其侄子胡玉珪的

---

① (明)余士奇修,谢存仁纂:《祁门县志》卷四《人事志·寺观》,页56a、b。
② 可参见常建华著:《明代宗族组织化研究》的相关论述,北京:故宫出版社,2012年。
③ (明)何东序修:《徽州府志》卷二十一《宫室·祁门县·宗祠》,第423页下~424页上。
④ (明)余士奇主修,谢存仁主纂,叶露孜点校:《祁门县志》卷四《人事志·宫室》,祁门县地方志办公室整理,皖内部资料性图书2004-129号,第307~309页。
⑤ (明)何东序修:《徽州府志·凡例》,第5页。
⑥ (明)余士奇修,谢存仁纂:《祁门县志·凡例》,页13a。

相关记载,"时良,号三峰,倡建祠宇,墓本都七保新义白石坑。""玉珪,号名山,倡建祠宇。"①虽然族谱对胡时良的生卒年月没有记载,但是从其生活年代可以大致推断。胡自立为胡宅二十一世孙,生活于宣德、成化时期,因此作为其族孙,胡时良的生活年代当在嘉靖、万历时期。他的侄子胡玉珪当时已能跟他一起倡建祠宇,应已成年。而且这次是"倡建",可见是首次创建,其年代不会早于嘉靖。除修建宗祠外,贵溪胡氏族人亦恢复宋代即已设立的救贫义山作为祭祀费用。据载,胡宅二十二世孙"周镐,号峨山,倡首兴复救贫义山,督造一本宗祠"。② 作为二十二世孙,其生活年代当与胡时良等人同时。从"兴复"可看出,在此之前,作为祭产用于祭祖之费来源的救贫义山应该曾被其他民众侵占过。至此时,出于建宗祠等方面的需要,他们开始重新经营这一祖产。

其实,胡时良等人在贵溪创建祠宇与统宗祠的创建不无关系,但是统宗祠的建造地点并不在贵溪村而是位于县城,时间是在嘉靖年间。据载,"显三,字懋敬,赘平里王广城公宅,因家焉,生八子。公谨恳嗜学,训子成名。建支祠于平里,以祀祖父,续因有碍拆毁。嘉靖年,众卜建城祠,公曾孙等除捐输外,仍将支祠等料轻价便众改造统祠。"③这里的显三公,即胡懋敬,其父胡立一生于元至正九年(1349),殁于永乐十二年(1414),于明初由贵溪入赘于城南汪仲政家,遂在此定居,为南门派始祖④,懋敬为其第三子。其成人后,又入赘于平里王广城家,定居于此。胡懋敬生有八子,其玄孙胡其仁"任北京五城兵马指挥司"⑤,与祁门进士李汛关系甚笃,因之关系,李汛受其请托,于正德七年(1512)为胡懋敬写有一篇墓志铭文,该文载录于胡氏族谱中:

---

① (清)胡士著编修:《祁闻胡氏族谱·惟琇公世系派五》,康熙十二年(1673)刻本,不分卷,页53a。现藏于屯溪县吴敏先生家中,承蒙惠允使用,特此致谢。
② (清)胡士著编修:《祁闻胡氏族谱·惟琇公世系派五》,页61b。
③ (清)胡士著编修:《祁闻胡氏族谱·惟广公世系派五》页18b。
④ (清)胡士著编修:《祁闻胡氏族谱·惟广公世系派四》页15b。
⑤ (清)胡士著编修:《祁闻胡氏族谱·惟广公世系派五》页18b。

公讳汝宗,字懋敬,幼聪颖过人,于书无所不读。然厌举子业,弃儒就贾。慕管、商之术,仿兴公之行,遨游江湖,相厥都会,择其术而善用之。所居日辐辏、饶巨赀……遂辞纷嚣归。市田宅,广生植。公之租税遂甲通里。是时租税居优者任粮长。经收合邑田课,岁入运解至京,往往任是役者鲜不以偾绩致惧。公当是役,独慨然曰:此军国之需……公子男八,长子惇仁役粮长,六子惇穆领乡荐,授福州府少尹。孙廿四,曾孙三十六人……玄孙五十人,讳其仁者,以例贡授京都司城,荣膺诰封……公生于永乐甲申年,殁于弘治丙辰年,葬偕孺人合葬于正德六年辛未。岁余,与公之玄孙司城公同窗于京,值公之奠斯宅也。司城公以公之实属余纪之,以贞于石……

大明正德七年岁次戊(壬)申仲春之吉

赐进士第奉直大夫南京工部郎中广西思恩府知府、眷侍教弟李汛顿首拜撰①

据此可知,胡懋敬因经商发家,随后购置田土并成为粮长,且其子孙众多,又有出仕为官者,因此,他在当地应该是一位颇有影响力的人物。入赘王宅后,其子孙本应改姓王氏,但因其经济实力的影响,不仅恢复了胡姓,且试图在平里建造支祠,祭祀父母,但"续因有碍拆毁",未获成功。至嘉靖年间,祁门胡氏开始在县城创建宗祠,懋敬的后人不仅照例捐输,而且还将从支祠上拆下来的建筑材料折价卖给宗族,以改建统宗祠。从这一记载亦可看出,统宗祠是由贵溪胡氏各个支派共同出资修建而成的。统宗祠位于县城何处?其管理方式如何?限于资料,我们不得而知。

四、清代贵溪胡氏族人的努力和宗族权势的转移

进入清代以后,贵溪村在贵溪胡氏及祁门县中的地位迅速衰落。不仅如

---

① (清)胡启道编修:《祁门胡氏族谱·懋敬公墓志铭》(不分卷),清乾隆二十七年(1762)刻本,第5~6a,该谱现藏于贵溪村胡恒乐先生家中。承蒙惠允使用,特此致谢。

此，与明代相比，还出现了许多新的变化。有清一代，整个祁门的贵溪胡氏仅有三次大的修谱活动，皆为联宗谱，分别为康熙十二年(1673)、乾隆二十七年(1762)、光绪十四年(1888)，平均每70多年修一次，尽管相较于其他地区的宗族来说，其修谱次数并不算多，但跟明代相比，修谱次数已大为增加。下面笔者即根据这三部族谱并结合其他资料，对清代贵溪胡氏的状况加以探讨。

(一)县城"一本祠"的建立

前已述及，嘉靖年间，胡氏族人即在祁门县城建造了统宗祠，该祠是由各个支派共同捐输创建而成。然而，有关该祠的名称、运作形式以及祭祀的始迁祖皆不清楚。至清初，有关该祠的记载则多了起来。

在乾隆二十七年(1762)所修族谱中，不仅绘制有《城新路上一本祠图》，且录载了一篇《胡氏邑祠记》，现节录如下：

> 簧宫之前有祠焉，胡氏仆射公祠也。仆射公，抚宣、歙，走巢贼，二子宅、学公实左右之。因家于祁、婺，繁衍日盛。来及明初，族居于乡，成、弘间渐次居邑。讳宅之裔，则由贵溪而之邑；讳学之裔则由福洲而之邑。由是，在邑居者又渐以盛，遂总一乡、邑建祠于邑之新路上。……其基列梦橑以布翼，荷栋桴而丰隆。高门有伉，应门将将，虽中堕于灾祲，而神班默，厥成晏如。于是，题其堂曰"一本"，绣其额曰"金紫"，猗欤盛哉！以享以祀，四时荐馨于斯；以伦以彝，长幼秩序于斯；以讲以习，诸生校艺于斯；以忧以乐，吉凶庆问于斯。胡氏之散居各乡者，或四五十里而远，或百里而远，一遇其期，则莫不奔趋疾赴以共聚于一堂。循世次、敦礼让，雍雍谐谐，绸缪款合，蔼乎如一父之子，一兄之弟。所以胡氏之居，远近虽散而实未尝有散，乡市虽分而实未尝有分焉，以有此也。余与胡姓诸生时往来其间，因向予请曰：吾宗之乡居者，一山水之异，形势之胜，莫不有纪，而兹与簧宫相表里者，可无志乎？……

时

康熙元年二月望吉　吴门张季祺题①

此篇记文的作者张季祺不可考,但据其自称,应是苏州人。从引文的最后一句话可以看出,张季祺与"胡氏诸生"较为熟悉,受其托而撰写此文。这里的"胡氏诸生",应为在苏州经商的胡氏族人。

首先是名称。在前引有关统宗祠的记载中,大多称其为城祠、统宗祠,惟有在周镐的记载中称其为一本祠,但此处不知是贵溪宗祠,还是在城祠,亦不知是明代人的说法,还是使用了清代的称呼,因此,明代在城祠的名称尚不清楚。但至清初,"一本祠"的称呼即已固定,则是事实。②

其次是祭祀的对象。前已述及,明代嘉靖年间,胡氏族人即已修建统宗祠,参与的胡氏支派并不包括学公派族人,因为在胡氏族谱中,笔者并未找到学公派在明清两代对该祠捐输的记载。此说明,无论是明代统宗祠,还是清代一本祠,其主导者和参与者均是宅公派子孙。至迟在清康熙元年(1662)时,所祀对象为胡宅之父胡瞳。由于胡瞳在唐代被加封赠为金紫光禄大夫、浙西节度副使,因此在祠堂的右侧建有"金紫世家"的牌楼。显然,对胡瞳的追认、祭祀,无疑比平民出身的胡宅,更能体现胡氏的高贵,并且亦能以此来统合祁门境内的学公派。当然,学公派亦有自己的统宗祠,但不在县城,而在九都的许村。在清代的族谱中,皆有许村仆射公祠的绘图。③

---

①(清)胡启道编修:《祁门胡氏族谱》卷首《邑祠记》,页57a、b。
②有关清代"一本"观念的研究,可参见冯尔康著:《18世纪以来中国家族的现代转向》,上海:上海人民出版社,2005年。
③有关学公派的探讨,可参见张晓、董乾坤:《"谱""志"之间:宗族发展、士绅认同与地方史的构建——以徽州胡瞳、胡学父子为例》,《安徽史学》,2018年第4期。

表 2-1-4　祁门县城一本祠捐输一览表

派别	相关记载	资料来源
南门	应晋,字淑明,号玉川,娶莆田林氏。同弟应谦倡议首输入一本祠租四十秤祀祖。附祭父大鹿公。(二十七世)	(康熙)《祁阊胡氏族谱·惟广公世系派六》
南门	应遂,字咸若,考名应运,邑庠生,同弟输租四十秤输一本祠祀祖,附祭父大鸾公。又输租四十秤祭祖鳌公。(二十七世)	(康熙)《祁阊胡氏族谱·惟广公世系派六》
平里	澟,号受溪,登仕郎,娶马氏,城建统宗祠,乐输甬道。(二十六世)	
胡村	徵圣,字时宪,输租四十秤入一本祠祀祖,附祭父大卿公。(二十九世)	(康熙)《祁阊胡氏族谱·惟勋公溶潭、桥裡、胡村、正街、北冲世系派六》
胡村	大猷,字升于,太学生,同兄弟共输租四十秤入一本祠祀祖,附祭天禄公,享年五十有五。(二十七世,天禄子)	(康熙)《祁阊胡氏族谱·惟勋公溶潭、桥裡、胡村、正街、北冲世系派六》
胡村	征猷,字明睿,孝义成性,乡党共推公直,邑侯举以宾筵。捐租四十秤入一本祠祀祖,附祭大猷公。(二十八世,天禄孙)	(康熙)《祁阊胡氏族谱·惟勋公溶潭、桥裡、胡村、正街、北冲世系派六》
胡村	继谞,字跨千,与兄试可,共输租四十秤入一本祠祀祖,附祭父天傑公。(二十七世)	(康熙)《祁阊胡氏族谱·惟勋公溶潭、桥裡、胡村、正街、北冲世系派六》
北冲	宗相,字茂卿,娶在城谢氏,邑侯举以乡宾,捐租四十秤入一本祠祖,附祭父应揪公。继贵溪省一公派下继凰为嗣。娶谢氏,又输租四十秤附祭夫宗相。(二十八世)	
桃峰	伯昺,字旭昇,输租四十秤入一本祠祀祖,照例附祭。(二十四世)	(乾隆)《祁门胡氏族谱·宿八公世系图五》
胡村	煌,字哲如,邑廪生,同弟共输租四十秤入一本祠祀祖,附祭父若采公。(二十九世)	(乾隆)《祁门胡氏族谱·惟勋公世系图六》

最后是一本祠的管理。有关一本祠的管理方式,文献所载不多。但在族谱中有少量记载。从表 2-1-4 中可以看出,一本祠的部分经费来源是以一种捐输附祭的形式获得的,即向一本祠捐输四十秤租祀祖,即可获得将其父亲附祭祠中的权利。形式始于南门派下的胡应晋,所以这一形式的开始时间要从考证胡应晋的生活时代入手。由于族谱没有对其生卒年月加以记载,因此只能利用和其有关系的人来加以佐证。其父"大鹿,字春野,号园生,生万历己卯年(1579),殁崇祯甲戌年(1634)……继娶扬州张氏,生五子,迁居扬州

府。"其二兄"应节,字仲贞,娶汪氏,住扬州府,因丙戌鼎革城陷,自缢全节。"[1]由此可见,胡大鹿是一位在扬州经商的商人,胡应晋是其第三子。次子胡应节在丙戌年即顺治三年(1646)时,由于清军攻陷扬州而自缢全节。由此来看,胡应晋应生活于明末清初。因此,其首倡捐租四十秤入一本祠祀祖的行为当在明清易代以后,是待社会秩序稍微稳定时,为了取得胡大鹿入祠附祭的权利而采取的义举。这一行为成为以后附祭一本祠的依据,从表2-1-4中可看出,每次皆为四十秤租。

(二)贵溪村胡氏族人的活动与宗族权势的转移

1. 重建宗族的努力

自元明时代,贵溪村在祁门的影响力已大为减小,进入清代以后延续了这一态势。以清代的三次编修族谱为例,康熙十二年(1673)、乾隆二十七年(1762)以及光绪十四年(1888)三部族谱的编修者皆不是贵溪村人,而是其他支派的族人后裔。另外,从县志所载祁门宗祠的名目上亦可看出这一趋势。在同治十二年(1873)所纂修的《祁门县志》中,记载了祁门一县的祠堂状况。据其记载,当时祁门县全境各类祠堂计有189座,为34姓所有,其中胡氏有8座,具体见表2-1-5:

表2-1-5　同治年间方志所载祁门胡氏祠堂分布表

祠堂名称	所在都	村	户
胡遗安堂	十四都	泥坑	一图九甲光绪户
胡光裕堂	十五都	罗源	
胡安善堂	十二都	坪里	
胡敦本堂	三四都	郭溪	一图十甲明由、明盛户
胡笃庆堂	十七都	高溪	一图十甲明由、明盛户
胡大本堂	十东都	凫溪	一图六甲世大户
胡一本祠	在城	新路上	
胡大本堂	十东都	凫溪口	

资料来源:(同治)《祁门县志》卷九《祠宇志一》

---

[1] (清)胡士著编修:《祁阊胡氏族谱·惟广公世系派六》,页22b。

显然,相较于明代,此时贵溪胡氏的祠堂增加了5座,但贵溪村的祠堂则不见记载。贵溪村的祠堂此时定然存在,却不被记载,表明了贵溪村作为祁门胡氏祭祀的中心地位已不复存在。

尽管如此,贵溪村的胡氏族人依然在宗族的建设上不余遗力,对救贫义山的恢复即是其一。在乾隆胡氏族谱中录载有一篇由时任祁门县令吴嘉善所撰的《救贫义山记》,现节录如下:

> 戊寅冬,孝廉胡启道偕城乡绅衿振绂等请示禁,兴养救贫义山,且告曰:"吾始祖讳宅公,从父保障兹土,卜居南乡贵溪,传世十二,有宋进士讳俊杰、学禄讳教介等共置山于十三都枥林源蓄养材木,岁得价百余金以建祠宇、以修坟墓、以给祭扫之丁胙、以出阖族之公费。至于时遇荒歉则又出其所蓄以济穷困,故名其山曰救贫。明嘉靖时,邻人章理冒占,族众周镐等控理,得正其业,文卷犹存。自明末乱离后,本家无人照管。近地垂涎,将材木盗砍一空,魆种粟麻,业不由主。今幸际福星贲临,愿赏示严禁复兴山利,以继先泽。"予嘉其意,给示兴养。越明年,以公事往胡村,道经山麓及顶。适见土人比肩锄种,问之即胡姓之救贫山也。因遍阅其大势以归。后胡子又以山图进览,求为之记。余按图舆悉合。……后俱宅祠秩下胡懋敬用价买全与众东培合业,无论多寡,对半相共。是此山合源,皆胡姓之全业也。祁山多田少,国课家用,皆于山是资。然业多分析,即所称全业者,亦不过数亩、数十亩已耳,总未有绵亘十有余里,周围七百余亩,毫无间杂如胡氏之此山也。山利可兴,族贫可救矣。遂记以与之。
>
> 乾隆二十六年辛巳孟冬之吉　丹徒吴嘉善　撰①

由上述记文可知,胡周镐恢复救贫义山的时间是在明嘉靖年间,恰是胡氏建宗祠、输义田,大规模建设宗族之际。由胡懋敬出价将该山东面一半全

---

① (清)胡启道编修:《祁门胡氏族谱》卷首《救贫义山记》,页14a、b。

部买下入众作为义田,将广达七百亩的救贫义山合二为一。有关胡懋敬购买此山的活动,族谱亦有记载,"显三,字懋敬……又将公买受东边救贫义山合祠众山为业。"①此举不仅显示了其不俗的经济实力,而且也极大地凝聚了胡氏族人。然而,明清易代之际,由于社会动乱,胡氏族人失去了对此山的控制权。康熙时,胡氏虽有修谱之举,但并未恢复对该山的控制权,至乾隆二十四年(1759),胡氏族人在胡启道、胡振𦂳等人的倡首下,经过县令吴嘉善的断批才重获对该山的控制。

"胡启道,字柱南,居渚口,辛酉拔贡,中壬申科举人。"②壬申即乾隆十七年(1752),查祁门胡氏族谱可知,他属于惟琇公派下,为宅公第三十一世孙,于乾隆十二年(1747)主持编修《祁门胡氏族谱》。他所在的渚口支派在其高祖胡登瀛时开始发迹,"登瀛,原讳樟龄,字端甫,礼部儒士。孝友淳笃,生万历己丑年。敕赠儒林郎右春坊右赞善兼翰林院检讨。"③胡登瀛因仕宦而居于南京,生有九子,其中第九子"士著,行九,字纲文,号璞崖,生崇祯辛未年九月十七日,中康熙癸卯江南第三名经元,甲辰联捷进士,选翰林院分校癸丑礼闱,官至奉政大夫詹事府右春坊事兼翰林院侍讲,加一级。"④胡士著于康熙二年(1663)以江南第三名经元的身份考中进士,并于康熙十二年(1673)趁回祁门省亲的机会主持编修了《祁闾胡氏族谱》。胡启道则是胡登瀛第六子胡士馨的玄孙。可见,渚口支派在清代对胡氏宗族的重建作出了重大贡献。

而另一位倡首恢复救贫义山的胡振𦂳,"字熙和,居十二都贵溪,甲申岁贡。"⑤振𦂳在此时虽并未获得岁贡,但由于明清时期的贵溪村支教事业衰落,他应该是当时贵溪村知识水平最高者,亦是贵溪村颇有威望的人物,因此能代表贵溪村参与此事。虽然清代时贵溪村的边缘性更趋明显,在整个胡氏

---

① (清)胡士著编修:《祁闾胡氏族谱·宅公秩下惟广公世系派五》,页18b。
② (清)周溶修,汪韵珊纂:《祁门县志》卷二十二《选举志·岁贡》,据同治十二年(1873)刊本影印,中国方志丛书·华中地方·第240号,第916页。
③ (清)胡启道编修:《祁门胡氏族谱·宅公秩下惟琇公世系图六·渚口》,页198b~199a。
④ (清)胡启道编修:《祁门胡氏族谱·宅公秩下惟琇公世系图六·渚口》,页200a、b。
⑤ (清)周溶修,汪韵珊纂:《祁门县志》卷二十二《选举志·岁贡》,第988页。

宗族中亦失去核心地位，但作为始迁祖胡宅的定居之地，不仅仍然保持着象征地位，而且也努力实践着恢复宗族的活动。当然，这些努力尚须借助如胡启道等其他支派族人的协助方能实现。如本次恢复救贫义山成功，胡启道的影响非常关键。胡启道作为一名举人，取得了功名，且出身官宦世家，在当时的祁门县必定是一位有名望的地方士绅，这从他与时任祁门县令吴嘉善的关系中可见一斑。他不仅通过吴嘉善恢复了救贫义山的控制权并撰写了记文，同时，吴氏还为其所编的族谱撰写了谱序。

2. 在清代的新发展

康熙以后，居于贵溪村的胡氏族人，开始出现许多小的支派，这些小支派皆以某一祠堂名称命名。至乾隆时期，其十一个支派最终完成，且其派名亦已固定，至光绪未变（见表2-1-6）。从前引明代成化年间胡自立所撰谱序中可知，贵溪村族众皆为胡汉、胡应之后。又从表2-1-6中可知，胡汉之子胡惟琇与胡应之子胡宿二公是其始祖，其中主要是胡惟琇后裔，整个贵溪胡氏在族谱的编撰上亦以八世祖惟琇等人分派，分别编撰谱系。从表2-1-6中亦可得知，乾隆时期与光绪时期，祁门胡氏的谱系支派变化不多，但乾隆与康熙两个时期，则变化明显。在康熙的族谱上，我们可以看出，惟琇公派下的九个支派已略具雏形，除"敬爱堂三房"与乾隆时的"崇本堂"不同外，其余基本相同，但亦保留了某些演变的痕迹，如敦本堂和报本堂皆注有"熙公"的字样。

仔细比对康熙谱和乾隆谱则发现，敬爱堂三房，其实跟报本堂（熙公三房派）同属一派，皆属胡宅第十二世孙胡松年后裔，由于胡松年兄弟三人，排行第三，因此这里的敬爱堂三房，应是相对于松年之父胡玩而言的，其标识于胡宅二十世孙胡仕一名下，而报本堂的创立者则是胡仕一的五世孙胡自忠。至乾隆时期，则不见敬爱堂的记载，直接将胡仕一之父胡玹通作为报本堂的派祖，然而，敬爱堂在实际中并未消失，光绪族谱上所载《宅公贵溪墓图》即绘有敬爱堂的堂图，可资证明①。由此说明，随着社会的变迁，报本堂等名称作为

---

① (清)胡廷琛编修：《祁门胡氏族谱·宅公贵溪墓图》，页38b。

文化符号,在现实生活中的作用越来越大。

表 2-1-6　明清贵溪村胡氏族人分化一览表

成化四年《贵溪胡氏族谱》		康熙十二年《祁闾胡氏族谱》		乾隆二十七年《祁门胡氏族谱》	光绪十四年《祁门胡氏族谱》
汉	贵溪	十公,字惟琇	敬爱堂三房	崇本堂派(二十世)	崇本堂(二十世)
			积善堂派	积善堂派(二十世)	积善堂(十六世)
			中和堂派	中和堂派(二十世)	中和堂(十六世)
			仁和堂派	仁和堂派(十七世)	仁和堂(十七世)
			崇义堂派	崇义堂派(十六世)	崇义堂(十六世)
			慎徽堂派	慎徽堂派(十九世)	慎徽堂(十四世)
			敦本堂(熙公派)	敦本堂派(十九世)	敦本堂(十九世)
			立本堂派	立本堂派(十九世)	立本堂(十九世)
			报本堂(熙公三房派)	报本堂派(十九世)	报本堂(十九世)
应		小八,讳宿	贵溪	崇德堂派(十五世)	崇德堂(十五世)
				诒燕堂(二十六世,由郭口复回贵溪)	诒燕堂(二十六世,由郭口复回贵溪)

除惟琇公后裔外,胡宿的裔孙大部分迁出,但仍有一部分居于贵溪村内。在康熙年间并无崇德堂记载,仅在胡宅十五世孙胡桂荣及其子孙名下标有"贵溪",其作用在于区别于迁出的其他各派①。至乾隆时期,他们则以崇德堂命名,这一点跟惟琇公派下的崇本堂相似,同是在乾隆时期出现。当然,在乾隆二十七年(1762)编修族谱之前,这些堂名应该已经出现,要早于此时。除崇德堂外,宿八公派下,又增加了诒燕堂支派,此一支派的出现颇耐人寻味。

---

①(清)胡士著编修:《祁闾胡氏族谱·宿八公贵溪、在城桃峰、葛口、余坑世系派四》,页131b。

第二节　胡廷卿家族及其本人

贵溪村作为贵溪胡氏的祭祀中心，在清代特别是晚清时期，已被县城中的一本祠所取代，随之而起的是祁门其他各处的支派逐渐成为当地文人所记载的对象。因此，至胡廷卿生活的时代，贵溪村已成为不被时人所注意的偏僻山村。然而对于晚清时期的胡廷卿而言，这个小山村则是其生于斯、长于斯的丰富世界。本节打算利用相关资料对胡廷卿的家族及其一生作一简单回顾。

前已述及，居于贵溪村的胡氏族人大多属于胡宅的八世孙胡惟琇后裔，至清代乾隆年间，贵溪胡氏已分成十一个支派，胡廷卿家族即属于其中的积善堂支派，积善堂在贵溪村是人数最多的一支。因此，欲了解胡廷卿本人，须先从其家族说起。

一、胡廷卿家族及其胡上机的经营

惟琇公的后裔在贵溪村共有九个支派（见表2-1-6），积善堂即属其一。胡惟琇育有二子：友评和友直。友评之孙玩生，生有四子，次子与三子无后，而长子胡杞年与四子胡松年皆有后代生活于贵溪，其中杞年后裔较多。据宅公三十五世孙胡益谦先生记载："村中宗分支祠，就有一本祠，杞年公祠、松年公祠，敦本、立本、报本、慎徽、崇本、积善、崇义、中祠、仁和、诒燕、崇法支祠。村中罗丁，历来均超过千人，皆始祖宅公之法降就遗也。"[①]胡益谦，又名胡益坚，生于民国五年（1916），卒于公元1996年，是祁门红茶鼻祖、贵溪村人胡元龙的嫡曾长孙，亦生于贵溪，生前行医，工作之余，对祁门历史的撰述颇多。他的记载虽与光绪十四年（1888）所编族谱中的记载略有不同，但由此亦可看出，杞年公、松年公的后代直至民国时期一直对他们加以祭祀。而杞年公的

[①] 胡益谦：《唐处士胡宅公传略》，手稿，现由其侄女胡芳琪保管于美国。承蒙惠允使用，特此致谢。

名字亦在胡廷卿的账簿中经常出现,说明以杞年公祠为核心的社会组织亦在生活中发挥着作用。

胡杞年生有五子,其第四子胡愿被胡廷卿家族当作本支的始祖,这体现在民国十三年(1924)所编修的《贵溪胡氏支谱》中。该谱的编修者为胡承祚,他是胡廷卿堂兄胡兆瑞之孙,生于光绪二十二年(1896),毕业于安徽省立第三师范学校。① 该谱最初由胡廷卿之祖父胡上机编修于道光二十七年(1847),其后由胡廷卿于光绪十二年(1886)重修,民国十三年(1924)是第三次续修。在三次编修中,三位主修者皆以愿公为支祖。据胡上机所言:

> 胡氏家谱,明季以前无庸赘述。康熙癸丑一修于璞崖公,乾隆壬午再修于柱南公。体式洵称,尽善尽美,难免挂一漏二,距今八十七载。代隔三世,律以代修之法,则愆期矣。绳以岁修之例,尤愆期矣。夫以急修之事,未有纂修之人,即有纂修之人,又未必遽作急修之事。即能遽作急修之事,必先征合修之根,合修之根者,各派吊图是也。私家吊图不明,无怪乎合修之谱紊淆而遗漏也。此其咎在于各派不豫为清理思吊者。吾门老诚暨董事弟姪等,因家谱间隔多年,世远必滋讹误,咸为此惧。爰命机等速将愿公派下各房世系务一细心,逐一查确。②

胡上机认为,由于距乾隆壬午年(1762)所编之谱时代久远,因而需要重编族谱。然而,欲编修统谱,须先征"合修之根",而此根即是各派吊图。为此,他便开始编修本门支谱,而这个本门即以愿公为始,这一状况至民国未变。然而,胡愿并非积善堂的派祖,积善堂的派祖被认定为胡愿的曾孙胡兰孙(见图 2-2-1),其中的关系尚不可知。

---

① (民国)胡承祚编修:《贵溪胡氏支谱·愿公派下图七时慎派下》,民国十三年(1924)刻本,不分卷,页 77b,现藏于贵溪村胡恒乐先生处,惠允使用,特此致谢。

② (民国)胡承祚编修:《贵溪胡氏支谱·序一》,页 1a~2a。

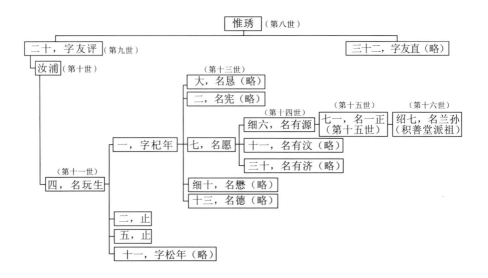

图 2-2-1　惟琇公派下八至十六世世系图①

　　胡廷卿这一支传至宅公三十一世胡上机时开始发达于其他各支。胡上机之父胡思诚,"谱名邦绮,原考名邦英,字代三,号燦亭,增广生。生于乾隆甲戌七月十九酉时,殁于嘉庆丁卯四月初一未时。"②思诚有三子:上璔、上瑗与上机,胡上机是其第三子。胡上机在兄弟三人中最为出色,"上机,原名上珥,考名人瑞,字庆云,号祥斋,郡庠生,倡立本门庆余粮局与宝善祀,暨本村兴文祀。纂修家谱,恢复救贫义山。又倡议兴种山材,文曰'广生'。生于乾隆庚戌正月十一日子时,殁于咸丰乙卯十二月廿九日辰时。"③由此可知,他生前不仅纂修了本门支谱,而且还兴建了庆余粮局以救济族人,且创办了宝善祀暨合村兴文祀,并恢复了救贫义山,兴种山材,增加宗族收入。因此,胡上机对贵溪村的经济与文教事业皆有重要贡献。其所创办的庆余粮局一直在生活中发挥着重要的经济功能,加之恢复了对救贫义山的控制权,更加强了宗族的团结。

---

　　①(清)胡启道编修:《祁门胡氏族谱宅公秩下惟琇公图三、四》及(民国)《贵溪胡氏支谱·惟琇公派下图四》。
　　②(民国)胡承祚编修:《贵溪胡氏支谱·愿公派下图六志敏派下》,页40a。
　　③(民国)胡承祚编修:《贵溪胡氏支谱·愿公派下图七时慎派下》,页75b~76a。

表 2-2-1　清至民国胡上机家族土地买卖文书一览表

年代	年份	题名	备注	页码
道光	二十二年	二月胡世衍立卖山契等抄白	卖于胡上机	208
道光	八年	二月妇胡阿倪立杜卖屋碓并余地契	当于胡上机	242
道光	十二年	三月胡上宗立杜卖园地契	卖于胡上机	244
道光	十三年	三月胡昌仆立出杜卖田契	卖于胡上机	246
道光	十九年	六月祁南胡灿亭祀秩下经手胡上机等立出拼山契抄白	胡上机参与	252
道光	十九年	九月胡曰述立出顶店屋等约	顶于胡上机	253
道光	二十一年	正月胡上做立杜卖粪草田皮契	卖于胡上机	256
道光	二十一年	七月胡崇本堂秩下经手上瑄等立出佃山约	佃于胡上机	257
道光	二十一年	十月胡陶墅祀秩下经手云裳等立杜卖邦献祀老文会年股契	卖于胡上机	259
道光	二十一年	十二月上敉立出当茶科契	当于胡上机	262
道光	二十二年	六月胡阿余等立杜卖茶蒋契	卖于胡上机	264
道光	二十二年	八月王元涛立杜卖田租契	卖于胡上机	265
道光	二十二年	八月王元涛立出推单	推于胡上机	267
道光	二十二年	十一月胡上瑄立杜卖山契	卖于胡上机	271
道光	二十二年	十一月胡上瑄立杜卖山契抄白	卖于胡上机	272
道光	二十二年	十一月王鑑公祀秩下经手白良等立杜卖田租契	卖于胡上机	273
道光	二十四年	四月胡凤纬等立杜卖田租契抄白	卖于胡上机	278
道光	二十七年	十一月贵闽胡宗本祠秩下经手开馨等立杜卖山骨契抄白	卖于胡上机	285
道光	二十八年	十二月胡坤训立领字	自胡上机处	287
道光	二十九年	三月胡上祥立杜卖田租契	卖于胡上机	291
道光	二十九年	六月胡上播立出杜卖山骨浮木契	转卖于胡上机	293
道光	二十九年	七月出拼本都九保黄梅坑长弯山业分单	胡上机参与	295
道光	二十九年	七月在城胡伯川立出当田租契	卖于上珥祀	296
道光	二十九年	七月桃峰胡伯川立出杜卖田契	卖于上珥祀	297
道光	二十九年	十一月胡陶墅祀秩下经手坤训等立杜卖田租契	卖于胡上机	301
道光	二十九年	十二月胡曰捷立杜卖地骨契	卖于胡上机	303
道光	二十九年	十二月胡崇本堂秩下经手曰薰等立杜卖田骨契	卖于胡上机	304
道光	二十九年	十二月胡珩公祀秩下经手曰董等立杜卖荒地骨契	卖于胡上机	305
道光	二十九年	十二月胡中和堂秩下经手邦模等立杜卖田骨契	卖于胡上机	306

续表

年代	年份	题名	备注	页码
道光	二十九年	十二月胡珦公祀秩下经手曰达等立杜卖荒地骨契	卖于胡上机	307
道光	二十九年	十二月胡阿汪等立杜卖地契	卖于胡上机	308
道光	二十九年	冬至日胡元应祠秩下经手邦位等立杜卖田骨契	卖于胡上机	309
道光	三十年	三月胡士煌公祀秩下经手胡阿李等立杜卖田骨契	卖于胡上机	311
道光	三十年	三月(慎徽堂)胡昌渊立杜卖田租契	卖于胡上机	312
道光	三十年	九月胡阿汪等立杜卖田契	卖于胡上机	314
道光	三十年	十月出拼本都九保土名旱田冲山业分单	胡上机有份	315
道光	三十年	十一月黄加财立出兑粪草田皮契	兑于胡上机	316
咸丰	元年	闰八月十二都胡上机立杜卖田租契	胡上机卖田	317
咸丰	元年	又八月胡昌金立杜卖田租契	卖于胡上机	319
咸丰	元年	闰八月胡光记立出杜卖粪草田皮契	卖于宝善局	320
咸丰	元年	十一月胡曰迪立杜卖地契	卖于胡上机	321
咸丰	元年	十二月胡隆公祀秩下经首胡继云等立杜卖田皮契	卖于胡上机	323
咸丰	三年	十月敏德公祀经手六房人等立出兑租利约	兑于胡上机	326
同治	七年	十月出拼本都七保土名白石坑东培山业分单	胡廷卿参与	331
光绪	十六年	十二月出拼本都爱字四保山业分单	上机祀有份	334
光绪	十六年	十二月汪起旺祠秩下经手育之等立杜卖葬穴契	卖于胡上机祠	335
民国	六年	六月汪浩儒立出当田租契	当于胡廷卿	340
民国	八年	十一月汪浩儒立出卖田租契	当于胡廷卿	341
民国	十二年	二月胡云祥等八祀秩下经手人等立出佃山约	上机祀有份	342
民国	二十九年	十一月胡炳镜立出卖粪草田皮契	卖于胡云鹄	344
民国	二十九年	十二月胡景钦立杜卖粪草田皮契	卖于胡云鹄	345

(资料来源:刘伯山主编:《徽州文书》,第二辑第1册)

如果说族谱中的记载有溢美之嫌,那么其他资料的发现则能证明其不凡的能力。在刘伯山教授主编的《徽州文书》中,收录了186份贵溪胡氏的土地买卖等各类文书[1],其中有51份与胡上机家族有关(见表2-2-1),而与胡上机直接相关的有37份。其余14份中,或是跟其创建的宝善局有关,或是跟其

---

[1] 刘伯山主编:《徽州文书》第一辑第6册,第176～219页及第二辑第1册第201～346页,南宁:广西师范大学出版社,2005、2006年。

孙胡廷卿、曾孙胡云鹄相关。

透过表中所列有关胡上机之 35 份文书,则不难发现有 33 份文书是其通过购买、典当、出兑或租佃等途径获得土地的文献记录,其时间跨度自道光八年(1828)至其去世前两年的咸丰三年(1853),长达 25 年。限于资料,我们无法得知除经营山林、土地之外,胡上机其他的经济来源,但从其大量购买土地来看,其经济实力较为雄厚。对于上述所获土地的用途,大部分都未说明,但其中部分田土我们从其内容或是田的种类上大致能判断出来。其中,可确定者列于表 2-2-2:

表 2-2-2 胡上机所获部分土地用途一览表

编号	年代	年份	题名	用途	页码
1	道光	十九年	九月胡曰述立出顶店屋等约	改造生理	253
2	道光	二十一年	正月胡上做立杜卖粪草田皮契	耕种	256
3	道光	二十一年	七月胡崇本堂秩下经手上瑄等立出佃山约	种松树长养	257
4	道光	二十二年	十一月王鑑公祀秩下经手白良等立杜卖田租契	收租	273
5	道光	二十四年	四月胡凤纬等立杜卖田租契抄白	收租	278
6	道光	二十七年	十一月贵闻胡宗本祠秩下经手开馨等立杜卖山骨契抄白	保祖、扦葬、采挖	285
7	道光	二十九年	三月胡上祥立杜卖田租契	坐田收租	291
8	道光	二十九年	十二月胡珩公祀秩下经手曰董等立杜卖荒地骨契	开荒	305
9	道光	二十九年	十二月胡瑂公祀秩下经手曰达等立杜卖地骨契	开荒	307
10	道光	二十九年	十二月胡阿汪等立杜卖地契	开荒	308
11	道光	三十年	十一月黄加财立出兑粪草田皮契	耕种	316
12	咸丰	元年	又八月胡昌金立杜卖田租契	收租	319
13	咸丰	元年	十二月胡隆公祀秩下经首胡继云等立杜卖田皮契	耕种	323

(资料来源同:表 2-2-1,编号为笔者所加)

从上表中我们可以看出,在上述 13 块土地中,有 4 块是荒田,胡上机买来后加以开荒改造,但用途不明。其他 9 块中有 3 块用于耕种,应是与另外 4 块一起召佃收租,用于收获米谷食用。另有一块并非购买,而是佃租于本村同族崇本堂之山，据该契载：

> "……四至之内，尽数出佃与族上机名下前去砍拔锄种，遍山密撒松子，长养成材。日后出拼，山价主、■对半均分。所有■火盗窃，如遇梗顽不遵，鸣公费用，亦系对半均认。四年之内还本祀。经事之人，到山看苗，倘有布种不齐，愿罚典钱五千文公用。即行依约补种，两毋异说。"①

显然，胡上机将此山用于种植木材，成材后出售，所得利润与山主对半均分。从这一点上，可以一窥他的经营方式之一。

最后一块（编号6）山地，则是购自贵闻胡氏宗本祠秩下。贵闻胡氏属于学公派下②，该山位于十都，据该契载："……今因钱粮无措，自愿立契，将前山七号仍存股分山骨，即无丝毫存留，尽数杜卖与贵源族上机叔祖名下前去保祖、扦葬、采挖为业。"③这里的保祖、迁葬意思是作为坟地而用，而最后的采挖，则是一种经济行为。据笔者推测，这里的采挖，应是采挖瓷土。瓷土，在当时的徽州、景德镇等地又称磁土，祁门瓷土主要销往景德镇。在康熙二十三年（1684）所刊刻的《祁门县志》中，已有瓷土的相关记载，据载：

> "土瘠民贫，岁入无几，多取给于水碓磁土。旧志谓：水碓隘河身、泄血脉，磁土伤龙骨，罤利害攸关，是欲为万世规久远者。今以图谋，旦夕遂狃于目前。"④不仅如此，在该方志中，编者亦将磁土作为祁门"货物"而加以记载。⑤

上述引文所言"旧志"，不知为何志，在目前所存世之清代以前的徽州方志中，笔者皆未发现有此条记载。但无论如何，进入清代以后，瓷土无疑已成

---

① 刘伯山主编：《徽州文书》第二辑第1册，第257页。
② （清）胡启道编修：《祁门胡氏族谱·学公秩下贵闻世系图》，页381a。
③ 刘伯山主编：《徽州文书》第二辑第1册，第285页。
④ （清）姚启元修，张瑗等纂：《祁门县志》卷一《风俗》，清康熙二十三年（1684）刻本，页24b—25a，祁门图书馆藏，笔者所用书影为安徽师范大学康健老师提供，特此致谢。
⑤ （清）胡启道编修：《祁门县志》卷一《物产》，页73b。

为祁门民众的主要经济来源之一。据载：

> 公曹姓,讳贞吉,字迪清,一字升六,别号实庵……公之由中翰出而同知徽州也,平简温敏,洗手奉公。逾年,政大洽。会祁门令阙,公即以材摄令事。其治行非一,而大者罢门摊船课、汰磁土水车之税,祁人作却金歌以美之。新令既至,公首以贪暴相戒,令不能从,大反公所为。未几,而间左变起,围署罢市,夸灶塞井。令不堪其辱,雉经以死,人情汹汹,恐致他虞。①

康熙时期的祁门县,由于各种原因,长时间无县令,当时的徽州同知姚启元、曹贞吉先后兼理祁门县令一职。曹贞吉兼理期间做出的一个重大措施就是免征瓷土水车之税。由于瓷土挖出之后需要舂碎,康熙年间祁门民众利用河道,起坝拦水,设置水碓,利用水力完成。因此,曹贞吉为了稳定地方秩序而免征其税,故而得到民众的赞扬。然而,其后继者则一反其政,从而激起民变。据康熙《徽州府志》载,这位后继者名叫葛殿桢,浙江杭州人,关于他任职祁门县令的时间,原志标出,后则被毁版涂抹,可见徽州士人对其态度②。关于这次民变的记载所见不多,但赵吉士在该志中亦提到了这次事件：

> 徽俗素称柔弱,然负气不受非理之辱,告讦成风,贪吏亦往往畏之。如近年祁门葛令捕收王末,激变村民,竟致揭挺围署,末虽毙狱而葛令亦以投缳殒身,良可叹也。③

据此看来,本次事件在徽州影响较大,甚而被赵吉士特意提及。其原因虽以葛氏逮捕祁门人王末而起,但背后的原因应与其所实行的经济政策有关。

实际上,在此时期,贵溪村民亦有许多人开挖瓷土,据胡益谦先生记载："清康熙二十四年(1685),祁南贵溪胡钦选在郭口桥进坞山里发现瓷土矿,乃

---

① (清)张贞撰:《杞田集》卷七《墓志铭·诰授奉政大夫礼部仪制清吏司郎中曹公墓志并铭》,康熙春岑阁刻本。
② (清)丁廷楗修,赵吉士纂:《徽州府志》卷四《秩官志中·县职官·祁门》,第710页。
③ (清)丁廷楗修,赵吉士纂:《徽州府志》卷二《舆地志下·风俗》,第437页。

在大河边设碓舂制,取名龙凤壁。此瓷土土质硬性粘,优于祁西瓷土,景德镇瓷窑颇喜购用。因而祁门瓷土的生产日渐发展。到了乾隆年间(1736—1795),在祁门南沿河双凤坑、栅术坑、丁村磜、方家老等地,先后发现瓷土矿,土碓发展到十几家,共有碓头百余支。"①笔者虽然未能找到胡先生所载之资料来源,但考虑到他生于贵溪,且曾在 20 世纪 50 年代经营过瓷土的开采与销售,他的记载应是有线索可寻。这里所言之栅术坑,即是前述胡上机购买贵闻宗本祠山地之所在区域,因此,胡上机在这里开挖瓷土的意图十分明显。更可证明此说的是在康熙年间由贵溪村民留下的两份契约文书,如:"……今因钱粮户役欠用,自情愿托中立契出卖与在城谢名下前去管业,兴养、迁葬、取挖磁土。"②该山有一块即位于栅术坑(契约中写作"栅树坑"),康熙三十二年(1693)由十二都人(笔者推测应为贵溪人)胡树琮卖与在城谢氏,后谢氏又将该山卖于别人,皆注明是"取挖磁土"。再如:"立出租约人,胡衍中兄弟,今有四保土名栅树坑土坑一只,身做一半,仍一半合夥与黄江胡名下前去兴工取土开挖。"③这里亦指出该山位于栅术坑。显然,胡益谦的记载是符合史实的。

据此,我们不难发现,胡上机在道光年间的活动轨迹,其生计模式之一即是兴养山林、出售木材以及采挖瓷土,而其积累的土地家产亦成为其孙胡廷卿的重要收益来源。

胡上机在积极拓展经济来源的同时,亦大力支持后代的教育。其次子昌陶与三子昌陞都为国学生,虽然都是报捐而得,但亦可看出其对教育的重视。胡上机去世后,其家族继续发展,其长孙兆瑞更是由国学生报捐布政司理问,并赏给其祖父母、父母暨本身妻室四品诰封中宪大夫的头衔④。布政司理问,在清代属于外官,捐此职需银千两左右,据许大龄先生的统计,自乾隆十

---

① 胡益谦:《漫话祁门瓷土》,《祁门文史》第 1 辑,1989 年。
② 刘伯山主编:《徽州文书》第二辑第 1 册《康熙三十二年十月十二都胡树琮立卖山契等抄白之一、之二》,第 205 页。
③ 刘伯山主编:《徽州文书》第二辑第 1 册《康熙四十年七月胡衍中兄弟立出租土坑约》,第 211 页。
④ (民国)胡承祚编修:《贵溪胡氏支谱·愿公派下图七时慎派下》,页 75b~76a。

九年(1754)至光绪二十六年(1900),所需银两自 1710 两逐年递减至 369.9 两,其中光绪二十六年(1900)是按江宁例。我们无法得知兆瑞何时捐得此衔,但从其生活年代(1845—1920)看,其时间应是光绪年间,在许大龄先生所列表中,光绪年间有五个数值,分别是 986.4(光绪十年)、739.8(光绪十三年)、493.2(光绪十五年)、369.9(光绪二十年)、369.9(光绪二十六年)①。

以上述五个数字最低算,其所需费用也在 400 两左右,可见兆瑞经济实力较强。而且据兆瑞四代孙胡景晃先生介绍,原来昌陶与昌陞同居一处,后来由于人丁增添,兆瑞便重择新址,另建一处宅院,其宅院目前保存完好,而老宅目前仅剩一层房屋。民国时期,兆瑞两个孙子都考入高等学校。其长孙承谟考入安徽公立专门法政学校,曾出任舒城县第一科科员;而另一孙子承祚考入安徽省立第二师范学校,据统计,在第二师范学校前八届的毕业生中,祁门县共有 18 位,而贵溪村有两位,胡承祚即是其一。

图 2-2-2　胡兆瑞所建新宅

(注:图中老人为胡兆瑞曾孙、胡承祚之子胡景晃先生)

---

① 许大龄:《清代捐纳制度》,北京:北京大学出版社,1950 年,第 105 页。

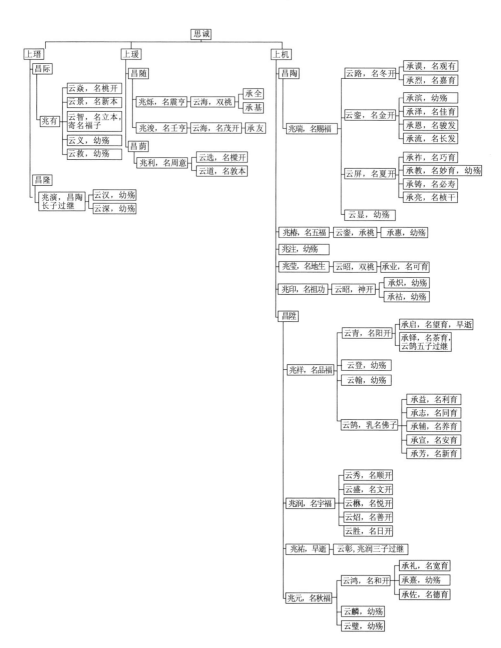

图 2-2-3　胡上机家族谱系图(三十一—三十五世)

[资料来源:(民国)胡承祚编修:《贵溪胡氏支谱·愿公派下图七》]

另一位胡彩云则是贵溪祁门红茶创始人胡元龙的孙子,毕业不久即病故。① 而胡廷卿的侄曾孙胡景宪毕业于安徽省立第二师范学校,1949 年后从政,并曾任祁门县副县长,现已退休。如今贵溪的村支书胡翠蔚亦是兆瑞的五代孙。于此可以看出上机一支在村中的地位。不仅如此,从图 2-2-3 可以看出,在胡思诚的三个儿子中,胡上机一支人丁兴旺,除过继给其长兄胡上瑨之长子外,次子昌陶和三子昌陞皆儿孙众多。而胡廷卿在家中为长子,在堂兄弟中排行第二,比堂兄兆瑞小九个月。② 由此,亦可看出他在家族中的地位,而从其子孙的知识水平和从事的职业看,也能推测出其家族在贵溪村的地位。

二、胡廷卿生平概略

胡上机于咸丰五年(1855)去世,生前育有三子:即昌隆、昌陶、昌陞。长子昌隆过继给其长兄上瑨,三子昌陞即是胡廷卿之父。有关胡昌陞的记载不多,惟家谱有零星记载,"昌陞,字炳熔,号炎山,国学生。生道光元年(1821)十二月廿一寅时,殁光绪七年(1881)四月廿七日。"③ 显然,昌陞去世时仅 60 岁,胡廷卿尚年轻,就开始掌管家务。下面笔者根据族谱及其他资料,对其一生稍作概述(详见附录"胡廷卿年谱")。由于胡廷卿在 60 岁前后几年里,家庭接连遭受变故,对胡廷卿的生活产生了较大的影响。因此,笔者拟以光绪三十年(1904)为界,将其一生划分为两个阶段。

(一)积极进取与精心经营(1845 — 1904)

有关胡廷卿的情况,在民国时所编撰的《贵溪胡氏支谱》里有较为详细的记载,兹录如下:

---

①康健:《茶业经济与近代教育事业的变迁——来自祁门县的个案研究》,《徽学》第七卷,合肥:安徽大学出版社,2012 年,第 79~80 页。
②(民国)胡承祚编修:《贵溪胡氏支谱·愿公派下图七时慎派下》。
③(民国)胡承祚编修:《贵溪胡氏支谱·愿公派下图七时慎派下》,页 80a。

兆祥,名品福,字廷卿,号和轩,邑增生。曾修阖族宗谱,倡办本村养正国民小学校,精通医学。民国癸亥年(1923),寿登八秩暨泮水重游,县长徐公赠"泮水耆英"匾额。生道光廿五年(1845)十月十二申时,殁民国十三年(1924)二月三十申时。原娶郑氏,未婚而卒。继娶汪氏,生道光廿七年(1847)六月二十卯时,殁光绪廿九年(1903)十月十五卯时。①

尽管上述记载偏重于胡廷卿暮年的情况,但仍能找到其他信息如其编修族谱、婚姻状况等,这些皆在其账簿中有所记载,可证明其信息的准确性。

光绪七年(1881),胡昌陞去世,胡廷卿时年37岁(虚岁,下同),长子云青(乳名阳开)已16岁,四子云鹄(乳名佛子)年仅3岁(中间两个儿子均不幸夭折)。胡廷卿兄弟三人,在其父去世后,分家各自独立。从胡昌陞去世之年的六月份,胡廷卿每日将自家的收支账务记录下来,为我们留下了丰富的家庭生活记录。

1. 生计之道

由于账簿始于光绪七年(1881),因此,对于光绪七年之前胡廷卿的生活轨迹我们并不清楚,据其在晚年所记载的一笔账务中所言:"复成,庚辰年腊月十三,本洋十元。此项洋,我先年在溶口教馆,代郑子仪父借来,还我父会钱。"②这里他指出自己曾在溶口设馆授徒,而在光绪八年、光绪九年两年的账簿中,有其往返溶口与贵溪的记载,其记录兹列表2-2-3:

---

①(民国)胡承祚编修:《贵溪胡氏支谱·愿公派下图七时慎派下》页80a、b。
②王钰欣、周绍泉主编:《徽州千年契约文书 清·民国编》第17卷《光绪二十九年至三十二年祁门胡廷卿立〈各项誊清〉》,第364页。

表 2-2-3　光绪八、九年间胡廷卿在溶口与家中往返记录表

年	月	日	记载	页码	卷数
光绪八年	杏月	初一	往溶口馆	22	十四
	三月	初十	来家	23	
	五月	初三	学中回家	27	
	六月	十二	回家	32	
	巧月	十一	己回家,干廷叔岳到	33	
光绪九年	二月	廿三	回家	102	

资料来源:王钰欣、周绍泉主编:《徽州千年契约文书 清·民国编》

由此可表明,在其父未去世之前,胡廷卿应该一直靠在溶口设馆谋生,然而,从光绪十年(1884)开始,账簿中再未见到类似的记载,而是出现了在家及去其他地方的记载。这说明,自光绪十年(1884)始,他将学馆搬移至贵溪村内,而且直至民国四年(1915)一直都在从事教书的职业,这从他所记载的历年修金中可以看出。当然,据光绪三十四年(1908)"移学在家读书"①的记载看,此前,学馆并不在他家中,而是设在村中的某个专门场所。至该年,科举制度已经取消三年,在徽州知府刘汝骥的推动下,徽州各县纷纷建立新式学校。刘汝骥为了减少各县宗族所设的族学所带来的阻力,"多次颁布劝学章程等批文,鼓励茶商认捐,不遗余力地推行新学教育"。在此背景下,祁门县于光绪三十二年(1906)、光绪三十四年(1908)分别在县城东面和西乡历口成立新式学校。② 这一新形势的出现,可能会影响胡廷卿的学生人数,因此出现迁移回家的情况。

在设馆授徒的同时,胡廷卿为了增加家庭收入,亦从事其他方面的投资经营。首先是茶园的开辟。光绪初年,由于绿茶的滞销,黟县人余干臣从福建退职后,来到祁门倡导研制红茶,但应者寥寥。其中,贵溪人胡元龙便在他

---

①王钰欣、周绍泉主编:《徽州千年契约文书 清·民国编》第18卷《祁门胡廷卿立光绪三十四年〈进出总登〉》,第186页。

②康健:《茶业经济与近代教育事业的变迁——来自祁门县的个案研究》,第76页。

的启发下,在贵溪村周围的山上开辟茶园,请江西宁州制茶师傅试制红茶,获利颇丰。作为同村人,胡廷卿亦开始投资茶园,在其账簿中有专门记载茶业经营的茶业账簿,且将其历次所购买茶园记录于下:

> 新置各号茶荪:
>
> 汪郎冲茶荪一号,计本洋八元,买受五松兄弟业,其契系桂廷兄转买。
>
> 徐家坞茶荪一号,计价本洋三元五角,买受云耕业。
>
> 蒋家坞茶荪一号,计价本洋七元,买受汪新发业。
>
> 山枣弯茶荪一号,计价英洋九元,内阳开妇英洋五元,买受用夫业。乙巳年(光绪三十一年)抵还福子账,作价洋十二元
>
> 枫树坦茶荪一号,计价洋一元五角,买受金和业。其地租交尚义,钱四十六文。
>
> 八十五、八十六号东岸、园地一备,并茶荪在内,计价英洋六元五角,买受云澄业。
>
> 金钗形,本家种山一股(光绪十三年,丁亥年)计钱六百六十四文,有新据一张,在澍廷家。①

胡廷卿对茶园的不断购入,亦反映出祁门红茶销量的不断增加与祁门民众的经济行为之间的关系。不仅如此,除不断购入茶园之外,胡廷卿还与人合伙创办了自己的茶厂,直接将自己茶园所产茶叶进行二次加工,去往九江、武汉销售,这一点在其账簿中亦有记录。现将部分记录列表 2-2-4:

---

① 王钰欣、周绍泉主编:《徽州千年契约文书 清·民国编》第 17 卷《光绪二十九年祁门胡廷卿立〈各项誊清〉》,第 360~361 页。

表 2-2-4　胡廷卿创建茶厂部分信息记录表

年	月	日	记载	页码	卷数
光绪十八年	杏月	十九	支钱二百,程细古师,起厂,计十六人,并	318	十五
		廿一	供细古师	318	
	三月	廿一	支钱五十三,厂派请师食用	321	
	五月	初十	收浩卿钱四十四,为细古办酒派	332	
光绪十九年	正月	添春	雨 供细古师傅二日	460	
		廿一	支钱三十文,买洋油五两,厂	461	
	杏月	十九	支钱一百,付细古师	463	
	三月	廿三	支英洋一元,付细古,前付过钱一百	469	
	十一月	初二	郑有福供工一个,盖后厂	494	
光绪二十二年	九月	廿五	支米二祁同,挑后厂洋沟	222	十六
	葭月	十八	支钱八十文,安砖司工钱,后厂盖瓦	230	

资料来源:王钰欣、周绍泉主编:《徽州千年契约文书 清·民国编》

从上表可知,胡廷卿于光绪十八年(1892)与人合伙创办了茶厂,时年48岁。他延请一位名叫程细古的制茶师傅担当茶师,从轮流为程细古供应饭食的记载上看,该茶厂为合伙创办。创办第一年,该厂的效益应该不错,因此他们于第二年开始扩大规模,即表中涉及的"后厂"。在茶厂将茶草加工成成茶之后,胡廷卿并未将茶叶卖给当地的茶号,而是交由自己所开办的茶号出售,主要是运往九江与武汉销售。承担销售任务的是其两个儿子云青与云鹄。在账簿中有多次记载云青、云鹄在茶号的薪资以及去九江、武汉的文字(具体详后)。由于账簿中未记载茶厂与茶号的经营状况,因此,我们无法得知在后来的时间里,茶厂与茶号的经营方式是否发生了变化,发生了怎样的变化,其利润如何等等。

在经营茶叶的同时,为了扩大经济来源,胡廷卿在光绪二十六年(1900)还做起了大米的买卖。如前所言,徽州府山多田少,一直是个缺少大米的区域。对于贵溪村而言,更是如此,大量的土地被用于栽植茶薪、培育茶园,用于种植稻米的土地愈发减少。加之该年当地出现了大旱,导致粮食奇缺(详后)。在此情况下,胡廷卿利用云鹄在景德镇工作的机会,从江西景德镇运来大批的大米在本村出售获利。然而,大米生意并未持续多久,在光绪二十六年以后的账簿中,未再见到该项买卖的记载,但由此可以看出胡廷卿具有较强的商业意识。

2. 儿子的职业安排

前已述及,胡廷卿共育有四子,其中第二、第三子皆夭折,长大成人的惟有长子云青与四子云鹄。可能是因为两个儿子接连夭折,胡廷卿将第四子取名佛子,以祈求佛祖的保佑。不知是否真有作用,但云鹄的确长大成人,并育有六个儿子。①

在对两个儿子职业的规划上,胡廷卿让长子云青投身科举,试图获取功名。在胡廷卿的账簿里,有云青多次赴祁门县城、徽州府城参加考试的记载。在努力考取功名的同时,云青还与父亲一起开馆授徒,但持续时间不长,根据账簿中记载,其始于光绪十四年(1888),至光绪十七年(1891)结束,共持续四年。兹举一例,在光绪十四年五月初四日,云青即收到了节礼:

阳开学

收澍廷兄子十三元。

收升廷子八元。

收用夫子六元。

收信夫菓子一封,子六元。

收新根子六元,糕一斤。

收秋福面姜一包,子八元。

收中林糕一斤。

入,补收宇福弟皮梁三扎,破片一斤,扣钱一百。②

---

① (民国)胡承祚编修:《贵溪胡氏支谱·愿公派下图七时慎派下》,页80b~81a。
② 王钰欣、周绍泉主编:《徽州千年契约文书·清·民国编》第15卷《光绪十四年祁门胡廷卿立〈进出总登〉》,第14页。

时年云青 23 岁,他于四年前(1884)完婚,此后家中的诸多事务如去祁门县城缴纳赋税,置办年货等具体事务均由其办理。光绪十七年(1891),云青不再开馆,而是去县城东面的东山书院读书,这应该是胡廷卿的安排,目的在于让其安心读书,以期能科举成功。但是,经过两年的努力,云青仍然未能如愿。当年,其幼弟云鹄已 17 岁,赴景德镇方长春号当学徒。因此,两年后云青又回到家中,协助胡廷卿处理家务,但并未再开馆授徒,而是在处理家务的同时,经营茶叶的买卖。当然,对科举的追求,他并没有放弃,但直至光绪三十年(1904)去世,他一直未能成功,最终遗憾而逝。

相对于不惜重金让长子读书考取功名而言,胡廷卿给四子云鹄设计了另一条完全不同的道路,没有让他走求学科举之路,而是选择了经商。云鹄生于光绪五年(1879),比长兄云青小 13 岁。① 账簿中并未找到对云鹄的教育投资的记载,笔者推测其初步的教育应是在胡廷卿的学馆中完成。光绪十五年(1889),账簿中开始出现云鹄采摘茶草的记载,该年他 11 岁,这说明从那时起,他已开始从事体力劳动以贴补家用。② 此后的每一年皆能看到他采摘茶草的记载,至光绪十九年(1893)时,16 岁的他开始在胡上机创办的庆余粮局中做事,并在本年的腊月初四得到了粮局发给他的俸米三斗三升一仝,价值铜钱一千文。③ 显然,这一安排实际上是为他次年去景德镇当学徒而作的准备。光绪二十年(1894),已满 16 周岁的云鹄经人介绍至景德镇的方长春商号当学徒,学习商业知识。

如果说云青作为长子掌管家务,承担了继承人的工作的话,那么云鹄在景德镇当学徒,不仅帮助其学会了商业知识,而且为家庭的经济收入开辟了另一个途径。云鹄到达景德镇后,不断地从景德镇购买家庭日常用品寄回,这无疑扩大了胡廷卿家庭的购物渠道,丰富了家庭的物质生活。景德镇作为

---

① (民国)胡承祚编修:《贵溪胡氏支谱·愿公派下图七时慎派下》,页 80a。
② 王钰欣、周绍泉主编:《徽州千年契约文书·清·民国编》第 15 卷《光绪十五年祁门胡廷卿立〈进出总登〉》,第 84 页。
③ 王钰欣、周绍泉主编:《徽州千年契约文书 清·民国编》第 15 卷《光绪十九年祁门胡廷卿立〈收支总登〉》,第 498 页。

商业市镇,其商品种类要多于贵溪村周围的塔坊,甚至是祁门县城,而且价格更低。最为重要者,前文提及胡廷卿在光绪二十六年(1900)所经营的大米生意,就是通过云鹄在景德镇购得。在此前两年的光绪二十四年(1898),经过四年的磨练,云鹄已经掌握了基本的商业知识,开始在一些茶号中做事,如该年四月初五,云鹄即收到一笔由恒丰茶号所发的俸洋六元①。而且,云鹄亦于同年完婚,这一年他21岁②,而其父胡廷卿已54岁。

纵观此一时期,胡廷卿一家在经济上得到逐步改善,是胡廷卿最为得意的时期,然而,光绪二十九年(1903)到光绪三十年(1904),妻子及长子的相继去世,给其带来了沉重的打击,亦使他的家庭出现了重大的变化。

(二)家庭变故与晚年生活(1905—1924)

光绪二十九年(1903)春天,长子云青代替俊明叔去往广东出售茶叶③,云鹄在三月初四自景德镇回来后,于四月份也去了九江卖茶④,两个儿子的劳碌奔波,为家庭带来了更多的收入。因此,坐馆在家的胡廷卿应该为眼前的生活而安心。然而,妻子汪氏的病情逐渐加重,虽然去年八月份往县城医治,但仍然不见好转,因此在九月找来木匠准备好了寿棺⑤,这让他有些不安。果然,到了十月十五的夜里卯时,这天正是传统的下元节,相伴了一生的妻子还是离胡廷卿而去。汪氏娘家在县城南门外不远的侯潭,侯潭汪氏是祁门的四大宗族之一,元代著名的理学家汪克宽即是侯潭人。汪氏小胡廷卿两岁,是他的第二任妻子。第一任妻子郑氏未婚而卒,因此实质上汪氏不算是

---

① 王钰欣、周绍泉主编:《徽州千年契约文书 清·民国编》第16卷《光绪二十四年祁门胡廷卿立〈收支总登〉》,第320页。
② 王钰欣、周绍泉主编:《徽州千年契约文书 清·民国编》第16卷《光绪二十四年祁门胡廷卿立〈收支总登〉》,第350~352页。
③ 王钰欣、周绍泉主编:《徽州千年契约文书 清·民国编》第17卷《光绪二十八年祁门胡廷卿立〈各项誊清〉》,第309页。
④ 王钰欣、周绍泉主编:《徽州千年契约文书 清·民国编》第17卷《光绪二十八年祁门胡廷卿立〈各项誊清〉》,第308页。
⑤ 王钰欣、周绍泉主编:《徽州千年契约文书 清·民国编》第17卷《光绪二十九年祁门胡廷卿立〈各项誊清〉》,第381页。

继室。①

厄运接连而至，妻子去世后的第二年，长子云青也因病早逝，这给胡廷卿带来了巨大的痛苦。从光绪十一年（1885），即婚后第二年开始，云青便抓药治病②，此后，屡见其抓药服用的记载，先后使用了中药、药茶，甚至是求神驱邪，然而皆未能治愈。至光绪三十年（1904），云青病情加重，四五月份连续吃药③，但还是无力回天，于本年七月去世④，终年 39 岁。其幼子承启年方 4 岁，而胡廷卿本人刚好 60 岁。

云青的去世给这个家庭带来了巨大的影响，首先是分家。云青在世时，家中的各项事务均由其操办，而他及其母亲的离世，令家中的人口骤减，让胡廷卿无暇照管。据胡廷卿自述：

> 光绪三十年七月初旬，因长男云青不幸弃世，自思年满六旬，家事难以总理，只得将我所该各位之账，特立分关簿二本：次男云鹄、长孙承启各收一本。账目各项各还。房屋，茶荪园地均已分扒，照据管业。⑤

胡廷卿虽然将产业划分为二，但由于长孙承启年龄太小，因此在其后的时间里其长孙的事务一直由他代为处理。光绪三十一年（1905），清政府取消科举制度，当这一消息传至远离皇城北京的小山村时，胡廷卿心里五味杂陈，其追求了一生的科举之途，如今就这样被堵住了。家庭的变故、科举的无望，让年届六旬的胡廷卿身心俱疲。从光绪三十年（1904）开始，他便在宗祠推辞

---

① （民国）胡承祚编修：《贵溪胡氏支谱・愿公派下图七时慎派下》，页 80b。
② 王钰欣、周绍泉主编：《徽州千年契约文书 清・民国编》第 14 卷《光绪十四年祁门胡廷卿立〈收支总登〉》，第 193 页。
③ 王钰欣、周绍泉主编：《徽州千年契约文书 清・民国编》第 17 卷《二十九年祁门胡廷卿立〈各项誊清〉》，第 400、401 页。
④ （民国）《贵溪胡氏支谱・愿公派下图七时慎派下》，页 80b。
⑤ 王钰欣、周绍泉主编：《徽州千年契约文书 清・民国编》第 17 卷《光绪三十三年至宣统三年祁门胡廷卿立〈各项誊清〉》，第 442 页。

了对常丰粮局的管理①,至光绪三十二年(1906),连续三年不做管头②。从中可以看出国事、家事对其产生的影响。

同时,长兄的去世,也给四子云鹄的生活带来了变化。在此之前,他一直在景德镇做事,每年茶季时,也会帮助家里或其他茶号售卖茶叶。但是此后他从江西回到祁门,至迟于光绪三十二年(1906)在溶口开了一家名为"裕和昌"的商号③。许多家庭事务也由其承担,如邀会一项,原来均由其父亲、兄长承担,现在则每年由其发起④。参与宗族内部各种祠会的任务,也落到了他的肩上。

图 2-2-4　胡廷卿曾孙胡恒乐及其长孙

---

①王钰欣、周绍泉主编:《徽州千年契约文书 清·民国编》第 17 卷《光绪二十九年祁门胡廷卿立〈各项誊清〉》,第 396 页。
②王钰欣、周绍泉主编:《徽州千年契约文书 清·民国编》第 18 卷《光绪三十二年祁门胡廷卿立〈收支总登〉》,第 143 页。
③王钰欣、周绍泉主编:《徽州千年契约文书 清·民国编》第 18 卷《光绪三十二年祁门胡廷卿立〈收支总登〉》,第 11 页。
④王钰欣、周绍泉主编:《徽州千年契约文书 清·民国编》第 17 卷《光绪二十九年祁门胡廷卿立〈各项誊清〉》,第 417 页。

但厄运并未就此结束,宣统三年(1911),年仅11岁的长孙承启(乳名望育)亦因病而逝,此时胡廷卿已近七旬,进入迟暮之年,面对此景,我们无法想象这位老人的心情。好在四子云鹄生有六子,于是便将其第五子承铎过继给云青,以撑其门户。不过,据胡廷卿的曾孙胡恒乐先生介绍,承铎亦未成年而殇,不免让人唏嘘。

对于迟暮之年的胡廷卿的经历,我们所知不多,从其账簿的记载可以看出,他在光绪三十一年(1905)之后,并未如山西举人刘大鹏那样不再从事家庭塾师的职业①,而是继续开馆授徒,科举制的废除似乎并未影响到他职业的变化。但是,与此前不同的是,他很少经营茶叶与大米生意了,即便是山田亦部分佃了出去②。随之而来的是其作为医生的身份开始得到附近乡民的认可,在其账簿中不仅出现了"天医正照"的吉祥用语③,还连续多年都有他作为医生获得的收入与礼物的记载。据同村胡益谦先生回忆:

> 因刻苦钻研儿科专著,对小儿辨症认真,用药特效,因此名闻遐迩,求诊者日不暇接。年过古稀,犹远道出诊,从不畏苦,更不计诊金。遇有贫困之家,每将自备之救急良药施与之,不索真值,所以村民多志之④。

胡廷卿于民国十三年(1924)去世时胡益谦已九岁,两家距离很近,对其应有印象。在胡益谦的记忆里,胡廷卿不仅医术高超且为人慷慨仗义。当然,对于其性格我们所知不多,但账簿中的几处记载则表现了其性格中的一面,兹举两例,以作说明。

---

① [英]沈艾娣(Henrietta Harrison)著,赵妍杰译:《梦醒子:一位华北乡居者的人生(1857—1942)》,北京:北京大学出版社,2013年。
② 王钰欣、周绍泉主编:《徽州千年契约文书 清·民国编》第17卷《光绪二十九年祁门胡廷卿立〈各项誊清〉》,第379页。
③ 王钰欣、周绍泉主编:《徽州千年契约文书 清·民国编》第18卷《光绪三十二年祁门胡廷卿立〈收支总登〉》,第85页。
④ 胡益谦:《儿科名医胡兆祥》(手稿),现藏于美国其侄女胡芳琪处。

其一：

  光绪二十年，买受云澄本都一保东岸园地一备，计契价六元五角，实付英洋五元七角五分。因管业与信夫争竞，将该地东边截取一块兑与信夫，未立据。及阅取来，兆修先年将该地当与社女嫚，其契载：南边至姨母地则云澄亦应得一半矣。何得信夫藉口以南至地为独有乎？特此注明，以妨后事。况云澄以祖母之地，可以卖与别人，岂我买不能管业耶！①

其二：

  云青所该各账附誊于簿，以便日后承启代父还账。②

从第一则记载中，可以看出在其因土地纠纷而受到不公对待时所表达的不平，我们无法得知此事是如何处理的，但由此亦能看出他的方刚之气。第二则是他在云青去世后，将其生前所欠各账详细地记录下来，以便云青之子承启长大后，能替父还账。从中我们能看到胡廷卿在痛心之余，还念念不忘其子生前所欠债务，人虽殁，但账不能销。因此，他必须详细记录下来，让其孙父债子还，充分表明了他讲信用的一面，这或许是传统知识分子普遍持有的品质。

正是由于胡廷卿的性情和品质，亦因其在村中所具有的知识技能，使得他在村中具有极高的威望。他不仅屡次作为中人参与乡村及其周边的土地交易，而且作为一名文人为乡民撰写各类文书，甚至为附近的其他姓氏撰写谱序。他凭借所拥有的知识，不仅将知识技能转化为经济效益而获得一些中资、笔资、礼物，而且也获得了极高的威望（详见第四章第二节）。在其宗族内部或与外来者发生纠纷时，他多参与其中，处理族内各种事务。如：

---

① 王钰欣、周绍泉主编：《徽州千年契约文书 清·民国编》第17卷《光绪二十八年祁门胡廷卿立〈各项誊清〉》，第353页。

② 王钰欣、周绍泉主编：《徽州千年契约文书 清·民国编》第18卷《光绪三十年祁门胡廷卿立收支帐簿》，第11页。

(光绪二十九年桃月初一)代赔本洋七角一分,为和讼事。福子与桂廷先构讼。①

这里的福子,即是其二伯祖胡上瑗的曾孙,而桂廷则是大伯祖的孙子,两人同属思诚公一支②。不知什么原因,二人在光绪二十九年(1903)时打起了官司,胡廷卿为了解决矛盾,竟代赔了本洋七角一分。钱虽不多,但此事说明了胡廷卿在宗族内的影响与为人。又如:

(光绪三十二年暑月)初九,往石坑,为乌茶段山北人盗斫事。经中允定祭坟封山演戏(在石坑)八,禁树,命偿洋四元,收洋三元,交地生收。③

这是一次处理江北之人来此谋生时,偷盗胡氏林木一事。从清初开始,即有江北的民众来此谋生,至中叶以后,特别是太平天国时期,人口增多。他们大多居于山间,种植苞芦(即玉米),但有时也会因生活所迫,偷盗林木以求生存。这次事件发生以后,胡廷卿即带领其他人一起处理此次纠纷,最后以罚洋、演戏而结束。显然,无论是在族内各支,还是在整个宗族,胡廷卿都享有较高的威望。

(三)谢幕

"民国癸亥年,寿登八秩,暨泮水重游,县长徐公赠'泮水耆英'匾额。"这或许是胡廷卿生前所获得的最高荣誉,即便颁发这个荣誉的政府不是他追随了几十年的清政府,而是新生的民国政府。我们无法窥知胡廷卿对于这个新生政权的态度,似乎改朝换代并未如家庭变故那般对他的生活带来什么影响。只是进入民国以后,他最终还是放弃了塾师的职业,在村中创办了养正

---

① 王钰欣、周绍泉主编:《徽州千年契约文书 清·民国编》第17卷《光绪二十八年祁门胡廷卿立〈各项誊清〉》,第315页。
②(民国)《贵溪胡氏支谱·愿公派下图七时慎派下》,页72b、75a。
③ 王钰欣、周绍泉主编:《徽州千年契约文书 清·民国编》第18卷《光绪三十二年祁门胡廷卿立〈收支总登〉》,第110页。

国民小学。对于这所小学的具体情形以及最终的命运，我们不得而知。不过，或许正是由于他在教育上所作出的贡献，才得以赢得当时县长的嘉奖。然而也仅仅过了一年，胡廷卿走完了他奋斗而曲折的一生，那一年，他81岁。

正如胡益谦先生上述所言，由于生前对本村所作出的贡献及其高贵的品质，因而胡廷卿赢得了村民的尊敬。在他去世后，同村人胡云隆在《学生文艺丛刊》上为其撰写了挽联，以表哀思：

挽胡廷卿先生联

（祁南贵溪）胡云隆

具一片热忱，为地方效劳；种种良规，足资后生矜式。

值二月下浣，弃天伦至乐；绵绵长恨，徒令弟子怀斯。①

胡云隆曾就读于民国时期设于休宁万安的安徽省立第二师范学校，1923年入学，1926年毕业②。作为同村人，其是否曾受教于胡廷卿，尚未可知。从其教育经历来看，在当时属学历较高之人，其挽联能刊登于该刊，亦说明其社会关系较为广泛。大东书局总部设于上海，是民国时期一个较为重要的民营发行机构。《学生文艺丛刊》由其发行，亦说明该刊较广的影响力。因此，无论是生前还是身后，胡廷卿在祁门都应视为一个地方绅士而加以纪念。

第三节　胡廷卿账簿及其产生的社会机制

本节将对胡廷卿所留下的自光绪七年至民国四年（1881—1915）长达34年（缺光绪二十三年记载）的账簿作一介绍，主要就账簿的内容、形制及其类型加以厘清。同时将这批账簿置入其所产生的地方社会中，以此探讨这类文书类型产生的社会机制。

---

①胡云隆：《挽胡廷卿先生联》，《学生文艺丛刊》第二卷第八集，张廷华编辑，上海：大东书局，1925年，第2页。

②方光禄等：《徽州近代师范教育史（1905—1949）·附录》，芜湖：安徽师范大学出版社，2013年，第305页。

在笔者系统利用这批账簿之前,学界对此珍贵资料已有利用研究,并取得了一些成果。最早利用这一资料的是叶显恩。他在1983年出版的具有开拓意义的著作《明清徽州农村社会与佃仆制》一书中,利用胡廷卿账簿中的茶叶账簿,探讨了明清时期商业资本的由来与佃仆之间的关系①。但是,叶先生的研究并未引起学界对此账簿的关注。直至2000年,王振忠才重新提及这部账簿,他所关注的是账簿中有关路程的记载②。三年后,王裕明也利用账簿中的有关典当账务的记载,探讨晚清时期典当行业的利息问题③。而较为深入利用该账簿则始于2008年邹怡有关徽州茶叶的研究。他利用该账簿中相当数量的资料,分别探讨和茶叶有关的不同问题。首先,他从产权的视角,利用胡廷卿茶叶账簿中有关购买茶荈地的记载,探讨了晚清时期徽州民众所拥有的茶园面积,由于众子均分,其产权分割严重,认为其经济收入不占主要的经济来源④。两年后,他再次提到该账簿,指出徽州民众中,租谷粮食的地位要高于茶叶,但没有展开讨论⑤。另外,他又根据账簿中关于妇女采茶的记录,讨论了晚清时期茶叶生产的场景。⑥ 约略同时,王玉坤开始以此账簿作为核心资料,对其进行颇为深入的研究。他首先考证了账簿的记录者胡廷卿的身份与籍贯,并对该账簿作一概括性介绍,同时对胡廷卿作为塾师的经济生活、社会交往价值理念作了探讨。⑦ 其次他利用该账簿的收支记

---

① 叶显恩:《明清徽州农村社会与佃仆制》,合肥:安徽人民出版社,1983年,第107～108页。
② 王振忠:《新近发现的徽商"路程"原件五种笺证》,《历史地理》第16辑,上海:上海人民出版社,2000年,第255页。
③ 王裕明:《晚清上海德安押当票探析》,《安徽史学》,2003年第6期,第86页。
④ 邹怡:《产权视角下的徽州茶农经济》,《徽学》,卞利主编,合肥:安徽大学出版社,2008年,第61～64页。
⑤ 邹怡:《徽州六县的茶叶栽培与茶叶分布》,《历史地理》第26辑,上海:上海人民出版社,2010年,第174页。
⑥ 邹怡:《明清以来的徽州茶业与地方社会》,上海:复旦大学出版社,2012年,第231页。
⑦ 王玉坤:《清末徽州塾师胡廷卿的乡居生活考察——以〈祁门胡廷卿家用收支账簿〉为中心》。

录,探讨了胡廷卿作为塾师的家计情形。①

综上所述,自1983年始,迄今已逾30载,但学界对胡廷卿账簿的研究利用并不多。除王玉坤外,以上各位学者对胡廷卿账簿的利用多是从自己研究的主题入手,提取相关部分而加以利用,虽取得了一些成果,但并未对其加以系统研究。王玉坤的研究虽是在全面掌握该资料的情况下所作的探讨,但仍然未能全面利用。如对茶叶的资料,作为医生的收入等等皆未涉及。此外,对某些问题所作的结论,亦有进一步讨论的空间。但无论如何,上述学者的既有研究,为笔者的进一步探讨提供了宝贵的基础。

一、账簿形制

有关胡廷卿账簿的基本情况,王玉坤曾将各部分之名称详细列出,②笔者在此不赘,但他认为该账簿的时间跨度是1881至1911年,则不准确。仔细梳理则会发现,在光绪三十三年至宣统三年(1907—1911)的《各项誊清》中,包含有"光绪十五年至民国四年祥记所管各祀、会清单""光绪三十四年至民国三年邀会清单"以及"光绪二十六年至民国四年修金洋清单"(三个标题为笔者所拟)。③ 由此,账簿的记录应止于1915年,前后长达34年(缺光绪二十三年)。经笔者整理统计,全部账簿多达53万字。

民间记账,多是用自己所装订的账簿,但胡廷卿所用的则是从商家买来的专用账簿,从光绪七年(1881)至光绪三十四年(1908)几乎每年都会购买账簿。在购买的账簿中,有茶簿、五十条簿和一百条簿,其中又以五十条簿为多,价格在制钱25文至40文之间,至光绪末年价格上涨。如"光绪七年腊月

---

① 见前揭王玉坤《近代徽州塾师胡廷卿的家庭生计》一文。
② 王玉坤:《清末徽州塾师胡廷卿的乡居生活考察——以〈祁门胡廷卿家用收支账簿〉为中心》,第27页。
③ 王钰欣、周绍泉主编:《徽州千年契约文书 清·民国编》第18卷《光绪三十年祁门胡廷卿立收支账簿》,第10~11、14、18页。

十九,支钱三十文,买茶簿一本",①"光绪十六年腊月十八,支钱二十文,条簿"②,"光绪二十六年,桂月初十,支钱九十四,五十条簿一本"。③ 笔者推测除茶簿用于记录茶账外,其余两种皆用于记载日常账目。

胡廷卿账簿原件尺寸为 125×235 毫米④。封面用毛笔书写,字迹工整,这与他的知识水平相符。每本账簿皆有封面,并用纸条单独撰写题名粘附于账簿上。不仅如此,在多数封面与账簿内皆钤有胡廷卿印章,并有"胡廷卿"水印三字,而最右侧则钤有花纹印章。由此可见胡廷卿对这些账簿的重视,亦表明其做事的精细与雅化。

民国以来,中国学者就对中式账簿和西式账簿进行了对比研究⑤,据会计学家李宝震总结:"根据宋代四柱清册的原理,采用收付记账法沿袭下来的记账制度,一般称为'中式簿记'。按照十三世纪意大利式的复式记账原理,采用借贷记账法,在清末民初从日本传入我国的记账制度称为'西式簿记'。"⑥中国的账簿最早应用于政府,据李梦白的研究,账簿滥觞于三代,而普遍存在于东汉魏晋及唐,于宋代得到进一步发展,李宝震所言之"四柱清册"是指旧管、新收、开除与见在(或曰实在),发明于宋代,流行于元代,而完备于明清⑦。

除政府记录各类账务外,由于商业的发展,民间商人阶层也逐渐出现了商业账簿。据李宝震研究,商业账簿至迟于宋代即已出现⑧,至清代出现了

---

① 王钰欣、周绍泉主编:《徽州千年契约文书 清·民国编》第 14 卷《光绪七年祁门胡廷卿立〈收支总登〉》,第 46 页。
② 王钰欣、周绍泉主编:《徽州千年契约文书 清·民国编》第 15 卷《光绪十五年祁门胡廷卿立〈进出总登〉》,第 227 页。
③ 王钰欣、周绍泉主编:《徽州千年契约文书 清·民国编》第 17 卷《光绪二十六年祁门胡廷卿立〈收支总登〉》,第 85 页。
④ 王钰欣、周绍泉主编:《徽州千年契约文书 清·民国编》第 14 卷《光绪七年祁门胡廷卿立〈收支总登〉》,第 1 页。
⑤ 有关学界对账簿的研究,可参见第一章第二节。
⑥ 李宝震:《会计史话(一)》,《李宝震文存》,北京:经济科学出版社,2008 年,第 151 页。
⑦ 李梦白:《对中式簿记原理之另一贡献》,第 12 页。
⑧ 李宝震:《会计史话(一)》,《李宝震文存》,第 161 页。

各种各样的商业账簿,形式虽千差万别,大致则可归纳为两种,即"跛行账"与"天地合账"①。此外,明朝末年,山西商人还发明了"龙门账"②,其具体的记账方式虽然稍有不同,但总体上没有超越上述两种。在明清商业中,最常见的是跛行账,又称"三脚账",这是一种单式计账向复式计账的过渡形态,"账簿的设置一般有流水账(记录银钱收支和货物进销的原始日记账簿)、卖钱账(记录每天销货的日记账)、进货账(记录每天的进货账)、堂号支使账(记录股东及职员的用款)、各项往来账(人欠、欠人)、日用杂项账(记录每天营业开支)等",但在实际生活中,并非所有的账簿类型都具备,一般而言,"旧式账簿主要有草账(因不要求原始凭证,故以水牌或备忘录代替)、流水账(日记账)和底账"③。这是商人在经商过程中,针对不同账务而设置的不同种类的专门账簿。胡廷卿账簿的种类,大致情况如表 2-3-1 所示。

---

① 李梦白:《对中式簿记原理之另一贡献》,第 13 页。
② 李宝震:《会计史话(七)》,《李宝震文存》,北京:经济科学出版社,2008 年,第 176 页。
③ 李宝震:《会计史话(七)》,第 177 页。

表 2-3-1 胡廷卿账簿分类表

种类	内容	页码	卷数
流水账	光绪七、八年《收支总登》	1~96	十四
	光绪九、十年《收支总登》	97~187	
	光绪十一年《收支总登》	189~249	
	光绪十二年《进出流水》	323~384	
	光绪十三年《进出流水》	409~492	
	光绪十四年《进出总登》	493~500	
		1~70	十五
	光绪十五年《进出总登》	71~152	
	光绪十六年《进出总登》	153~252	
	光绪十七、十八年《进出总登》	253~370	
	光绪十九年《收支总登》	455~500	
		1~16	十六
	光绪二十年《进出总登》	17~94	
	光绪二十一年《进出总登》	95~180	
	光绪二十二年《进出总登》	181~256	
	光绪二十四年《收支总登》	301~376	
	光绪二十五年《收支总登》	469~500	
		1~36	十七
	光绪二十六年《收支总登》	37~134	
	光绪三十二年《收支总登》	83~158	十八
	光绪三十四年《收支总登》	159~238	
各项誊清	光绪二十四至二十七年《支洋蚨总》	377~468	十六
	光绪二十八年《各项誊清》	289~356	十七
	光绪二十九至三十二年《各项誊清》	357~426	
	光绪三十三至宣统三年《各项誊清》	439~500	
		1~20	十八

续表

种类	内容	页码	卷数
茶叶	光绪八年《春茶总登》	54～56	十四
	光绪十一至十六年《春茶总登》	251～322	十四
	光绪十七至二十一年《春茶总登》	371～454	十四
	光绪二十二至二十三年《春茶总登》	257～300	十六
	光绪二十七至三十年《采售茶总登》	209～288	十七
	光绪三十一年《红、绿茶总登》（光绪三十三年采、出茶附，又子茶附）	21～82	十八
所管迭年祀会	光绪二十六年胡氏祠会《收支总登》	135～208	十七
	附迭年管祀、会（光绪十九至三十二年）	427～437	十七
粮局兑则	常丰粮局上、下限则附（光绪十三、十四年）	385～407	十四

由上表可以看出，胡廷卿亦将自己的账簿分成不同种类，其中流水账是商业账簿的基本形式。所谓"流水"，"系取川流不息之意，商人期望财货之往来，有如川流不息，因以名其簿，盖吉利语也"。① 只是胡廷卿有时将流水账亦称作"收支总登""进出总登"，且流水账中不仅有账务往来的记录，还包括茶叶的收入记录，体现了民间账簿命名与内容的多样性。除流水簿之外，亦有《各项誊清》，这在商业账簿中称为底簿。另外还有"所管迭年祀会"与"粮局兑则"专用账簿，与商业账簿亦有不同，这跟该账簿的特有性质有关。

在流水账中，收入多用"收"表示，而支出多用"支""付"指称，这说明胡廷卿采用的还是中式记账法②。"收入"一般都是顶格记，而"支出"都会空出两格，这样记账者和查账者在看账簿时，就能迅速地分辨出本年的收支情况。同时，在流水账中，亦有上面李梦白所言及的"小结"部分。如光绪七年

---

①李梦白：《对中式簿记原理之另一贡献》，第12页。
②"中式记账所谓收、付，乃属于款项之收入或付出也。"潘士浩：《中式簿记与西式簿记之比较》，第96页。

(1881)腊月三十记录:"结总,仍实存洋一元,钱一千三百。"① 由于该年是从六月份才开始记,因此,这一总结是对前面六个月的小结。又如光绪十一年(1885)三月十七日,对当年已收入的茶洋作一小结:"共茶洋七元九角二分六,内除茶厘钱□□(此处残缺)。"② 有时,账簿中对当年所收之米作一小结,如"三月初三起至本日,以上总共出米一千五百八十四升,存谷五秤零九斤。支米二十三升,斛面耗"③。当然,"小结"在账簿中并不是每年都有,但在茶叶流水簿中则每年都有。在其记录所管的各种祠会组织时,这种"小结"更为常见。这些状况表明,在不同种类的账簿中,胡廷卿的记账体例是不同的。

胡廷卿账簿与商业账簿较为一致的地方还体现在每年的流水账中,都有专门的总账核算。一般而言,胡廷卿会将本年内与其有大宗交易或经常交易来往的个人或商号分别加以总结,以算清是欠账还是两讫,这无疑体现了商业账簿中的本年核算原则,以清算出本年的盈亏情况。

---

① 王钰欣、周绍泉主编:《徽州千年契约文书 清·民国编》第14卷《光绪七年祁门胡廷卿立〈收支总登〉》,第15页。
② 王钰欣、周绍泉主编:《徽州千年契约文书 清·民国编》第14卷《光绪十一年祁门胡廷卿立〈收支总登〉》,第196页。
③ 王钰欣、周绍泉主编:《徽州千年契约文书 清·民国编》第14卷《光绪十二年祁门胡廷卿立〈进出流水〉》,第336页。

图 2-3-1　胡廷卿账簿封面及内容

二、账簿种类

由以上分析可以看出,胡廷卿账簿与传统商业账簿有诸多相似之处,因此学者多将其中的茶叶系列账簿归为商业账簿类①。但是,仔细分析胡廷卿账簿的形制、种类,会看出它虽然具有商业账簿的某些特征,但又有诸多自己的特点。

对于民间文书的性质如何界定,如何分类,目前尚没有统一的标准。长期致力于民间文献研究的学者郑振满在一篇访谈中说道:"每一种民间文献都是在特定的历史环境中形成的,为特定的人群服务的。究竟是谁创造了这些文献?谁使用了这些文献?谁收藏了这些文献?"②他在此处虽未明确指出界定民间文献的标准,但实际上却指出了研究民间文献必须考察的三个方面,即文献的产生、使用和收藏。

---

①王钰欣等编:《徽州文书类目》(合肥:黄山书社,2000年),严桂夫、王国健著:《徽州文书档案》(合肥:安徽人民出版社,2005年),均将胡廷卿系列茶叶账簿列入商业账簿中(见前书第608~609页,后书第106页)。

②郑振满、郑莉、梁勇:《新史料与新史学——郑振满教授访谈》,《学术月刊》,2012年第4期,第159页。

其一，胡廷卿账簿的制作者胡廷卿，终身职业是塾师，办过茶厂，亦经营过大米生意。从账簿中对茶园的记载看，他是农民地主，而且他邑增生的身份也是确定的。① 这种身份的多元性，使得我们很难将其归类。但由于塾师是他的终身职业，且塾师收入也是他最稳定的经济来源，因此王玉坤将其概括为塾师②，笔者认为较为合理，本文亦沿用这一称谓。而根据账簿中的茶叶收入记录，把胡廷卿当作商人看待③，则显然不符合事实。

其二，胡廷卿账簿的使用者不是商号中的其他合资者或商号的顾客，换言之，这些账簿所要面对的读者不具有商业性质。从其内容来看，胡廷卿所记录的是其家庭的日常收支，而有关茶叶的收入，也是其茶园中的收获物。即便里面涉及跟其有关的各类祠会、祀会等社会组织，亦是作为底簿而记录，因为它们大多记录于《各项誊清》中。根据前面对商业账簿研究的相关论述，这类《各项誊清》账簿是作为底簿而存在的，即是明证。胡廷卿的所有账簿，其所面对的读者都是他自己，不具有公开性。其实，各种祠、祀会，皆有自己的公开账簿，由每年的首人轮流记录。在账簿中，胡廷卿有多次购买账簿的记录，其中有的是为自己购买，也有的是为他人购买，这其中就包括各个祠会（表2-3-2）。

表 2-3-2　胡廷卿为各祠会所代买的账簿记录表

年	月	日	记载	页码	卷数
光绪十四年	五月	廿七	付钱八十五文，条簿、纸、笔（常丰粮局用）	68	十五
光绪二十五年	八月	初八	（常丰粮局）付钱六十八，纸笔账簿	424	十六
光绪二十六年	桂月	初八	（义田祠）付出钱九十六文，纸、笔、账簿	414	十六
光绪二十七年	七月		（常丰粮局）付钱一百十六文，笔、墨、纸、条簿	294	十七

除此之外，胡廷卿在账簿中还多次提到各祠会、祀会中自己的账簿，如：

---

① （光绪）胡廷琛编修：《祁门胡氏族谱·修谱人名》。
② 王玉坤：《清末徽州塾师胡廷卿的乡居生活考察——以〈祁门胡廷卿家用收支账簿〉为中心》。
③ 严桂夫、王国健编：《徽州文书档案》，第106页。

以上共米六石六斗六升,公议出贴,每米十升候收净干谷一秤,另誊众簿(庆余粮局账,祥记管)。①

本年(光绪三十年)七月十九,良开领去管(代茂开管),将账簿二本(布包)并契匣,外存钱三百十一,均付良开手收。俊廷还洋三元,未收账,未交良收。②

由此不难发现,胡廷卿账簿既非各祠会账簿,亦非家族账簿,将其收支账簿划入"宗族文书"类别中亦不符合实际。③

其三,从该账簿的收藏来看,由于账簿已于多年前被中国社会科学院历史研究所收购,离开了它的原发地,而在王钰欣、周绍泉主编的《徽州千年契约文书 清·民国卷》中,编者对文献的来源没有作交代,因此目前已不可寻。但根据账簿的内容来看,该账簿原来应藏于胡廷卿的后人手中。笔者曾就该账簿询问胡廷卿的曾孙胡恒乐先生,据他介绍,他记得小时候他们家中原来有许多这样的账簿,后来不知去向。因此,笔者推测这批账簿应该是从他父亲手上流落出去的。

综上所述,胡廷卿账簿既非商业账簿,又不属于家族文书。那么这一账簿属于何种文献呢?首先,它应属于家庭收支账簿。不过,这一账簿,并非仅包括家庭的收支开销,其中亦包括大量的事件信息。因此,从广泛意义上说,它属于近年来学者在徽州所发现的"排日账"范畴。

有关排日账的研究,笔者在第一章中已作过论述,此处不赘。那么,"排日账"与其他类型的账簿有何区别呢?刘永华对此有一个大致的概括,他指出:"相较于普通账簿,这些账簿记载的信息不以往来账目为限,其内容涉及记账人参与的各种经济、社会、文化、仪式等行事,在形式上与日记颇为接近,

---

① 王钰欣、周绍泉主编:《徽州千年契约文书 清·民国编》第17卷《光绪二十九年祁门胡廷卿立〈各项誊清〉》,第390页。
② 王钰欣、周绍泉主编:《徽州千年契约文书 清·民国编》第17卷《光绪二十八年祁门胡廷卿立〈各项誊清〉》,第345页。
③ 王钰欣等编:《徽州文书类目·宗族文书》,第626~629页。

因而包含了相当丰富的社会信息。"①这里他指出了一个重要的特征,即记账兼记事。对此,王振忠亦有同样的判断:"可见排日账是账簿的一种,为家庭使用的账簿,其内容主要记录家庭的日常收支以及相关活动。作为民众记账的一种方式,排日账又与一般的账簿不同,因其逐日所记,亦兼有日记的某种功能。"②正因在这类账簿中有诸多关于事件的记载,也让黄志繁等学者最初称其为"日记簿",而周致元则称其为"流水日志"③。在上述学者的研究中,都列出了诸多记事的记载,尤其是王振忠将婺源县《龙源欧阳起瑛家用账簿》中的相关记载进行了细致的分类,从中展现了晚清乡村社会的各个方面,这一点在胡廷卿的系列账簿中亦有相同的表现。不仅在胡廷卿账簿的流水账中有大量事件的记载,而且在上述所列各类账簿中皆有记录,内容涉及各个方面。由于数量太多,笔者仅选其中极少部分记载(表 2-3-3)加以说明。

表 2-3-3 胡廷卿账簿中部分记事表

年	月	日	记载	页码	卷数
光绪十二年	腊月	初六	散馆,西石溪行年节	375	十四
光绪十三年	暑月	十六	往邑到城祠谱局	440	十四
光绪十四年	正月	初六	本门接十大元帅	496	十四
光绪十八年	蒲月	念日	行二会,办会酒,昼菜夜酒,桂廷、秋福共得	334	十五
光绪二十年	四月	初一	立夏节 大雨 满河水	420	十五
光绪二十一年	杏月	廿二	起程往郡岁考。廿二到邑,廿三到渔亭,廿四坐船到万安,比日到府岩寺,叫轿	103	十六
光绪二十八年			癸卯,阳开今年往粤沽茶,代俊明叔	309	十七

---

① 刘永华:《从"排日账"看晚清徽州乡民的活动空间》,第 163 页。
② 王振忠:《排日账所见清末徽州农村的日常生活——以婺源〈龙源欧阳起瑛家用账簿〉抄本为中心》,第 126 页。
③ 周致元:《一份"流水日志"中所见的近代徽州社会》,《合肥学院学报》(社会科学版),2011 年第 4 期。

续表

年	月	日	记载	页码	卷数
光绪三十三年			光绪三十年七月初旬，因长男云青不幸弃世，自思年满六旬，家事难以总理，只得将我所该各位之账，特立分关簿二本，次男云鹄、长孙承启各收一本，账目各顶各还。房屋、茶荊园地均已分扒，照据管业	442	十七

从表 2-3-3 可知，其记事范围十分广泛，大凡有关天气、习俗、沽茶、宗教信仰、科举、分家等等无不涉及。正是这些记载，为我们复原、了解胡廷卿及其生活于其中的社会提供了珍贵的资料。当然，将胡廷卿账簿与以上学者所研究的排日账加以仔细对比，则会发现，胡廷卿账簿在形式上与它们有着很大的不同。胡廷卿账簿中的流水账主要是以"收""支"账目为主，夹以记事，其形式接近传统的家庭收支账簿；而上述学者所指涉的排日账，则是以记事为主，兼有记账，与日记相类。①

正是基于这样的事实，除各类总结账簿和茶叶账簿之外，笔者将胡廷卿账簿中占主体地位的流水账归入广泛意义上的排日账范畴，正如王振忠所言："排日账有不同的类型，其记述的内容有的简单，有的复杂，这与记账者的身份有着密切的关系。"②这种类型的文献何以出现于徽州地区？这尚须从徽州特有的社会形态以及教育形式说起。

三、胡廷卿账簿产生的原因及其社会意义

前已提及，据王振忠的观察，目前所发现的排日账皆出自徽州府境内。根据学者研究论著中所公布的资料及笔者进行田野调查的情况，笔者将目前发现的排日账总结为表 2-2-4：

---

① 参见前揭黄志繁、王振忠、刘永华等学者的相关研究成果。
② 王振忠：《排日账所见清末徽州农村的日常生活——以婺源〈龙源欧阳起瑛家用账簿〉抄本为中心》，第 126 页。

表 2-3-4　目前所发现排日账一览表

县份	(发现)地点	姓名	时间	数量(册)	现藏处
婺源	龙山乡仁村	林光鏞	道光二十五年	1	黄志繁
婺源	溪头乡梅山村	不明	咸丰八年、九年	1	黄志繁
婺源	溪头乡青石村	吴悦梁	同治七年	1	黄志繁
婺源	溪头乡梅山村	曹泽远	1923—1924 年	1	黄志繁
婺源	溪头乡梅山村	詹桂芳	1939 年	1	黄志繁
婺源	不明	不明	乾隆十二年	1	黄志繁
婺源	不明	不明	乾隆三十二、三十三年	1	王振忠
婺源	不明	不明	同治十一、十二年	1	王振忠
婺源	不明	不明	光绪四至六年	1	王振忠
婺源	冷水亭	欧阳起瑛	光绪二十八至三十二年	1	王振忠
婺源	不明	不明	1913 年	1	王振忠
歙县	不明	吴恒南	不明	5	王振忠
歙县	不明	吴荫茂	1950 年	3	王振忠
歙县	不明	方前礼	1955—1956 年	3	王振忠
婺源	沱川乡上湾村	程发开	道光十八年至光绪二十七年	4	刘永华
婺源	沱川乡上湾村	程允亨	道光十八年至光绪二十八年	7	刘永华
婺源	沱川乡上湾村	程同仓	道光十八年至光绪二十九年	2	刘永华
黟县	十都宏村	万氏	光绪十九至二十六年	1	安徽大学徽学研究中心
祁门	十二都贵溪村	胡廷卿	光绪七年至 1915 年	18	中国社会科学院历史研究所
祁门	东乡	王建章	1925—1926 年	1	祁门县马立中

从表 2-3-4 中可以看出，目前所发现的排日账涉及徽州府的四县，其中以婺源县最多，记录排日账的人有塾师、学生，亦有农民、佃农。据此可以判断，记录排日账的行为在徽州是比较常见的。在其他地区没有发现类似账簿之前，我们可以称之为徽州府的特有现象。

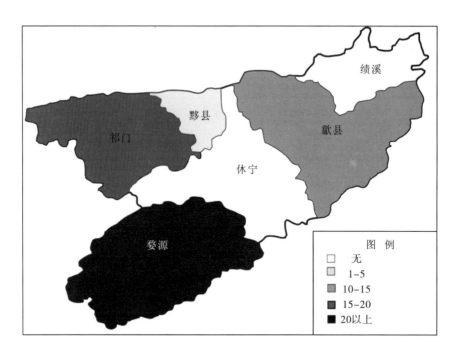

图 2-3-2　目前所发现的排日账的空间示意图

(一)排日账产生的原因

王振忠认为排日账的记录者不仅有下层民众,亦有较高文化素养的私塾先生,这"可能与徽州当地商业气氛之浓烈密切相关"①。但我们不禁要问,在传统时代的中国,以经商著名的地区尚有许多,何以没有或尚未发现此类账簿,而独独存在于徽州呢?经过阅读相关资料,笔者认为这与徽州民众特有的商业观念与教育形式关系密切。

第一,徽州民众悠久的经商历史和生活中频繁的商业活动,让商业观深深地融入每个徽州人的意识之中,并影响到每个人的思维方式,其中即包含他们所创造的文献与教育。众所周知,徽州是一个文献之邦,除去那些著名文士所留下的诸多文集外,更多的是在民间流传的各种手抄或刊刻的小册

---

① 王振忠:《排日账所见清末徽州农村的日常生活——以婺源〈龙源欧阳起瑛家用账簿〉抄本为中心》,第126页。

子。由于它们通俗易懂,且内容贴近生活,故在民间特别是那些文化水平较低的民众中更易获得和使用。如已被发现的各种杂字、杂锦、便览、路程歌谣等等,皆属此类。如果仔细分析这些通俗类书的内容则会发现,几乎每一种小册子都载有跟经商有关的内容,如《汪大盛新刻详正汇采书信要言》中的六种活套皆是模拟儿子或兄弟在外经商时给家中写信的情景,其中的第三种活套如下:

> 父母在家,子外为客,书信寄回,切勿脱格……外面事情,不须细说,遵命而行,随时交接,勤俭小心,不敢骄奢,花酒赌钱,自当戒绝,店内事情,驳嘴费舌,伙计生心,东扯西拽,假账花销,不能辨决。欲酉另行,无人带挈,守网搬罾,针头削铁。①

书信活套是写信用的范文,加以刊刻,说明民众对此需求量很大,其中的内容不仅说明了商业的兴盛普遍,更重要的是展现出这种浓厚的商业观念利用这类文献不断地传入普通民众心中。

如果说书信活套主要影响到那些在外经商者或学徒的话,那么对于数量众多的杂字而言,无论是客居于外的商人、学徒还是居乡留家的本土人士皆是其使用者。由于其面向的群体多样,因此内容相较于书信活套则丰富得多,其中亦包含有专门的商业知识。如:

> 出外求趁,买卖经商。租赁铺店,杂货诸般,胡椒苏木,速香真香,颜料纸札,银硃膁黄,熟铜生铁,摆锡钉装,出粜粮食,老米陈仓,糙熟籼糯,稗子秕糠,秕头米核,断谷齐粮,做造水碓,打篱埋桩,碓桯车轴,磨面箩筐,油坊麻榨,另有涂场。撞槌榨楔,木饼压枋,麻箍油桶,顾写船装,桅杆纤索,跳板舡樯,竹篙橹桨,舡舵中仓,舂棒戽斗,预备堤防,上闸过坝,合伙相帮。

---

① 转引自王振忠、王娜:《作为启蒙读物的徽州书信——刊本〈汪大盛新刻详正汇采书信要言〉介绍》,《安徽史学》,2007 年第 3 期,第 79 页。

除此而外,后面还有介绍徽商经营范围的文字,皆四字一句,而且押韵,便于记忆①。不仅如此,即便是那些具有劝善向化意义的劝世词也少不了对商人的劝诫:

> 朝早起,夜迟眠,忍气耐守做几年,嬉戏供鸟一切事,都要丢在那旁边。打个会,凑点钱,讨个老婆开个店,莫道手艺不发财,几多业家来创业。
>
> 生意人,听我劝,第一学生不要变,最怕做得店官时,贪东恋西听人骗。争工食,要出店,痴心妄想无主儿,这山望见那山高,翻身硬把生意歇,不妥帖,归家难见爹娘面,衣裳铺盖都搅完,一身弄得穿破片。穿破片,可怜见,四处亲朋去移借。倒不如,听我劝,从此收心不要变,托个相好来提携,或是转变或另荐。②

可以说,商业因素充斥于徽州的各个角落,这些不同的文献形式和类型无一不是其观念的真实反映,而这些小册子广泛存在于民众之中,又反过来不断塑造着他们的思想观念、思维模式和行为习惯。至于那些广泛流传的诸如"前世不修,生在徽州"之类的歌谣,更是深入人心而化成了徽州的一种特有的气质和象征。正是这种根深蒂固的商业观念,影响到了徽州民众的家庭生活和农业生活,胡廷卿账簿作为一种家庭收支账簿,是记录者把家庭生活商业化的典型反映。

第二,徽州独特的教育也是排日账产生的一个重要因素。以往学界在探讨徽州教育的问题时,多集中于探讨其经费来源、办学形式以及与商业、科举之间的关系,实际上,在笔者看来,教育如何影响广大的民众进而形塑徽州社会的特质亦是重要的课题。

徽州重视教育,族学发达、私塾盛行当是不争的事实。虽然走上仕途的

---

① 王振忠:《〈应急(杂字)〉——介绍新近发现的一册徽州启蒙读物》,《古籍研究》,2000年第4期,第112页。

② 转引自王振忠:《徽州商业文化的一个侧面——反映民国时期上海徽州学徒生活的十封书信》,《复旦学报》(社会科学版),1999年第4期,第90页。

凤毛麟角,绝大部分民众依然经商或务农,但族学与私塾的广泛存在使得徽州民众知识水平普遍提高。其中承担教学任务的多是没有步入仕途的低级知识分子。正是这些低级知识分子广泛生活于各个角落,其实际的言行形塑着徽州社会。其中,他们在私塾中学到的知识则可能对其生活中的习惯行为带来一生的影响。欲了解他们在私塾中所接受的知识,塾师所用的教材便是关键。

就目前所揭示的资料来看,徽州众多塾师们的授课教材除传统的《千字文》《百家姓》、四书五经之外,还有一些实用性的教材。上述所举的书信活套、四言杂字即是代表,它们除了被广大普通民众阅读之外,还作为学生的启蒙读物。学生在很小的时候就开始学习相关知识,再结合身边成人的言行以及社会的熏染,商业的观念很早就扎根其身,再加上长大后大多数人都会从商,因此这些观念会影响他们一生,并以同样的知识载体代代传承。

塾师对学生习惯的培养同样对徽州民众的一生产生影响,其中一个非常普遍的现象就是塾师要求学生每天写日记。在王振忠所研究的资料中有诸多的日记资料,其中之一便是婺源县詹庆良写于1949年的日记,透过他的日记可以发现里面有几篇记载的是屯溪茶叶价格,说明了商业对日记内容的影响,同时他还记载道:"关于日记的作法,只要见景生情,看物起意,若无景物,但凡人家所饲六畜,皆可为之材料。"①虽然这是1949年的事情,但是这种记日记的要求与习惯当是在清代时已形成。同时,写排日账也是私塾教育中的科目之一,据《我之小史》记载:"又记得父亲教我记排日账:'母亲采猪草,娘娘背姆。'细兴公笑道:'仍有一句,家父生疮抓痒。'时我父亲疮疾正剧也。"②据王振忠研究,该书作者的父亲就是塾师,而且从这一回的标题来看,事情是发生在学堂。这一记载形式上虽是小说,但其实是一部自传,记事可信度非

---

① 转引自王振忠:《徽州少年日记(1949)》,《天涯》,2003年第5期,第83页。
② (清)詹鸣铎:《我之小史》第一回《幼稚事拉杂书来,学堂中情形纪略》,王振忠、朱红整理校注,合肥:安徽教育出版社,2008年,第80页。

常高①。而且,在实际生活中也能找到明证。刘永华告诉笔者,其所收藏的13册排日账,结合记账的笔迹和实地走访,基本可以确定这些账簿就是记账者读书时的作业。

笔者推测,这种记账兼记事的特殊类型账簿,是徽州当地民众应对未来的商业生活之需的产物,将日记和记账合二为一的做法,既能起到每日记事(日记)的作用,又能练习将来经商所必备的记账技巧。清末民初休宁人程敬斋的日记即典型地体现了这一特征。他所使用的是商务印书馆发行的标准日记簿——《庚戌袖珍日记簿》。在这册日记里,他不仅记载了亲戚间的通讯录,还记载了行程以及购买货物的数量和价格,可以说这是一册简单的排日账。② 就目前发现的排日账来看,婺源最多,祁门次之,这一现象可能跟这两县的茶叶经济特别发达有关。在徽州六县中,婺源和祁门自唐代就盛行种植茶叶,且茶叶的种植面积在六县中最多。③ 对两县民众来说,几乎每个人都要参与茶叶的种植、采摘与买卖,因此他们对记账技能的要求较之其他四县更为普遍,这或许是婺源、祁门两县出现较多排日账的原因。

徽州教育的另一个特色是寓教于商。对于徽州的少年来说,不是所有的孩子都能有经济能力进入塾学,也不是所有的学生都能一直读书直至考上功名,更常见的是早早就外出,在某个商号内当学徒。但这并不意味着他们彻底结束了读书生活,实际上学徒生活是学堂的另外一种形式。首先,商号会为学徒准备好指定的教材,专门教授他们如何做好一个学徒。如王振忠收藏研究的《便蒙习论》即是这一类型的教材。虽然其他地区也编有《贸易须知辑要》等商业用书,但是徽州的《便蒙习论》与之不同,它在传授学徒相关知识外,还载有如何做人的内容,所引用的知识大多来自儒家文献,如:

> 谦虚。《尚书》云:"谦受益,满招损。"俗语云:"人无笑脸休开店。"凡生意之人,当谦逊虚心,可谓正理,不可自足。倘矜己之能,

---

① 王振忠:《徽商章回体自传〈我之小史〉的发现及其学术意义》,《史林》,2006年第5期。
② 王振忠:《清末徽州学生的〈庚戌袖珍日记〉》,《安徽史学》,2009年第1期。
③ 前揭邹怡《徽州六县的茶叶栽培与茶业分布》一文。

以为凡事人皆不如我,则骄傲之心日增,怠惰之心渐长,责之无益,如此之人,岂可能长进乎?①

显然,这一记载其实是将经商与儒家教育完美结合起来了,学徒们在学习经商技能的同时,亦接受了儒家伦理思想。不仅如此,学徒进入商号后,其家人也会督促他经常温习儒家经典,如一位歙县宋姓父亲在写给他在金陵店铺做伙计的儿子的信中便告诫说:

"学习闲时,可将四书细看,《孟子》最易懂,如有不明之句,即看细注,自谓(会?)明白。"②

而在另一封某人寄给表侄得全的信中叮嘱道:

"旦(但)汝在典,付钱零用,必须计账。谚云:量入为出,凡事总以节省,切不可学奢华、爱好看。积聚银钱,留得将来正用。晚饭后,操练字笔算盘。"③

往者论徽商的特色是"亦儒亦商"时,总是从徽州发达的教育入手,此一视角当然不错,但他们多强调的是学堂教育。揆诸实际,能够在学堂受教育的学童毕竟是一小部分,且只有更小一部分一直为追求功名而读书,绝大部分徽州少年很早就开始了经商生活。由上面论述可知,徽商"亦儒亦商"的特色可能大多与学堂教育无关,更可能的是经商者普遍地受教于商号,在学徒生涯中习得文化知识,这也是"亦儒亦商"能成为徽商特色的关键所在。

除了继续学习知识之外,徽州学徒也会继续保持记日记的习惯,上文所举写信的那位表叔就叮嘱表侄"必须计账",而目前也发现了学徒所写的日记。王振忠收藏的几页《习登日记》即是学徒所写。从这几页日记来看,他是逐日而记,虽不是每天都记,但其所体现的理念则跟日记一致。其内容既有

---

① 王振忠《抄本〈便蒙习论〉——徽州民间商业书的一分新史料》,《浙江社会科学》,2000年第2期,第132页。
② 王振忠《抄本〈信书〉所见金陵典铺伙计的生活》,《古籍研究》卷下,2004年,第294页。
③ 王振忠《抄本〈信书〉所见金陵典铺伙计的生活》,第294页。

记事,亦有所收物品的清单,跟排日账有很多类似。①

综上所述,在悠久的商业传统和浓厚商业气氛的影响下,徽州的教育也浸染了经商观念,徽州人从小经由学堂再到商号这一不间断的教育,很早就养成了诸多跟商业有关的思维方式与行为习惯,而包括胡廷卿账簿在内的排日账正是这一过程的成果之一,它出现在徽州可以说再自然不过了。

(二)胡廷卿账簿的社会意义

胡廷卿账簿属于排日账类文献,但与黄志繁、邵鸿、王振忠、刘永华等所收藏的排日账在形制和内容上皆有诸多不同。如在形制上较为完美,封面上不仅钤有私章,而且还钤有花纹章;封面题字较为工整,字体优美,且内容较为丰富。这些差异其实是由书写者的身份不同造成的。前已述及,黄、邵二位学者所藏账簿是由农民记录的,刘永华所藏账簿则是由学生及长大后的农民合写而成,而胡廷卿与王振忠所研究的欧阳起瑛都是文化水平较高的塾师。作为长期坐馆的塾师,胡廷卿不仅对账簿的格式较为熟悉,有较为富裕的闲暇时间用来记账,且作为一名知识分子,虽然未能取得更高功名,但身上仍具有特有的书生气质,因此才会将自己的账簿钤上用来欣赏的花纹印。而那些整日忙于耕作的农民,既没有能力亦没有时间来做到这一点。

从胡廷卿账簿的类别上,我们可以看出胡廷卿在现实生活中所需处理的几重关系。换句话说,账簿之所以会有这几种,是由其需要处理的社会关系而决定的。王振忠对此有过论述,他说:"在传统徽州,不仅本土与侨寓地徽商之间有着密切的交流,而且,即使是在徽州当地,日常生活中银钱的借贷往来,土地买卖中田地税负的推收过割,以及婚丧礼俗等活动中的诸多社交应酬等等,这些都促使彼此之间的银钱结算显得极为频繁,这可能是现存排日账在徽州所见独多的原因所在。"②虽然这里他说的是排日账在徽州独多的原因,其实也指出了徽州民众在日常生活中所需处理的各种社会关系。从胡

---

① 王振忠:《抄本〈习登日记〉——一册徽州学徒的日记》,《古籍研究》,2002年第2期。
② 王振忠:《排日账所见清末徽州农村的日常生活——以婺源〈龙源欧阳起瑛家用账簿〉抄本为中心》,第126页。

廷卿账簿中发现它不同的种类暗含了胡廷卿在生活中需要处理的社会关系有四种。

首先,胡廷卿要处理的关系是日常生活中数量众多的个人及各种类型的商号,在与这些人物及组织的账务往来中,形成了流水账。由于其人数众多、交易往来频繁,因此这类账簿是其主体。流水账实际上也是商业账簿中最主要的一种,从上述研究者对账簿的定义中可以发现,流水簿在商业账簿中由来已久,并成为一种常见账簿类型,至清末甚而成为对商人法律上的规定。编修于光绪二十九年(1903)的《大清商律》规定:"商人贸易,无论大小,必须立有流水账簿。凡银钱、货物、出入以及日用等项,均宜遂日登记。"①此可说明流水账在商业中普遍存在,并被国家所重视。如上所述,受商业观念的影响,胡廷卿亦将自己的家庭收支账目按照商业账簿的模式来记录、归类并保存,当然,根本的原因在于他平日来往的账务频繁且数量众多。实际上,在流水账中,还包括每年的总账,主要是记录跟他有固定贸易往来或数额较大的账务。

其次,胡廷卿要处理的关系有各种公共组织,这体现在"迭年所管祀会账簿"中。除光绪二十六年(1900)胡氏祠会、祀会《收支总登》属公共账簿外,其他的记载多附录于各流水账中(见表2-3-1)。作为村中一位具有较高威望的士绅,胡廷卿会经常处理一些宗族或全村的公共事务,在处理这些事务时,他必须把自己经手的账务记清楚,为了保留证据,他在记录公共账簿的同时,还会在自己家庭收支的流水簿中记录下来,随手即时地与其他账目记录在一起。

再次,胡廷卿要处理与各个茶号的关系。由于茶叶在其家庭经济中的重要地位,他单列茶簿,将茶叶账务单独记录。每年于收茶季节,他都会仿照排日账,逐日记录茶草、茶叶的收入,以及雇请别人摘茶所开支的钱数。这里面主要处理的是与摘茶工、茶号的关系,并核算每块茶耔地的收成。

---

① (清)载振:《大清商律·商人通例》,清宣统本。

最后,胡廷卿要处理与国家的关系,这体现在"粮局兑则"中。胡廷卿所在的宗族,为了应对国家的赋役,跟徽州其他地方类似,实行共同承担的原则。他们设置粮局,按照共有土地的份额,每户或每个支派都要承担相应的税额。由于交纳赋税用的是银两,因此,他们会按照银钱或银洋的折价将洋元换算成银两。这里的"则"即是承担的比例及银洋或银钱换算的法则(兑率)。每年分成夏秋两季,称为"上限"和"下限"。但这里胡廷卿之所以会单独集中记载,主要目的还是要与村中的其他支派或个人算清楚,体现出的关系既有政治的又有社会的。

四、关于《徽州千年契约文书 清·民国卷》排版中的疑问

王钰欣、周绍泉主编的《徽州千年契约文书 清·民国卷》,自20世纪90年代影印出版以来,受到了学术界的极大重视,它的出版也是嘉惠学林的一项重大贡献。就胡廷卿账簿而言,尽管编者们付出了极大的努力,但由于这一资料的特殊性,笔者在对整个账簿仔细梳理之后,还是发现账簿中有几处的顺序有颠倒的嫌疑,笔者兹选一例说明,以引起其他研究者的注意。

有此疑问者主要集中在《各项誊清》及《支洋蚨总》几部账簿中,原因在于这三类账簿不仅涵盖年份多,而且多没有注明年代,如光绪二十四年(1898)至二十七年(1901)《支洋蚨总》。该部账簿编入第二辑第十七卷,始于379页,迄于468页,共90页,其内容包括常丰粮局账(其中一处未知年份),四子云鹄结婚的所有费用清单、祁门县同益典账(光绪二十三至二十七年),支洋蚨总账(光绪二十四至二十七年)等等。其中379页至413页为光绪二十四至二十七年四年的支洋蚨总账。但是《文书》排列顺序则是在第379页即是"光绪廿七年十一月满日(初二)日结"的账目。然后380页则是自"光绪廿七年八月廿四日起"的账目,这显然有误。此后依次是光绪二十五年、光绪二十六年,直到第408页时才出现"光绪廿七年春正月元旦吉立"的字样,表明该页才是光绪二十七年正月份的账目,该年的账目应从这里开始才对。不仅如此,光绪二十四年的洋蚨总账,随后亦未出现,而是出现在第440页。对此现

象,笔者无法得知其原因,可能是原账簿的顺序即是如此,也可能是编排者失误所致,在这里提出,仅供参考。

结语

贵溪在地理上处于交通要道,因此朝廷在此设置收税机构,这为贵溪胡氏宗族的建立提供了可能,加之南宋时期贵溪胡氏在科举上所取得的巨大成功,使其较早成为祁门大族之一。进入明代以后,由于贵溪村胡氏族人在科举上的衰落、交通格局的变迁,贵溪胡氏在祁门胡氏中已处于边缘地位,至晚清胡廷卿生活时代依然如此。

不过,对于胡廷卿家族来说,其祖父胡上机为振兴宗族,将资金大量投资于土地,并不遗余力地支持本家族甚至是本村的教育和救济事业。正是由于他的努力,不仅在一定程度上加强了贵溪村胡氏族人的聚合力,而且为胡廷卿的生活带来了影响。他在其父去世后,将塾馆从距家十五华里的溶口移居于村中,终身为教,同时亦利用当地的茶叶资源和传统商业网络经营茶叶生意,并妥善地安排了两个儿子的职业。光绪三十年(1904)以后,家庭的变故及国家制度的改变,给胡廷卿的生活带来了影响。

胡廷卿系列账簿,始于光绪七年(1881),讫于民国四年(1915),前后长达34年(缺光绪二十三年)、共计50余万字。笔者通过探讨该账簿的种类、体例、生成的原因以及在影印出版中的一些问题,纠正了学界以往对该账簿的一些错误认识,并结合徽州特有的社会特点与前辈学者已经公布的相关资料,认为类似于胡廷卿账簿的"排日账"之所以在徽州出现,当与当地悠久的经商传统以及富有特色的教育形式有很大关系。

第三章 传统、身份与生活空间的形塑

本章主要探讨胡家的日常生活空间及其背后的因素。人类的生活空间,很大程度上受制于其所出生的地理环境、传统习惯及其职业特点等多重因素。值得指出的是,胡廷卿家庭收支账簿虽属排日账范畴,但大多是关于账务往来的记载,经济性质较强,记事功能较弱。因此,胡廷卿一家(以下简称"胡家")在日常生活中的经济生活与经济往来是本章讨论的重点。

第一节 祁门的空间格局及其相关问题

对胡家生活空间的讨论,须契入到他们生活的社会空间中加以考察。为此,笔者首先对祁门的空间格局作一概括。作为山区,祁门县自设县之始,即以"山川形便"的原则划分乡里制度。随着道路等交通设施的完善以及王朝制度的影响,至明代中后期,县内逐渐形成了以祁门县城为中心的东西南北四乡,胡家即属于南乡。

一、祁门县概况

祁门县治,原为黟县之赤山镇,为黟县之门户。唐永泰元年(765),"苏州豪士方清,因岁凶诱流殍为盗,积数万,依黟、歙间,阻山自防。东南厌苦,诏李光弼分兵讨平之。"① 这里欧阳修认为方清是苏州人,但南宋徽州士人罗愿则认为是"土人",即当地人(见下文),未知孰是。有关方清与祁门县建置的关系,最早记录此事的唐人李吉甫在《元和郡县图志》中记载道:

> 本古昌门地,汉黝县之南境。永泰元年,草贼方清于此伪置昌门县,以为守备。刺史长孙全绪讨平之,因其旧城置县。耻其旧号,以县东北一里有祁山,因改为祁门县。大历五年又移于东,面临大溪,西枕小山②。

但是,当时方清驻守的大本营是在石埭县,而其所设立的阊门县则成为后方基地。据南宋士人罗愿记载:

> 祁门,望县,本黟县地。县西南有两巨石,夹溪相对,号阊门,而东北有涌流,左右云峰削成,其中平坦,周回数顷。唐永泰元年,土人方清作乱,屯石埭城,因权立阊门县以守之。至明年,平方清,因其垒,析黟县之六乡及饶州浮梁县地,置以为县,合祁山、阊门名之曰"祁门"。在唐为中下县,本朝为望③。

显然,祁门县的设置原因,是因为社会暴乱引起了国家的注意,因而将黟县西南六乡与江西浮梁西北部分区域合并而成。祁门建县后,其面积及行政所属一直未变。历史上,亦称祁门为"阊门县""祈门县""祁阊县",但多以"祁门"称之。④ 祁门东界黟县,东南界休宁县,东北与宁国府接壤,北与西临池州府之石埭、建德二县,西南与南毗邻江西浮梁县,全县面积 2257 平方千米。

---

① (宋)欧阳修编修:《新唐书》卷 146《列传第七十一·李栖筠传》,北京:中华书局,1975 年,第 4736 页。
② (唐)李吉甫编撰,贺次君点校:《元和郡县图志》卷二十八《歙州·祁门县》,北京:中华书局,1983 年,第 688 页。
③ (宋)罗愿撰:《新安志》卷四《祁门沿革》,中国方志丛书,华中地方地 234 号,宋淳熙二年修,清光绪十四年重刊本,台北:成文出版社有限公司,第 230 页。
④ 可参考胡萍、方任飞:《"祁门"县名考析》,《黄山学院学报》,2009 年第 6 期。

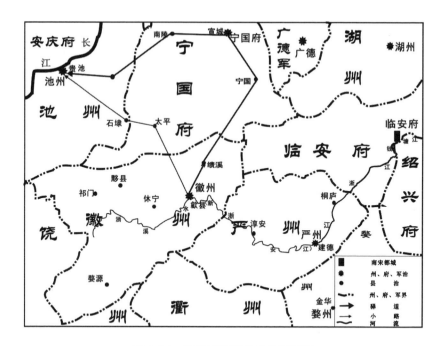

图 3-1-1 南宋时期徽州区位示意图

(笔者自绘,底图为谭其骧编《中国历史地图集·南宋两浙东路、两浙西路、江南东路》图)

祁门县在徽州府内的地理位置以及徽州府的山川河流走向,对祁门县的经商路线和经济圈的形成产生了很大影响。徽州府境内有三大水系(见图3-1-2),分别为新安江水系、乐安江水系(在婺源县境内亦称婺水)和阊江水系。其中,新安江水系涵盖了绩溪、歙县、休宁和黟县四县,乐安江水系与阊江水系则分别位于婺源和祁门县境内。六县区域的形状与境内的河流分布及走向基本一致,其中尤以休宁县明显。它在六县中的形状最为独特,地居六县之中间,但南、北、西都达府界,即使北部面积很小的黟县,也未能把休宁北部的一部分区域合并,笔者推测,其原因即在于北部与南部同饮一条河。当然,中间的高山阻隔亦是原因之一。

古代交通不便,特别是对于多山的徽州来说,水路成为当地民众出行的最好选择。由于河流多位于山谷间,因此只能沿小河出行。早期山区的开发多选择在河谷地带,因此水流的方向与民众活动的范围息息相关。新安江东西走向,向东流入浙江,因此徽州东部四县跟浙江的关系异常密切,即便是明

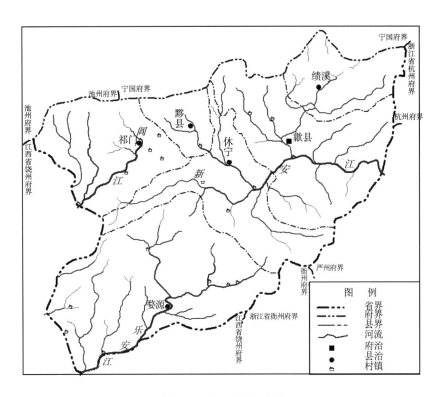

图 3-1-2 徽州府水系图

[笔者自绘,底图为(清)《江南安徽全图·徽州府》]

中叶徽州商帮兴起,这四县的经商范围也以浙江为核心基点,再向其他区域展开,属于浙江商业圈的范围。乐安江与阊江则是东北、西南走向,皆流入江西省,因此,与东部四县不同,婺、祁二县的活动范围则是江西。特别是祁门,县境的西、西南区域原来即属江西,这一地域的居民与江西浮梁县皆属昌江流域(阊江在江西境内称昌江)。正是因为如此,徽州六县很早就形成了自己的特色,正如罗愿所论:

> 歙为负(附)郭县,其民之弊好委人事,泥葬陇,卜宅至吉岁。市井列屋,犹稍哆其门,以傃吉向。休宁俗巫,多学者,山出美材,岁联为桴下溯河,往者多取富。女子始生则为植槠,比嫁斫卖,以供百用。女以其故,或预自蓄藏。始,秦黟地广,今更为小县,俗淳俭。绩溪俗有二:由徽岭以南,壤瘠赋重而民贫;其北壤沃赋平,人有余

则柔循狃。愚民嗜储积,至不欲多男,恐子益多而赀分。始,少苏公谪为令,与民相从为社,民甚乐之。其后,里中社辄以酒肉馈长吏,下及佐史,至今五六十年,费益广,更以为病。婺源阻五岭,其趋鄱阳径易,唐末常使,总浮梁、德兴诸县盐榷,且专其兵,与鄱通封疆,则民俗近之。前世贤吏多表其民之良,以为劝。祁门,水入于鄱,民以茗漆纸木行江西,仰其米自给。俗重蚕,至熏裕斋洁以饲之。①

罗愿以自己的观察指出了六县人事风俗的区别,其中以休宁沿渐河贩木于浙江(新安江宋代称为渐河,为浙江上游)被单独提出,而婺源在历史上则是浮梁、德兴诸县的经济、军事中心,因此与其风俗较近,而祁门民众则是将土产茶叶、漆以及纸、木行江西,且从江西买米自给。显然,婺源、祁门由于历史和地理上的原因,与其他四县各自形成了自己的商业和交往圈。这一格局给二县带来了重要的影响(图3-1-3)。

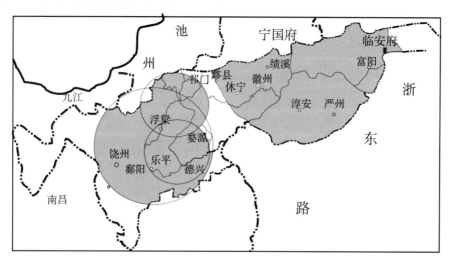

图 3-1-3 南宋时期徽州六县经济圈示意图

(笔者自绘,底图为谭其骧编:《中国历史地图集·南宋 两浙东路 两浙西路 江南东路》)

---

① (宋)罗愿撰:《新安志》卷一《风俗》,第29~30页。

二、祁门的空间格局

徽州多山,被称为"七山半水半分田,二分道路和庄园"①,而祁门则是"九山半水半分田,包括道路和田园"②。由此可看出,较之整个徽州,祁门更是典型的山区。此种认识,古人亦曾作过概括。曾任祁门县主簿的姚琰在作于宋代嘉熙元年(1237)的《前捕虎记》中写道:

> "祁门,邑环万山,林莽丛茂,重冈复岭,参天际云,其岩谷之幽阻者,有人迹所不能到,是皆虎豹之所藏聚。"③

元代的赵钺亦有相同的认识:

> "歙于江南称大州,其属邑一曰祁门,地隘山稠,民贫俗啬,是为下邑。"④

这种"邑环万山""地隘山稠"的概括,虽然没有"九山半水半分田"来得准确,但亦表明,祁门的确是一个多山地区。

如果说上述的评论只是一种感性认识而不能准确反映现实的话,那么今人所作的科学统计则更具有说服力。据1990年出版的《祁门县志》记载:"据1985年森林资源二类调查统计,全县林业用地面积294.53万亩,占土地总面积的87.11%,全县人均拥有林地17.5亩。"⑤在山林面积不变的情况下,考虑到人口增长的因素,明中叶以前的人均林业用地必定大大高于此数⑥,而同时期的人均耕地面积仅0.89亩⑦。虽然同一时期的祁门县人均耕地面积也高于0.89亩,但不会多于2.5亩。从这一巨大差别中,我们不难推测山

---

①参见《徽州地区交通志》编委会编:《徽州地区交通志》,合肥:黄山书社,1996年,第3页。
②祁门县地方志编纂委员会办公室编:《祁门县志·概述》,第1页。
③(明)黄汝济主纂:《祁阊志》卷九《碑碣》,第131页。
④(明)黄汝济主纂:《祁阊志》卷九《碑碣·薛县尹德政记》,第136页。
⑤祁门县地方志编纂委员会办公室编:《祁门县志》卷五《林业》,第139页。
⑥值得说明的是,现属祁门县的安凌镇,历史上称为雷湖乡,属于池州府石埭县管辖,1959年划入祁门县。
⑦祁门县地方志编纂委员会办公室编:《祁门县志》卷四《耕地·建国后几个年份耕地面积变化表》,第104页。

林在当地民众生活中的重要地位。

由于水流对居民生活的不可或缺性,同徽州六县的分布格局类似,在祁门县内部,河流的分布将祁门分成大小六个区域(见图3-1-4)。其中占祁门大部分区域的为四个水系,自东向西依次为阊江流域、大北水流域、文闪河流域和新安河流域,以此四条河流为中心的水系皆流向江西。而东南的凫溪河流域则为新安江水系之内,且与休宁县毗邻,因此这一区域的贸易范围、产品种类如茶叶等诸多方面皆与休宁县一致。东北一隅的梅溪河流域属池州府石埭县的秋浦河水系,向北流入青弋江至长江,因此该地区的经济活动大多向北发展。

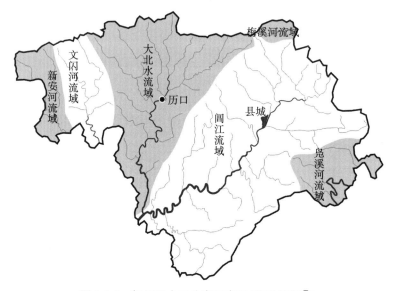

图3-1-4 祁门县水系分布示意图(程乔绘制①)

祁门水系的格局,给祁门行政区的划分带来了影响。宋代以前的建制已不可考,自宋代始,祁门县置七乡二十三都。元代时并仙桂上、下乡为一,全县为六乡二十二都。明代时,乡已不常用,全县分二十二都四十九里,里多称图,至清不变②。其具体情况见表3-1-1:

---

① 程乔现为黄山市博物馆工作人员,承蒙提供地图,特此致谢。
② (清)姚启元修,张瑗纂:《祁门县志》卷一《建置·疆域》,页14a～17a。值得说明的是,该志的编纂者认为宋代为七乡二十三里,至元代改里为都,实误,见(宋)罗愿撰:《新安志》卷四《祁门沿革·乡都》,第231页。

表 3-1-1　祁门县宋元明清乡、都、图划分情况一览表

朝代	乡都划分					
	乡	方位	里（都）	数量	资料来源
宋	制锦乡	西南	和光、遐岑、日新、安福上、安福下	5	淳熙《新安志》卷四《祁门沿革》
	归化乡	东	归仁、义成、沙溪	3	
	武山乡	南	化成、尤昌上、尤昌下	3	
	福广乡	北	万石、泉水、善和上、善和下	4	
	孝上乡	西	文溪、顺定、儒教上、儒教下	4	
	仙桂上乡	西	昼锦、新丰	2	
	仙桂下乡	西	南塘、安定	2	
	七乡二十三里					
元	制锦乡	同上	和光一都、日新二都、安福上三都、安福下四都、万石五都、善和六都、善和下七都、泉水八都、沙溪九都、归仁十都、义城十一都、尤昌上十二都、尤昌下十三都、花城十四都、儒教上十五都、儒教下十六都、文溪十七都、顺定十八都、新丰十九都、画锦二十都、安定二十一都、高塘二十二都	22	弘治《徽州府志》卷一《地理一·厢隅乡都·祁门县》，万历《祁门县志》卷四《人事志·乡市（里）》
	归化乡				
	武山乡				
	福广乡				
	孝上乡				
	仙桂乡				
	六乡二十二都					
明	制锦乡	同上	一都、二都、三四都	3	
	归化乡		九都、十东都、十西都、十一都	4	
	武山乡		十二都、十三都、十四都	3	
	福广乡		五都、六都、七都、八都	4	
	孝上乡		十五都、十六都、十七都、十八都	4	
	仙桂乡		十九都、二十都、二十一都、二十二都	4	
	六乡二十二都四十九里（图）					
清	同明代					

由于祁门县治偏东，因此如以方位统计乡都数量的话，东、西、南、北的乡都分布很不平衡。以明代为例，东部为 4 都，南部为 3 都，西部为 12 都，西南为 3 都，北部为 4 都，共计 22 都。值得说明的是，这一情况如果与宋代相比，

则会发现各区域都的数量发生了变化,其中西部最为明显。在宋代,西部三乡仅有 8 个都,而在明代则增为 12 个,这个变化无疑表明,明代祁门西部人口大量增加,开发加快。而东部的归化乡至明代时亦增加了一都,但西南的制锦乡则减少了两个。这一都图的增减当是祁门社会变迁过程中一个重要的现象,很值得深入探究。

图 3-1-5 明代祁门县乡都空间分布示意图①

(笔者自绘,底图为程乔绘:《祁门县乡、都、图示意图》)

如果我们进一步对照祁门的水系分布与乡都的划分,则会发现两者存在着高度的一致,见表 3-1-2:

表 3-1-2 明代祁门县各水系与乡都对照表

水系	乡	都
新安河流域	仙桂下(宋)	二十二都
文闪河流域	仙桂上(宋)	十九、二十、二十一都

---

①说明:图中数字为明代各都位置示意图,其中 3/4 代表是三、四都,10E 代表十东都,10W 代表十西都。

续表

水系	乡	都
大北水流域	孝上乡	十五、十六、十七、十八都
阊江流域	福广、制锦、武山、归化	一、二、三、四、五、六、七、九、十东、十西、十二、十三、十四都
梅溪河流域	福广	七都
凫溪河流域	归化	十一都

由于梅溪河流域与凫溪河流域面积太小，无法单独设乡，因此分别合并于福广、归化二乡，但奇怪的是阊江流域中的十五都却划入孝上乡。不过，结合祁门地形则会发现，十五都由于天马山的阻隔，与武山乡无法成为一个整体。由于在芦溪与阊江的交汇处很早就形成了村落，有渡口通行，因此将其划入孝上乡显得十分合理。而上述梅溪河流域的空间则由于石新妇山、胥山、白马岭、天马山的包围皆各成一体。因此可以看出，政府在划分乡都时主要是按照惯有的"山川形便"的原则来实施的。

三、元代以前祁门的交通与经济格局

政治上的统一，并不能马上将祁门县整合为一个有机的整体。由于祁门在建县之初即是由江西浮梁与黟县两部分组合而成，而且在地理单元上，西南与东北又分属于两个不同的部分，因此，在元代以前，祁门县形成了三个经济区域。其原因不仅与地理单元有关，还与元代以前祁门的交通路线密切相关。

(一)宋代祁门交通考实

祁门建县后，唐代的两位县令对祁门交通的发展作出了重要贡献，他们是唐代元和年间的路旻和咸通年间的陈甘节。由于祁门四面环山，县城位于县境偏东一隅，交通十分不便。路旻到任后，为改善这一状况，对祁门的自然地形进行了初步改造。"武陵岭在县西四十里，高三十五仞，周二十八里。始时道险陋,扪萝葛乃得上。唐元和中,凿为盘道,至今利之。"①显然,武陵岭山道的开凿便于加强西部地区的管理。同时,为了发挥阊江的航运功能,路旻、陈甘节相继改造距离县城十华里的阊门滩。祁门县城原位于今县城之西,大历五年(770)移于今址,李吉甫称其"东面临大溪",这里的大溪即是今天的阊江,笔者推测改建的原因当与阊江有关。阊门滩在北宋时期即被文人所记载:"阊门滩,在县西南一十里。夹滩两岸有大坛石连大江,中流对涌相向,号为阊门。其阊门怪石丛峙,迅川奔注,溪险石礧,跳波激射,摧舻碎舳,商旅经此,十败七八。"②显然,乐史记载它的原因有二:一是它所在的阊江为商旅要道,二是阊门滩十分危险,要引起行人的注意。距阊门滩的二里之遥,又有一处水滩,名为悬云滩,"在西南十五里,奔浪洑流为艰险之最"③。

因此,为了让阊江能更好地发挥功能,唐代的路、陈二位县令均对此加以改造。他们的方法即是在阊门滩前面的地方自阊江两岸向河中心修坝,但为了控制水位,中间安装斗门以启闭。同时向西开凿一条水道,使水西流,与西北方的乾溪汇合,然后顺此向南,绕过阊门滩与悬云滩后,再与阊江水复合。向西开凿的水道即称为路公溪,自县城向南的一条小道即从乾溪与路公溪的交汇处通过,他们在此架设桥梁,称为路公桥。这一设计充分利用了地利状况,可谓巧夺天工(见图3-1-6)。在罗愿的《新安志》中对此亦有记载:

> "路旻,不知何郡人。元和中为令,凿武陵岭石为盘道。又阊门滩善覆舟,旻开斗门以平其隘,号路公溪。后斗门废,咸通三年,令陈甘节以俸募民夯石积水为横梁,因山派渠,余波入于乾溪,舟行乃安。"④

路公桥一名至今存在,路公溪则在20世纪70年代以后,由于阊江航运

---

① (宋)罗愿撰:《新安志》卷四《祁门·山阜》,第239页。
② (宋)乐史编纂:《太平寰宇记》卷104《江南西道二·歙州·祁门县》,据日本国宫内厅书陵部所藏宋本影印,北京:中华书局,2000年,第138页下。
③ (宋)罗愿撰:《新安志》卷四《祁门·水源》,第242页。
④ (宋)罗愿撰:《新安志》卷四《祁门·贤宰》,第252页。

的停止,变为洼地,而斗门亦废(见图 3-1-6)。

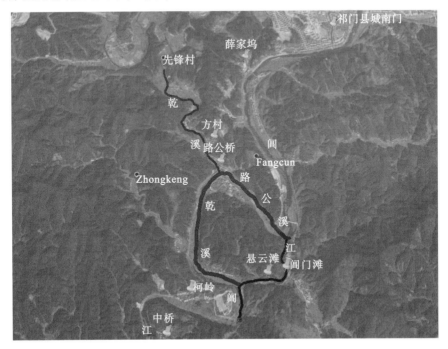

图 3-1-6　阊门滩改造示意图

(资料来源:谷歌卫星地图)

阊江自此一直作为祁门的一条主要运输管道使用。清初的文献对此作过评论:

> 祁山多田少,不唯无水可灌,抑亦无田可耕,所恃者止此一线。水道由彭蠡达江广,溯流而上,以运食货。然溪流或通或塞,米价因之时贵时贱,苟无一成不变之规,何以为百世永久之利乎!①

不仅如此,阊江自唐代开始,即对祁门经济的发展起了重要作用。曾任歙州司马的唐代文人张途曾对此加以记载:

> 邑之编籍民,五千四百余户。其疆境亦不为小,山多而田少,水

---

① (清)姚启元修,张瑗纂:《祁门县志》卷一《水利》,页 67a。

清而地沃。山坦植茗，高下无遗土，千里之内，业于茶者七八矣，由是给衣食，供赋役，悉恃此。祁之茗，色黄而香，贾客咸议，愈于诸方。每岁二三月，赍银缗缯索求市，将货他郡者，摩肩接迹而至。虽然其欲广市多载，不果遂也。或乘桴，或肩荷，或小辙而陆也。如此纵有多市，将泛大川，必先以轻舟寡载，就其巨艎，盖是阊门之险。

元和初，县令路旻常患之，闻于太守、故光禄大夫范卿，因修作斯处。其后，商旅知不履阊门，果竟至。籍户由是为之泰其求，已十五载矣。元和、咸通，伏腊相远，阊门始废之时，功未甚至，犹利于人且久。长庆中，县令王迅曾略见旧址，盖茶务委州县责，暂邀商贾而已。今则颍川陈甘节为祁门（令），一年而政成，孜孜求里闾之患，果得阊门溪焉。乃速诣，目击险状，吁可畏也。必期改险阻为安流，回激湍为澄碧。乃锦其始制之实，闻于太守清河崔公，自请于俸钱及茶羡利，充木石之用。因召土、客商人、船户，接助夫，使咸适其愿，无差役之患，无箕敛之弊。公悦而从之。自咸通二年夏六月修，至三年春二月毕，穴磐石为柱础，叠巨木为横梁，其高一丈六尺，长十四丈，阔二十尺，堰之左俯崇山，作派为深渠，导溢流，回注于乾溪，既高且广，与往制不相侔矣。甓石叠木，泝流安逝，一带傍去，滔滔无滞，驯鸥戏鱼，随波沉浮，不独以贾客巨艘，居民叶舟，往复无阻。自春徂秋，亦足以劝六乡之人业于茗者，专勤是谋，衣食之源，不虑不忧……

咸通三年秋七月十八日歙州司马张途[①]

由此可见，阊江在唐代时期，对于祁门的茶业经济起到了重要作用。然而，阊江之水的大小跟季节有很大关系，如宋代人许景衡和方岳皆对此加以描述：

---

① （清）董诰编《钦定全唐文》卷802《祁门县重修阊门溪记》，清嘉庆二十三年（1818年）刻本。

"窃念本州在崇山峻岭之间。婺源到州二百余里,有五岭之限,难于登天。黟县、绩溪,皆是陆路。祁门水路,乃通饶州,自有郡以来不可漕运……虽本州有小溪,遇春夏水涨,始可通行。客人作排筏,隔年伺候梅雨,方趁势发下,才晴便阻。又滩势险恶,载物舟船,所不敢行。"①"山云一夜雨,稳放过闾船。"②

这一情况至清代更为明显:

> 祁万山,水一线,势如建瓴。三日雨则溢,五日不雨则涸。通商运载,无千斤之舟,篙工屈算,由祁达饶为滩三百余。盈则由天而下,飞鸿怒马,一日千里;竭则日行不能六七滩。虽曰舟行艰同负贩,地势然也。③

因此,除闾江等水路交通外,祁门民众还需依赖陆路外出。南宋时期,祁门县境内至少有三条驿路与一条小路。罗愿在《新安志》中指出:

> "驿路三:东通黟县,西通浮梁,北通石埭界。小路一,南通浮梁界,百二十里。"④

由此可以看出南宋时期祁门与外界沟通的四条陆路。通过复原这四条道路的路线,即能看出当时祁门的区域划分。要想精确地复原出上述四条路线的位置并不容易,笔者只能根据现有的资料尽量将其勾画出来。据弘治《徽州府志》载:

> 柏溪务,宋置,在县北八都,元至元二十九年裁革。贵溪务,在县南十二里,宋置,元至元二十九年裁革。石门务,在县西二都,宋置,元因之,国朝裁革。⑤

---

① (宋)许景衡撰:《横塘集》卷十五《书》,清文渊阁四库全书本。
② (宋)方岳撰:《秋崖集》卷五《诗·送吕提干并简谢泉》,钦定四库全书·集部,页 7b。
③ (清)丁廷楗修,赵吉士纂:《徽州府志》卷七《水利》,页 67b。
④ (宋)罗愿撰:《新安志》卷四《祁门·道路》,第 236 页。
⑤ (明)彭泽修,汪舜民纂:《徽州府志》卷二《地理二·古跡·祁门县》。

作为国家的收税机关,此三务当是在交通要道上。又据淳熙《新安志》载:"文溪驿在西六十里,旧名大北驿"①"东松庵,在县西三十五里官道上。"②"新路记,在县南十三里古堤上,唐刺史范传正词,今亡"③。上述资料中的贵溪、柏溪、石门、大北驿以及东松庵之名称,今天依然存在,而《新路记》所载的当是在唐代所修筑的一条向南方延伸的新道。镌刻这则记文的石碑位于县南的十三华里,联系前述路公桥的位置,笔者推测这条位于古堤上的新路,即是罗愿所说的向南小路,它的起点即是路公桥。在民国时所编的《祁门县乡土地理志》中所载的向南道路中即说:

> "自县治出上元门,沿大洪水南行,十里至路公桥,又十里至侯潭,分为二途。向山行二十里而达贵溪,又二十里而至溶口。沿河而下十五里至卢溪,又二十五里而抵倒湖。"④

这里要说明的是,民国时期的"里"与民国以前并不相同,如贵溪距县城的距离,民国时说是四十里,而元代人则说是四十五里,如元代的胡炎午所言:"盖贵溪去县一舍有半⑤"。

再看罗愿所述四条道路的走向,东达黟县,西至浮梁,说明是与黟县、浮梁相通,横贯祁门的一条东西道路;而北至石埭县界,小路亦是南至浮梁县界,说明这两条道路仅是达至边界并未贯通。结合上面民国资料所载,可知南至倒湖即浮、祁交界处,而北至石埭界,应是大共镇。据《新安志》载:"大共镇在县北,绍兴二十三年(1153)正月例罢。"⑥前已述及,大共水即发源于此山,对于它的位置,罗愿认为:"大共山,在县北五十里,高六十仞,与宁国府太

---

①(宋)罗愿撰:《新安志》卷四《祁门·馆驿》,第235页。
②(宋)罗愿撰:《新安志》卷四《祁门·僧寺》,第249页。
③(宋)罗愿撰:《新安志》卷四《祁门·碑碣》,第251页。
④(民国)《祁门县乡土地理志稿本》第四章《交通》第三十六节《城南路》,刻本,编修年代不详,现藏于祁门县档案局,引文为师妹王慧婷整理,特此致谢。
⑤胡自立编纂:《贵溪胡氏族谱》卷首《胡氏家谱旧序之三》,古代"一舍"即是三十里。
⑥(宋)罗愿撰:《新安志》卷四《祁门·镇场》,第235页。

平县分界。"①但明代的资料则认为:"大共山,在县北五十里,高六十五仞,接石埭县界,大共水出焉。"②显然,二者的记载不一致。笔者推测,南宋时期的大共山,其范围应包含后面的禾戍岭。据乾隆《江南通志》载:"大共山,在祁门县北五十里,界接石埭,大共之水出焉。其地又有禾戍岭,界接太平,栢溪之水出焉。"③大共山至清代时期改称大洪山,据清人许鸣磐记载:"大共山,今亦曰大洪山,其岭曰大洪岭。岭之阳属祁门,岭之阴属石埭,为自郡入省孔道。"④大共镇,在绍兴二十三年罢。又据弘治《徽州府志》载,"大共镇,元置,在县北七都,大德十年(1306)省入尉司,廨宇废,其址犹存",⑤大共山即位于七都内。由此看来,在宋末元初,由于战乱,大共镇在此重设,但和平时期再次废除。这种情况至清代再次发生,据康熙《县志》载:"国朝,良禾司兼管大洪司巡检。后以署在大洪岭脚,遂称大洪司。"⑥由此,我们有理由认为,罗愿所说的大共镇即是清代的大洪司。由于翻越大洪岭的道路只是到了万历年间才由当地的孀妇郑氏修建,因此,在南宋时期,这条驿道应与这里大共镇的设置有关,当然它亦沟通了民众与祁门县城的交往,但并未与石埭县贯通,应是事实。

事实上,在宋末元初祁门士人方回的文集里,记录了从家乡歙县去往九江而后返回的路线,据此可归纳为:甲申元日(1284)歙县—岩寺—茅田—鱼亭驿—祁门县城(秋崖宅)—东松寺(祁门西三十五里)—牛头岭—苦竹港—鄱阳县—石门—彭泽县—湖口县—湖口渡—江州(琵琶亭)⑦。在江州停留数日后,方回于四月二十二日离开江州返程,其返程路线为:(四月二十二日)

---

① (宋)罗愿撰:《新安志》卷四《祁门·山阜》,第236页。
② (明)彭泽修,汪舜民纂:《徽州府志》卷一《山川·祁门县》,页27b。
③ (清)黄之隽等编纂,赵弘恩监修:《江南通志》卷十五《舆地志五·山川·徽州府》(影印本),据尊经阁藏版乾隆二年(1737)重修本影印,扬州:广陵书社,2010年,第360页上。
④ (清)许鸣磐著:《方舆考证》卷四十八,清济宁潘氏华鉴阁本。
⑤ (明)彭泽修,汪舜民纂:《徽州府志》卷二《地理二·古迹》,页16b。
⑥ (清)周溶修,汪韵珊纂:《祁门县志》卷七《舆地志七·公署》,第264页。
⑦ 据(元)方回著《桐江续集》卷三中诸诗整理,钦定四库全书本·集部五。

江州—湖口—彭湖—鄱阳县—祁门界—大北港—牛头岭—鱼亭驿—（五月旦）抵歙县家中①。

综上各种信息，我们大致能将南宋时期祁门的四条交通路线复原出来，而且南宋时期祁门境内的四个收税机构皆位于这四条路线上（见图3-1-7）。前已述及，这四所收税机构分别是贵溪务、石门务、柏溪务和设于大共镇的收税坊。显然，大共镇在绍兴二十三年（1153）被废除后，在此地的收税坊继续存在，说明和平时期大共镇的军事功能消失而经济功能继续存在。由于这里的人口较少，向北无法出去，因此只设置坊来行使功能。与其相比，设于其他三处的"务"是规制较大的三个收税机构。"务"在宋代是政府的某个部门为执行某项工作而设立的办公场所，其主要功能与经济有关。大凡涉及钱、盐、茶、酒、金属、竹木及其他商品交易，朝廷皆置务管理抽税。简言之，"务"实为宋代政府的收税机关，据《宋史·食货志》统计宋代设置的务有十几项之多，且不时增减。

柏溪、贵溪、石门分别位于祁门县的北、南、西三个区域（见图3-1-7），三务的设置兴废，不仅说明了宋代在税收上对基层社会的深入性、稠密性，同时也说明了三务在祁门经济中的重要性。关于三务的职能，主要是税课，即商业税。据淳熙《新安志》载，宋代时，徽州主要承担的税有以下几种：土地税、贡物、酒课、税课、茶课、盐课和公用七项。其中对务的记载列入"税课"一项下②，而在《宋会要辑稿》中则列入"商税"条中，可见方志中的"税课"即是国家赋税体系中的商业税③。"商税。凡州县皆置务，关镇亦或有之；大则专置官监临，小则令、佐兼领；诸州仍令都监、监押同掌。行者赍货，谓之'过税'，每千钱算二十；居者市鬻，谓之'住税'，每千钱算三十，大约如此。然无定制，其名物各随地宜而不一焉。"④显然，贵溪务即是祁门县收取商业税的政府机

---

①据（元）方回著《桐江续集》卷四中诸诗整理，钦定四库全书本·集部五。
②（宋）罗愿撰：《新安志》卷二《贡赋》，第115～148页。
③（清）徐松辑，刘琳等校点：《宋会要辑稿·食货一六·商税二》，上海：上海古籍出版社，2014年。
④（元）脱脱编修：《宋史》卷186《食货下八》，第4541页。

构。元代的马端临曾在《文献通考》中统计出宋时全国各地的务的数量和等级,其中歙州(即徽州)有六个务,税额皆在三万贯以下①,而祁门一地即有三处,且马氏将此列入"征商关市"条下,其所收税种亦属商税。马氏生活于元时,距宋不远,其对务的划分观念,当符合宋时的状况。

在交通不便的宋代,国家将三个征税机关因地制宜地分布于祁门县三个不同的区域,可以说体现了南宋时代祁门县据此三个中心点而形成的经济圈。祁门县城在宋代时其政治象征意义要大于其实际的行政功能,而这三个税务机构分别以各自为中心,与附近民众在年复一年的缴税过程中不断加深联系,形成自己的经济圈。因此,笔者以为,宋代时期的祁门,在空间上并未整合成一个整体,而是分属三个不同的经济区域(见图3-1-7)。实际上,祁门县真正以县治为中心整合为一个整体,则始于元代,至明代方完成,其重要表现是以祁门县治为中心而形成的"四乡"。

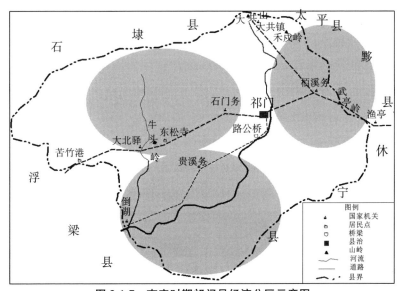

图 3-1-7　南宋时期祁门县经济分区示意图

(笔者自绘,底图为民国祁门县全图)

---

① (元)马端临编纂:《文献通考》卷十四《征榷考一·征商关市》。

四、明代"四乡"的形成

"四乡"即是按照东、西、南、北四个方位而划分的具有地域空间性质的"乡",它虽然以"乡"命名,但与行政区划意义上的"乡"有着本质区别,不具有编排赋役、征收税赋的行政功能,仅是一个地域空间,承担着某些社会组织单元的功能。据笔者观察,"四乡"在明代中后期以后逐渐形成。

(一)明代"四乡"的出现

生活在空间中的人,总是会用表示某个地点的名词来指称自己所属的区域,大到某国,小到某村、某户,这是根据不同的对象和用途来标识自己。对于祁门民众而言,人们往往使用大一点的空间来指称。但是,不同时代的人们由于受各种因素的影响,在描述同一个对象时会使用不同的词语。以祁门人在生活中所签订的契约为例,宋时期与明、清时代即有不同。在《徽州千年契约文书》中所收录的两份宋代祁门契约中,第一份即以武山乡来标榜自己[①],在元代及以后的契约中不再出现"乡"而多以"都"来界定自己。这当然表明宋代乡都制度与明以后的乡都里甲制对民众的影响(徽州多称都、图、保)。不过,至少在明代中后期,民众在生活中很少用政区意义上"乡"的概念,而是采用以方位来指称的"乡",即东、西、南、北四乡。最早见之于文献的是嘉靖年间编修的《徽州府志》,在叙述徽州的乡都及各县桥梁时,编者即是按照方位介绍各乡都和桥梁的建设情况(见表3-1-3)。

表3-1-3 (嘉靖)《徽州府志》所载各县桥梁、渡口情况表

县份	记载内容
歙县	在城,桥二;北乡,桥九;东乡,桥十六、渡一;西乡,桥二十五;南乡,桥二十五、渡八。
休宁	在城,桥五;北乡,桥一;东乡,桥二十二、渡五;西乡,桥十六、渡二;南乡,桥十三、渡五。

---

① 王钰欣、周绍泉主编:《徽州千年契约文书 清·民国编》第一辑,第6页。

续表

县份	记载内容
婺源	在城,桥七、渡一;东乡,桥十九、渡七;北乡,桥九、渡五;西北乡,桥十、渡二;西南乡,桥十三、渡四;西乡,桥二十三。
祁门	在城,桥三;北乡,桥八;东乡,桥十八;西乡,桥二十二;南乡,桥十四、渡一。
黟县	在城,桥五;北乡,桥七;东乡,桥十一;西乡,南乡。
绩溪	在城,桥六;北乡,桥十八;东乡,桥九;南乡,桥六;西乡,桥十八、渡一。

资料来源:(明)何东序修、汪尚宁等纂:《徽州府志》卷十《桥梁》,第246—253页。

上表中对桥梁的方位标识,全部用"四乡"划分,充分说明它在民众观念中的普遍性。但政区含义上的"乡"此时也依然使用,如该府志关于歙县的寺庙的叙述中,则全部沿用宋以来的乡,不过在介绍祁门的相关部分时则用的是都,未提及乡①。这说明,此时是一个政区之"乡"与方位之"乡"并用的时期。至万历年间,在歙人所编的《歙志》中,尽管在寺庙的记载中一如其旧,但有关桥梁的介绍不再沿用政区之"乡"来指所属空间了②。在万历《祁门县志》则全部用四乡介绍县内遗迹,如:

祭鬼坛

东乡有祭鬼坛,在东都;西乡有经岭山,在十三都;石跡源,在十六都;白茶湾,在十八都;祭鬼坛在十九都,黄荆坞口,在二十一都。北乡有柏溪段,在七都界。③

显然,在歙县与祁门民众的观念里,方位概念上的"乡"的普遍程度是有区别的。

当然,方位并非绝对意义上的,以祁门县为例,上述的东、西、南、北是叙

---

① (明)何东序修:《徽州府志》卷22《寺观·歙县》,第434~435页。
② (明)张涛修、谢陛纂:《歙志》卷一《建置》及卷六《寺观》,据万历三十七年(1609)刻本影印,上海图书馆编:《上海图书馆藏稀见方志丛刊》123册,北京:国家图书馆出版社,2011年,第177~186页及第405~427页。
③ (明)余士奇修,谢存仁纂:《祁门县志》卷四《人事志·卹政》,第305页。

述者以祁门县为中心而划分的,但是它的标准并非严格的方位,而是同时以民众通往县城的道路为参考。如上引资料中的东都为十东都,在祁门县城的东南方,但由于十东都民众是从县东道路进入县城,因此划入东乡。正是如此,民众多以"某路"来指称"某乡",如胡廷卿在账簿中多以此来标识与其有账务往来的人,兹举几例,以示说明:

> 支钱二十文,游学,西路人仰春。
> 收借西路汪本洋一元,阳开手,言定月底要还。①
> 初九西路叶家来人。
> 支钱一百三十文,(西路)得嫂采茶工钱讫。②
> 佛子到家,至廿一日,同静兰往西路历口。③

这一用法至今依然被祁门民众所使用。由此说明,嘉靖以后,在徽州社会,随着里甲制的普遍推行,宋代的乡都制度所留下的印迹逐渐褪色,民众观念中虽然留下了"乡",但已经与空间建立了牢固的联系并逐渐取代前者。

(二)明代"四乡"形成的原因

有关四乡形成的原因,笔者已有专文探讨,在此仅略述一二。④ 通过对相关资料的梳理,笔者认为,明代"四乡"的形成,与明代的赈济仓的设置、赈灾活动的实施以及保甲制的推行有密切关系。明初,朱元璋在一县之内于东西南北四乡各设预备仓一所的制度,使得以预备仓为核心的四乡初步形成。至明中后期,预备仓制度虽难维持,但继之而设的常平仓等官仓在做法上依然仿照预备仓。而且由于明初里甲制与赈灾行为出现了矛盾,因此,地方官纷纷利用保甲组织,以村为标识,按地域重新划分民众,使四乡具有了明确的

---

① 王钰欣、周绍泉主编:《徽州千年契约文书 清·民国编》第15卷《光绪十七年祁门胡廷卿立〈进出总登〉》,第342、495页。
② 王钰欣、周绍泉主编:《徽州千年契约文书 清·民国编》第16卷《光绪二十一年祁门胡廷卿立〈进出总登〉》,第136、316页。
③ 王钰欣、周绍泉主编:《徽州千年契约文书 清·民国编》第17卷《光绪二十五年祁门胡廷卿立〈收支总登〉》,第22页。
④ 董乾坤、周晓光:《制度与空间:明代"四乡"初探》,《史林》,2020年第5期。

边界。在频繁的以四乡为单位各自赈灾的过程中,各乡民众必须到各乡赈济仓或粥厂接受赈济,在此,空间划分与"受赈权利"等同起来。因此,一方面地方官府为了便于管理灾民、防止混乱,必须将四乡民众登记在册,明确归属;另一方面,为了在赈灾中维护自己的权益,地方民众必须要熟知自身和他人所属何乡。这样,四乡作为四个固定的地域单元而最终形成。这种划区分赈的做法,在明清时代持续不坠。据此我们可以看出国家、社会与民众空间观念三者之间的互动关系。它的形成有其地理条件和现实生活的依据,而且,在民众生活中,他们的行动空间多是以某个"乡"为核心展开,这可从下面对胡廷卿生活空间上加以说明。

第二节 胡家的生活空间

从账簿的记载看,胡廷卿终身生活于贵溪村内,因此可以推测,他的生活空间是以贵溪村为核心。不过,在探讨胡廷卿的生活空间之前,笔者认为有必要将本文中"空间"一词的涵义作一个交代。空间(Space),作为一个与个人、人群、社会息息相关的概念,中外不同领域的学者皆对其进行了自己立场上的理解与定义。对于空间形成的原因、空间中所涵盖的阶级结构、权力结构以及空间的不同种类、空间在人类社会中的不同作用等等,都有大量的研究成果。[①] 由于跟本节主题无关,此处不赘。本节所用"空间"概念,主要包括两个层面:第一,胡廷卿及其家人生活、去过的地方;第二,胡廷卿及其家人虽未曾去,但对胡廷卿的日常生活产生影响的地方,如广州、饶州等等。这里可从两个方面把握:其一,讨论的对象不仅限于胡廷卿,还包括他的家人;其二,凡是与讨论对象产生过联系的地方,亦包含在内。

[①] 刘永华曾对空间作过简单的交代,见刘永华:《从"排日账"看晚清徽州乡民的活动空间》,第162页注释②。

图 3-2-1　贵溪村鸟瞰图

（资料来源：谷歌卫星地图）

一、胡家活动空间的分布(1881—1912)

当太平军于同治二年(1863)最后一次被祁门军民驱逐出祁门时,胡廷卿19岁(虚岁,以下同),三年后,长子云青出生。同治七年(1868),24岁的胡廷卿参与了本门族人出拼本都(即十二都)七保白石坑东培山山业分单①,可以看作介入家族事务的开始。光绪七年(1881),年仅60岁的父亲胡昌陞去世。与两位兄弟分家后,胡廷卿正式接手自家家务。按照徽州民众特有的习惯,他于该年(1881)的六月份开始记账,此举不仅能让自己对家庭的收支、账务往来有清晰的掌控,同时亦能提醒自己在生活中要厉行节约②。

账簿中详细记载了胡廷卿以及与他相关的人物的活动地点,为笔者探讨晚清乡村民众的活动空间尤其是经济活动空间提供了详实的资料。对胡廷卿系列账簿中记载的地名的统计,时间跨度为从光绪七年(1881)至民国元年(1912),共计32年。限于资料的保存情况,笔者所得数据并非全部。其中光

---

①刘伯山主编:《徽州文书》第二辑第1册,第331页。
②这点认识来自于笔者对贵溪村的调研,时至今日,村民们的记账习惯一直保持。

绪二十三年(1897)的记录，未能找到；光绪二十八年(1902)至光绪三十一年(1905)、光绪三十三年(1907)、宣统元年(1909)至民国元年(1912)这 9 年的数据，由于流水账未能保存下来，笔者只能利用胡廷卿的《洋蚨总登》《出茶总登》以及《各项誊清》的相关记载加以补充。虽然这些数据并不完整，无法全部如实反映胡家所生活的空间世界，但它总体上反映了他们一家生活空间的大体比例，并不影响对相关问题的分析。因此，笔者将其资料中所提到的地名进行全面统计后，列表如 3-2-1。

表 3-2-1　胡家所涉地名分布统计表

省份	府名	县名	次数		
安徽省	徽州府	黟县	2	1368	1411
		休宁	16		
		歙县	33		
		婺源	16		
		祁门	1301		
	池州府	石埭	27	32	
		青阳	4		
		贵池	1		
	宁国府	太平县	5	5	
	安庆府	望江	2	4	
		太湖	1		
		怀宁	1		
	六安州	英山	2	2	

续表

省份	府名	县名	次数		
江西省	饶州府	景德镇	86	108	124
		饶州	16		
		浮邑	3		
		乐平	3		
	九江府	浔阳	10	15	
		湖口	3		
		都昌	1		
		德化	1		
	抚州府	抚州	1	1	
广东省	广州府	广州	13	13	13
湖北省	汉阳府	汉阳府	4	4	4
湖南省	长沙府	长沙府	1	1	1
江苏省	江宁府	南京	1	1	1
浙江省	临安府	杭州	1	1	1

由表3-2-1中可以看出，32年中与胡廷卿产生联系的地方，若按行政区划分，包括7省、13府（州）、27县，这些地方与其发生联系的媒介或是人，或是商品。他们经由不同的渠道、不同的原因直接或间接地跟胡家产生了联系，并在不同方面对他们一家产生了影响。在胡廷卿1555次提到的180个地名中，有1535次属于安徽与江西两省，占据总数的97%，占其绝大多数。由此表明，胡廷卿的活动范围是以安徽为中心，而且与祁门县传统的商业圈一致（见图3-1-3）。从图3-2-2中可以看出，与胡家生活发生联系的省份基本集中于南方各省，除去江西省，广东、湖北两省与其关系亦较为紧密。这与五口通商后，广东的广州和湖北的武汉被迫列入通商口岸有关。当然，广州作为开放通商前中国唯一与外国联系的港口，在胡家的生活空间中意义也较突出。

第三章　传统、身份与生活空间的形塑

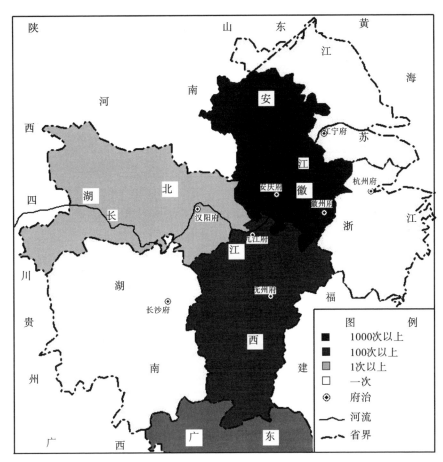

图 3-2-2　胡廷卿活动空间频率省级分布示意图
(笔者自绘,底图为谭其骧编:《中国历史地图集》第八册《清时期全图一》)

　　安徽、江西两省外,其余五省中湖南、江苏两省是因为胡廷卿的知识分子身份与之联系,另外三省主要是以商品为媒介的间接联系。因账簿中对这类与外省联系的记载较少,笔者将其专门制成表 3-2-2,以期探讨与胡家交往的动因与缘由。

表 3-2-2　胡家与广东等五省交往记录表

年	月	日	涉及人物	省份	货品	页码	卷数
光绪九年	腊月	念九	收	广东	糖	120	十四
光绪十九年	十一月	冬至	收 蔼庭先送	广东	白糖糕	496	十五
光绪二十一年	十一月	初九	收 瑞记送	广东	金橘	152	十六
光绪二十五年	小春月	初八	收 瑞记送	广东	瓜线、橘饼、佛片	11	十七
光绪二十五年	腊月	廿六	收 瑞记送	广东	通书	26	十七
光绪二十六年	十一月	十五	收 瑞记送	广东	菓子	110	十七
光绪二十六年	腊月	廿六	收 俊明送	广东	白糖糕	122	十七
光绪三十二年	嘉平月	廿四	收 瑞记送	广东	菓子,四样	140	十八
光绪二十二年	嘉平月	廿四	收 日顺送	广东	菓子1包,四样	140	十八
光绪三十四年	嘉平月	初十	收 瑞记送	广东	历书1本	214	十八
光绪三十四年	嘉平月	初十	收 瑞记送	广东	菓子2包,约2斤,四样	214	十八
光绪二十九年	七月	未知	收 阳开往	广东	沽茶,代俊明叔	309	十七
光绪二十九年	腊月	未知	收 阳开自	广东	买回货物	387	十七
光绪十三年	八月	十三	支 廖姓	汉阳府	钱40文,游学	445	十四
光绪二十四年	蒲月	十六	收 阳开买来	武汉	货物	331	十六
光绪二十八年	未知	十五	收 佛子自	汉口	到家	325	十七
光绪二十八年	五月	十五	收 佛子手自	汉口	带回恒丰英洋3元	330	十七
光绪十八年	五月	念日	支	长沙府	叔、姪钱30文,游学	334	十五
光绪十四年	七月	十六	胡廷卿往	南京	参加乡试,八月廿六到家	27	十五
光绪十一年	暑月	廿九	收	杭州	锡箔,支钱100文	213	十四

透过上表可以发现,在与广东等五省的联系中,购物是主要动因。除去前述胡廷卿于光绪十四年(1888)去南京参加乡试外,其他四省他均未去过,这主要是由其塾师的身份所决定的。作为一名教师,他几乎每天都要给学生授课,因此大多数时间都居于贵溪村内。但他通过本村在外经商的人员或儿子,间接地与上述各省产生了联系。

综合表中信息可以发现,在 20 条记载中,以商品为媒介的联系高达 14

条,其中广东货物占 13 条,这充分说明广东是商品进出口贸易中心之一的事实。虽然此时上海已取代广州的地位,汉口与九江已是祁门红茶的集散地,但由于祁门安茶的传统经销路线是销往广州①,因此至清末时仍有诸多祁门商人往广州贩卖安茶,表中的胡俊明、瑞记的主人胡兆瑞皆是兼营茶叶的商人。光绪二十九年(1903),胡廷卿长子胡云青(阳开)即是代替胡俊明前往广州销售茶叶,亦捎回了诸多商品货物。而日顺则是由祁门红茶的创始人胡元龙所创办的日顺茶厂,主要制作红茶。当然,这些广东的商品并不一定全部购自广东本地。贵溪村内普遍种植茶叶,茶商众多。他们或是南下广东,或是经饶州而至九江,顺长江西上武汉,在售卖茶叶的同时,从当地购买日常所需物品回来。如表中胡廷卿的两个儿子云青与云鹄都利用去汉口贩茶的机会采购了大批货物回来。据账簿记载,光绪二十四年(1898)的这次购货,分别采自汉口、九江,支用英洋十二元零五分,银八两五钱五分七②,说明这批货物数目很大,否则不会是以洋、银计算。

除商业因素外,有些联系与游学有关。③ 游学自古有之,不同时代,国家对游学的政策不同,游学者的目的及游学的地域亦有不同。至晚清,许多人游学海外。但游学于国内依然是普遍的现象。在胡廷卿的记载中,有多次因外地儒生来其馆中游学而支付费用的记载(见表 3-2-3)。

---

① 具体可参见张燕华、周晓光:《论道光中叶以后上海在徽茶贸易中的地位》,《历史档案》,1997 年第 1 期;王振忠著:《徽州社会文化史探微——新发现的 16－20 世纪民间档案文书研究》第三章《清代徽州与广东的商路及商业》相关内容,上海:上海社会科学院出版社,2002;郑建新编著:《祁门红茶》,上海:上海文化出版社,2008 年。

② 王钰欣、周绍泉主编:《徽州千年契约文书 清·民国编》第 16 卷《光绪二十四年祁门胡廷卿立〈收支总登〉》,第 331 页。

③ 关于此,可参见陈雁:《东汉魏晋时期颍汝、南阳地区的私学与游学》,《文史哲》,2000 年第 1 期;申万里:《元代游学初探》,《中国史研究》,2006 年第 2 期;聂济冬:《游学与汉末政治》,《山东大学学报》(哲学社会科学版),2007 年第 6 期;张季:《清季游学取才的兴起》,《现代大学教育》,2011 年第 2 期。

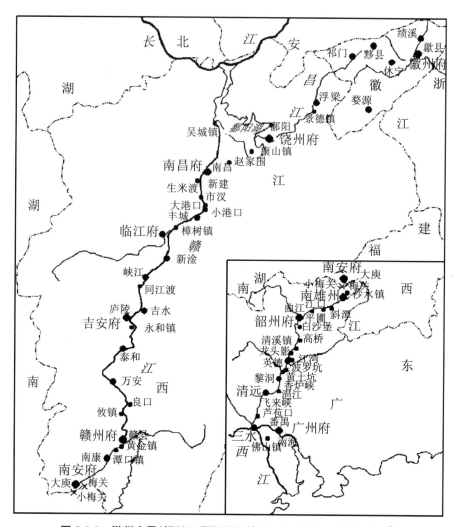

图 3-2-3 徽州由昌(阊)江、鄱阳湖经赣江—大庾岭至广州商路图①

① 转引自王振忠:《瓷商之路:跋徽州商编路程〈水路平安〉抄本》,第 325 页。

表 3-2-3　胡廷卿账簿有关游学记载一览表

年	月	日	记载	页码	卷数
光绪十二年	三月	十八	支钱二十,游学派	337	十四
光绪十二年	四月	十八	支钱一百,游学	337	十四
光绪十二年	七月	十四	支钱十二文,游学派	357	十四
光绪十二年	十一月	初十	支钱四十文,众付游学	370	十四
光绪十三年	八月	十四	收秀峰书舍米二升,前付钱六十文,二次,游学	446	十四
光绪十八年	六月	廿六	支钱二十文,游学,湖口,姓曹	339	十五
光绪十八年	巧月	初八	支钱二十文,游学,西路人仰春	342	十五
光绪十九年	五月	初十	支钱二十四,游学	480	十五
光绪二十年	三月	十二	支钱四十文,游学,都昌,姓王	27	十六
光绪二十年	九月	十九	支米一升,游学,邑洪家人	55	十六
光绪二十年	九月	廿六	支钱二十四,游学	56	十六
光绪二十二年	五月	廿一	支钱五十文,游学。饶州人,姓何,二位	207	十六
光绪二十五年	五月	廿一	支钱四十文,游学,望江,姓施	493	十六
光绪二十六年	九月	廿九	支钱三十文,游学。怀宁人,姓韩,名■轩	101	十七
光绪二十六年	九月	廿九	支钱四十六文,游学,如意店	101	十七

从上表来看,游学之人既有来自江西、湖南、湖北等地的,也有来自安徽望江、怀宁甚至是祁门县内的。有些是只身一人,有些是结伴而行、叔姪一起。对于远道而来的学友,有时是村内的公共组织出钱,有时是塾学出资,但大多是胡廷卿本人承担,其出资额度多则 100 文,少则 20 文,在资金不足的情况下,还会以米代钱。显然,这些游学之士,在游历过程中增长了见识,扩大了交往圈。在屡次接待游学之士的过程中,胡廷卿本人应该也会增加对这些人所在地方的了解。这一点,众多的农民、佃农等相对来说是无法实现的。

二、胡家活动空间的历时性变化

从表 3-2-2 中可以发现,在胡家与五省发生联系的时间方面,除与广东省在光绪三十二(1906)、三十四年(1908)中产生四次联系外,与其余各省的联系皆是发生在光绪三十年(1904)以前,这一现象固然跟资料不足有关,但揆诸史料,实际上其主因则是胡廷卿的家庭变故及年龄、职业的变化。基于此,笔者将胡廷卿的活动以光绪三十年(1904)为界划分为两个阶段,主要考察与其生活密切相关的安徽、江西两省的活动记载,以此来反映胡廷卿生活空间在不同时期的收伸变化。

(一)光绪七年(1881)至光绪三十年(1904)

笔者首先对光绪三十年(1904)以前出现的地名次数进行了全部统计,列表如下:

表 3-2-4　光绪三十年以前(含)安徽、江西两省地名记录次数统计表

安徽省				江西省			
府	县	次数	次数	府	县	次数	次数
安庆府	怀宁	1	3	抚州府		1	1
安庆府	望江	2		南康府	都昌	1	1
池州府	九华山	1	26	九江府	湖口	3	13
池州府	青阳	4		九江府	浔市	9	
池州府	石埭	21		九江府	德化	1	
徽州府	祁门	1027	1070	饶州	饶州	16	99
徽州府	婺源	6		饶州	景德镇	80	
徽州府	郡中	28		饶州	浮邑	3	
徽州府	休宁	7					
徽州府	黟县	2					
六安州	英山	1	1				
宁国府	太平县	5	5				

从上表中我们可以看出,胡廷卿的生活空间在安徽省是以家乡祁门县为主要活动区域,在江西省则是与景德镇联系密切,作为徽州府治的歙县并不突出。在与江西的联系中,九江作为一个开放口岸,由于是祁门红茶的集散地之一,因此对胡廷卿的日常生活亦产生过不小的影响。如果将上述广东省也涵盖进去,则会发现光绪三十年(1904)以前,胡廷卿通过各种途径与之产生联系的空间范围非常广泛,除江北的英山县、望江县、怀宁县以及江西的抚州府偶有联系外,其余联系较多的全部在江南(包括抚州府)(见图 3-2-4)。

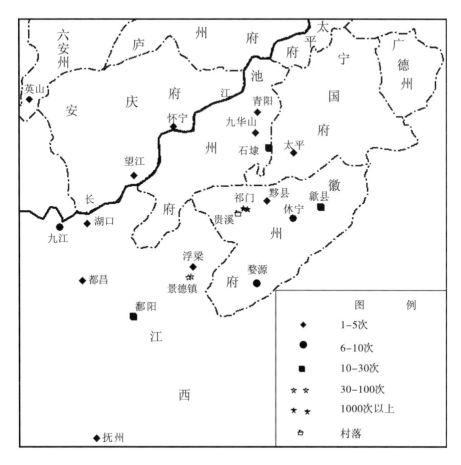

图 3-2-4　胡廷卿光绪七年至光绪三十年活动空间分布示意图

(笔者自绘,底图为谭其骧编:《中国历史地图集》第八册《清·安徽省》)

(二)光绪三十一年(1905)至民国元年(1912)

光绪三十年(1904)以后,跟胡廷卿产生联系的地名,在账簿的记载中发生了很大的变化。首先是空间范围的大大缩小(见表 3-2-5),祁门县在其生活中的比重开始加大。由于光绪三十年以后,仅有光绪三十二年(1906)、三十四年(1908)的流水账得以保留,笔者仅能根据《各项誊清》及茶叶的相关记录加以补充,因此,表 3-2-5 中的数据是不完整的。

表 3-2-5　光绪三十一年至民国元年胡廷卿账簿记录地名分布表

安徽省				江西省		
府	县	次数	次数	府	县	次数
徽州府	祁门	294		饶州府	浮梁景德镇	6
徽州府	婺源	3	298			
徽州府	歙县	1				
池州府	石埭	4	4			
六安州	英山	2	2			
安庆府	太湖	1	1			

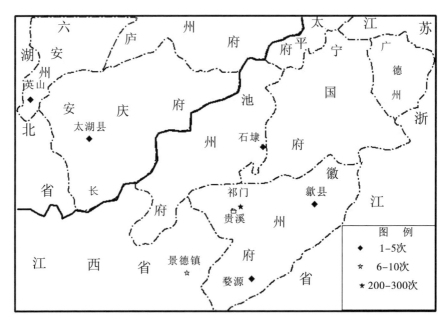

图 3-2-5　光绪三十一年至民国元年胡廷卿活动空间分布示意图
(笔者自绘,底图为谭其骧编:《中国历史地图集》第八册《清·安徽省》)

但是,作为一种比较,笔者拟统一使用记载信息基本完整的流水账簿来说明问题。我们可以通过历年账簿中所载地名的个数以及频次来考察胡家在不同时段内的生活空间变化。由于光绪七年(1881)的记载是从六月份开始,因此,笔者所利用的年份有以下几年:光绪八年至光绪二十二年(1882—

1896)、光绪二十四年至光绪二十六年(1898—1900)、光绪三十二年(1906)、光绪三十四年(1908),共计20年。我们将上述广东省忽略不计,仅将安徽、江西两省的次数加以统计,并分析安徽省、江西省及祁门、景德镇所占总数的百分比,其具体情况见表3-2-6:

表 3-2-6　光绪三十年前后数据统计分析表

光绪八年至三十年(计18年)								
总次数	每年平均	安徽		祁门		江西		景德镇(含浮梁)	
		次数	所占比例	次数	所占比例	次数	所占比例	次数	所占比例
1069	59.4	976	91.30%	903	84.47%	93	8.69%	81	7.57%
光绪三十二年、三十四年(计2年)								
总次数	每年平均	安徽		祁门		江西		景德镇(含浮梁)	
		次数	所占比例	次数	所占比例	次数	所占比例	次数	所占比例
223	111.5	220	98.66%	211	94.62%	3	1.34%	3	1.34%

由上表可知,利用流水账得出的结论与利用全部数据所反映的事实一致。光绪三十年前后,胡廷卿的生活空间虽然皆是以祁门县为主,但是安徽省以外的省份则逐渐减少。光绪三十年以后,除前面提到的四次收到广东菓子之外,只有江西的景德镇与胡家产生联系,且江西省也只有这一处。即便是安徽省内,也只有六安州的英山县、安庆府的太湖县以及池州府的石埭县琉溪村这三个地方与胡家偶有联系。如果再具体到徽州府,则会发现,与其产生联系的除祁门县外,仅有毗邻的婺源县和作为府治的歙县两县而已。而黟县与休宁二县则未见提及,至于地处西北一隅的绩溪县,则自始至终从未提起过。这一趋势说明,在历经长子去世、家庭分裂之后,恰好进入六十岁的他,其生活圈更多地依赖祁门一县。在光绪三十二、三十四年两年,所记录的地名数量和次数都大大增加,但增加的皆是贵溪村以及周围的地名,显示出他与地方民众的联系开始加强。

三、胡家在祁门县内的生活空间

祁门县作为胡家的主要生活区域,在所有地名的记载频率中始终都在

95%以上,而且相较于祁门县之外的地点而言,这些地方胡家人大多亲自到过,由于这些地方于胡家的日常生活具有重要意义,故笔者将其单独列出,对祁门县内部的生活空间加以复原。

(一)胡家在祁门县内生活范围的整体分布

在本章第一节,笔者曾提及清代以后的祁门县,在空间上是以祁门县城为中心划作四个区域,即东、西、南、北四乡,民间又以去往县城的道路为标准,称其为四路,同时,县城称为"城乡"自成一乡。四乡与城乡一起共五个地域单位,在现实社会中成为动员民众与社会运作的单位,而胡家所在的贵溪村,即位于南乡的十二都。

南乡在祁门建县以前隶属于江西的浮梁县,且在地域上属于阊江流域,与东乡、北乡在生计模式上有很大的不同,那么进入晚清以后,南乡民众与祁门其他三乡的联系是否发生了改观呢?对此,笔者利用胡廷卿账簿中的相关记载,对此进行讨论。

笔者对胡廷卿账簿中所有祁门县地名进行统计,共计地名148个、1301次记录,通过辨认,其分布如表3-2-7:

表3-2-7 胡廷卿祁门县地名记载分布表

地点	地名数	次数	地点	地名数	次数
南乡	113	912	东乡	1	1
城中	1	333	未知	22	28
西乡	11	27			

从上表中可知,除胡家居住的南乡外,祁门县城与胡家联系最为密切,在32年中记录了333次,平均每年有10次以上,这说明祁门县城作为祁门的治所已经成为祁门民众重要的生活场所。西乡出现的地名有11个,表明与西乡的联系范围亦较广。不过胡家与东乡、北乡的联系则极少,在胡廷卿账簿中,有关东乡的地名仅有"横路上"一个,而北乡则完全没有。结合前面的论述我们发现,胡家的生活范围依然是以他的出生地为重点,在传统商路、社会网络没有改变之前,活动的场所与空间不容易得到改变(见图3-2-6)。

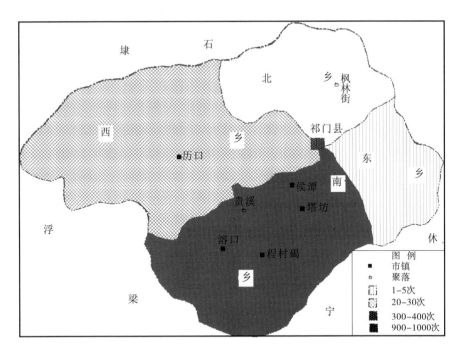

图 3-2-6　祁门县胡廷卿账簿地名记载次数分布图

（笔者自绘，底图为民国祁门县全图）

（二）南乡地名的统计分析

如果我们再将镜头放大，聚焦于与胡家发生联系的南乡，则会发现胡廷卿的记录频率亦呈现出多少不均的面貌。笔者对 32 年中南乡 113 个地名统计后发现，除贵溪外，记录 10 次的地名有 12 个，记录次数高达 475 次（见表3-2-8），占据全部记录数的 31.72%，接近三分之一。如果再将祁门县城的记录算进去，则达到全部次数的 53.11%，占据了一半以上。由此可以说明，胡家所生活的核心区域即是以贵溪村为中心的空间。

表 3-2-8　南乡地名记录次数列表

地名	次数	地名	次数	地名	次数	共计	
塔坊	154	石坑	28	新义	16	地名数	次数
溶口	102	侯潭	26	严潭	12	12	475
程村碣	38	郭口	20	板溪	11		
奇岭	38	石岭	20	石溪	10		

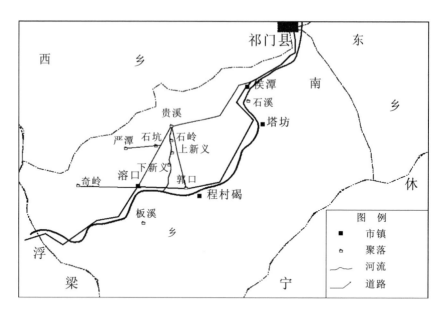

图 3-2-7　胡廷卿主要生活空间分布示意图

（笔者自绘，底图为民国祁门县全图）

在表 3-2-8 中的 12 个地名中，塔坊、溶口、侯潭、程村碣皆是小商品集散地，它们分布于阊江两岸，胡家与这四个地方联系的最主要事由是购物。当然，溶口曾是胡廷卿开馆授徒的地方，而且光绪三十年（1904）后，幼子胡云鹄在此开设店铺，因此与之联系的次数较多。程村碣出现于胡廷卿账簿中的时间较晚，直至光绪二十年（1894）才首次出现。首次与胡家联系的是程村碣挑担的小商贩，他们走村串巷来到贵溪村，胡家通过这个卖货郎购买了 44 支香烟，花费铜钱 100 文①。此后，胡家前往程村碣购买商品的次数开始增加，但总体来说并不多，且购买的商品种类亦比较单一，大多是菜油、茶油之类。因此，程村碣仅仅起到一个辅助性的作用。除去祁门县城之外，塔坊一直是胡廷卿购买商品的主要市镇，这与塔坊所处的地理位置以及阊江的水文状况关系密切。

---

① 王钰欣、周绍泉主编：《徽州千年契约文书 清·民国编》第 16 卷《光绪二十七年祁门胡廷卿立〈收支总登〉》，第 28 页。

综合上述对胡廷卿账簿中所载地名信息的统计分析,胡家在 32 年中,对其日常生活产生过直接或间接影响的区域包含南方七省。但是,核心区域依然是祁门县境内。当然,即便是祁门县内,对其产生影响的地方亦有不同,且随着时代的变化、胡家的变故,其生活空间发生了一定的收缩。

第三节　形塑生活空间的因素

上一节主要就胡家的购物行为复原出他们的经济生活空间,本节主要就形塑胡家生活空间背后的因素作一探讨。这些因素包括胡家所处的地理环境、祁门县的经商传统以及胡家人的身份,它们在形塑生活空间的过程中起着决定性的作用。

一、地理环境与经商传统

民众作为社会中的一员,行动与思维皆受制于此,这一点在社会学、人类学以及历史学界皆有讨论①。但社会亦存在于一定的空间之中,因此,空间、社会、社会组织以及民众之间的关系,一直是学界探讨的对象之一②。笔者认为,要探讨胡家生活空间背后的社会因素,须从其所处的地理空间环境以及传统的商业路线入手。

前已述及,五口通商后的广州作为商品进出口中心已被上海所取代,但由于受传统商业格局的影响,祁门依然有众多的商人来此经商,贩售茶叶。

---

① 可参见:[美]马歇尔·萨林斯著,赵丙祥译:《文化与实践理性》,上海:上海人民出版社,2002 年;[法]列维-斯特劳斯著,张祖建译:《结构人类学》,北京:中国人民大学出版社,2005 年,第 86 页;[法]福柯著,刘北成、杨远婴译:《规训与惩罚》,北京:生活·读书·新知三联书店,2007 年。

② 可参见[英]德雷克·格利高里、约翰·厄里编,谢礼圣、吕增奎等译:《社会关系与空间结构》,北京:北京师范大学出版社,2011 年;朱国华:《社会空间与社会阶级:布迪厄阶级理论评析》,《江海学刊》,2004 年第 2 期;王丰龙、刘云刚:《空间的生产研究综述与展望》,《人文地理》,2011 年第 2 期;王丰龙、刘云刚:《空间生产再考:从哈维到福柯》,《地理科学》,2013 年第 11 期;宋秀英:《段义孚的地方空间思想研究》,《人文地理》,2014 年第 4 期。

同时，由于九江、汉口等沿江城市的被迫开放，这些内陆沿江城市亦成为祁门茶商的活动聚集地①。他们在经商的同时，沿途购买商品带回祁门，以满足祁门民众的日常生活需求。胡廷卿账簿中有关广东广州，江西抚州、饶州、九江等地以及湖北汉口的记载皆是因商业因素而产生。

以景德镇、九江和饶州为例，在全部记载中，除去因为同一件事而分别记录之外，共出现107次。其中有关购物记载63次，加上办事兼买货物3次，共66次。其余是次子云鹄在景德镇方长春商号工作的记载6次，给云鹄送去日常物品及零花钱5次，自景德镇回家的记载6次（包括云鹄的同事），收云鹄来信3次，云鹄刚到景德镇请客记载3次，游学1次（见表3-3-1）。其中引起笔者注意的是胡廷卿有关九江竹布价格和饶州（即鄱阳）洋价的记载。这两次记载，一是与民众日常消费所用之布有关，一是与日常生活中洋、钱兑换有关。晚清时期，由于英洋（即墨西哥洋元）大量流入，白银大量外流，洋和英洋逐渐取代了银在中国社会中的流通，由原来的银、钱换算转变成了洋、钱关系。在胡家的日常生活中，有关大宗买卖时，一般用洋支付，购买零货或日用零花钱，则多用铜钱。因此，民间经常用洋来换取铜钱以满足零用。在胡廷卿的账簿中有多次换钱的记载，二者的比价并不稳定，且换钱的地点亦不固定，在同一时间不同的兑换点也会有差异，这一行为实际上是出售洋或英洋的活动。对于从事换钱的金融机构而言，可以从中赚取差价。因此，他将饶州的洋价记录下来，以此来了解更大范围内的行情，实际上是为在换钱过程中不致吃亏。胡廷卿之所以能获悉远在百里之外的九江和饶州的布价、洋价，是得益于商人及时带回的信息。

---

① 相关研究可参见陈慈玉：《近代中国茶叶之发展》，北京：中国人民大学出版社，2013年；[美]罗威廉著，江溶鲁西奇译：《汉口：一个中国城市的商业和社会（1796—1889）》，北京：中国人民大学出版社，2005年；王振忠：《徽州日记所见汉口茶商的社会生活——徽州文书抄本〈日知其所无〉笺证》，复旦大学文物与博物馆学系编：《文化遗产研究集刊》第2辑，上海：上海古籍出版社，2001年。

表 3-3-1 景德镇、九江、饶州(鄱阳)三地记载事由统计表

所涉地点	事由	次数	所涉地点	事由	次数
景德镇	办事、买货	3	浔阳(九江)	买货	6
	俸洋	3		售茶	1
	工作	6		竹布价	1
	回家	6	饶州(鄱阳)	货物	12
	货、钱	45		信件	1
	礼物	3		洋价	1
	请客	3		游学	1
	送钱	5		未知	1
	信	2			
	收洋	3			
	未知	4			

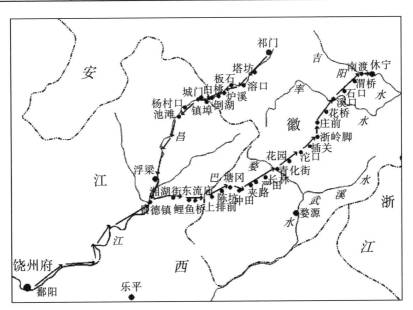

图 3-3-1 饶州府经景德镇至徽州休宁、祁门水陆交通示意图①

①转引自王振忠:《瓷商之路:跋徽州商编路程〈水路平安〉抄本》,第 337 页。

胡廷卿之所以与汉口、九江特别是景德镇产生联系,实际上与此时祁门红茶的兴起,汉口、九江作为通商口岸的开放以及传统的经商范围有着密切的关系。咸丰十年(1860),中英签订沿江通商条约,清政府被迫开放镇江、九江和汉口三个沿江城市,从此外国势力沿长江进入内地,其中九江和汉口成为中外交易的沿江中心城市。此时,因绿茶滞销,贵溪人胡元龙受到自福建退职的黟县人余干臣的启发,于光绪四年(1878)在贵溪周边山上开办日顺茶厂,聘请江西宁州的制茶师傅试制红茶,取得成功。据胡元龙之父胡上祥立于光绪十七年(1891)的分家文书记载:

> 戊寅(即光绪四年——笔者注),祁南红茶本号开创,至丙戌,已历九载。不意元龙随手支用,无知妄作,好行小慧。丙戌,九江买茶失机,号内加作三班,我全不识。①

这段记载表明,祁门红茶的销售区域主要在九江,但是由于汉口的茶叶需求量大,其价格高于九江,因此亦有部分红茶分销于汉口。据编纂于光绪二十三年(1897)的《时务通考》记载:

> 论茶叶一事,据英商天裕行所报情形,谓本年宁州头春红茶,在华历四月间即经华商运到九江,径行送往汉口者比平常之好茶较美,其最上之宁州茶,系专售与俄商,而俄商亦愿出价争相购买,每担给价八十两至八十八两之数,后到之祁门茶色,味稍逊于宁州,然其上等者若在本口出售,价值平平,及运之汉口,其价便高,有俄商愿出每担七十两之值。从前,此等祁门茶,俄商并无人过问,而本年则竟置买三四成之谱,此亦意料所不及者也。②

这里指的应该是光绪二十三年(1897)前一二年的情形,但它说明,祁门红茶在当时的国际市场上占有一席之地,其质量虽不如江西宁州红茶好,但

---

① 该文书现藏于贵溪村胡松龄先生处,承蒙惠允使用,特此致谢。
② (清)杞庐主人编纂:《时务通考》卷十七《商务·茶叶·九江》,光绪二十三年(1897)点石斋石印本。

胡廷卿之所以与汉口、九江特别是景德镇产生联系，实际上与此时祁门红茶的兴起，汉口、九江作为通商口岸的开放以及传统的经商范围有着密切的关系。咸丰十年（1860），中英签订沿江通商条约，清政府被迫开放镇江、九江和汉口三个沿江城市，从此外国势力沿长江进入内地，其中九江和汉口成为中外交易的沿江中心城市。此时，因绿茶滞销，贵溪人胡元龙受到自福建退职的黟县人余干臣的启发，于光绪四年（1878）在贵溪周边山上开办日顺茶厂，聘请江西宁州的制茶师傅试制红茶，取得成功。据胡元龙之父胡上祥立于光绪十七年（1891）的分家文书记载：

> 戊寅（即光绪四年——笔者注），祁南红茶本号开创，至丙戌，已历九载。不意元龙随手支用，无知妄作，好行小慧。丙戌，九江买茶失机，号内加作三班，我全不识。①

这段记载表明，祁门红茶的销售区域主要在九江，但是由于汉口的茶叶需求量大，其价格高于九江，因此亦有部分红茶分销于汉口。据编纂于光绪二十三年（1897）的《时务通考》记载：

> 论茶叶一事，据英商天裕行所报情形，谓本年宁州头春红茶，在华历四月间即经华商运到九江，径行送往汉口者比平常之好茶较美，其最上之宁州茶，系专售与俄商，而俄商亦愿出价争相购买，每担给价八十两至八十八两之数，后到之祁门茶色，味稍逊于宁州，然其上等者若在本口出售，价值平平，及运之汉口，其价便高，有俄商愿出每担七十两之值。从前，此等祁门茶，俄商并无人过问，而本年则竟置买三四成之谱，此亦意料所不及者也。②

这里指的应该是光绪二十三年（1897）前一二年的情形，但它说明，祁门红茶在当时的国际市场上占有一席之地，其质量虽不如江西宁州红茶好，但

---

①该文书现藏于贵溪村胡松龄先生处，承蒙惠允使用，特此致谢。
②（清）杞庐主人编纂：《时务通考》卷十七《商务·茶叶·九江》，光绪二十三年（1897）点石斋石印本。

在汉口由于俄国茶商的需求量大,价格亦不低。而表3-3-2中有关与九江、汉口的记载即发生于光绪二十二年(1896)至光绪三十年(1904)间,且均在四五月份,这期间正是出售茶叶的季节。胡廷卿的两个儿子皆已进入壮年,正是做生意的适合年龄。因此,胡廷卿本人虽居于贵溪村内,但因茶业经营而与远在千里之外的九江和汉口发生了联系并获得了当地的信息,进而在其日常生活中产生了影响。至于跟景德镇的联系,则在下文探讨。

表 3-3-2　胡家与九江、汉口联系记载具体信息表

年	月	日	记载	页码	卷数
光绪二十二年	五月	十三	本年浔市竹布价银六钱二分	204	十六
光绪二十四年	五月	十六	阳开自浔买来货物	331	十六
光绪二十四年	五月	十六	阳开在浔做衣服	331	十六
光绪二十四年	五月	十六	阳开买来汉、浔货,英洋十二元零五分	331	十六
光绪二十八年	四月	十九	往饶,由饶至浔	308	十七
光绪二十九年	五月	初六	佛子浔回来,买各物,计英洋十五元九角三分	340	十七
光绪三十年	五月	十九	佛子帮瑞馨祥茶号(五月十九自浔由饶到家)	397	十七
光绪二十八年	五月	十五	佛子自汉到家,计开所买各物一单	325	十七
光绪二十八年	五月	补十五	收佛子手恒丰英洋三元,汉口带来	330	十七

二、胡廷卿的职业和身份

普通民众的生活空间固然与其所处的地理环境以及传统习惯相关,但因身份以及主观上的能动性差异,现实中不同的人的生活空间的构造又显示出不同的面貌,且国家、社会以及个人际遇的变化也会让其生活空间扩大或收缩。

日常生活中,每个人皆要消费,因此生活在同一区域的人,其主要的消费圈大体相似。但是生活空间不是由购物活动所形成的消费圈完全决定,职业与身份也是塑造因素。作为一名具有一定知识水平的乡村塾师和生员,游学行为增加了胡廷卿与湖南长沙府、湖北汉阳府、江西德化县儒生之间的联系。

而作为一名汲汲于科举的儒生来说,有规律的县考、府考又增加了他的购物范围。胡廷卿和长子云青皆多次去县城、府城参加科考,这种职业和身份为生活空间的形成也带来了诸多影响。

光绪十三年(1887),祁门县内的贵溪胡氏族人在渚口胡氏后裔胡廷琛的组织下,在城内设谱局开始了祁门胡氏族谱的五修工作。胡廷卿作为贵溪村的三位代表之首,参加本次修谱活动,并在他的账簿中作了相关记录:

> 暑月十六,往邑到城祠谱局。
> 暑月廿七,邑中回家。
> 七月初六,往邑到谱局。支钱二百,局中零用。
> 七月廿一,回家。谱局借来钱二百。①

在本次修谱中,胡廷卿与同村的胡日升、胡标一起担任校对工作②。从上面的记载可以看出,本次修谱是在城中的一本祠内,这次所修之谱保存了下来。从谱中胡廷琛所撰谱序可知,修谱工作早在光绪十二年(1886)即已筹备,光绪十三年开始校对,光绪十四年刊刻。光绪十三年,胡廷卿获得了邑增生资格,成为一名生员。邑增生与邑庠生不同,不能享受政府提供的月米资助,但也能参加乡试。祁门县生员名额的增加始于太平天国动乱期间,因祁门民众在抵抗太平军中做出巨大牺牲,为奖励此举和鼓舞士气,在祁门乡民的请愿下,清政府决定增加祁门生员额数,据载:

> 西乡绅团禀辞,恳请援乡民助战例,加广合邑文武学额。七年八月奉府宪林学宪沈准礼部咨开,咸丰七年二月初六日,内阁抄出,奉上谕:安徽巡抚福奏请将休宁、祁门永加学额等语,安徽休宁、祁门县文、武学额,著永远增广各二名用,示朕嘉奖忠义至意,钦此!③

---

① 王钰欣、周绍泉主编:《徽州千年契约文书 清·民国编》第14卷《光绪十三年祁门胡廷卿〈进出流水〉》,第440、441、442页。
② (光绪)《祁门胡氏族谱·修谱人名》。
③ (清)王让修,桂超万纂:《祁门县志》卷三十六《杂志·记兵》,页码待考。

胡廷卿正是这一政策的受益者,光绪十四年(1888)他即赴南京参加了乡试,并为他带来了很大的荣誉。他赴南京之前,贵溪村内的村民们为其设宴饯行,包括祁门最高学府、位于县城东侧的东山书院在内的各种教育机构、会社以及个人都送来了乡试费。甚至石埭县琉溪的支派族人也送来了路费。由此看来,获得邑增生并有资格参加乡试,在当时的祁门县是一件有相当影响力的事情。胡廷卿凭借这一身份,扩大了他在祁门当地的社会影响力,不仅多次代表宗族处理纠纷,而且在当地民众的日常生活中扮演多种角色,为本地村民的各种事务服务。

有关本次去南京的行程,可从表3-3-3中看出。胡廷卿自南京出考棚(洋棚)后,乘轮船(洋船)逆江而上至安徽铜陵县的大通镇①,登陆后雇挑夫从陆路回到家中,自七月十六日起程至八月廿六到家,前后历时40天。据徽商所编的路程歌,从大通有一条道路可以到达歙县的西乡,它以歙县西乡的郑村为起点,其路线为:郑村→稠墅→丰口→许村→荆岭→茆山→箬岭→文雅街→谭家桥→胜虹桥→岭上长源→佛子岭→五里亭→三口镇→坟山→岭屿下甘棠→三折岭→塝弓岭→浮垞坦→穰家河→荫凉桥→博古桥→曹家塆→陵阳镇→分水岭→将军庙→龙口→石垅→诸备店→江村→柏家桥→七里头→青阳县→元桥→大通②。可见,这条道路是徽商经常走的一条路线,否则不会编成歌。胡廷卿上岸登陆后,想必也是从该路线先到达歙县,再自歙县返家。

---

①有关大通镇的考证,参见王振忠著:《徽州社会文化史探微:新发现的16—20世纪民间档案文书研究》,第385～389页。

②据《由歙县至和悦洲路程》,参见王振忠著:《徽州社会文化史探微:新发现的16—20世纪民间档案文书研究》,第384页。

表 3-3-3　胡廷卿关于参加乡试记录表

月	日	记录	页码	卷数
七月	初一	乡试费六千	25	十五
	初八	收侯潭干廷叔岳送赆仪钱四百文	26	
	十二日	瑞记备酒一席,乡试饯行	26	
	十三日	善祀备酒一席,饯行	26	
	十四日	学中备酒一席,饯行	26	
	十六日	起程	27	
		收森林兄送程仪钱四百	27	
		收瑞记送程仪钱四百	27	
		收东海兄送程仪钱四百	27	
		收如屏先送程仪钱六百	27	
		收列林送程仪钱二百	27	
		收端庆送程仪钱二百	27	
		收宇福弟送程仪钱二百,令手	27	
		又侯潭钱四百	27	
		收常丰粮局乡试钱六千文	27	
		收庆余粮局乡试费十一元	27	
		补收楠荫送钱二百	27	
八月	十八	与达五弟仝伴,自试馆出城到洋棚		
	十九	上洋船		
	廿	到大通		
	廿一	上路,叫担同行		
	廿六	到家	28	
九月	初五	收阆阳文约乡试费洋三元,仰手		
	初五	收东山书院乡试费洋四元		
	初五	收石邑蒜芸、占先二位送程仪洋一元,收米饼二包,糕一包。据伊说,众送		

表 3-3-4　日常生活中胡廷卿角色记载表

年	月	日	记载	页码	卷数
光绪八年	二月	初二	收(溶口)连顺赘敬钱四百文	22	十四
光绪十一年	四月	十二	收石坑来合八字钱二百	199	十四
光绪十二年	十一月	收	收冬至神主会首人鱼四斤,计二十二尾,为写对联送	372	十四
光绪十四年	正月	十八	收三元会礼生亥二斤	497	十四
光绪十七年	七月	初七	收李庆余先拼排牙坞山分中资洋一元。又笔资洋一元,为写拼契	282	十五
光绪十七年	七月	廿五	收郭口碧桃选星期喜包钱二百,廷奉手	284	十五
光绪十八年	三月	初三、四	分小课钱三百二十	327	十五
光绪十八年	四月	十八、九	课赏资钱四百八十,计钱八百	327	十五
光绪二十年	十二月	初四	收陈广道送钱二百四十,为做金字祭轴	65	十六
光绪二十一年	暑月	初八	收四盛中资钱一百二十,为新路上茶䅩园地事	129	十六
光绪二十一年	未知	未知	代赔本洋七角一分。为和讼事。福子与桂廷先构讼	315	十七
光绪二十五年	暑月	十七	收板溪康姓送笔资洋一元,杰手,代作谱序	496	十六
光绪二十五年	十一月	初三	白石坑东坑做分单钱六百六十九	432	十六
光绪三十年	未知	■六	收仁和连生发包钱二百,为择期做门楼	432	十七
光绪三十二年	清和月	十六	收治病喜包钱二百,日顺号,婺源人	95	十八
光绪三十二年	暑月	初九	往石坑,为乌茶段山北人盗斫事。经中允定祭坟封山演戏(在石坑)八,禁树,命偿洋四元,收洋三元,交地生收	110	十八
宣统元年	六月	廿	收茶厘钱(分得)一千四百四十,薪水	475	十七
宣统二年	七月	念二	收茶厘薪水钱一千三百二十,照四人分	495	十七

　　除此之外,作为乡村的一名知识分子,他亦扮演着多重角色,这在他的记载中有详细的反映,具体情况将在第四章第二节中讨论,此处仅举几例,以示说明(见表3-3-4)。表3-3-4中的18条记载,仅是全部记载中极小的一部分,

但从中可以看出胡廷卿扮演着不同的角色。对乡村民众而言,大凡婚姻、建房、看病、买卖土地、修谱等事项,胡廷卿皆能满足他们的要求。对于本宗族来说,他又是一个负责解决宗族内部、宗族与外部之间矛盾的管理者和调停者。对于国家而言,他又作为国家的代理人,负责管理当地的茶厘局。对于由政府主导而由当地士绅具体管理的东山书院来说,他又充当代课教师的角色。正是这些角色,使得他家不仅与郭口、板溪、溶口、白石坑等周边村庄发生密切联系,而且还与许多"北人"(即江北人)以及政府、书院产生了接触。这一多重的角色,让胡家的生活空间大大广于普通的民众。

三、日常生活中各类需求

作为一名乡村塾师和生员,胡廷卿必须要待在塾学内教书,这一工作性质限制了其出行的次数和范围,其账簿中所载的绝大多数地名他均未亲自去过,但是这并不影响这些地方与胡家发生联系,并在其日常生活中产生影响。

首先我们来看胡廷卿亲自到过的地方。笔者将胡廷卿账簿中明确去过的地方(途中经过地点不计)列成表3-3-5:

表3-3-5 胡廷卿亲自到过的地方记载表

年	人物	地点	事由
光绪七年	胡廷卿在	溶口馆中	教书、收俸洋、节礼钱、换钱
光绪八年	胡廷卿往	溶口馆中	教书、收钱、回家、买米
光绪八年	胡廷卿往	郭口	行会
光绪九年	胡廷卿往	郭口	行会
光绪十年	胡廷卿到	太平县	宗族事务
光绪十一年	胡廷卿往	郡中	院考兼买货
光绪十二年	胡廷卿往	浮邑	未知
光绪十三年	胡廷卿往	平里	两次,未知
光绪十三年	胡廷卿往	郡中	考试兼买物

续表

年	人物	地点	事由
光绪十三年	胡廷卿往	邑中城祠谱局	为修谱事并还账
光绪十三年	胡廷卿往	邑中谱局	为修谱事
光绪十四年	胡廷卿往	邑中谱局	为谱事
光绪十四年	胡廷卿往	南京	参加乡试,八月廿六到家
光绪十五年	胡廷卿往	郡中	岁考
光绪十五年	胡廷卿往	塔坊	买货
光绪十七年	胡廷卿往	邑中	买货
光绪十七年	胡廷卿往	侯潭	贺亲
光绪十八年	胡廷卿往	奇口	未知
光绪二十年	胡廷卿到	景德镇	还钱,请客,买货
光绪二十一年	胡廷卿往	郡中	岁考兼买物
光绪二十二年	胡廷卿往	侯潭深坑	未知(五人同往)
光绪二十四年	胡廷卿往	溶口	未知
光绪二十四年	胡廷卿往	石坑(两次)	未知。行礼
光绪二十六年	胡廷卿往	溶口	行会
光绪三十二年	胡廷卿往	石坑	未知
光绪三十二年	胡廷卿往	石坑	为乌茶段山北人盗斫事

从上表中可以看出,胡廷卿自光绪七年(1881)至光绪三十二年(1906)间,有26个年份到过贵溪村以外的地方,共计13处,包括周边的乡村和南京这样的大都会,其原因包括:教书4次(溶口);科考5次(郡中、南京);买货2次(塔坊、邑中);家庭事务4次(景德镇、溶口、石坑);行会3次(郭口、溶口);宗族事务6次(邑中、石埭、石坑、侯潭);未知2次(奇口、溶口);贺亲1次(侯潭)。

显然,这些记载并不是胡廷卿亲自到过的所有地方,但从中我们亦可分析出是哪些因素决定了他的出行。作为一名儒生，藉由科举考试获得功名是自然之道，因此作为徽州府治的歙县、作为乡试场所的南京就与胡廷卿产生了联系。去南京之行已如前述，此处主要讨论歙县的活动。为了取得去南京参加乡试的资格，他不得不去歙县参加院试，在他的记载中，分别于光绪十二年(1886)、光绪十三年(1887)、光绪十五年(1889)、光绪二十一年(1895)四次去歙县参加考试。在考试之余，他也会顺带买回日常所需用品。以光绪十二年的院考为例，他于二月十九从家中起程前往，本村的含青为其挑担，至廿一日午刻到达郡中。本次赴郡之行共花费铜钱 9570 文(其中洋 4 元)，其记录如表 3-3-6：

表 3-3-6 光绪十二年胡廷卿院考花费记录表①

时间	费用项目		数目	总计
光绪十二年	考试正用	寓所饭食	钱 2960 文	钱 9570 文
		考师菜金	钱 240 文	
		学书、门斗	钱 100 文	
		两场场食	钱 200 文	
		吃菜派	钱 400 文	
		上下盘川	钱 1800 文，内舟力 228，两人	
		未知	钱 3240 文	
	买物	《书》、墨、笔、小剪刀、红绳、花、扇、布、饼、日盘	钱 1522 文(内 2 文不计)	
	其他	治牙	钱 80 文	
		替阳开还府试寓所账	钱 130 文	
		金水府院考费	钱 700 文	

从上表中我们可以看出，胡廷卿每次去郡城考试，所接触到的人有寓所老板、考师、门斗、商人以及其他考生。这一点在其长子云青身上也是一样，

---

① 王钰欣、周绍泉主编：《徽州千年契约文书 清·民国编》第 14 卷《光绪十二年祁门胡廷卿立〈进出流水〉》，第 331、332 页。

从胡廷卿替云青还府试寓所的欠账看,两人的行为方式相同,与当时徽州士子的行事风格类似。据晚清婺源徽商詹鸣铎所著的章回体自传《我之小史》记载:"徽郡风俗,凡考客入城,人家子女,都寄居亲戚,其房屋则租与考客暂居。街上多摆摊生意,各种投机事业,纷至沓来。"① 由于每年都要参加岁考、院考等考试,徽州各地考生都会在这里相聚,这无疑会增加他们的交往圈。同书又记载:"他们三人,一为郑理丰之弟,一为程敬斋。这两个据云未尝学问,他们城中祖祠的老例,能应府试,即有租收,故专到此陪考。"② 这里说的是徽州士子来郡考试的目的是由此可获得宗族发放的补贴。但无论如何,他们有规律的相聚无疑会使交往圈扩大。

同时扩大的还有经济圈,如胡廷卿及其长子来郡考试时所寓居的客栈,胡廷卿称其老板为"老五",而且能在该店赊账③,这说明他们之间建立了固定的经济关系。再如,胡廷卿作为塾师及日常所从事的各种活动,需要用到大量的笔、墨、纸。从光绪七年(1881)记账开始,他的纸、笔皆购自祁门县城内的文星堂,但是自光绪二十二年(1896),在还清了最后一笔老账后,再未见他与文星堂之间的账务记载④,代之的则是郡中的程步升兄弟,其相关记录如下:

> 收郡中程步升俞兄送正冬紫毫二枝⑤。
> 收徽郡程步升(即俞守青之兄)笔钱一百二十八,计笔二支。五

---

① (清末民初)詹鸣铎著,王振忠、朱红整理校注:《我之小史》第 4 回《回家来频年肄业,受室后屡次求名》,合肥:安徽教育出版社,2008 年,第 115 页。
② (清末民初)詹鸣铎:《我之小史》第 4 回《回家来频年肄业,受室后屡次求名》,第 112 页。
③ 王钰欣、周绍泉主编:《徽州千年契约文书 清·民国编》第 15 卷《光绪十五年祁门胡廷卿立〈进出总登〉》,第 81、93 页。
④ 王钰欣、周绍泉主编:《徽州千年契约文书 清·民国编》第 16 卷《光绪二十二年祁门胡廷卿立〈进出总登〉》,第 234 页。
⑤ 王钰欣、周绍泉主编:《徽州千年契约文书 清·民国编》第 16 卷《光绪二十年祁门胡廷卿立〈进出总登〉》,第 43 页。

紫五羊一支,六四,纯紫■毫一枝,六四。又钱六十文,神开羊毫二枝①。

徽郡程步升,笔客存钱一百二十,又神开钱六十。丙(32年)又四月十三,付讫,伊子手收去②。

文星堂在光绪二十二年(1896)后并未倒闭,一直至民国时期依然经营,并且还承担印刷的业务③。但从上述记载看,自光绪二十年(1894)歙县的程氏即开始了与其之间的商务往来,至迟在光绪三十二年(1906)时依然如此。这一转变不能不与胡廷卿父子频繁往郡参加科举考试的活动有关。

下面再来考察胡廷卿去景德镇的情况。从表3-4-5可知,胡廷卿曾在光绪十二年(1886)去过浮梁一次,其原因未知。而光绪二十年(1894)往景德镇的缘由则与其幼子胡云鹄有关。前已述及,云鹄于本年二月初十在其兄长云青的陪伴下往景德镇商铺中做工,在该日的账簿中,胡廷卿郑重地写道:"佛子往镇,阳开伴行。受天之祜,展也大成④",表达了对幼子的期望,从此云鹄也开始了自己新的人生旅程。有关此行,胡廷卿亦有记载:

(正月)十二,到镇。

(正月)十六,进店(方长春宝号)

(正月)十八,(镇)鸿福楼面馆钱五千七百,佛子进店做东⑤。

此外,在胡廷卿账簿中亦夹有一张方长春号的广告单,其内容如下:

---

① 王钰欣、周绍泉主编:《徽州千年契约文书 清·民国编》第17卷《光绪二十五年祁门胡廷卿立〈收支总登〉》,第10页。

② 王钰欣、周绍泉主编:《徽州千年契约文书 清·民国编》第17卷《光绪二十九年祁门胡廷卿立〈各项誊清〉》,第366页。

③ 如民国时期所印刷的由王子蕃绘制的民国《祁门县全图》即是明证。

④ 王钰欣、周绍泉主编:《徽州千年契约文书 清·民国编》第16卷《光绪二十年祁门胡廷卿立〈进出总登〉》,第24页。

⑤ 王钰欣、周绍泉主编:《徽州千年契约文书 清·民国编》第16卷《光绪二十年祁门胡廷卿立〈进出总登〉》,第24、25页。

方长春号

本号开张在景德镇毕家衕,坐河朝山。门面发兑鹿茸、官燕、虎、鹿、龟、胶清花、肉桂,东洋高丽拣选上品药料。处制各种膏丹丸散肥儿药糕,光明眼药。凡士商赐顾者,请认招牌为记,庶不致误①。

由此看来,云鹄在景德镇是学习跟中药有关的知识。云鹄之所以能来到这里,笔者推测当与其邻居胡宝芝有关。胡宝芝又名胡标,亦作宝之,是前已提及的胡元龙之侄。他也是光绪十三年(1887)祁门胡氏编修家谱时贵溪村的三位代表之一,邑武庠生②。其家族虽以茶叶闻名,但他却苦心学医,在景德镇悬壶济世。据胡元龙曾长孙胡益坚先生回忆:"胡标,号宝芝,祁山南乡贵溪村人……为农村所需,乃弃学从医……曾悬壶于景德镇市,晚年归里。"③上引广告中的"毕家衕",为晚清民国时期祁门商人的聚集之地,胡宝芝的祖父胡上祥即在该街置有房产。据胡上祥的分家文书记载:"江西景德镇毕家衕内自造行屋一重"④。光绪二十二年(1896)正月十二月,胡廷卿在家中设席一备,其首席即是胡宝芝。这当是为了酬谢他而专门设宴款待。两家的关系较为紧密,宝芝的祖父胡上祥于光绪十七年制定的分家文书即由胡上祥起草,亦是见证人之一⑤。在《光绪十七、十八年进出总登》中,有关于收胡元龙"关书写洋五元"的记载,且在账簿中多次提及与胡元龙及其家人的交往记载,可见两家关系较为密切。

云鹄在进店以后,于十八日在附近的鸿福楼面馆请客,以表示自己的谢意。然而,胡廷卿对于这位年仅十七岁的幼子首次出门有些担心,因此他于该年的四月十二日亲自往景德镇,并于十四日到达,于廿二日回到家中。这

---

① 王钰欣、周绍泉主编:《徽州千年契约文书 清·民国编》第 16 卷《光绪二十二年祁门胡廷卿立〈进出总登〉》,第 299 页。

②(光绪)《祁门胡氏族谱·惟琇公图七·报本堂》,页 444a。

③ 胡益坚:《儒医胡宝芝荷记》,手稿,现藏于美国胡芳琪女士处。

④(清)胡上祥:《光绪十七年胡上祥分家书》。

⑤(清)胡上祥:《光绪十七年胡上祥分家书》。

次景德镇之行,不仅看望了幼子,还清了云鹄请客的饭金,回来时还顺带购买了一些包括茶饼、眼镜匣在内的日常物品①。回来后,他在账簿中还将自贵溪去往景德镇的路线记载了下来:

往景镇路程

镇至观音阁,五里;至阳芜,十里;高峰,十里;坑口,十五里;黄涧,五里;渭水,十里;臧家湾,十五里;以上共七十里。铁索桥,十五;岭脚,十五;曹村降,四十;涧西,四十;至碓准滩,十里;芦溪,五里;溶口,十五里;到村,十五里。共一百八十五(里)②。

这样的路程记载,在明清徽商中非常普遍③,而胡廷卿作为一名塾师,亦将路程记录下来,显然是跟其子在景德镇生活有关,从中亦可看出这种路程在何种意义上对民众的生活发生着作用。从此之后,胡廷卿再未去过景德镇,但由于云鹄在此地的关系,胡家与景德镇的联系日益紧密。胡家通过云鹄频繁地将日常所需物品购买回来,因次数较多,笔者兹举一例,以示说明:

癸卯年(光绪二十八年)佛子在镇方长春号:

桃月初一日寄上:

茶饼三百;砂糖五斤;五香豆豉半斤;豆豉三升;新补丝三斤;又各件磁器;冰姜十两;带皮一五;藤盒二个。

五月初六寄上:

茶饼二百,又苎麻一斤;大小风炉四个;二三号■钵四个;瓦钵二个;盖钵一个。

七月十四到,寄上:

---

①王钰欣、周绍泉主编:《徽州千年契约文书 清·民国编》第16卷《光绪二十年祁门胡廷卿立〈进出总登〉》,第32~33页。

②王钰欣、周绍泉主编:《徽州千年契约文书 清·民国编》第16卷《光绪二十年祁门胡廷卿立〈进出总登〉》,第93页。

③王振忠:《徽州社会文化史探微:新发现的16—20世纪民间档案文书研究》一书。

茶饼一百,蓝小布一张二尺,信封五十个。

又寄上菜油十斤半,又平酒十三斤,厘钱三六;又豆豉一升,钱四十八;又盖碗三个①。这里的记载虽不是全部,但从中亦可看出通过云鹄自景德镇买回的物品十分丰富,大到瓷器,小到信封,皆含在内。不仅如此,光绪二十六年(1900)胡廷卿还通过云鹄从浮梁的汪鸿昌号米店批发大米到村内出售,做了一年的大米生意。据其记载:

> 佛子寄上二月初二回信:
>
> (浮邑)汪鸿昌号顶青米四石五斗,合祁斛四石,二八五折英洋十二元八角二分五,原担扯三五七。又挑力一百四十,扯三七。
>
> 又齐米六石七斗五升,合祁担六石,二七折英洋十八元二角二分五。
>
> 二共英洋三十一元零五分。外下力足钱二百四十八文。又舟力英洋三元二角,付清。
>
> 齐子改熟米,每石约四升半,原扯二四一,加挑力钱一百四,价合扯三七五。②

这仅是其中的一次,但亦可看出其购买的数量比较大。而且这则记载还表明,在度量衡方面,祁门民众有自己的一套标准,即所谓的"祁斛""祁升"。

光绪三十年(1904)后,因长子云青去世,云鹄便辞去在景德镇的工作,回到贵溪帮助父亲料理家务,并在溶口开办了一家商铺,从此以后,胡家与景德镇的联系便很少了。此外,胡廷卿于光绪十年(1884)还曾去过太平县,但由于账簿中所载信息不多,我们仅知道时年40岁的胡廷卿是代替胡石卿处理

---

① 王钰欣、周绍泉主编:《徽州千年契约文书 清·民国编》第17卷《光绪二十六年祁门胡廷卿立〈收支总登〉》,第309页。

② 王钰欣、周绍泉主编:《徽州千年契约文书 清·民国编》第17卷《光绪二十六年祁门胡廷卿立〈收支总登〉》,第43页。

和德祀有关的宗族事务,并记下了相关的行程线路:

> 由赤岭至田家乐,十五里;沙塍,十里;钓鱼台,十里;横船渡,八里。有两店:中街查店,仁发店;上街义和店,杂货部,胡姓(云开)开。①

结语

通过对祁门县传统空间格局与交往圈的探讨,基本可以复原该县在清代以前,因河流与交通的关系而与江西饶州府联系密切,而其内部空间格局则由宋代的三个经济中心发展至明代的四乡。胡家所在的贵溪村即位于祁门四乡中的南乡,至迟在南宋时即已存在,这一地区由于历史因素与江西关系密切。通过对胡廷卿系列账簿中自光绪七年(1881)至民国元年(1912)除光绪二十三年(1897)之外的31年中的地名记载,以光绪三十年(1904)为界划分为两个阶段,对其生活空间范围进行了基本复原。透过对1555次共计180个地名的分析,可以发现,与胡廷卿发生联系的地方计有7省、13府(州)、27县,基本位于长江以南。其中安徽与江西两省是其基本生活区。而通过对祁门县内部地名的统计分析发现,其生活空间的核心区域则是以其出生的贵溪村为核心的周边南乡区域。如果从纵向分析,则又发现光绪三十年(1904)以后,其生活空间大大收缩,主要局限于南乡之内。

结合其他史料,可以看出,晚清时期胡家的这一生活空间格局,与其所处的地理位置以及传统的商业格局密切相关。同时,日常生活中的购物与胡廷卿本人的身份与职业也决定了胡家生活空间的大小。当然,徽州地区特有的购物模式,让胡家的经济生活空间相当广泛,除周边零散的市镇之

---

① 王钰欣、周绍泉主编:《徽州千年契约文书 清·民国编》第14卷《光绪九年祁门胡廷卿立〈收支总登〉》,第185页。

外,府城歙县、江西浮梁、九江、湖北汉口以及遥远的广州都被纳入。除此之外,因各种原因胡廷卿亲身前往以及包括儿子在内的族人也是形塑这一生活圈的途径。

第四章　知识、土地与胡家的收入

上一章主要探讨了胡廷卿的生活空间范围以及其背后的决定因素和实现途径,在此过程中,胡家人的职业、身份及其日常生活的需求,是形塑胡家生活空间尤其是经济生活空间的主要因素。那么,胡家收入状况如何,又与什么因素有关,这些即是本章所要讨论的内容。

第一节　晚清的教育与胡家的束脩

作为一名乡村生员,与众多儒生一样,胡廷卿以坐馆授徒作为养家糊口的手段之一,且终身从事这一职业。除他本人外,长子胡云青也曾有过坐馆的经历。因此,担任"塾师"一职所得收入是胡家收入的主要来源,也是最为固定的一项收入。然而,胡家生活的年代,正值晚清政府为了挽救统治,被迫做出种种改革的时期,其中与胡家最为密切的即是教育改革。光绪二十四年(1898),清政府颁布《定国是诏》,命各省、州、县开设中西学堂,将州县书院改为小学,晚清政府的教育改革由此展开。这一变革给胡廷卿一家的生活难以避免地带来影响,其中对其长子云青的影响尤深。

一、胡廷卿的教书生涯

自光绪七年(1881)记账开始,即显示出胡廷卿是一位塾师,直至民国四年(1915)止,这一职业一直持续,从未中断。其间胡廷卿历经坐馆地点的转移与国家对乡村塾学的改良,既受个人际遇变化的影响,又受国家制度改革的影响。

(一)教书地点的变换

在第二章第二节中,笔者曾简单提及胡廷卿教书地点的转移,因主题需要,本部分再作进一步的探讨。光绪七年(1881),胡廷卿之父胡昌陞去世时,胡廷卿正于溶口坐馆授徒。这一点在光绪七、八、九3年与溶口相关的记载中也可得到证明(见表4-1-1)。从表4-1-1可知,光绪七年(1881)时,胡廷卿从溶口馆中收到了俸金和节礼钱,而在光绪八年(1882)则有了前往溶口馆的记录,且多次往返溶口与家中,这是因为他必须要处理家务。至光绪九年(1883),他于二月廿三日回家,笔者推测,这当是自溶口回家。此后再未有类似的记载,并且在该年的腊月初八分别作了"秀峰书舍散学"和"散学"的记载,并于腊月十六派三喜前往溶口。因此笔者认为,光绪八年(1882)胡廷卿多次往返于溶口与贵溪家中,颇觉劳顿,因此决定在本村设馆,方便管理家事。至迟自光绪十年(1884)始,即设馆于村中,不再任职于溶口。

表 4-1-1　胡廷卿在溶口活动记录表

年	月	日	事情	页码	卷数
光绪七年	暑月	初二	收馆中俸洋八元	3	十四
	七月	初二	收溶口学中钱二百文	4	
		十二	收溶口学中来钱一百四十文	4	
	八月	十一	收馆中来俸洋七元	5	
			收馆中节钱七百文,义	5	
	十一月	初一	收学中换来钱一千文(洋价一千七百文),扣洋一元,仍存钱三百在学	10	
光绪八年	杏月	初一	往溶口馆	22	
	三月	初十	来家	23	
	五月	初三	学中回家	27	
	六月	十二	回家	32	
	巧月	十一	己回家,干廷叔岳到	33	

续表

年	月	日	事情	页码	卷数
光绪九年	二月	廿三	回家	102	十四
	五月	初四	秀峰书舍去钱一百二十二,伙老过节	103	
	腊月	初八	秀峰书舍散学,各派钱九百三十七,作九人派,金福未派	114	
		初八	散学	115	
		十六	着三喜往溶口	116	

溶口位于阊江西畔,"因座阊江、溶溪交汇之口得名"①,是贵溪村至江西的必经之地,距贵溪村四十五华里,有贵溪胡氏的支派聚居于此。据族谱记载,约于宋时,惟勋公派下的胡宅九世孙胡颢即迁居溶口的桥裡村②,其后,惟琇公派下的胡宅十七世孙胡兴卿亦迁居溶口③。据载:"兴四,字兴卿,迁居溶口,置有三都三保土名董家弯全业。上至顿头坞,下至石跡坑口,裡至高培上降,外至田地及大溪。四至内田地山立有分单规条,使子孙世守。"④

不管上述记载是否真实,但至少表明进入清代以后,两地的胡氏实现了联宗。因此,胡廷卿在此地设馆教书并非偶然,大量胡氏在此定居生活,具备了设馆的宗族基础。另外,对记载中所提到的秀峰书舍,笔者未能找到相关资料,推测应是设于此处的一所塾馆,其出资人应该就是溶口胡氏族人。笔者推测,胡廷卿在溶口的教学与其有关,至于是在设馆的同时又受聘于秀峰书舍,还是将塾馆设于秀峰书舍内,还是胡廷卿的塾馆即是以秀峰书舍命名,尚未可知。

胡廷卿将塾馆移于贵溪村后,其教学地点并不在其家中。前已述及,胡廷卿所居房屋是由其祖父胡上机所建的,由于胡上机的子孙众多,居住空间日益狭小,因此他的长孙胡兆瑞另择地点建房迁出,因此,在家中设馆不现

---

① 祁门县地名委员会办公室编:《安徽省祁门县地名录》,上海市印刷四厂印刷,1987年,第31页。
② (清)胡士著编修:《祁阊胡氏族谱·宅公秩下世系派二》,页7b。
③ (清)胡士著编修:《祁阊胡氏族谱·宅公秩下惟琇公世系派四》,页55a。
④ (清)胡启道编修:《祁门胡氏族谱·宅公秩下惟琇公世系图四》,页74a、b。

实。对设于何处,胡廷卿并未记载,但从账簿中可找出线索。在光绪十五年(1889)的《进出总登》有一则"(腊月)初六,白杨院散学①"的记载,而在光绪三十四年(1908)的《收支总登》中则载有"(暑月)廿一日,移学在家读书"②。从这两则记载来看,胡廷卿应该是在村中夫子山上的白杨院内开馆,20年后方将塾馆移于家中。

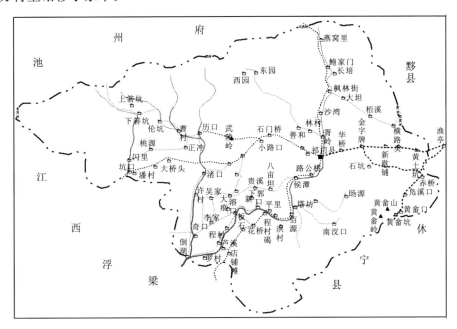

图 4-1-1　晚清民国时期祁门县主要交通示意图
(笔者自绘,底图为民国《祁门县全图》)

前已述及,白杨院自宋代即已创建,贵溪族人胡俊杰等人先后在此设馆教育胡氏子弟。正因为贵溪胡氏在宋代重视教育,设族田、办族学等,因此其在宋代的科举中引领祁门士子,成为祁门望族之一。虽然明代以后贵溪胡氏科举不兴,但其对教育的重视却持续不坠,明代成化年间(1465—1487)编修《贵溪胡

---

① 王钰欣、周绍泉主编:《徽州千年契约文书 清·民国编》第15卷《光绪十五年祁门胡廷卿立〈进出总登〉》,第125页。
② 王钰欣、周绍泉主编:《徽州千年契约文书 清·民国编》第18卷《光绪三十四年祁门胡廷卿立〈收支总登〉》,第186页。

氏族谱》的胡自立就是一位在村中设馆教育子弟的塾师。在后世的变迁中,白杨院内既有祭祀祖先的家庙,亦有教育子弟的学校,且至晚清时依然是贵溪村的重要活动中心,如胡廷卿在光绪三十年(1904)的"八月初七,支英洋一元,交白杨院乐输,惠人收"①记载,表明了白杨院的公共性质和运作事实。

(二)规模

由于在塾学中学生读书时间长短不一,有的半年,有的仅几个月,因此,要想弄清胡廷卿招收的所有年份的学生数,以复原出其规模并非易事。笔者仅能根据其零星记载,以概大貌。在胡廷卿账簿中,每年都会有"俸金""修金"收入项目。修金显然是传统意义上的"束脩",即塾师的工资。"俸金"则涵义更广一些,它有时指修金,有时又指其子在茶号中工作的收入,如表 4-1-1 中光绪七年初(1881)所收的馆中俸洋,即指修金;又如在光绪二十六年(1900)的四月十三日,"收永芳祥佛子工俸英洋十二元"②。有时会用"学俸"与"工俸"以示区别,但并非每年的记载都是如此。基于此,在胡廷卿有关俸洋的记载中,在没有发现他还为其他机构服务之前,凡是给其送俸洋且行节礼(即每年过节时学生给老师送的节礼)之人,笔者皆视为胡廷卿塾馆中的学生或家长。按照这一标准,笔者将账簿中所有相关人物加以统计分析,列表如下:

表 4-1-2 胡廷卿塾学内历年学生数

年份	学生数	年份	学生数	年份	学生数	年份	学生数
光绪七年	5	光绪十五年	14	光绪二十二年	11	光绪三十年	15
光绪八年	10	光绪十六年	12	光绪二十四年	12	光绪三十一年	11
光绪九年	13	光绪十七年	11	光绪二十五年	15	光绪三十二年	13
光绪十年	9	光绪十八年	8	光绪二十六年	9	光绪三十三年	12
光绪十一年	9	光绪十九年	11	光绪二十七年	10	光绪三十四年	14

①王钰欣、周绍泉主编:《徽州千年契约文书 清·民国编》第 17 卷《光绪二十九年祁门胡廷卿立〈各项眷清〉》,第 404 页。

②王钰欣、周绍泉主编:《徽州千年契约文书 清·民国编》第 17 卷《光绪二十六年祁门胡廷卿立〈收支总登〉》,第 56 页。

续表

年份	学生数	年份	学生数	年份	学生数	年份	学生数
光绪十二年	6	光绪二十年	13	光绪二十八年	8	宣统二年	13
光绪十三年	10	光绪二十一年	13	光绪二十九年	15	宣统三年	12
光绪十四年	11						

注：表中部分年份含有胡云青所收学生。

由上表中可以看出，胡廷卿所教学生数在5～15人之间，其中光绪七年(1881)的数目最少，仅为5人，笔者推测这可能与秀峰书舍有关，他在记录所收俸金时，多以"馆中"代指，可能因为有一部分学生的俸金是由秀峰书舍之类的公共机构发放。值得指出的是，在光绪十五年(1889)时，其长子云青亦于村中设馆，他在记录该年所收的节礼中，特别加以注明：

阳开学内：

收和开节礼子八元，油条二十支。茂开节礼钱一百，中林节礼子八元。

收善开、悦开节礼子八元。九，节礼子八元。

收用夫节礼子八元。[1]

前文提及，胡廷卿原本打算让长子子承父业，将塾师的职业继承下去，但可能是云青的教学效果不理想或是胡氏让其专心读书应举等原因，至光绪十七年(1891)云青即不再教书。

胡廷卿历年所收的学生是否全部是本村胡氏子弟呢？答案是否定的。他在溶口设馆教书时所收的学生自然在贵溪村之外，即便是将塾馆移于贵溪村内依然如此。与刘伯山所研究的黟县宏村万氏塾师将每个学生姓名、所在村庄都作了完整的记录不同[2]，胡廷卿在账簿中仅仅记录了学生的名字，因

---

[1] 王钰欣、周绍泉主编：《徽州千年契约文书 清·民国编》第15卷《光绪十五年祁门胡廷卿立〈收支总登〉》，第96页。

[2] 刘伯山：《晚清徽州乡村塾学教育的实态——以黟县宏村万氏塾学为中心》，安徽大学学报(哲学社会科学版)，2013年第6期。

此对学生的姓氏及其所居的村庄并不能完全复原。表 4-1-3 中的学生信息是笔者结合光绪十四年(1888)《祁门胡氏族谱·惟琇公世系图六》和民国十二年(1923)所编修《贵溪胡氏支谱·愿公派下图六》以及账簿中的记载对部分学生的信息加以复原而成的。

表 4-1-3　胡廷卿所收部分学生信息一览表

姓氏		姓名（学生或家长）	村落
金		金祥（金春荣子）	未知
方		方成法、方记水	
李		李端庆，楠荫	溶口
		李四顺（李涵川子）	未知
康		康杰	板溪
汪		汪干廷叔岳	侯潭
		汪善根（其父汪济之）	未知
		汪神照（胡元龙亲戚）	
未知		济贤	塔坊
廖		廖因武	未知
王		王世期、王本初	
胡	积善堂	夏开（胡兆瑞子）	贵溪
		善开、悦开（宇福子）	
		和开（秋福子）	
		信夫子	
		茂开（壬亨子）	
		承谟（兆瑞孙）	
		神开（兆印子）	
		开炜（景和子）	

续表

姓氏	姓名(学生或家长)		村落
胡	仁和堂	老辛叔子	贵溪
	慎徽堂	云燮	
	报本堂	佛诞(胡元龙子)	
	九甲	进粮、和开	
	十甲	兴根、新根	
		元海、云胜、金海、荣海、义开、壬开、禾上、莲、新喜、厚根、开域、荫根	

从表中可以看出,胡廷卿收徒范围涵盖本村和周边的一些区域。由于贵溪村是一个单姓村,在1949年以前,任何外姓皆不得入村居住,因此,这里的外姓子弟皆被视为外村人。其中一些外村人与贵溪村村民或胡廷卿本人有姻亲关系,如侯潭的汪干廷,胡廷卿称其为叔岳,应该是他的岳父(前已提及,胡廷卿的妻子出于侯潭汪氏),他不仅送其子就读于胡廷卿塾馆内,而且与其有频繁的经济往来。另一个汪神照,应与本村人胡元龙家有亲戚关系(胡元龙之子佛诞亦在胡廷卿馆中,见表4-1-3),他于光绪九年(1883)入学,并于当年与其他五名学童一起交纳了贽敬钱,即首次入学的见先生礼金①,随后他的几次节礼与俸金都是胡元龙及其家人经手交纳的。如:

(五月初五)收汪神照送来亥二斤(官),面姜二包。琰手挡来,索面一斤。

(十一月初三)收仰儒叔洋三元,作神照俸洋三元。

神照,节礼亥二斤(大),又粽十个。仰儒叔令郎挡来。

又收神照俸洋二元。仰儒叔手②。

---

① 王钰欣、周绍泉主编:《徽州千年契约文书 清·民国编》第14卷《光绪九年祁门胡廷卿立〈收支总登〉》,第100页。

② 王钰欣、周绍泉主编:《徽州千年契约文书 清·民国编》第14卷《光绪九年祁门胡廷卿立〈收支总登〉》,第105、112、121、165页。

记载中涉及的"琰",即是胡元龙之子,胡元龙的父亲胡上祥在光绪十七年(1891)的分家文书中提到,"九年,共收山洋八千五百余元,家支零星。及做栋楼、茶号、居仁堂屋、璠、琰儿孙花烛入泮各用,仅用七千零,仍余一千零"①。查光绪十四年(1888)《祁门胡氏族谱》,胡元龙有三子,长子榜、次子珪、幼子即表中的佛诞,榜和珪应该就是胡上祥文书中提及的璠和琰,且珪娶妻汪氏,与汪神照同姓。推测神照应与珪的妻子有亲缘关系,因此才会来到胡廷卿的塾馆读书。除了姻亲关系,胡廷卿所收的外姓学生中还有一些与胡家有固定的经济关系,如塔坊的济贤,在塔坊设有振康号,胡家长期与其保持买卖关系,汪济之也是如此。

再来看贵溪村内,表中的积善堂、慎徽堂、仁和堂皆是贵溪胡氏在贵溪村内的支派堂号,贵溪村至清代中期已发展出比较固定的十一个支派(详见第二章第一节)。九甲、十甲则是清政府对贵溪村民所编的保甲组织,据生于民国五年(1916)的贵溪人胡益谦先生介绍,"村中建有'一本祠',为统祠。五十四祚秩丁,于每年冬至、清明派代表来祭祖扫墓;又有分祠两所,祀胡松年、胡杞年;支祠13所,原称13门,今改13甲,各祀支祠祖先。"②有关贵溪村支派的数量,胡先生的说法与光绪《胡氏族谱》的记载有些出入,可能是时代变迁所致。无论如何,他的这一说法表明保甲的编排与各支派之间有一定的关联。胡廷卿即属于贵溪村内的积善堂,这也是十一支当中人数最多的一支。他与表中的宇福、秋福是亲兄弟,与兆瑞、兆印则是堂兄弟,而兆瑞与兆印又是亲兄弟。从这一不完整的统计来看,学生当中以贵溪村子弟为多,而贵溪村内又以胡廷卿所属的积善堂居多。这种地缘与血缘上的层次跟学生人数的一致性,是一种偶然还是隐含着一种固定的结构,目前尚无法断定。

(三)形式与性质

作为传统的塾学,胡廷卿所创设的塾馆具有传统塾学的诸多特征,如束脩的交纳、贽敬礼和节礼的馈赠等等,但由于他处于徽州,以及遭逢晚清与民

---

① (清)《光绪十七年胡上祥分家文书》。
② 胡益谦:《祁门古村贵溪》,《徽学通讯》,1990年第1期,第136页。

国的教育改革,因此又具有独特的地域特征和时代特征。

首先从形式上来看,光绪十年(1884)以前,他的教书活动似乎与秀峰书舍这样的教育机构有关系。移居贵溪村后,其塾馆内除了光绪十五年至十七年间(1889—1891)其长子云青参与外,基本一直都由其一人承担教职(当然,后期有所改变,详后)。收学生的程序,亦和传统一致,只要交纳贽敬礼,即可就学。

其次,讨论胡廷卿所办塾馆的性质。在以往对塾学的研究中,多把塾学分为四种,即明代朱元璋开始设立的社学、民间民众自行创办的义学或者族学、有钱家庭所礼聘的家庭塾师以及塾师们自己设馆的私塾,其主要的划分依据是出资方。前两种资金来源于官府或公众,塾师面对的是国家和宗族等公共组织;而后两种其实就是一类,即来源于私人的投资,塾师所面对的是私人①。但是这一划分并不完全适用于胡廷卿所开设的塾馆。下文将会看到,胡廷卿在宣统年间已经不再自己承担教职,而是与人合伙,而且在传统的入学程序上加上了"立关书"一项,这是在新学改制形势下的一种新变化。下面再从束脩来源上来作一探讨。

在光绪十年(1884)胡廷卿将塾馆移于贵溪村后至光绪十五年(1889)这段时间里,他的塾馆运营模式大致遵循了传统的惯例,自己设馆收取学生家庭的私人酬劳。但是在光绪十五年(1889)后这一模式却发生了变化,在这一年出现了由村内公共组织发放俸米的记载:"(十一月)廿九,收阳开学中俸米二百十四升。发学俸六名(九、善开、新根、茂、林、和开)"②,其后他又更明确记载:"(十一月)初十,收粮局列全首人学俸米二名,计六斗八升二仝,二九扣钱"③。上述记载表明,胡廷卿的束脩部分来自宗族组织,具有族学性质。但

---

① 参见韩凝春:《明清塾师初探》,《中国社会经济史研究》,1997 年第 3 期;刘晓东:《明代的"私塾"与"塾师"》,《东北师大学报》(哲学社会科学版),2010 年第 2 期。
② 王钰欣、周绍泉主编:《徽州千年契约文书 清·民国编》第 15 卷《光绪十五年祁门胡廷卿立〈收支总登〉》,第 125 页。
③ 王钰欣、周绍泉主编:《徽州千年契约文书 清·民国编》第 15 卷《光绪十七年祁门胡廷卿立〈进出总登〉》,第 355 页。

是,由前面的讨论可知,他招收的学生中还包括外村的学童,且即便是村内的学童,其宗族组织所发俸米亦不全部涵盖,如光绪二十五年(1899)所发的学俸即是如此,"收庆余粮局发学俸英洋九元,计九名:神开、元海、云胜、金海、荣海、义开、壬开、禾上、开炜。存。众共发十三名。夏开、莲、新喜、厚根。①"但本年胡氏的招生人数为15名,另有本村的开域和另1名学生未发。

由此看来,胡廷卿所创设的塾馆不属于传统划分的任何单一种类,而是一种混合模式,这与他所处的地域社会有关。一方面,他要满足本族的教育需求,并且借此获得稳定的收入;另一方面,他利用姻亲关系和商业活动所建立起来的经济关系,扩大收徒的范围。特别是他在光绪十三年(1887)取得了邑增生的资格,为其带来了声誉,增加了乡民对他的信任,也为他在招收学生方面获得了更多的机会。

二、晚清教育改革与胡家的塾馆

光绪二十四年(1898)清政府颁布《定国是诏》,晚清教育的改革之路由此发端,并对中国各个阶层产生了重要影响②。据王鹤鸣先生研究,在这场改革浪潮中,安徽在发轫期时就走在了全国前列③。光绪二十三年(1897),时

---

①王钰欣、周绍泉主编:《徽州千年契约文书 清·民国编》第17卷《光绪二十五年祁门胡廷卿立〈收支总登〉》,第9页。

②有关晚清改革所带来的影响,学界研究成果颇丰,除前揭所举对塾师影响的文章外,代表性成果还包括:王笛:《清末新政与近代学堂的兴起》,《近代史研究》,1987年第3期;夏俊霞:《论晚清书院改革》,《近代史研究》,1993年第4期;罗志田:《清季科举制改革的社会影响》,《中国社会科学》,1998年第4期;杨齐福:《科举制度的废除与近代社会的转型》,《中州学刊》,2002年第4期;霍红伟:《晚清教育转型与府州县学的变迁》,《学术月刊》,2010年第2期;左松涛著:《近代中国的私塾与学堂之争》,北京:生活·读书·新知三联书店,2017年;关晓红:《晚清议改科举新探》,《史学月刊》,2007年第10期;关晓红:《清季科举改章与停废科举》,《近代史研究》,2013年第1期;韩策:《科举改制与诏开进士馆的缘起》,《近代史研究》,2015年第1期;韩策著:《科举改制与最后的进士》,北京:社会科学文献出版社,2017年。

③王鹤鸣:《安徽近代教育发展概述》,《安徽史学》,1986年第3期。

任安徽巡抚的邓华熙即提出在省城设立二等高等学堂①,"总理衙门奏准通行,因就敬敷书院屋宇开办,并将书院书籍、产业、经费归并,名曰求是学堂,于光绪二十四年闰三月开学,是为皖省兴学之始。"②光绪二十七年(1901)八月初二,在众多大臣的强烈要求下,清政府再次颁布上谕,恢复了在维新变法中所制定的设立学堂的政策,指出:"除京师已设大学堂,应行切实整顿外,著各省所有书院,于省城均改设大学堂,各府及直隶州均改设中学堂,各州县均改设小学堂,并多设蒙养学堂③",晚清教育改革由此实质性展开。光绪二十八年(1902),安徽巡抚聂缉椝请求对求是学堂加以改革,将其由二等学堂改为高等学堂,并更名为安徽大学堂。同年,桐城县创办桐城中学,由当地著名学者吴汝纶负责④。显然,此时安徽省对清廷的政策响应较为积极。那么,在这一过程中胡家的生活受到怎样的影响呢?

(一)长子的职业

光绪二十七年(1901),清政府下令将书院改为学堂之后,徽州也遵照政策纷纷设立各类学堂。其中包括高等小学堂、初等小学堂以及师范学堂和各

---

①《邓华熙奏设二等学堂折(附章程)》[M]//陈学恂主编:《中国近代教育史教学参考资料》(上册)第三编《戊戌维新运动时期的教育(上)》第三章《各级各类学堂的兴办·安徽二等学堂(1897)》,北京:人民教育出版社,1986年,第303页。
②(清)冯煦主修,(清)陈师礼总纂:《皖政辑要》(点校本)卷五十一《专门 高等学堂》,安徽省地方志办公室据光绪三十三年(1907)刻本点校,合肥:黄山书社,2005年,第488页。
③《光绪二十七年八月初二日(1901,9,14)上谕》,朱有瓛主编:《中国近代学制史料》第一辑下册,上海:华东师范大学出版社,1986年,第776页。
④《光绪二十八年(1902)安徽巡抚聂缉椝奏设学堂折》《安徽省城大学堂(1902年由敬敷书院改设)》,朱有瓛主编:《中国近代学制史料》第一辑下册,第463、827页。

种实业学堂①。有关小学堂的情况,据不完全统计,"清末徽州兴办的高等、两等与初等小学堂约有 128 所,就学堂性质而论,官立者 13 所、公立者 46 所、私立者 69 所。②"其中祁门县两所,一所为"高等小学堂。公立,在东门外,就东山书院改设,光绪三十一年由知县胡德修开办。"另一所为"两等小学。公立,在西乡十八都,光绪三十三年二月由绅士汪肇镕开办。③"

《皖政辑要》中关于东山书院位置的记载并不准确,它实际上位于阊江东岸的眉山,与县城东门隔江而望,"与课生童,旧常数百数十人"④。有关其建立发展过程,《祁门县志》有详细记载。东山书院所在之地,原为一处民间祭祀之所,自明代正德末年(1521)开始,士大夫在县政府的倡导下,逐渐将其变为理学之区,从祭祀朱子的朱子祠,到主祀祁门理学家汪克宽(号环谷先生)的环谷书院,最后定名为东山书院。明清以来,该书院一直是祁门士大夫、当地士子的聚集场所。入清以后,先后集资修建。由于该书院是民间筹款、民间管理,因此,留下了诸多地方士人捐赀修建的记载⑤。然而,由于每年费用不菲,因此,在运作中容易产生贪污,如在光绪十九年(1893)时,书院就曾因

---

① 有关清末徽州教育的研究,学界成果不多,具体可参见:周文甫:《浅谈清末民国时期的徽州教育》,《社会科学战线》,2007 年第 6 期;张小坡:《清末徽州新式教育经费的筹措与配置研究》,《安徽史学》,2008 年第 5 期;张小坡:《发展与困局:清末徽州新式教育运作实态论述》,卞利编:《徽学》第五卷,合肥:安徽大学出版社,2008 年;马桂菊、黄忠鑫:《徽州文书所见清末地方师范教育及其困境》,《华中师范大学研究生学报》,2009 年第 1 期;张小坡、张爱萍:《承继与过渡——清末徽州族学转型探析》,《合肥学院学报》(社会科学版),2010 年第 1 期;胡晓飞:《论近代徽州教育》,《江苏第二师范学院学报》,2012 年第 4 期;丁佳丽:《20 世纪初至抗战前徽州近代教育的发展》,安徽大学硕士学位论文,2013 年 5 月;徐和阳:《晚清民国徽州新式学堂研究》,安徽师范大学硕士学位论文;方光禄等著:《徽州近代师范教育史(1905—1949)》,芜湖:安徽师范大学出版社,2013 年。

② 张小坡、张爱萍:《承继与过渡——清末徽州族学转型探析》,第 12 页。

③ (清)冯煦主修,陈师礼总纂:《皖政辑要》卷五十二《学科 普通》,第 515 页。

④ (清)唐治:《东山书院志·序》,清咸丰二年(1852)刻本,现藏于上海图书馆。

⑤ (清)周溶修,汪韵珊纂:《祁门县志》卷十八《学校志二·书院》,台北:成文出版社,1975,第 715 页。

经费管理、无力延请山长问题,发生过纠纷①。综上,东山书院对于祁门士子来说,有着重要的作用,这一点在胡廷卿及其长子胡云青的身上亦有体现。

胡廷卿在生活中亦教亦读,持续参加科举考试,希冀借此获取功名。在不断努力下,终于在光绪十三年(1887)通过院试,获得了秀才资格,时年四十三岁。他于次年赴南京参加乡试,在临行前的七月初一,收到"东山书院乡试费洋四元"的资助②。三年后,胡廷卿连续两年被东山书院请来开设讲座之类的课程,并从中收取微薄的报酬,如:

> (光绪十七年)十月廿八,收东山书院赏资二百四十文,日前收过一百六十。
>
> (光绪十八年)四月廿二日,入,东山书院,三月初三、四,分小课钱三百二十。四月十八、九,课赏资钱四百八十,计钱八百③。

此后,光绪十九年(1893)发生了前面所提及的经费管理纠纷事件,这一事件是否影响到胡廷卿,不得而知,但此后再未见他与东山书院联系的记载。不过,光绪二十七年(1901)的《壬寅学制》则对胡云青的职业产生了影响。

从记载来看,胡云青在读书、应考之余,会协助其父处理一些日常事务,如去县城购买年货、代表本村赴县缴税等等。账簿中关于家里为他提供资金参加县试、府试的记载经常出现,似乎是逢试必考,表明他秉持父志、矢志科举的决心。除此之外,前已述及,为了维持生活,增加家庭收入,胡云青在光绪十四年至十七年间(1888—1891),亦曾开馆授徒。由此表明,胡云青曾有意继承其父亦读亦教的生活模式。但是,这一模式并未持续很久,在光绪十七年(1891),他即入东山书院求学,据本年账簿记载:

---

① 王钰欣、周绍泉主编:《徽州千年契约文书 清·民国编》第3卷《光绪十九年祁门县捐赀延订山长谕文》,第186页。需要说明的是,从该谕文内容看,并非是捐赀,而是为解决院款纠纷一事,故命名非妥。

② 王钰欣、周绍泉主编:《徽州千年契约文书 清·民国编》第15卷《光绪十四年祁门胡廷卿立〈进出总登〉》,第28页。

③ 王钰欣、周绍泉主编:《徽州千年契约文书 清·民国编》第15卷《光绪十七年祁门胡廷卿立〈收支总登〉、光绪十八年〈收支续登〉》,第296页、327页。

光绪十七年：

蒲月初一日，支本洋一元，付阳开在书院用，欢喜手。

又六月十二，支英洋一元，付阳开书院用。

十一月初七，支洋二元，付阳开用。十八，邑交，寄上。

初十日，支本洋一元，付杰手带上邑买货。……除支，仍存钱二百七十，付阳开收用①。

此年正值胡廷卿在东山书院开设讲座，胡云青也求学于此，两者之间是否有关系，我们不得而知。此后，胡云青不再开馆，而是在协助父亲处理一些日常事务外，专意于科举。

这一生活状态至光绪二十五年（1899）发生改变，且这一改变当与上一年的维新变法有关。光绪二十四年（1898），光绪帝实行维新变法，对科举一门，颁布了多项措施。光绪二十四年五月五日（1898年6月23日），首先颁布上谕：自下科为始，乡会试及生童岁科各试，向用四书文者，一律改试策论。随后又于五月二十二日（1898年7月10日）再次上谕："著各该督抚督饬地方官各将所属书院处所经费数目，限两个月详覆具奏，即将各省府厅州县现有之大小书院，一律改为兼习中学西学之学校。至于学校等级，自应以省会之大书院为高等学，郡城之书院为中等学，州县之书院为小学"。六月十一日（1898年7月29日），光绪帝再次督促各省设立学堂，"现在京师大学堂业经专派管学大臣克日兴办，各省中学堂、小学堂亦当一律设立，以为培养人才之本。②"如此密集的上谕，显示了光绪帝以及维新派改革科举制度的决心和急迫。变法虽因慈禧的阻挠而旋即失败，但对那些汲求功名的士子们不能不有所影响。胡云青即是如此，直接的表现就是他对职业的重新选择。

光绪二十五年（1899），他便开始参与当地一家名为瑞芳祥茶号的管理经

---

① 王钰欣、周绍泉主编：《徽州千年契约文书 清·民国编》第15卷《光绪十七年祁门胡廷卿立〈进出总登〉》，第330、340、354、355页。

② 详见汤志钧、陈祖恩、汤仁泽：《中国近代教育史资料汇编·戊戌时期教育》，上海：上海教育出版社，1993年，第47、55、56页。

营,并收到英洋两元的薪俸:"三月望日,收瑞芳祥号英洋二元,阳开俸,仰儒过。"本月十一日,他又收到该茶号的另一笔薪资:"收阳开帮瑞芳祥俸英洋十元,并前共十二元。"①在此之前,在胡廷卿的账簿中从未有类似记载,表明胡云青从本年开始进入茶号,给别人帮忙,学习与茶叶生意相关的知识。虽然笔者未能找到证明维新变法与胡云青这一行为有直接联系的记载,但是,结合此前他的生活状态,这一突然的变化不能不说与此相关。

光绪二十六年(1900),胡云青在三月初十参加了徽州府举行的府试后,又来到另一家名为福和祥的茶号(应是胡廷卿与人合办)帮忙,并获得英洋十元的薪资②。光绪二十七年(1901)的正月十二日,胡云青带上父亲交给他的三元英洋和二角龙洋再次参加了本年的府考后,于该年的三月和六月,继续在茶号帮工并获得薪资③。这一生活模式的变化,似乎表明他已经预感到即将到来的大变动。果然,自本年的八月初二,清政府重启新政,谕令全国将书院改为学堂,并于光绪二十八年(1902)命管学大臣张百熙拟订《钦定学堂章程》,二十九年(1903)七月再命张百熙、荣庆、张之洞等人重新拟订学堂章程,并于年底颁布。这一举措,虽尚未将科举制度正式废除,但改试策论、废除八股的做法,让胡云青考取功名的理想变得更加渺茫。光绪二十八年(1902)正月,胡云青参加了人生中最后一次府考后④,便代替本村的胡俊明远赴广东销售茶叶,且开设了自己的店铺⑤,从此走上了另一条道路。然而,不幸的是,刚刚由科举走上经商之路的胡云青,因旧病复发,第二年便撇下弱妻幼

---

① 王钰欣、周绍泉主编:《徽州千年契约文书 清·民国编》第16卷《光绪二十五年祁门胡廷卿立〈收支洋蚨总〉》,第382页。
② 王钰欣、周绍泉主编:《徽州千年契约文书 清·民国编》第16卷《光绪二十六年祁门胡廷卿立〈收支洋蚨总〉》,第392、395页。
③ 王钰欣、周绍泉主编:《徽州千年契约文书 清·民国编》第16卷《光绪二十七年祁门胡廷卿立〈收支洋蚨总〉(标题为笔者所拟)》,第408、408、411页。
④ 王钰欣、周绍泉主编:《徽州千年契约文书 清·民国编》第17卷《光绪二十八年祁门胡廷卿立〈各项誊清〉》,第294页。
⑤ 王钰欣、周绍泉主编:《徽州千年契约文书 清·民国编》第17卷《光绪二十九年祁门胡廷卿立〈各项誊清〉》,第383页。

子,撒手人寰,令人唏嘘。

(二)胡廷卿的塾馆

相较于长子胡云青,胡廷卿似乎自考中秀才后便逐渐放弃了科举之路。光绪十四年(1888)乡试失败后,他仅于光绪十五(1889)和二十一年(1895),参加过府试,这在其账簿中有所记载:"(光绪十五年)杏月十九,往郡岁考"①,"(光绪二十一年)杏月廿二,起程往郡岁考"②。此后,该类记载便消失不见,表明他将求取功名的责任交给了儿子,将精力专注于家庭管理与开馆授徒。那么,晚清的教育改革,是否对胡廷卿的塾馆事业产生了影响呢?批阅胡廷卿账簿的全部记载,笔者发现,直至记录账簿最后日期的民国四年(1915),他作为塾师的收入依然存在,且在最后几年呈上升趋势。揆诸史料,笔者认为,这既是国家改革过程中传统与创新交汇下的普遍现象,也是个人为适应新的变革而作出的应对。

1.改革与变通

前已述及,改革之初,安徽政府对中央的谕令反应较为迅速,光绪二十四年(1898)、光绪二十七年(1901)安徽两任巡抚积极创建安徽大学堂即是表现,但是下沉到各府州县时,行动则相对迟缓。就徽州府而言,最早创办的小学堂为婺源县的高等小学堂,创办于光绪二十九年(1903)。据《皖政辑要》载,该学堂为官立,在县城东门内,因崇报书院而改设,由绅士胡宗成创办③。而祁门县的东山书院,虽自光绪二十七年(1901)即停止运作,但直到光绪三十一年(1905)方正式改建为高等小学堂。

新式学堂在创办之初,举步维艰,面临着经费不足、管理混乱、缺乏生源

---

①王钰欣、周绍泉主编:《徽州千年契约文书 清·民国编》第15卷《光绪十五年祁门胡廷卿立〈进出总登〉》,第80页。
②王钰欣、周绍泉主编:《徽州千年契约文书 清·民国编》第16卷《光绪二十一年祁门胡廷卿立〈进出总登〉》,第103页。
③(清)冯煦主修,陈师礼总纂:《皖政辑要》卷五十二《学科 普通》,第514页。

以及地方士绅阻挠等诸多问题①,这一点在时任徽州知府刘汝骥的记载中得到印证。他在批歙县知县蔡世信的禀文中说:

> 学堂之难办,由于经费之难筹。经费之难筹,由于开支靡费之太多。据禀各节,自系实在情形。本府察阅各属报告,休宁海阳学堂,每岁进款八千余元,学生则仅十六人;祁门东山学堂,岁入不下四千余金,学生不过二十余人。其尤可骇者,历年堂长接替,并未有决算报销,或至宵遁而去。黟县岁入尤丰,婺源称是,绩溪次之。然均以经济困难为辞。该县小学堂岁支二千余千(应为"元"——笔者注),比较观之,尤为彼善于此者也。所有开支,该县拟作十个月计算,此原从核实,撙节起见。惟近日学界潮流,日益膨胀,其降志者往往窃美名以去。稍为认真整顿,不目为反对,即抵为阻扰,其不遭唾骂者有几?②

在另一篇写给祁门知县赵元熙的批文中亦指出:

> 查阅上年下学期收支清册,诚如所禀,殊欠撙节。其伙食杂支等项,有无浮冒,尚难悬揣。县礼房一项,按节既支办公。开办劝学所,又支英洋四元,甚至礼差茶房,亦且索取规费,任意侵蚀,实属浮滥,应即认真整顿核实厘剔,并将礼房津贴改为每年六元,按上、下学期分给。此外,无论何项,不准巧立名目,于学款内滥行开支。毋违切切!③。

刘汝骥于光绪三十三年(1907)正月出任徽州知府,于宣统年间离任。在

---

① 参见张小坡《清末徽州新式教育经费的筹措与配置研究》《发展与困局:清末徽州新式教育运作实态论述》,马桂菊、黄忠鑫《徽州文书所见清末地方师范教育及其困境》等成果。
② (清)刘汝骥著:《陶甓公牍》卷四《批判·学科·歙县蔡令世信禀批》,《官箴书集成》第十册,合肥:黄山书社,1997年,第502页下。
③ (清)刘汝骥著:《陶甓公牍》卷四《批判·学科·祁门县赵令元熙禀批》,据宣统三年(1911)刊本影印,《官箴书集成》第十册,合肥:黄山书社,1997年,第502页下—503页上。

此期间,他致力于地方教化,实行了诸多政策①,他的这两篇批文显示出当时官立学堂在经费和管理上的困难。不惟如此,即便同是新式学堂,相较于私立,官立学堂在招生上也相形见绌。对此,刘汝骥也多有抱怨:"又据称(祁门)西乡历口学堂,本年开校,骤添数十余人,何以官立学堂招之不来,从无额满之日,甚至各都私贴钱文,始勉强来学,尤属无从索解。比较观之,其原因亦可不言而喻,岂得尽诿诸风气之闭塞耶!"可见刘汝骥对此现象十分气愤,因此他下令赵元熙"仰即传谕该董,切实劝导,随时报告为要②"。

针对上述困难,刘汝骥除利用各县劝学所极力劝学外,还根据徽州普遍存在的塾学状况,大力提倡族学。事实上,关于兴办族学,光绪二十九年(1903)就有人在报刊上发文呼吁:"(中国教育)要在相夫民情以利导之而已。在中国利导教育之具维何为?就国民重视家族之情,力劝其兴学以振家族,乃为不易之良策也。③"面对这种呼吁,根据中国实际情形,清政府于光绪三十二年(1906)在全国议办族学:

> 闻学部会议,以各省官立、私立学堂,虽已不少,究难普及。亟宜振兴族学,以宏造就。拟即通咨各省,劝谕绅富,自设宗族学堂。其族单人少者,亦可合数族共建一堂,辅官力之不逮云。④

这一消息表明,在官立、私立学堂无法顾及众多乡村学童的现实下,清政府回到传统的族学上,企图借助这一传统的教育形式实现普及教育之目的。此后,各省纷纷响应,安徽提学司在光绪三十三年二月(1907年3月)饬令全省,提倡族学:"日前提学司以安省多未设立族学,因特札饬各州县会同学董,

---

① 有关刘汝骥及其著作《陶甓公牍》的介绍,可参见王振忠:《晚清徽州民众生活及社会变迁:〈陶甓公牍〉之民俗文化解读》,《徽学》第1辑,合肥:安徽大学出版社,2001年。
② (清)刘汝骥著:《陶甓公牍》卷四《批判·学科·祁门县赵令元熙详劝学章程批》,第503页上。
③ 《经世文潮》第四期《教育部甲二·教育之机括·兴族学议》,光绪二十九年六月望日(1903年8月8日),第12~13页。
④ 《祖国文明报》第1期《学界·学部议兴族学》,光绪三十二年(1906)正月十五日,第18页。

各就村乡市镇殷实富户,劝其兴办族学,以期教育普及。①"刘汝骥对此项政策亦十分赞成,他在详阅祁门县学董提出的劝学章程后,在给知县赵元熙的批文中不无兴奋地指出:

> 详及章程均悉,该董所陈各节,甚有见地,第四条尤为当务之急。惟必沿袭义塾名目,其义犹狭而不广。徽州聚族而居,祠堂、文会,此自然适用之校舍。一族之中,得贤且达者主持其事,就原有祀产而推广之。除岁时祭扫外,尽数移作培植子弟之用,族学之兴,当翘足可待。②

同一时期,黟县附生汪炽桥在其家乡创办崇实小学,并拟定了堂规章程,该县令将此事并章程向刘汝骥作了汇报,刘对汪的行为十分赞赏,但对于小学的名称提出了自己的看法:

> 惟查阅学生姓名表,越国子姓,十居八九,此纯乎族学性质。原定私立名称,似不若名为碧山汪氏公立族学较为翔实。本府于族学一事,极力提倡。我徽聚族而居,就祠堂、文会而扩充之,尤属轻而易举。其以此校为椎轮大路可也。③

于此可见刘汝骥兴复徽州族学的迫切心情。他根据省司的要求,结合徽州实际情况,大力发展徽州族学,这一点为胡廷卿在晚清教育改革浪潮中继续从事塾学教育以维持生计提供了机会。

前已述及,胡廷卿所创设的塾馆不属于传统所划分的任何种类,是一种混合体。正是这种既具有族学性质而又不限于族学的特殊形式,让其能在社会变革中获得生存的机会。那么,除此之外,胡廷卿自身又采取了哪些应对

---

① 《申报》(影印本)第 87 册(1907 年 3—4 月)《劝办族学(安庆)》,上海:上海书店,1986 年,第 295 页。
② (清)刘汝骥著:《陶甓公牍》卷四《批判·学科·祁门县赵令元熙详劝学章程批》,第 503 页上。
③ (清)刘汝骥著:《陶甓公牍》卷四《批判·学科·黟县罗令贺瀛详送附生汪炽桥私立崇实小学堂规章批》,第 503 页上、下。

策略呢?

2. 胡廷卿的策略

光绪十年(1884)以前,他的教书活动似乎与秀峰书舍这样的教育机构有关系,移居贵溪村后,在其塾馆内除了光绪十五年至十七年(1889—1891)其长子云青的参与外,似乎一直都由其一人承担,但后来发生了变化。光绪二十六年(1900),胡廷卿在正月十八日有了"建名、景和送关书来"①的记载,这在此前从未出现过。这种关书载有何种内容呢?对此,他并未记载,但他在光绪二十九年(1903)、三十年(1904)连续两年提到了关书,如在光绪二十九年(1903)的"关书"的下面列出了所收学生各人的交款数额,具体如下:

> 承谟修金洋六;承宠三;开礼四;开铭三;开泰三;开文三;开钧二四,吉;云玩二四;中和云登二八;日广三;日禄三;翠棋二,吉;顺昌三,吉;振兴五六;义安二四,旧收英洋五角;宗本二;并茂五元;茶茂二元;开记二五。

这是一份收学费的记录单,但关书的内容绝非如此简单。胡廷卿在宣统元年(1909)的修金记录中,有如此记载:

> 两纸关书共计洋一百零三元,廷记六十二,荩记四十一。扒洋五角归荩,各六十一元五角、四十一元五角。
>
> 己酉(宣统元年)四月十三日面算,分拨各收。
>
> 关书各收一纸②。

由此可知,在宣统元年(1909),他和同村的胡荩臣两人共同教学。关书一式两份,各收一纸,由此笔者推测,这种关书应该类似于每年年初胡廷卿与学生家长签订的入学合同,上面注明相应条款,酬金仅仅是其中的一项。这

---

① 王钰欣、周绍泉主编:《徽州千年契约文书 清·民国编》第17卷《光绪二十六年祁门胡廷卿立〈收支总登〉》,第40页。

② 王钰欣、周绍泉主编:《徽州千年契约文书 清·民国编》第17卷《祁门胡廷卿立〈收支帐簿〉》,第479页。

一行为,实际上是在国家对塾学改良的背景下,胡廷卿为了保证自己的利益而采取的一种应对措施。为了不让学生流失,他于年初即以契约的形式将师生关系固定下来,避免学生中途退学。当然,就整个徽州社会而言,这种关书在此之前可能就已经出现,但就胡廷卿而言,它在胡廷卿的生活中出现的时间则恰好处于这一时期,不能不视作胡廷卿对晚清教育改革最直接的应对措施。

不仅如此,进入民国以后,胡廷卿将自己的塾馆从私塾变为小学,在前引族谱中有关他"倡办本村养正国民小学校"的记载即是明证。正是由于他对教育的贡献,在民国十二年(1923),80岁的胡廷卿得到了县长徐公颁赠的"泮水耆英"匾额,同时也赢得了本村民众的尊敬。

三、收入

王玉坤曾对胡廷卿历年来的各项收入进行了统计,并据此分析出担任塾师的束脩是其收入的主要来源①。但笔者以为这一统计存在一些问题。首先,王玉坤将各项收入皆折算为英洋,这一做法是合理的,有助于对数目进行统一,但他忽略了以下几个方面。第一,没有注意到本洋与英洋之间的换算关系。本洋一般是指西班牙银元,而英洋则是指墨西哥鹰洋,二者在流通时其购买力并不相同,从胡廷卿的记载来看,本洋要高于英洋。如在光绪十八年(1892)的账簿中有"(四月)十六,支钱五百三十六文,付细五师共英洋八元,扣本洋六元四角,一二六(本洋价——笔者注)。作十五人派,茂开未取"②的记载。据此可以推算出在该年本洋与英洋的换算比率是本洋1元=英洋1.25元。而在胡廷卿账簿中,直至光绪十四年(1888)才出现英洋的记

---

① 王玉坤:《近代徽州塾师胡廷卿的家庭生计》,安庆师范学院学报(社会科学版),2015年第3期,第103页。
② 王钰欣、周绍泉主编:《徽州千年契约文书 清·民国编》第15卷《光绪十七年祁门胡廷卿立〈进出总登〉》,第326页。

载:"收东山书院乡试费洋四元。又收全茶厘英洋一元。"①但是,王玉坤在统计中没有也不可能将本洋换成英洋。其次,有关英洋与制钱的折算比率,王玉坤的估计有误。他认为"光绪七年(1881)至民国元年(1912),当地'英洋'兑换'制钱'的比率维持在1∶1000—1∶1400之间,为统计之便,洋钱折兑取均值1∶1200。"②但是,光绪十四年(1888)以前在胡廷卿的账簿中并无英洋的记载,因此谈不上英洋与制钱的换算;而光绪十四年以后英洋与钱的比率也不在此范围内。据笔者统计,在光绪二十二年(1896)时,英洋与钱的比价即开始下降,胡廷卿在该年共有38次换钱的行为,其中第一次是在正月十二,在其堂兄兆瑞的店中(瑞记)用本洋换钱1300文;而在二月初一在一名为"长春担"的售货郎处用英洋换钱1045文;而到了四月初二时,其三弟秋福还英洋1元时,已经只能换算成980文了③。在其后的8年中,英洋与铜钱的比价很少超过1000,直至光绪三十二年(1906)后,比率才再次跃到1000以上(见表4-1-4)。这无疑会影响到数字统计的正确率④。第三,在胡廷卿的收入拼图中,由于他的多功能面相以及在村中的威望,他每年都会收到众多的礼品,这些礼品在王文中亦被换算成了英洋,但是要想折算成英洋,必须首先掌握这些礼品的价格,而王氏并未交待所依据的价格来源,这一点是值得怀疑的。当然,他得出的数据未必会影响其结论,笔者在此只是指出这一方法上的缺陷。

基于此,笔者不打算按上述思路对胡廷卿的收入进行研究,而是将其收入项目在可供折算成英洋的情况下进行折算,然后按照当年的米价折算成大

---

① 王钰欣、周绍泉主编:《徽州千年契约文书 清·民国编》第14卷《光绪十四年祁门胡廷卿立〈进出总登〉》,第28页。
② 王玉坤:《近代徽州塾师胡廷卿的家庭生计》,安庆师范学院学报(社会科学版),2015年第3期,第103页注释①。
③ 三次换钱记载分别见于前揭周绍泉等编:《徽州千年契约文书 清·民国编》第14卷《光绪二十二年祁门胡廷卿立〈进出总登〉》,第184、187、196页。
④ 马勇虎、李琳琦也曾对胡廷卿一家的收入作过统计,在统计中两位学者也未注意到本洋、英洋及铜钱之间换算比率的变化,见马勇虎、李琳琦:《晚清乡村秀才的多重角色与多样收入——清光绪年间徽州乡村秀才胡廷卿收支账簿研究》一文。

米数,再按照人均大米的食用量加以衡量,以此标识出各项收入在日常生活中的地位。按此思路,笔者先将胡家历年所收入的俸金统计出来。

由于胡廷卿已经在账簿中将光绪二十六年(1900)至民国四年(1915)的俸金统计完毕,因此笔者仅对光绪二十六年(1900)以前的俸金另行统计。但需要说明的是,胡廷卿在账簿中仅仅偶尔在年末小结中统计俸洋,大多数年份则没有统计,而是散见于流水账中,且笔者通过对有统计年份中的"总结"与流水加以对比,发现二者不能保持一致,"总结"部分往往高出流水。对此,笔者统计的标准是,有"总结"的年份即按"总结"统计,无"总结"的年份则根据流水中的相关记载加以统合。至于所收的节礼,由于所占比重不大,在不能确知价格的情况下便加以忽略。按照此标准(后面其他各项收入皆按此统计,不再注明),将其历年的束脩收入列表如下:

表 4-1-4 胡廷卿塾师收入洋、钱折米数量表

年份	俸金		节礼钱	洋钱比率(平均)		总	米价(1	俸米	总米数
	洋(元)		钱(文)	本洋	英洋	钱(文)	升/文)	(升)	(升)
光绪七年	本洋	37	1700	1202	—	46174	36	—	1282.6
光绪八年	本洋	47	2300	1263	—	61661	28	—	2202.2
光绪九年	本洋	60	3460	1274	—	79900	33	—	2421.2
光绪十年	本洋	25	6800	1290	—	39050	30	—	1301.7
光绪十一年	本洋	18	3200	1254	—	25772	30	3.1	862.2
光绪十二年	本洋	17.3	1400	1238	—	22817.4	30	8.1	768.7
光绪十三年	本洋	40	1200	1244	—	50960	33	214	1758.2
光绪十四年	本洋	48	4751	1244	—	64463	—	—	2976.9
光绪十五年	本洋	21	2112	1264	—	28656	28	—	1023.4
光绪十六年	本洋	19+1	4320	1302	1020	30078	28	186	1260.2
光绪十七年	本洋	28.5	5965	1287	—	42644.5	26	8	1648.2
光绪十八年	本洋	27	2141	1288	1023	36917	28	68.2	1386.7
光绪十九年	本洋	29+1	2612	1275	940	40527	35	196	1353.9
光绪二十年	本洋	16.35+5	6603	1274	1086	32862.9	30	217.4	1312.8

续表

年份	俸金 洋(元)	节礼钱 钱(文)	洋钱比率(平均) 本洋	洋钱比率(平均) 英洋	总钱(文)	米价(1升/文)	俸米(升)	总米数(升)
光绪二十一年	本洋 37+4	6499	1272	1046	57747	30	171.2	2096.1
光绪二十二年	本洋 3+26	4600	1259	989	34091	32	66.2	1131.5
光绪二十四年	英洋 23	2600	—	945	24335	38	—	640.4
光绪二十五年	英洋 23	1330	—	976	23778	34	—	699.4
光绪二十六年	英洋 37	—		995	36815	38	—	968.8
光绪二十七年	英洋 38	—	—	1027	39026	48	—	813
光绪二十八年	英洋 24			979	23496	50	—	469.9
光绪二十九年	英洋 48			932	44736	50	—	894.7
光绪三十年	英洋 33			882	29106	30	—	970.2
光绪三十一年	英洋 42			937	39354	30	—	1311.8
光绪三十二年	英洋 52			1119	58188	45	—	1293.1
光绪三十三年	英洋 50			1092	54600	54	—	1011.1
光绪三十四年	英洋 64	—		1172	75008	50	—	1500.2
宣统元年	英洋 61.5			1315	80872.5	52	—	1555.2
宣统二年	英洋 68			1315	89420	68		1315
宣统三年	英洋 60	—		1281	76860	72		1067.5
民国元年	英洋 62.5	—		1302	81375	70	—	1162.5
民国二年	英洋 46.5							
民国三年	英洋 45							
民国四年	英洋 24							

注:1. 表中"洋"的一栏中"+"后的数字是英洋的数目;

2. 由于米价在一年中有变化,表中数字为其平均数。

综合胡廷卿账簿的记载,可以发现他作为塾师,与中国其他地方的乡村塾师一样,其收入基本由三个方面构成:首先是学费,这是主体;其次是节礼钱;再次是学生首次入学的贽敬钱。学费一般是用洋来交纳,但有时在货币不足的时候会用米来代替,如表中光绪十一年(1885)、十二年(1886)所收大米即如此。节礼钱和贽敬钱多是铜钱,节礼钱一般于端午、中秋及春节时馈送。节礼最初皆是以馈赠礼物表达对老师的尊敬,但至迟在胡廷卿生活的时代则多以货币交纳。根据胡廷卿的记载,基本上每个学生每次交200文。当然,有时也会以礼物代替,或者铜钱与礼物混交,并不统一①。我们从上表中的数字可以看出,胡廷卿的塾师收入是有起伏的。大体上说,光绪十三年(1887)以后,特别是获得邑增生的身份后,其束脩收入明显增加,这体现出了其声望与生源之间的关系。有些年份收入下降,有时是因学生退学而导致的,因为在塾馆中的学生相对较为自由(这点也可能是前面出现"关书"的原因之一);但有时则是由于学生家长拖欠俸金至第二年交纳所致。当然,连续几年的减少,就跟当时的社会状况有关了,如自光绪二十四年至光绪三十年(1898—1904)的变化,恰好与清政府从光绪二十四年(1898)开始进行教育改革的时间相一致,前已提及清政府自光绪二十四年颁布《定国是诏》开始,将全国范围内各级辖区内的书院改为小学、中学与大学,正是这一政策引起了民众对塾学的怀疑,反映在随后几年胡廷卿的束脩一直不高,这应该是胡廷卿以及乡村民众对这一局面的适应观望期。与其相一致的是光绪二十九年(1903)胡廷卿所立关书的出现,可以说,"关书"的出现让其塾师收入在光绪三十年(1904)以后开始增加。

那么塾师的收入对其生活具有何种意义呢?综观共计31年的收入,折换成大米的总量是40459.3升,平均每年收入1305.13871升,按照100升=1石再次折算,约为13.05石。据宋末元初徽州士人方回"五口之家,人日食一升,一年食十八石②"的叙述可知,一个五口之家,一年大米的食用量为18石。就胡廷卿一家而言,自其父去世后,家中至少有三个成年人:本身、其妻、

---

① 宏观研究可参见徐梓:《明清时期塾师的收入》,《中国社会经济史研究》,2006年第2期。
② (元)方回著:《古今考 续古今考》卷十八《附论班固计井田百亩岁出岁入》。

长子云青,此外,至少还有一位未成年的幼子云鹄①。由于族谱中不记载女孩,因此这个数字是最少的。但即便如此,这些收入也仅能勉强解决他们的吃饭问题,况且生活中还有其他需求。

第二节 技术知识与传统乡村社会

前文述及,胡廷卿在担任塾师的同时,在乡村中亦扮演着其他的角色,这些角色所获得的收入成为其生计中重要的一笔。这一点与传统塾师的特征亦相符合,作为乡村中的知识分子,在乡民眼中,他们多凭识文断字而成为全能型人才。取得进士、举人等高级功名的人进入官僚序列,成为国家机体的一份子,即便退职后回到原籍,依然充当国家与乡村民众的沟通媒介②。那些为数众多的没有进入国家官僚序列的低级儒生,亦可在乡村中寻得合适的位置。特别在教育落后的乡村,这些人以知识为资源,在各种场合发挥作用,以知识换取生活资本③,费孝通先生称这些知识为"技术知识"。在乡村民众中,这类知识分子由于具有地方上的威望和处理社会事务的能力,而被称为"士绅"。自上个世纪四五十年代以来,有关士绅的诸多研究已取得了丰硕的

---

①(民国)《贵溪胡氏支谱・愿公派下图七时慎派下》,页 80a、b。

②相关成果可参见:张仲礼著,李荣昌译:《中国绅士:关于其在 19 世纪中国社会中作用的研究》,上海:上海社会科学院出版社,1991 年;费孝通著,惠海鸣译:《中国绅士》,北京:中国社会科学出版社,2006 年;[加]卜正民著,张华译:《为权力祈祷:佛教与晚明中国士绅社会的形成》,南京:江苏人民出版社,2005 年;何炳棣著,徐泓译注:《明清社会史论》,台北:联经出版事业股份有限公司,2013 年。

③蒋威曾对明清时期塾师在塾师之外的收入作过简单的归类,但较为简略,见蒋威:《明清时期塾师业外活动收入及其原因与影响》,《苏州教育学院学报》,2008 年第 2 期。

成果①。纵观这些成果,有两个特点较为突出:其一,研究对象多集中于上层士绅,对于在乡村社会中地位不高、权力不大但数量众多的生员阶层着墨不多;其二,多从宏观层面讨论,而有关士绅个人的收入及其与传统社会的关系探讨较少。在中国文学作品中,生员一般是被嘲笑的穷秀才。他们虽拥有功名身份,却没有跻身官场的资格,仅作为一般意义上的最低级士绅生活于山间乡村。在一个科举发达、官员辈出的地区,他们没有多少话语权,即便有,也很少留下可资利用的文献。但他们又大量存在于地方社会中,且与当地民众的生活密切相关,是一个不容被忽视的群体。

对于晚清的祁门来说,科举已极度衰落,像胡廷卿这样取得生员资格的人已不甚多,因此尽管他没有出任官职,但是依然在地方社会中扮演着重要的角色,如作为政府收税的代理者,以及为乡民提供教书、择婚期、看风水等服务。而这些依靠知识完成的活动亦为他提供了各色收入,有现金亦有礼物。特别在光绪三十年(1904)胡廷卿将家产分给自己的长孙和儿子以后,来自土地的收入已不存在,这些服务性的收入在其生计中就显得更为重要。因此,晚年时期的他,将这类收入列为专项而加以记录。

一、技术知识及其收入

"技术知识"源自费孝通先生的概括,他在对中国绅士的研究中,从自然与社会的关系角度探讨了技术与知识的关系。他认为在复杂的社会中,技术需要通过阅读文献才能获得,而只有那些能够读懂文献的知识分子才能掌握知识,并指导民众进行生产,促进社会进步,从而获得社会权威和民众尊敬。

---

① 具体参见巴根:《明清绅士研究综述》,《清史研究》,1996 年第 3 期;谢俊贵:《中国绅士研究述评》,《史学月刊》,2002 年第 7 期;郝秉键:《日本史学界的明清"绅士论"》,《清史研究》,2004 年第 4 期;《西方史学界的明清"绅士论"》,《清史研究》,2007 年第 2 期;尤育号:《近代士绅研究的回顾与展望》,《史学理论研究》,2011 年第 4 期;何炳棣著,徐泓译:《明清社会史论》,台北:联经出版事业股份有限公司,2013 年;[英]沈艾娣(Henrietta Harrison)著,赵妍杰译:《梦醒子:一位华北乡居者的人生》,北京:北京大学出版社,2013 年;冯贤亮:《明清江南士绅研究疏论》,《中国高校社会科学》,2014 年第 6 期。

如果统治者仅靠特权而不掌握技术,不仅不能保障其特权的稳固,而且还无法推动社会的进步。显然,费先生的意图在于告诫掌权者要掌握必要的技术,以实现更好的统治①。本书所使用的"技术知识"与费先生所讨论的既有相似之处,又有区别。其相似之处在于二者皆是对规律的总结和认知,是靠不断地阅读文献和实践而逐步掌握的某些特殊的知识体系。这些技术在上古时期多由官方机构的某些专门人员所掌握。然而,随着社会的发展、私学的普及,许多技术知识逐渐向社会大众传播,相关的思想观念也随之下沉,逐渐为民众所接受,如看日子、合八字、看病等等。这些技术知识广泛应用于乡村民众的生活中,多由地方社会中的知识分子所掌握。特别是明代以后,随着印刷、造纸技术的发展,许多应用型的类书得以大量印刷、流通并深入乡村。在识字不发达的地区,这些具有一定技巧和规律的知识为少数人所掌握,具有垄断性。大部分不识字的民众对这些技术知识有着广泛需求,却又无法掌握。因而,乡村中的知识分子获得了谋生的可能。而这些知识分子并没有进入官僚序列,不拥有政治权力,这一点是与费先生所讨论的差别所在。下面笔者即对这些低级知识分子获取技术知识的来源、服务类型及其收入进行探讨。

(一)知识来源

刘伯山曾在探讨晚清黟县万氏乡村塾学教育实态的论文中指出,在万家所藏各种书籍中,包括"《论语(朱子集注)》(万五宝读本)、《礼记》、《孟子》、《孟子序说》(万五宝读本)、《诗经》、《诗经旁注》(万五宝读本)、《易经增订旁注》、《书经》、《书经旁注》、《通书备要》(咸丰二年抄本)、《文明尺牍教科书》(宣统二年石印本)、《唐著写信必读》、《中华民国应用商业写信必读》(民国石印本)、《命学大成》、《命学摘要》、《趋吉避凶》、《梅花神数》、《选择总要》、《算书》(又名《大九归读诀》)(宝记)、《二道同钞》(同治三年抄本)、《大清律例全纂集成》、《大清律例》(抄本)、《海陆军法规三十二种》(民国石印本)、《绘图百

---

① 费孝通著,惠海鸣译:《中国绅士》第3章《绅士和技术知识》,北京:中国社会科学出版社,2006。

家姓读本》等。①"显然,《论语》《礼记》等书籍是为教授学生所用,而《命学大成》《趋吉避凶》《通书备要》等书则用于为乡村民众提供各类技术知识。相较于塾师所使用的识字、启蒙等知识体系,技术性知识在乡村社会中有着更广泛的用途。这些知识并不在科考之列,因此,胡廷卿所掌握的科举体系之外的其他知识必然是通过这类书籍而获得。那么,胡廷卿具体是通过何种书籍获得的呢? 在他的收支账簿中,有几次购买相关书籍的记录(表 4-2-1),据此可获得一些线索。

表 4-2-1　胡廷卿购(获)时宪书、通书统计表

年	月	日	购(获)书记载	页码	卷数
光绪八年	腊月	十九	支钱 30 文,茶簿 1 本、新通书一本	48	十四
光绪十一年	十一月	初八	支钱 46 文,买通书,计米 1 升半,内棕索钱 36 文	227	十四
光绪十三年	十月	廿八	支钱十文,新时宪书	456	十四
光绪十四年	腊月	廿一	(邑中)支钱 12 文,买通书 1 本	48	十五
光绪十六年	腊月	十八	(邑中)支钱 10 文,通书	227	十五
光绪十九年	腊月	十九	支钱十二文,通书,阳开手	1	十六
光绪二十二年	菊月	廿九	支钱十文,新通书一本	223	十六
光绪二十四年	十一月	廿八	(邑中)支钱 12 文,买通书 1 本	360	十六
光绪二十五年	腊月	廿六	收瑞记送花生二斤,香干二扎,广东通书一本	26	十七
光绪三十二年	腊月	廿四	收瑞记送鲜亥二斤,又花生二斤,广东菓子一包,四样;新通书一本,又蒲扇一把	140	十八
光绪三十六年	腊月	初十	收瑞记送广东菓子二包,约二斤(金橘、佛片、瓜条、枳饼);蒲扇一把,广历一本。	214	十八

注:表中不含胡廷卿所购其他种类书籍。

上表中的时宪书、通书即我们今天所说的历书,但二者有别。时宪书为

---

① 刘伯山:《晚清徽州乡村塾学教育的实态——以黟县宏村万氏塾学为中心》,安徽大学学报(哲学社会科学版),2013 年第 6 期,第 103 页。

官方所颁定的官方日历,它的雏形在甲骨文中即已存在,目前存世最早的时宪书为西汉武帝七年(公元前134)所颁布。清代以降,统治者结合西方日历,由钦天监每年制作出一部时宪书颁行天下①。而通书则不仅包含了时宪书中的内容,还继承了先秦时期的术数、方技知识传统,将各种实用知识纳入其中。孔令宏认为:"大致从唐代晚期开始,纯粹的星学著作、日书、历书也还有出现,但数量已经比较少。绝大多数与此相关的著作都是把这三者融合起来,并收纳了多种术数以及与社会和日常生活相关的诸多方面的知识,被称为通书。②"显然这是一种百科全书式的民间日用类书③。真正以通书命名的历书最早见于元代,至明代,在这种通书中又加入了日常生活知识,逐渐成为百科全书式的类书。而"清代民间通书以官方时宪书为模板,极力拥护正统天文历法,同时又以民众生活为参照。基本内容沿袭以往通书中的节气时刻表、年神方位图、芒神春牛图、十二个月排序、每日宜忌、吉凶神煞等,也极大程度上延伸择吉和神煞内容,吸纳了明代民间通书中关于天文、地舆、时令、星学、相命等内容。少至几十页,多达数百页④。"

由此确知,胡廷卿为乡民服务时所使用的技术知识应大多来源于这类通书,且通过别人的赠送,他还获得了广东的通书。据学者研究,在南方流行的通书一般是福建泉州的洪潮和系统及广东兴宁的罗家系统⑤,胡廷卿所获得的广东通书,很有可能出自广东兴宁的罗家⑥。南宋以来,随着雕版印刷术和造纸术的进步,民间兴起了许多书坊,很多书坊专以编纂刊刻造价低廉、为下层民众所使用的实用性书籍为主,如福建的建阳即是这类书籍的刊刻中心

---

① 荣孟源:《清宫时宪书》,《紫禁城》,1981年第4期。
② 孔令宏:《民间通书的知识类型分析》,《文化艺术研究》,2014年第3期,第28页。
③ 有关日用类书的流变及研究,参见吴蕙芳的相关研究,见氏著:《明清以来民众知识的构建与传递》,台北:学生书局,2007年。
④ 陈秋:《近代以来民间通书文化变迁研究》,河南大学硕士学位论文,2018年,第11页。
⑤ 孔令宏:《民间通书的知识类型分析》,《文化艺术研究》,2014年第3期,第30页。
⑥ 有关广东兴宁罗家通书的详细情况,可参见钟林春:《兴宁罗家通书研究》,中山大学硕士学位论文,2011年。

之一①。从胡廷卿购买通书的花费可知,这类书价格低廉,仅铜钱十文左右,显然出自这类书坊机构。通过黟县万氏塾师和胡廷卿两人,可以看出这类价格低廉、用途广泛的类书在徽州乡村知识分子中十分流行。那么,通书在向乡村传播知识的同时,又为使用者带来什么样的影响呢?下面,笔者即依据胡廷卿历年家庭收支账簿对此问题加以分析说明。

(二)服务类别

为了说明问题,笔者将胡廷卿利用技术知识提供服务的部分具有代表性的记录列成下表:

表 4-2-2 胡廷卿历年所收部分喜包记录表

年	月	地点	人物	种类	数目	单位	事由	页码	卷数
光绪十一年	四月	石坑		钱	200	文	合八字酬金	199	十四
光绪十二年	暑月			钱	200	文	选日子酬金	354	十四
光绪十二年	十一月		霭庭先	洋	10	元	令郎入泮谢金	373	十四
光绪十三年	七月		东海兄	洋	1	元	田根发笔,利市	441	十四
光绪十四年	正月		三元会	亥	2	斤	作礼生酬劳	497	十四
光绪十七年	五月		从嫂	洋	1	元	女送日子,绢仪洋	273	十五
光绪十七年	七月		李庆余先	洋	2	元	拼排牙坞山,分中资洋1、笔资洋1,为写拼契	282	十五
光绪十七年	七月	郭口	碧桃	钱	200	文	选星期喜包钱	284	十五
光绪十七年	腊月		仰儒叔	洋	5	元	写关书钱	306	十五
光绪二十年	十二月		陈广道	钱	240	文	为做金字祭轴	65	十六
光绪二十年	十二月		众	钱	135	文	做字钱	65	十六
光绪二十一年	八月	板溪	茂文、年丰	钱	400	文	喜包,二人,选日娶亲	135	十六
光绪二十四年			记盛	洋	0.3	元	中资,光明茶荪事	432	十六

---

① [美]包筠雅著,刘永华、饶佳荣译:《文化贸易:清代至民国时期四堡的书籍交易》,北京:北京大学出版社,2015年。

续表

年	月	地点	人物	种类	数目	单位	事由	页码	卷数
光绪二十五年		板溪		英洋	1	元	笔资,写谱序	432	十六
光绪二十五年	十一月	白石坑	东坑	钱	669	文	做分单钱	432	十六
光绪二十六年	正月	严潭		钱	200	文	喜包	42	十七
光绪二十六年	四月		永芳祥号	英洋	1	元	临之手,为写招牌酬劳	57	十七
光绪二十七年	五月	塔坊	森大	洋	0.54	元	中资	432	十六
光绪三十年	正月	田坑	海林弟	钱	200	文	合八字	432	十七
光绪三十年		仁和堂	连生	钱	200	文	择期做门楼	432	十七
光绪三十一年		程家棚		钱	100	文	婚未合	431	十七
光绪三十二年	三月	中和堂	竹安	亥	2	斤	为三元会写对联	414	十七
光绪三十二年	三月	婺源人		钱	200	文	治病	414	十七
光绪三十二年	十二月	崇本堂		洋	2	元	为看日子架梁等事	414	十七
光绪三十三年	十二月		共收	稻谷	13	升	扣钱700文	457	十七
光绪三十四年	五月	中和堂	世妇	洋	1	元	治病,病愈	472	十七
光绪三十四年	六月	英山	老	钱	200	文	治病,瑞号	472	十七
光绪三十四年	十月	炭棚	木林	钱	200	文	治病	474	十七
光绪三十四年	十一月		胡长生	钱	240	文	择日,移厝	474	十七
宣统元年	四月	九甲	义昌	钱	100	文	改单	478	十七
宣统元年	六月		加得	洋	1	元	中资,买屋	478	十七
宣统三年	五月	太湖人		钱	100	文		497	十七
民国元年	十一月		敬石祀	洋	1	元	为了张生坞坟山事	6	十八

从上表中可以看出胡廷卿所扮演的角色,包括医生,中人,卖字人,看日子的阴阳先生,做仪式时的礼生,为政府征收茶厘的代理人,立关书、写分单、撰谱序的写书人等。据此可推测出他所服务的对象既包括政府,亦包括乡村民众,还包括在此打工的外乡人。其服务的地域范围大致跟其生活的核心区域一致,即以贵溪村为核心的周边40华里以内的乡镇。通过对上述账簿进

行统计,可以归纳出胡廷卿所提供的服务大致有六类,见下表:

表 4-2-3　胡廷卿服务类型统计表

年份	八字	合婚	礼生	笔资	择日子	治病	未知	总次数
光绪八年			1	1(对联)	1(未知)			3
光绪九年	1		1	1(对联)	1(架梁)			4
光绪十年	1		1	1(对联)	1(未知)			4
光绪十一年	1	1	2	1(对联)			2	8
光绪十二年			1	1(对联)	2(未知1、架梁1)		2	6
光绪十三年			1		3(未知)		1	5
光绪十四年				4(写书2、茶叶条2)			1	8
光绪十五年			1	3(对联1、茶叶条1、媒书1)				4
光绪十六年	1		1	2(回书1、写书1)	1(未知)		2	8
光绪十七年			2	6(未知1、对联2、回书1、书1、关书1、茶叶条1、阳开)	6(未知5、做门楼1)			16
光绪十八年	2		1	3(回书1、茶叶条1、丁单1)				8
光绪十九年	2		3	4(未知1、对联1、回书1、分单1)	1(未知)		3	15
光绪二十年	1		1	3(对联)	1(未知)		6	12
光绪二十一年	3	3	1	4(对联1、回书1、书2)	3(未知1、娶亲2)		2	17
光绪二十二年	1	3	1	3(对联1、回书1、书1)			2	14
光绪二十四年	1		1				5	11
光绪二十五年	1		1	2(谱序1、分单1)	4(未知2、整门楼1、娶亲1)		3	11
光绪二十六年	2		1	5(对联1、回书1、书2、招牌1)	1(未知)		2	12

续表

年份	八字	合婚	礼生	笔资	择日子	治病	未知	总次数
光绪三十二年	1	9	2	6(回书3、招牌1、匾字1、字1)	4(未知2、娶亲1、架梁1)	16	6	47
光绪三十四年	1	14	2	14(拼单1、对联4、回书2、婚书3、书3、招牌1)	10(未知3、娶亲4、架梁1、移厝1、分金1)	60	5	106
总次数	19	30	25	64	39	76	42	319

由此可知,六类服务分别包含了与乡村民众密切相关的婚姻(合八字、婚书、合婚、回书、娶亲、媒书)、商业(茶叶条、招牌、匾字)、家庭(关书、分单、移厝、建房)、宗族(礼生、对联、谱序、丁单)等几种社会关系,除此之外,还包括与个人健康相关的治病服务。它们涉及人生中的各个重要场合,这些场合既需要特殊的仪式,又有约定俗成的格式。像合八字、择日子,满足了村民追求幸福生活的心理需求,而帮别人写茶叶条、招牌则与当地的茶业经济密切相关。胡廷卿为村民治病的记载,全部在光绪三十年(1904)之后,且很快成为了各项服务中次数最多的一项。据笔者统计,除治病一项外,其他服务的次数在光绪三十年后皆迅速增加,其原因当与前面提及的分家有关。长子云青去世后,在胡廷卿的主持下,胡家于本年进行了分家。当然,时间上的宽裕、经验的积累、民众对其信任度的增加,也是服务次数增多和范围扩大的重要因素。而且,在光绪三十年后,服务基本以现金作为报酬,与最初以礼物作为报酬有很大不同。这一事实表明,技术知识服务已成为胡氏除塾师以外的另一收入来源。

(三)收入

在胡廷卿服务的过程中,村民们基本上是以铜钱付酬,但是也会有以诸如稻谷、猪肉、鸡蛋等实物付酬的情况。这时,胡廷卿就会将其折算成铜钱来加以计算。在诸多记载中,有一笔光绪十二年(1886)十一月10元本洋的收入较为特别,它是溶口霭庭因为其子考入县学(即入泮)而给胡氏的酬谢金。前面已提及,霭庭的儿子田根是胡廷卿的一名学生,如今考入县学,其父即送金表示答谢。类似记载还有几处，虽笔数不多，不过每笔数目都不小，光绪十二年的这次最多，后面的一般为4元。这应该是一种约定俗成的做法。除酬金之外，村民们还会另送一些礼物，如：

  （光绪十二年十一月）廿七日 冬至
  承霭庭先令郎入泮送来谢金洋十元，盒六种：亥八斤（大）；鳘鱼八尾，回一尾；子五十元，回四元；鸡二只，未收；菓子六包，回一包。面三斤，回一斤。
  回拜金洋一元，使力钱四百，谢帖一个①。

从霭庭送给胡廷卿的这份十分丰厚的酬谢礼来看，他应该家境较为阔绰。霭庭在胡廷卿账簿中多次出现，根据其送给胡廷卿的礼物类别判断，他应该是一位贸易于广东的商人，如"（光绪十七年）二月初五，收霭庭先送广东糖一包，计一斤四两"②，再如"（光绪十九年）冬至日，收溶口霭庭先送广东白糖糕一包，又东洋花布巾一条，又墨一条"③。

胡廷卿对酬礼并非照单全收，而是将礼物的一部分作为回礼送回，即便是现金亦回1元，且加上送礼所需的挑担钱，即使力钱，同时还会附上谢帖一帧。不仅如此，按照习俗，自己的学生入泮，胡廷卿须先行送礼祝贺。据其记载，他先于本月的廿二日送去贺礼："十一月廿二，送霭庭先令郎入泮礼：红绿绫花红一付，金花一对，双申二札，一千边一包，糙桃糕一作，子十元。回来子六元，糙糕一条，使力钱二百。"④与霭庭所送之礼相比，胡廷卿的礼物显得极少，更多地具有象征意义，正是在这种一来一往的赠与被赠过程中，人们的关

---

① 王钰欣、周绍泉主编：《徽州千年契约文书 清·民国编》第14卷《光绪十二年祁门胡廷卿立〈进出流水〉》，第373页。
② 王钰欣、周绍泉主编：《徽州千年契约文书 清·民国编》第15卷《光绪十七年祁门胡廷卿立〈进出总登〉》，第259页。
③ 王钰欣、周绍泉主编：《徽州千年契约文书 清·民国编》第15卷《光绪十九年祁门胡廷卿立〈收支总登〉》，第496页。
④ 王钰欣、周绍泉主编：《徽州千年契约文书 清·民国编》第14卷《光绪十二年祁门胡廷卿立〈进出流水〉》，第371页。

系得以维持、拉近。由于这种收入不是常态,且与其塾师的身份相关,虽然胡廷卿在光绪三十年(1904)以后有关喜包的记载中,将入泮洋和节礼一并列入,但笔者在数据统计中,并未将其算在里面。

由于各种礼物的价格不明,无法折算其货币价值,且光绪三十年(1904)后,胡廷卿收入的绝大部分为现金,因此笔者仅就他所收的现金加以探讨。为此,笔者将光绪八年至民国元年(1882—1912)(缺光绪二十三、二十八、二十九年)计28年的收入统计如表4-2-4所示。

表4-2-4 胡廷卿依据技术性知识服务历年所收现金表

年	八字	合婚	笔资	择日子	治病	未知	总钱(文)	可购米数(升)
光绪十一年	200	100	200			400	900	30
光绪十二年				200		300	500	16.67
光绪十三年				500		600	1100	33.33
光绪十四年						500	500	15.15
光绪十六年	100					400	500	17.86
光绪十七年			7722	600			8322	320.8
光绪十八年	100						100	3.57
光绪十九年	400		600			400	1400	40
光绪二十年				200		700	900	30
光绪二十一年	200	200	200	600		300	1500	50
光绪二十二年	200	300				300	800	25
光绪二十四年	400					1100	1500	39.47
光绪二十五年			1642	1500		400	3542	104.18
光绪二十六年			995			300	1595	41.97
光绪二十七年						3879	3879	102.08
光绪三十年	600	1100	1882	200		200	3982	132.73
光绪三十一年		100	937	1137	1300	3300	6774	225.8
光绪三十二年	200	1400	1819	1719	2000	700	7838	174.18
光绪三十三年	100	1100	2192	3484	7120	3676	17672	327.26
光绪三十四年	200	1400	3144	840	7870	1572	15026	300.52
宣统元年	400	3900	1800	1000	10100	2930	20130	387.12

续表

年	八字	合婚	笔资	择日子	治病	未知	总钱(文)	可购米数(升)
宣统二年		3565	6510	1500	10500	9960	32035	471.1
宣统三年		1300	1400	1481	11020	17234	32435	450.49
民国元年		600	2604	1402	4000	10670	19276	275.37

注:表中钱数个别年份是由所收洋元直接换算成铜钱相加所得①。

据上表观察,胡廷卿的知识性收入虽然在不同年份略有波动,但整体上呈现增长趋势,光绪三十年(1904)以后尤为明显,收入远远超出他的个人消费。他会将收入的部分用于接济其长孙万育、儿子佛子或出售换取货币,如:"(光绪三十四年)四月廿三,支钱二十三个,籴米五升,付万育。廿六,支钱二十三个,籴米五升,付万育。"②"以上三日共收:亥十五斤,子六十元,饼十三包,内荤酥二斤。已用:佛子饼二包半,万育一包,平里二包,售一斤半。"③由此可知,晚年时期的胡廷卿,凭借读书所积累的各种技术知识,不仅在生活上衣食无忧,而且有能力贴补自己的儿孙。

(四)服务对象

从表 4-2-3 来看,晚年时期的胡廷卿为村民服务最多的是治病和合婚。合婚即是为别人牵线搭桥,撮合姻缘,即俗话说的"说媒"。如果不清楚四邻八家的家庭情况,胡廷卿很难做到这一点。那么胡廷卿所服务的对象都包括哪些民众呢?笔者先对光绪三十一年(1905)、光绪三十二年(1906)胡廷卿看病的对象加以统计,如表 4-2-5 所示,以兹说明。

---

①表中洋、钱及钱、米之间的换算,见本章表 4-1-4。
②王钰欣、周绍泉主编:《徽州千年契约文书 清·民国编》第 18 卷《光绪三十四年祁门胡廷卿立〈收支总登〉》,第 175 页。
③王钰欣、周绍泉主编:《徽州千年契约文书 清·民国编》第 18 卷《光绪三十四年祁门胡廷卿立〈收支总登〉》,第 198 页。

表 4-2-5　光绪三十一、三十二年胡廷卿看病收入记录表

年份	月	地点	人物	种类	数量	单位	事由	页码	卷数
光绪三十一年			桶司	钱	400	文	治病	431	十七
光绪三十一年	五月		茶司	钱	200	文	治病	431	十七
光绪三十一年	七月		胡春法	钱	100	文	治病	431	十七
光绪三十一年	七月	石岭	胡	钱	100	文	治病	431	十七
光绪三十一年	九月			钱	100	文	治病	431	十七
光绪三十一年	十月		记龙	钱	100	文	治病	431	十七
光绪三十一年	十一月	十甲	耘	钱	300	文	治病	431	十七
光绪三十二年			■松	钱	200	文	二次治病	414	十七
光绪三十二年	二月	慎徽堂		钱	100	文	看病	414	十七
光绪三十二年	三月	婺源人		钱	200	文	治病	414	十七
光绪三十二年			砖司	钱	200	文	治病	414	十七
光绪三十二年			牡丹	钱	100	文	治病	414	十七
光绪三十二年			客桶匠	钱	200	文	治病	414	十七
光绪三十二年	十一月		元开	钱	100	文	治病	414	十七
光绪三十二年	十一月	石岭	■生	钱	100	文	治病	414	十七
光绪三十二年	十二月	石岭		钱	400	文	治病	414	十七
光绪三十二年	十二月		记加	钱	200	文	治病	414	十七

透过上表可以看出，胡廷卿看病的对象身份各异、范围广泛，既有桶司、茶司、桶匠等，也有外乡人。同时，从中也能一窥当时治病的费用。从表中所载可知，治病每次所需要的费用为铜钱 100～400 文不等，但以 100、200 居多。其中光绪三十一年（1905）每次看病平均为 185.7 文，光绪三十二年（1906）为 180 文。但由于两年的米价不同，分别为每升 30 文和 45 文，因此将两年看病酬金折算成米，分别为 6.19 升和 4 升。可见看病的费用并没有随米价的升降而增减。笔者通过对全部账簿的统计，将服务对象的情况整理如表 4-2-6 所示：

表 4-2-6　胡廷卿服务对象统计表

	个人	商号	组织	地点
身份	伴当、裁缝、茶司、(木)雕匠、木匠、铁匠、铜匠、桶匠、银匠、竹匠、砖匠、锡匠	福和祥号、恒丰号、瑞馨祥号、永芳祥号、日顺号、森大号	崇本堂、崇德堂、俸祀、敬石祀、立本堂、仁和堂、三元会、尚义祀、神主会、慎徽堂、五福会、宅四公祀	白石坑东培、板潭、板溪、鲍望坑、本门、程家棚、大坑、大坑蓬、丁村塥、二甲、郭口(石岭)、郭基、湖口、九甲、凌村、六甲、茅岭山、奇岭、三甲、十甲、石壁滩、石坑、塔坊、炭棚、太湖、田坑、婺源、蟹形、新义、薛家坞、严潭、县城、英山
数量	329	6	12	33

表中所涉及的服务对象包括个人、商号和组织三类，民众的阶层与空间的分布皆十分广泛。所服务的商号全部是茶号，在胡廷卿账簿中多次出现，与之有着频繁的经济交往。所服务的组织皆位于贵溪村内，全部为宗族组织，胡廷卿所提供的服务基本是举行活动时担任礼生、撰写对联等。从服务对象的所在地看，除本村外，还包括板溪、石岭、奇岭等周边的村庄以及塔坊、祁门县城这些较远的地方，甚至还包括祁门之外的地区，如婺源、太湖、英山及邻省的江西湖口县。

二、晚清时期的徽州乡村

通过上面的分析可知，择日子、合婚、合八字这类服务，反映出中国传统社会中村民的共同需求。然而，还有些服务，则体现出徽州自身的特点，比如写茶叶条、为商号写招牌以及行医等。相对于中国其他乡村而言，这些商业服务以及塾师兼任医生双重角色的现象非常特殊，这种特性与其所在的地方社会密不可分，只有将胡廷卿的行为嵌入到他所生活的地方社会中方能作出合理的解释。下面，笔者拟从两个方面加以探讨。

(一)祁门的茶业经济

有关徽州茶业特别是晚清茶业的研究,目前学界取得了一些成果①,然而对茶业与地方民众的生活、生计之间关联的研究很少②。从上面分析中可以看出,在胡廷卿为民众所提供的服务类型中,有很多跟茶业关系密切。

首先从服务类型看,有两类与茶业有关,一是写茶叶条,二是为茶号写招牌。"茶叶条"应该是茶号收茶叶时写给售茶者的收据,而招牌则悬挂于茶号店的门上。据邹怡研究,在徽州一府六县中,中部的休宁和西部的婺源、祁门三县精茶产量较多,其中以婺源为最多,祁门县位列第三③。祁门茶叶的种植可追溯至唐代,据唐人杨晔的《膳夫经手录》载:"祁门所出方茶、川源,制度略同(婺源),差小耳。"④显然,祁门茶叶在此时已有名气,从唐代徽州司马张途所撰《祁门县新修阊门溪记》中,可看出唐代祁门茶叶的种植以及买卖的盛况⑤。在祁门县内部,产茶区主要集中于西乡、南乡和东乡,总体上呈现出"西南多、东北少"的特点⑥。笔者在第三章第一节中曾对贵溪村人胡元龙创制红茶的情况进行过论述,此处不赘。贵溪村即是南乡的红茶制作中心。至民国时期,贵溪村内尚有茶号12家⑦。一个山村竟麇集着如此多的茶号,跟其他地区的乡村显然有别。据账簿所载,胡廷卿家的春茶全部被制成红茶,卖给附近的茶号,而子茶则被制成绿茶,出售给村内的一些杂货店。以光绪二十二年(1896)、二十三年(1897)两年为例,其间胡家所产红、绿茶销售的对

---

①相关研究参见康健:《茶业经济与社会变迁:以晚清民国时期的祁门县为中心·绪论》,硕士学位论文,安徽师范大学,2011年;陈艳君:《徽州传统手工业研究综述》,《洛阳工学院学报》(社会科学版),2018年第1期。

②有关此方面的研究仅有刘永华的一篇论文,见氏撰:《小农家庭、土地开发与国际茶市(1838—1901)——晚清徽州婺源程家的个案分析》,《近代史研究》,2015年第4期。

③邹怡:《徽州六县的茶叶栽培与茶业分布——基于民国时期的调查材料》,《历史地理第26辑》,上海:上海人民出版社,2012年,第177页。

④(唐)杨晔撰:《膳夫经手录·歙州、婺源、祁门》,清初毛氏汲古阁抄本,上海:上海古籍出版社。

⑤(清)董浩编:《全唐文》卷802《祁门县重修阊门溪记》。

⑥康健:《茶业经济与社会变迁:以晚清民国时期的祁门县为中心》,第24~25页。

⑦毛新红:《"祁红"店业老字号调查辑录》,《徽学丛刊》第八辑,2010年,第40~41页。

象如表 4-2-7 所示：

表 4-2-7　光绪二十二、二十三年胡廷卿所产茶叶销售商号一览表

年份	地点	商号	种类	页码	卷数
光绪二十二年		恒丰号	红茶	259	十六
光绪二十二年	贵溪	恒丰分庄，文砾	红茶	263	十六
光绪二十二年		日盛号	枝茶	266	十六
光绪二十二年	平里	裕德祥庄	红茶	273	十六
光绪二十三年		福和祥	红茶	278	十六
光绪二十三年		恒丰	红茶	278	十六
光绪二十三年	贵溪	瑞记店	枝茶	287	十六

根据表中记载，光绪二十二年、二十三年两年红茶皆售给恒丰、裕德祥、福和祥三个茶号，而枝茶（即绿茶）则售给日盛号和瑞记店。这与红、绿茶的消费群体有关。红茶作为一种外销茶，专为出口而制。而用子茶所制的绿茶，主要供本地人消费，这与晚清时期的祁门民众只饮绿茶而不饮红茶的习惯有关（有关春茶、子茶、枝茶的介绍，详见本章第三节）。胡廷卿账簿中有多次将自家所制绿茶留存供自家饮用的记载，如"（光绪十二年五月十八）共茶草十八斤，出洋茶五斤，自用①"，这里的"洋茶"即是绿茶。因此，春茶所产之红茶多经由茶号销往省外，如九江、武汉、上海等地，而绿茶则卖给本村的杂货店，杂货店统一收购后，零售给本地民众。

根据账簿中胡廷卿多次购买两家商店杂货的记载，可知日盛号和瑞记店皆是本村的杂货店。如"（光绪十五年五月初七）收日盛号菜油一斤（九六），平酒四两（一二），付干四块。②""（光绪二十年）中秋佳节，收瑞记膏粱酒四两，二

---

① 王钰欣、周绍泉主编：《徽州千年契约文书 清·民国编》第 14 卷《光绪十一年祁门胡廷卿立〈春茶总登〉》，第 270 页。
② 王钰欣、周绍泉主编：《徽州千年契约文书 清·民国编》第 15 卷《光绪十五年祁门胡廷卿立〈进出总登〉》，第 99 页。

四;硬付一板,三七。付钱六十一,讫①。"由于每年的四五月份子茶上市期间,附近的大量居民将子茶卖给村内的杂货店(瑞记店为胡廷卿堂兄胡兆瑞所开),因此才会有胡廷卿及其长子帮瑞记店撰写茶叶条的服务。同时,大量茶号或茶庄在此地收购红茶,也为胡廷卿提供撰写招牌服务提供了条件。

其次,胡廷卿所服务的对象中,有操持各种技能的工匠和大量外乡人,这一点也与茶业经济息息相关。茶叶从采摘到出售,需要很多的劳动力和各类工匠。特别是春茶上市季节,茶叶的采摘和制作必须要及时迅速,才能卖出好价钱。而本地人力远远不够,因此需要从周边甚至是祁门县城之外招募人手。所以每当茶季时,就会有大批外乡人在此采摘茶叶②。这一点通过为胡家采茶的人员来源也可得到证实,具体情况见表4-2-8:

表4-2-8 为胡廷卿家采摘茶草之外乡人统计表

年份	地点	人物	工作内容	页码	卷数
光绪二十二年	九江	九江老	工钱	273	十六
光绪三十年	邑中	县里人	摘茶草	224	十七
光绪三十一年	乐平	董金登	摘茶草	23	十八
光绪三十一年	乐平	董姓	歇之,天雨	26	十八
光绪三十一年	邑中	城内妇女	摘茶草	27	十八
光绪三十一年	乐平	董金登	四月初十回去	29	十八
光绪三十二年	婺源	婺源人	摘茶草,万育家	50	十八
光绪三十三年	婺源	婺源人	摘茶草,万育家	36	十八
光绪三十三年	休宁	休宁人	摘茶草,万育家	33	十八
光绪三十三年	休宁	休邑女	摘茶草,万育家	37	十八

通过上表可知,为胡廷卿一家采茶的人员中,有许多外乡人,他们来自祁门县城、附近的婺源、休宁等县,更远的还来自江西的乐平、九江。由此看来,

---

①王钰欣、周绍泉主编:《徽州千年契约文书 清·民国编》第16卷《光绪二十年祁门胡廷卿立〈进出总登〉》,第51页。

②梁诸英:《明清以来徽州地区农业地理研究》,北京:方志出版社,2018年,第44~45页。

在贵溪村谋生的外乡人肯定不少。除摘茶外,众多的茶号也需要大量劳动力制茶,而且制茶要很长一段时间,因此这些外乡人在这里生活的时间也会更久。如表4-2-6中的"婺源",即是指在日顺茶号中工作的婺源人,胡廷卿指明他来自日顺号,必然是他长期在此工作的原因①。同表的六安英山、安庆太湖也是如此,如被胡廷卿称为"英山老"的英山县人,就长期在胡兆瑞的茶号中打工②。

清中叶以后,大量来此谋生定居的外乡人在山间搭棚居住,形成了著名的棚民,如表4-2-6中出现的炭棚人、程家棚之类。炭棚,即专以烧炭为生的人。贵溪村每年茶叶收获之际,需要大量木炭烘焙茶草,村民们便利用当地山林木材在山间烧炭以供所需。程家棚的记载则说明此时棚民已有了以姓氏命名的棚区,看来迁来时间已经很长,形成了与村落相类似的生活区。蟹形位于距贵溪村8华里的山坳里,据现居于贵溪村内的程欣树先生介绍,他的祖父原来即居住于此,1949年以后,在政府统一安排下,他们才定居于贵溪村内。

除此之外,茶司最能说明外乡人在此的聚集与茶业的关系。茶司即是在此地制作红茶的师傅。在胡廷卿账簿中载有一则茶司合约,通过这则合约,可以窥视出当时茶司在茶厂工作的一些状况。

茶司承约

立承做约人江右义宁州李树清,今承到祁南贵溪胡瑞记宝号名下红茶生理,计箱数四百四十个,言定包工包食做造熟茶装箱如式,每百斤引秤,计英洋一元二角扣算。所有茶师(是身承去包倩雇):上手三十二名,中帮手十六名,下首四名,共计五十二名齐到,不得有误。自承之后,毋得增减异言,惟愿诸事顺遂,倘有天灾,茶师之

---

①王钰欣、周绍泉主编:《徽州千年契约文书 清·民国编》(清·民国卷)第18卷《光绪三十二年祁门胡廷卿立〈收支总登〉》,第95页。

②王钰欣、周绍泉主编:《徽州千年契约文书 清·民国编》(清·民国卷)第18卷《光绪三十四年祁门胡廷卿立〈收支总登〉》,第185页。

内不测,亦是身一并承管,与号内无涉,不得寻衅生端。今欲有凭,立此承约存照①。

这则承约是胡廷卿的堂兄胡兆瑞与来自江西义宁州的茶司李树清所签。前述胡元龙在创制红茶时,也是在义宁州茶师的帮助下完成的②。义宁州即修水县,历史上属九江府。义宁州制作红茶的时间较祁门要早,且其质量亦在祁门茶之上,这一点通过前文引述的《时务通考》的记载可以证明。这些茶师往往带着一个团队而来,所招募的帮工大多是自己所熟悉的亲戚朋友,因此,契约中的帮工亦是江西人,且人数多达52人。

(二)晚清徽州乡村的医疗体系

结合表4-2-3和表4-2-4可以发现,在光绪三十年(1904)胡廷卿分家之后,无论是服务次数还是收入,"治病"一项都十分突出,这一现象在既有的研究中很少被提及。既有研究成果表明,传统乡村的塾师兼职其他工作较为普遍,但兼任医生并不多见。因此,笔者认为有必要对这一现象结合胡廷卿所生活的社会环境作进一步探讨。

首先,通过梳理胡廷卿账簿可以发现,促使他究心医学的直接原因是其长子胡云青多年患病及因病早逝。据其族谱载:"云青,名阳开,字达程。生同治丙寅十一月十六子时,殁光绪甲辰六月廿四戌时。"③同治丙寅即同治五年(1866),光绪甲辰即光绪三十年(1904),由此可知,长子云青在38岁时即因病去世。在胡廷卿所记录的68次买药行为中,跟云青有关的达13次。另有为云青查五星和做禊各一次,详见表4-2-9:

---

①王钰欣、周绍泉主编:《徽州千年契约文书 清·民国编》(清·民国卷)第17卷《光绪二十六年胡氏祠会〈收支总登〉》,第162—163页。
②安徽省地方志编纂委员会编:《安徽省志·人物志》,北京:方志出版社,1999年,第857页。
③(民国)胡承祚编纂:《贵溪胡氏支谱·愿公图七时慎派下》,民国十三年(1924)刻本,第80页右,现藏于祁门县贵溪村胡恒乐处。

表 4-2-9 云青历年治病记载表

年	月、日	内容	页码	卷数
光绪十一年	正月廿八	支钱一百十八,阳开吃药。收含清药一占,一一八,阳开吃	193	十四
光绪十一年	五月初一	支钱四百四十,阳开查五星	203	十四
光绪十二年	八月十八	收济之药一占,阳开吃,三六;药二占,计钱一百五十六,阳开吃	365	十四
光绪十二年	九月十七	收含清叔药二剂,四六,阳开吃。初十,又药一占	366	十四
光绪十八年	十二月十九	药一占,阳开吃	344	十五
光绪十九年	二月廿四	(收焰文先)又药二占,五二,阳开手,扣钱三百二十,阳开生疮服	463	十五
光绪二十二年	正月廿七	支钱三十六文,廿九,又钱三十六,水药二剂,阳开吃,含青单	186	十六
光绪二十五年	八月廿六	支英洋一元,交济贤塔坊买布各物,阳开做禊用	388	十六
光绪二十九年	二月十一	支英洋一元,阳开往邑治病,轿力	337	十七
光绪二十九年	二月廿四	支英洋一元,阳开复往邑改单,轿力	337	十七
光绪二十九年	三月初四	邑中大生宝号,癸三月初四药三剂,阳开吃,八二	374	十七
光绪二十九年	十一月十七	支英洋一元,阳开手,往邑治病换钱用	384	十七
光绪三十年	四月十二	支英洋一元,邑中大生水药,阳开服,礼卿先单	400	十七
光绪三十年	五月十六	支洋一元,交阳开治病用	401	十七
光绪三十年	六月	支英洋四元(除收回),阳开手用治病	402	十七

上表表明,至少从光绪十一年(1885)正月开始,云青即生病问药。从当年五月初一查五星来看,云青此次病情不轻,此时他尚不到20岁。此后数年不断有抓药的记载,且在光绪十九年(1893)时生了脓疮。从光绪二十五年(1899)为云青做禊一事来看,其病情并未好转,且很有可能加重。除查五星、被禊之外,胡廷卿一家在前后几年都前往毗邻区域的道观和佛寺烧香祈愿:

（光绪十年八月三十）阳开往齐云山朝拜，去洋一元，又钱一百①。

（光绪十六年）初四支钱一百，齐云山乐输。十八，支钱一百文，九华山乐输②。

（光绪十八年）十八，支大钱二百，齐云山搭香③。

（光绪二十一年九月十七）支钱二百文，朝齐云搭香④。

齐云山位于休宁境内，是一个著名的道教中心；而九华山则是佛教圣地，是皖南、江浙地区的信仰中心⑤。胡廷卿一家在这几年中去齐云山、九华山朝香是否与云青生病有关，我们不得而知。但从记载看，它并非是一种习惯性的常规行为，而是有选择、有目的的活动，因为自光绪二十一年（1895）后，再未见到此类记载，可能是跟朝香没有产生明显效果有关。至光绪二十九年（1903），云青的病情似乎已经很严重，至光绪三十年（1904）六月止，有云青先后七次看病的记载，其中六次是往邑中，且花费不菲。特别是最后一次，支取英洋4元。但此时已无力回天，云青于本月去世，给胡廷卿带来巨大的打击，并促使他于当年进行了分家。当然，除云青罹病去世外，光绪二十九年（1903），胡廷卿的妻子汪氏亦因病去世，且云青妻子也在同年生病⑥，这些家庭变故也是促使胡廷卿分家的原因。

---

① 王钰欣、周绍泉主编：《徽州千年契约文书 清·民国编》第14卷《光绪九年祁门胡廷卿立〈收支总登〉》，第144页。

② 王钰欣、周绍泉主编：《徽州千年契约文书 清·民国编》第15卷《光绪十六年祁门胡廷卿立〈进出总登〉》，第182、185页。

③ 王钰欣、周绍泉主编：《徽州千年契约文书 清·民国编》第15卷《光绪十七年祁门胡廷卿立〈进出总登〉》，第350页。

④ 王钰欣、周绍泉主编：《徽州千年契约文书 清·民国编》第16卷《光绪二十一年祁门胡廷卿立〈进出总登〉》，第144页。

⑤ 王振忠：《华云进香：民间信仰、朝山习俗与明清以来徽州的日常生活》，《地方文化研究》，2013年第2期。

⑥ 如"（二月）十五，支英洋一元，冬桃往邑治病，轿力。"见《徽州千年契约文书 清·民国编》第17卷，第337页；"（九月）十七，支英洋一元，室人往邑医病，轿力。"（同前，第381页）

从胡廷卿长子及其家庭医病的经历来看,疾病对当地民众的威胁非常大,对民众生活有重要影响。唐力行、苏卫平对徽州府与江南地区的瘟疫的发生频率对比后发现,徽州府每县发生瘟疫的频率为每年116.5次,而江南地区则为22.7次,前者是后者的五倍多,表明徽州地区因疾病而导致的死亡率远高于江南①。以贵溪村为例,据笔者统计,同村的胡元龙及其兄弟的9个孙子中,有6个在青少年时即相继死亡②。在胡廷卿家族中也是如此,以胡廷卿的祖父胡思诚为起点,他15个孙子中有2位幼殇,死亡率为13.33%;31个重孙中,幼殇者13位,青年早逝者1位,死亡率高达45.16%;而玄孙一代,至胡承祚编修族谱的民国十二年(1923)止,32个玄孙中包括胡廷卿的长孙万育在内,已有6个幼殇③。据胡承祚的儿子胡景晃介绍,承祚亦在编修族谱两年后因病去世,时年不到40岁。如果将不被族谱记载的女孩算入的话,死亡率将会更高。

极高的死亡率不能不引起当地知识分子的焦虑,进而激发他们对医术的钻研。据同村胡益谦(又名胡益坚)先生回忆:

> (胡廷卿)因刻苦钻研儿科专著,对小儿辨症认真,用药特效,因此名闻遐迩,求诊者日不暇接。年过古稀,犹远道出诊,从不畏苦,更不计诊金。遇有贫困之家,每将自备之救急良药施与之,不索真值,所以村民多志之④。

这表明胡廷卿的行医对象主要是幼儿,这不能不说与本地的幼儿高死亡率有关。又据其回忆,其伯曾祖"胡标,号宝芝……以医能济人,为农村所需,乃弃学从医。⑤"胡标是因"农村所需"才"弃学从医"的,也说明了农村对医生

---

① 唐力行、苏卫平:《明清以来徽州的疾疫与宗族医疗保障功能——兼论新安医学兴起的原因》,《史林》,2009年第3期,第45页。
② 这一数字来自对胡元龙后人胡毓琼女士的访谈,特此致谢。
③ (民国)《祁门贵溪胡氏支谱·愿公图七》,第72b~83a页。
④ 胡益谦:《儿科名医胡兆祥》,手稿,现藏于美国胡芳琪女士处。
⑤ 胡益坚:《儒医胡宝芝荷记》,手稿,现藏于美国胡芳琪女士处。

的迫切需求。胡益谦生前亦是一名医生,据笔者田野调查,两家住宅相距不远。胡廷卿在1923年去世时,胡益谦已7岁,到了记事的年龄,对胡廷卿应有印象。

其次,虽然乡村迫切需要医生,但地方政府却并未建立起相应的官方医疗体系。明朝时,朱元璋在各省、各府设医学正科一员,各州设医学典科一员,各县设医学训科一员,且在各地还设有惠民药局,专门供应药材,从而建立起了全国性的官方医疗体系。然而,这些医官数量太少,远远不能满足民众的需求,作用有限。特别是嘉靖以后,地方医疗机构皆形同虚设,地方民众求医只能依靠乡村医生。为此,徽州各宗族专设族医为族人看病医治,最后而形成世医①。正因如此,传统时代的徽州医学十分发达,形成了别具一格的"新安医学"②,仅祁门就有明代的汪机、徐春甫和王琠三位重要医学家。当然,这一传统很早就已产生,据元末明初的祁门士人汪克宽所载:

> 医之为言,意也。意苟至诚,则病之浅深加减,证之阴阳表里,脉之浮洪、微沉、弦紧、缓濇,荣卫之盛若衰,根本之坚固若虚惫,调摄之或过或不及,吾心之虚明以照之,如睹龙镜,如饮上池水,了然不失秋毫。于是酌剂饵之温凉,审针砭之补泻,厥效奇妙,如有神助;其不诚者,反是。《传》有之曰"至诚如神",其信矣夫。虽然,诚者,两间之实理。斯人禀两间之气以生,钧赋是理,而能存之者盖鲜。业医而存诚者,尤加鲜焉。
>
> 同邑徐宗吉,自其上世攻岐黄之学,暨其大父仁斋翁,益精其艺,驰声州里间。宗吉克绍祖、父业,辟堂蓄善药以救人,而持心信实,曰丸曰散,制和不懈于心,不以予人也。扁其言曰"存诚",而徵

---

① 万四妹等:《明清新安地方医官探析》,《北京中医药大学学报》,2017年第7期;万四妹等,《明清新安世医探析》,《北京中医药大学学报》,2018年第4期。
② 王乐匋主编:《新安医籍考》,合肥:安徽科学技术出版社,1999年;张玉才著:《新安医学》,合肥:安徽人民出版社,2005年;王键:《新安医学的主要特色》,《中医药临床杂志》,2008年第6期;唐力行、苏卫平:《明清以来徽州的疾疫与宗族医疗保障功能——兼论新安医学兴起的原因》,《史林》,2009年第3期。

说于余。余喟然曰:"存诚以视证,尽诚以用药,其有不中者几希。"吾知宗吉推是心,以追踪祖若父,青于蓝,咸于盐,不难也。乃书是说,以贻之。

至正十有五(1355)祀七月甲申进士汪克宽①

可见徐氏为医学世家,而从汪克宽对中医的评论,也可看出汪氏本人对医学也很了解。从明代开始推行的地方医官制度,虽影响甚微,但经过明清两朝的实施,对地方医学的发展势必会带来积极的影响。因此,至晚清时期,像胡廷卿、胡宝芝这类乡村知识分子,既非官方的医官,也非宗族专设的族医,只是因为自己所居乡村对医生有迫切需求,才求学于他人或自学于书籍,在不断的探索、实践中,形成自己的医学理论。就胡廷卿而言,他虽然在光绪三十年(1904)以后才给别人开方治病,但实际上,在光绪八年(1882)时,他就有过自己开药方的记载,"(正月廿五)支钱四十八文,道生堂,自己开单"②。显然,此时他已经对医学略知一二,并试着开单,但可能是效果不好,直到光绪三十年(1904)以前再未开过药方。但此后他很快就有了出诊的记载,且次数迅速增加。由此看来,在几十年的时间里,他一直不断地学习、积累医学知识,且在光绪三十年(1904)当年就取得了不俗的成绩。

(三)地方信仰与礼生

除此之外,在胡廷卿的诸多身份之中,礼生的角色也值得一提。据刘永华的研究,礼生在明代以后的乡村中普遍存在,其角色来源于宫廷中皇帝在各种场合举行仪式时的司仪者。随后,乡村中的低级儒生将当地民间信仰中的仪式传统与儒家礼仪结合起来,在乡村中所举行的仪式上担任类似的角色。礼生群体的出现可视作王朝思想向乡村渗透的体现③。从三元会送给

---

① (明)黄汝济主纂:《祁闻志》卷八《邑文·存诚堂说》,第117页。
② 王钰欣、周绍泉主编:《徽州千年契约文书 清·民国编》第14卷《光绪七年祁门胡廷卿立〈收支总登〉》,第21页。
③ 可参见刘永华著:《礼仪下乡:明代以降闽西四保的礼仪变革与社会转型》,北京:生活·读书·新知三联书店,2019年。

胡廷卿"礼生亥"来看（见表 4-2-2），胡氏应该在三元会于正月间所举办的仪式活动中担任礼生一职，负责整场仪式的进行。那么三元会在正月间举行的是何种仪式呢？胡廷卿在账簿中并未记载，1949 年以后，三元会作为封建迷信组织被取缔，目前已找不到有关其活动的记录。幸运的是笔者获得了一册由同村人胡彩云写于民国八年至民国九年（1919－1920）的日记。胡彩云是胡元龙之孙，于民国八年至民国十年间（1919－1921）就读于设于休宁万安的安徽省立第二师范学校，该日记即是他入学后的作业。他寒假期间回到贵溪过春节，其间的日记中有对三元会的相关描述：

> 是日（民国九年正月十九日，即阳历三月九日），三元会于早辰（晨）送神盖毕也，余亦礼服正冠而送焉。虽为迷信之事，然汪华生平英武知机，保障之功于今为烈，其人大可钦也①。

由此记载可知，三元会是为祭祀汪华而设的祭祀组织。此时胡廷卿尚在世，不知该年的礼生是否由其担任。

三、技术知识收入的早、晚期比较

纵观胡廷卿的一生，其塾师之外的角色以及收入变化是一个随着年龄增长逐渐增多且趋于职业化的过程。下面笔者以光绪八、九两年（1882～1883）的账簿记载与光绪三十一年（1905）的加以比较，如表 4-2-10 所示：

表 4-2-10　光绪八、九、三十一年胡廷卿杂项收入对比表

年	月	地点	人物	收入	事由	页码	卷数
光绪八年	正月	三元会	首人	亥、鸭子、唐人、唐马	为写对联	17	十四
光绪八年	五月	十甲	瑞春	钱 100 文	为看日子，此钱予不肯收，顺生送来	31	十四
光绪九年	正月	五福会		亥 2 斤	礼生酬劳	100	十四

---

① （民国）胡彩云著：《胡彩云日记·阴历正月十九日（阳历三月九日）》，现藏于美国胡芳琪女士处。

续表

年	月	地点	人物	收入	事由	页码	卷数
光绪九年	八月		三元祠	亥、条丝、月饼、生糖	为西屋架梁选日期	109	十四
光绪九年	腊月		奉祀	亥、菓子	为写对联作彩旗字	117	十四
光绪九年	腊月		同林叔	亥、菓子	为合八字	117	十四
光绪三十一年			俊明叔	钱200文	喜包	431	十七
光绪三十一年		板溪	康龙手	钱200文	喜包	431	十七
光绪三十一年			朱姓	钱100文	喜包	431	十七
光绪三十一年		十甲	瑞春	钱200文	喜包	431	十七
光绪三十一年			银桂手	钱200文	喜包	431	十七
光绪三十一年			得家	钱200文	喜包	431	十七
光绪三十一年		程家棚		钱100文	婚未合	431	十七
光绪三十一年		九甲	烈卿	钱100文	喜包	431	十七
光绪三十一年		三甲	平安	钱200文	喜包	431	十七
光绪三十一年			锦书	钱200文	喜包	431	十七
光绪三十一年			桶司	钱400文	治病	431	十七
光绪三十一年	五月			钱800文	喜包	431	十七
光绪三十一年	五月	中和堂	本贵	钱200文	喜包	431	十七
光绪三十一年	五月		茶司	钱200文	治病	431	十七
光绪三十一年	六月		瑞馨祥	洋1元	送	431	十七
光绪三十一年	七月		济贤	钱200文	合婚	431	十七
光绪三十一年	七月		胡春法	钱100文	治病	431	十七
光绪三十一年	七月	石岭	胡	钱100文	治病	431	十七
光绪三十一年	八月	崇本堂	九安	钱200文	择期	431	十七
光绪三十一年	九月			钱100文	治病	431	十七
光绪三十一年	十月		记龙	钱100文	治病	431	十七
光绪三十一年	十月		利记	钱600文	喜包	431	十七

续表

年	月	地点	人物	收入	事由	页码	卷数
光绪三十一年	十一月		辅仁	洋1元	择期	431	十七
光绪三十一年	十一月	十甲	耘	钱300文	治病	431	十七

从上表中可以看出，在最初几年，胡廷卿为人看日子等服务所获的收入极少，且对方多以礼物形式酬谢。胡廷卿对于这种酬谢往往是多次推辞后才收下，说明此时他的服务是一种出于乡亲之情的义务之举，且偶尔为之。但至光绪末年(1908)，有关此项的收入却显著增多，且绝大多数为金钱，以礼物答谢的情况极少。这实际上反映了他在分家之后，土地收入已分配给了他的长孙承启（即万育）和幼子云鹄的事实。不论如何，上述收入在其晚年和塾师收入一起构成了胡家收入的几乎全部来源。

光绪三十年(1904)分家以后，幼子云鹄在溶口开设裕和昌商号，经营生意①。长孙承启不到四岁，胡廷卿作为祖父，对这个长孙爱护有加，账簿中多次记载他对承启的帮助，包括光绪三十四年(1908)八月十三日即承启八岁那年，给其定亲于平里章氏②，可谓尽心尽力。然而，天不遂人愿，承启于宣统三年(1911)早逝。云鹄育有6子，其中第五子承铎过继给了长兄云青③。自此而后，胡廷卿将其全部心血放在了培养幼子云鹄上。

第三节　胡家的土地经营

通过对胡家凭借技术知识所获收入的讨论，可以看出知识服务一项是胡

---

① 此据"(光绪三十二年)腊月廿九，佛子店（裕和昌），去香干二扎，收钱六十"的记载，王钰欣、周绍泉主编：《徽州千年契约文书 清·民国编》第18卷《光绪三十二年祁门胡廷卿立〈收支总登〉》，第143页。

② 此据"(光绪三十四年)桂月十三，喜事临门，承启长孙定亲（平里章宅）"的记载，王钰欣、周绍泉主编：《徽州千年契约文书 清·民国编》第18卷《光绪三十四年祁门胡廷卿立〈收支总登〉》，第194页。

③ (民国)胡承祚编修：《祁门贵溪胡氏支谱·愿公派下图七时慎派下》，页80a。据胡廷卿曾孙胡恒乐先生介绍，承铎亦早逝，因此云青一门自此无嗣。

家收入的可靠来源,而且随着账簿主人胡廷卿年龄的增长、经验的累积,凭借技术性知识的收入越来越多。除此之外,胡家还拥有少量土地。本节即根据账簿记载,探讨胡家的土地经营与收入。

民国以来,尤其是随着马克思主义思想的传入,中国学者对中国的土地关系进行了大量研究,也取得了重要成果。然而,由于各种原因,不同时期的学者对土地问题的关注点有所不同。民国各地政府和诸多知识分子,都深入乡村对当时的土地数量和占有情况进行详细调查。而另外一批学者在马克思主义史学观的影响下,则着手对农村土地的分配、租佃关系、土地市场等问题进行探讨,以冀解决中国的资本主义萌芽和阶级剥削等问题,其中由傅衣凌创立的社会经济史学派尤为重要①。1980 年以后,日本和西方学界的相关研究成果不断被引入国内,如日本学者藤井宏、片山冈、寺田浩明、仁井田陞、岸本美绪等有关中国地权、一田二主的讨论,西方学者如黄宗智、彭慕兰等有关江南小农的研究②,不一而足。徽州作为目前地方文献发现最多、最丰富的地区,很早就引起了学者的关注,从傅衣凌和藤井宏利用徽州文书研究中国土地制度开始,至 20 世纪末有关徽州的研究达到顶峰,其中有关地权和赋役制度的研究成果十分丰富,较具代表性的学者如章有义、刘和惠、周绍泉、栾成显、叶显恩等③。

综观已有研究,涉及普通家庭土地经营实态的研究较少,而徽州土地经营实态的研究依然阙如。即如"绪论"中所指出,近年来随着日常生活史的兴起,一些学者开始以账簿为核心资料,探讨民众的日常生活。其中,刘永华对

---

① 参见景甦、罗仑著:《清代山东经营地主底社会性质》,济南:山东人民出版社,1959 年;傅衣凌著:《明清农村社会经济》,北京:生活·读书·新知三联书店,1961 年;杨国桢著:《明清土地契约文书研究》,北京:人民出版社,1988 年;曹树基、刘诗古著:《传统中国地权结构及其演变》(修订版),上海:上海交通大学出版社,2014 年。
② 详见曹树基:《传统中国乡村地权变动的一般理论》,《学术月刊》,2012 年第 12 期。
③ 有关研究动态的分析,可参见赵忠仲:《徽商与明清时期的土地市场》,安徽师范大学硕士学位论文,2011 年;康健:《明清徽州山林经济研究回顾》,《中国史研究动态》,2013 年第 3 期;郑雪巍:《明清时期徽州土地关系研究综述》,《安徽农学通报》,2016 年第 5 期;卢佳林:《清代中期徽州山林保护研究》,安徽大学硕士学位论文,2017 年。

婺源程姓小农家庭研究后认为"至少就程家个案而言,国际市场的介入,并未对小农经济造成灾难性后果,反而小幅增加了他们的收入"[1]。这一认识是基于小农自身的账簿记录得出的,具有相对客观性,且与以往学界所认识的晚清以来小农经济状况在外来侵略势力的掠夺下日益贫困的结论差距较大,提醒学界要重新认识这一问题。本节从日常生活史的角度探讨乡村塾师胡廷卿的土地来源、收入及效益[2]。

一、土地来源

(一)族产与祖产

南宋绍兴年间,族人胡俊杰开始了宗族建设,他通过编撰族谱、设立族产、兴办族学等一系列措施将胡氏族人组织起来,形成著名的"贵溪胡氏"。胡廷卿所在的贵溪村有一处全村的公共山地,名叫救贫义山,今称为救贫山,在阊江东岸,原属十三都,现属平里镇,距贵溪村约30华里。前文已述及,胡俊杰于南宋时期设置救贫义山以赡助胡氏族人。明代以降,平里派支祖胡懋敬又于永乐年间(1403—1424)将该山的东半部全部买下,二者合二为一,方圆七百余亩,成为贵溪胡氏的族山。其间由于胡氏管理不善及朝代更迭,屡有外姓侵占,为此明代嘉靖年间(1522—1566)的胡周镐,清代乾隆时期(1736—1795)的胡启道、胡振綵等胡氏族人都曾进行过所有权的确认,特别是乾隆年间的这次努力,经过时任县令吴嘉善的断定,胡氏最终获得了对该山的管辖权(详见第二章第一节)。图4-3-1正是乾隆年间胡启道、胡振綵等人在重获对救贫义山的拥有权后所绘制的。图上标出了大致方位,以道路为界,西(上)面为胡俊杰于宋代所购置,东(下)面为平里派始祖胡懋敬所购得。上面

---

[1] 刘永华:《小农家庭、土地开发与国际茶市(1838—1901)——晚清徽州婺源程家的个案分析》,《近代史研究》,2015年第4期,第81页。

[2] 胡廷卿担任塾师的收入,除本章第一节外,也可参见王玉坤:《近代徽州塾师胡廷卿的家庭生计》,《安庆师范学院学报》(社会科学版),2015年第3期;马勇虎、李琳琦:《晚清乡村秀才的多重角色与多样收入——清光绪年间徽州乡村秀才胡廷卿收支账簿研究》,《安徽史学》,2018年第3期。

所注姓名皆为南宋时人,姓名所在的位置即是该人名下子孙所拥有的族产位置。其中的胡兰孙即是胡廷卿所属积善堂的派祖,他是宅公的十六世孙,生活于宋代。据光绪《胡氏族谱》载:"绍七,名兰孙,宋迪功郎。墓八保溶口乾田源,又名兰谷,墓地巳向。娶刘氏,墓十四都一保周村田坑,月形,与一鸣正孺人同穴。继娶汪氏,墓同夫穴,积善堂派祖。"①显然,作为积善堂派下的一员,胡家肯定拥有一份对这块山地的收益权。

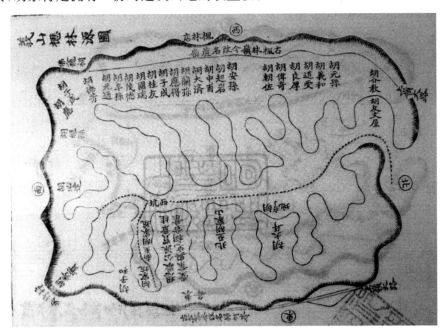

图 4-3-1　救贫义山图

资料来源:(光绪)《祁门胡氏族谱》第 8 册《救贫义山记并图》

与其他宗族一样,贵溪胡氏在析分祖产时,会留存一部分作为宗族的公共财产,并由族人轮流管理。贵溪村内有众多的宗族组织,仅胡廷卿管理过的就有 26 个,胡廷卿账簿中记载的有宅祀、杞年公祀、常丰粮局、庆余粮局等等,这些组织多以各种族产为经济基础,除去公共费用之外,每户族人每年还能从这些组织中分到一些租谷。以杞年公祀为例,光绪十九年(1893),胡廷

---

①(清)胡廷琛编修:《祁门胡氏族谱》第 2 册《惟琇公世系图四·积善堂》,第 129b 页。

卿作为头人参与管理,第二次轮到他管理时,是宣统元年(1909)。此时他已65岁,在遭遇家庭变故后心灰意冷,将管理权交给了幼子云鹄①。有关光绪十九年(1893)这次的管理情况,胡廷卿在账簿中作了记录:

杞年公祀(六人共管)

八月初五,分十亩丘谷一秤零四斤。初八,分高岸干谷五斤。十二,分榨坞谷九斤。十八,分塘树窟谷二秤十斤。十九,分三十奈谷二秤十斤。廿七,分梓树丘谷二秤,干来。卅,分汪家住右占谷一秤零半斤。

九月初一,分塘下干谷八斤半。初七,分学堂丘占谷,又四亩丘,十五斤半。照前狮保丘又并收占谷二斤半。十一,分大坞中段谷一秤零。十二,收稻谷一秤零七斤,横丘中段照并多谷十八斤。补初十,分塘坞、纸皮坦干来谷八斤。照并各分谷十三秤零二斤。九月廿七,付出米一升二祁仝,照谷并清,一四。收分讨谷米二同,六人仝。②

杞年公祀是以宋代胡杞年的名字命名的祀会组织。贵溪村的胡氏族人主要是胡宅的七世孙胡汉、胡应的后代,其中绝大多数出自胡汉一门。前已述及,胡汉有四子,分别是惟智、惟勋、惟式、惟琇,此后贵溪胡氏便以宅公第八世命名,惟琇派基本涵盖了贵溪村全部胡氏。由于只有胡惟琇长子胡玩留在了贵溪村,因此贵溪村胡氏可以说基本是胡玩的后代。胡玩生有两子,长子胡杞年、次子胡松年,此后留居贵溪村的族人基本是兄弟俩的后裔。胡廷卿所在的积善堂派祖胡兰孙即属杞年公派。

由上述记载可知,杞年公祀每年由六人共管,他们共享该年杞年公祀所拥有地产上的收益。同时,由上述记载可知,杞年公祀所拥有的土地有12

---

① 王钰欣、周绍泉主编:《徽州千年契约文书 清·民国编》卷18《光绪三十年祁门胡廷卿立收支帐簿》,第11页。

② 《徽州千年契约文书 清·民国编》第16卷《光绪十九年祁门胡廷卿立〈收支总登〉》,第12页。

块,从其收获的稻谷数量来看,这些地块的面积都不大。胡廷卿作为头人,光绪十九年(1893)从杞年公祀名下的族产中分得稻谷 13 秤零 2 斤、讨谷米 2 同。"讨谷米"即族人为向佃户讨要租谷的辛苦费,数量不多,2 同仅是 0.2 升①,仅具象征意义。而分得的稻谷数量较多,折合 262 斤,如果折算成大米则是 104.8 升②,大约是一个人三个半月的口粮③。当然,这仅仅是胡廷卿在宗族内部的一个组织中所获得的收入,在其所管理过的其他 25 个宗族组织中他亦会获得相应的收入。如其祖父胡上机及胡上机祠,自道光八年至光绪二十二年(1828—1896)的几十年间,通过购买、典当等途径,获得了许多土地,据笔者统计,这些土地涉及五十多宗,详见表 4-3-1。

表 4-3-1 胡上机所购(典)土地列表

年份	方位	地名(土名)	备注	页码
道光二十二年	本都四保	冷水坞		208
道光八年	本都一保	东岸		242

---

① 同,又写作"仝",标准的说法是"合",1 升等于 10 合。

② 清代的度量衡单位各地不一,但普遍的换算单位如下:1 斤=16 两,1 石=10 斗,1 斗=10 升,1 升=10 合。本书除特别注明外,皆按此换算,详见吴承洛著《中国度量衡史》第四六表《清代度量权衡名称及定位表》(上海:上海书店,1984 年,第 293 页)。又,胡廷卿账簿载:"收庆余粮局仓谷二十三秤十九斤,三人仝;又收谷十二秤,前存仓;又收谷一秤零九斤半,照湿谷,并三十七秤零八斤。"(《徽州千年契约文书 清·民国编》第 15 卷《光绪十六年祁门胡廷卿立〈收支总登〉》,第 194 页)据此可以算出 1 秤=20 斤,本书涉及秤、斤换算皆据此。胡廷卿账簿又载:"除支,仍存谷一百零一秤零八斤半。八升扣米八石一斗一升四合。"(《徽州千年契约文书 清·民国编》第 17 卷《光绪二十八年祁门胡廷卿立〈各项腾清〉》,第 325 页)即 101.425 秤(一百零一秤零八斤半)×8 升=811.4 升(八石一斗一升四合),谷、米的换算比率为谷 1 秤=米 8 升,下文表 2 每年的"合计"照此比率将稻谷折算成大米。值得说明的是,由于稻谷的饱满程度不一,有时 1 秤谷可出米 9.8 升之多,如"(四月三十)收常丰粮局仓谷七十秤,三人仝。共春出米六石七斗五升,内米头三十六升,外碎米十四升"(《徽州千年契约文书 清·民国编》第 15 卷《光绪十五年祁门胡廷卿立〈进出总登〉》,第 95 页),据此推算 1 秤谷 ≈9.84 升米(含碎米),但这类情况在胡廷卿账簿中并不常见。

③ 据宋末元初徽州士人方回所记:"五口之家,人日食一升,一年食十八石。"见方回著:《续古今考》卷 18《附论班固计井田百亩岁出岁入》,《景印文渊阁四库全书》第 853 册,台北:台湾商务印书馆,2008 年,第 368 页上。

续表

年份	方位	地名（土名）	备注	页码
道光十二年	本都一保	东岸园地		244
道光十三年	本都七保	白石坑东培		246
道光十九年	本都一保	极乐祠前店屋		253
道光二十一年	本都五保	短坞口		256
道光二十一年	本都五保	碣头坑		257
道光二十一年	邦献祀	老文会年股		259
道光二十一年	本都五保	江坑头大圣庙前山	当	262
道光二十二年	本都五保	江坑头大圣庙前山		264
道光二十二年	本都八保	山背坞		265
道光二十二年	本都四保	冷水坞		271
道光二十三年	本都五保	合坵		273
道光二十四年	十二都二保	禾尚坵	实租10秤零8斤	278
道光二十四年	十二都五保	稔坑头	实租7秤零7斤	278
道光二十四年	十二都五保	短坞口	实租9秤	278
道光二十四年	十二都五保	稔坑口	实租17秤	278
道光二十四年	十二都六保	塘坞（俗名牛栏坞）	实租6斤	278
道光二十四年	十二都一保	下师姑	实租4秤零8斤	278
道光二十四年	十二都五保	三佰塅	实租12秤零3斤	278
道光二十四年	十二都一保	沙坵	实租5秤零8斤	278
道光二十七年	十二都	茅山栅树坑		285
道光二十七年	仝都保	茅山何郎冲		285
道光二十七年	仝都保	下茅山冷水坞		285
道光二十七年	仝都保	茅山白黄岭		285
道光二十八年	本都六保	郑真弯	典	287
道光二十八年	本都六保	石积弯	典	287
道光二十八年	本都六保	牛栏坞	典	287
道光二十八年	本都六保	绵花弯	典	287

续表

年份	方位	地名（土名）	备注	页码
道光二十八年	本都六保	狭山里	典	287
道光二十九年	本都一保	七亩坦	实租10秤10斤	291
道光二十九年	本都七保	白石坑东培		293
道光二十九年	本都九保	洪家坦（俗名旱田充）		293
道光二十九年	十二都四保	鲍望（郎）坑	实租17秤零7斤	296
道光二十九年	仝都保	九亩坦	实租21秤	296
道光二十九年	仝都五保	裡陈坦	实租七秤	296
道光二十九年	仝都六保	河南门前	实租13秤零2斤	296
道光二十九年	十二都四保	毕家碣		
道光二十九年	本都六保	庄前	实租4秤	301
道光二十九年	本都一保	小路口铺地（俗名申明亭地）		303
道光二十九年	本都九保	井坦		304
道光二十九年	本都（一保）	小路口铺地		305
道光二十九年	本都九保	井坦		306
道光二十九年	本都（一保）	小路口铺地		307
道光二十九年	本都（一保）	小路口铺地		308
道光二十九年	本都九保	井坦		309
道光三十年	本都九保	井坦		311
道光三十年	本都九保	井坦		312
道光三十年	本都九保	井坦		314
道光三十年	本都四保	大坞口中段	实租20秤零6斤8两	316
咸丰元年	本都六保	迎秀坦		319
咸丰元年	本都四保	汪泗亩坦	宝善局买	320
咸丰元年	本都一保	小路口铺地		321
咸丰元年	本都四保	田皮		323
咸丰元年	本都四保	杨林坞		323

续表

年份	方位	地名(土名)	备注	页码
咸丰三年	本都九保	井圸		326
光绪二十二年	本都四保	直坑口(俗名黄公弯)	胡上机祠买	335

资料来源:刘伯山主编:《徽州文书第2辑》第1册。

从上表中可以看出,胡上机在世时购买了大量土地,这些土地在胡上机于咸丰五年(1855)去世①后,一部分作为公产以"机祀"的名义由其子孙经营,另一部分均分给了众子孙,还有一部分则以"德祀""尚义祀"的名义成为族内公产。这一点在账簿中亦有详细记载(表4-3-2)。

表4-3-2 胡廷卿账簿所载宗族组织管理土地列表

组织名称	管理土地名单
德祀	界排岭、六亩丘、分秧丘、三佰塅、古楼潭、下老脉上、坟前、水枧塌、汪六坑、芦荻坑、五显庙、坑背坑、下湾脉上、鸟成坞、石碣岸、小碣头、竹塔下、东瓜弯、杨林坞、石际坞、松木丘、上□、汪南冲、竹坞桥、程末丘、白石坑、江坑、汪南冲、沙丘、□□坞口
尚义祀	郑家弯口、大丘里、八十里、六亩丘、岩山坞、朱五口坞、江田坞、下庄、上相思塅、水碓丘、塘丘。□木坞、相思塅、江田坞、过水丘、木杨坞、竹塔下、东学堂、梃丘、合丘、六亩丘、芦荻坑、鸭子坞、冷水坞、白石坑、梅树、□下坞、田坑
灿亭公祀	大坑、秧丘、六亩丘、九亩塅、短坞头、罗坑中
机祀	鲍郎圸、短坞头
陞祀	牛栏坞、银秀坞、大碣头、河南冲、大坞口、严坑口

说明:(1)资料来源:《徽州千年契约文书 清·民国编》,"德祀"见卷16第87页,"尚义祀"见卷16第88页,"灿亭公祀"见卷16第89页,"机祀"见卷17第174页,"陞祀"见卷14第79页。(2)"□"表示无法识别的字,下文同。

从表4-3-2中可以看出,胡上机所购买的三佰塅、杨林坞、白石坑、汪南

---

① (民国)胡承祚编修:《贵溪胡氏支谱·愿公图七时慎派下》,第76a页。

冲、郑家弯口、冷水坞、田坑、短坞头等处的土地,在德祀、尚义祀和灿亭公祀三个组织中皆有体现。而鲍郎圻和短坞头的部分土地则作为祭祀胡上机的祭产。其次子胡昌陛(即胡廷卿之父)所分得的土地有牛栏坞等6块,胡昌陛去世后,胡廷卿和两个弟弟将其作为祭祀父亲的祭产(陛祀)。由此,胡廷卿掌管家务时就会跟多达26个组织发生联系,并从中获得收益。

这种宗族共产的土地所有形式在徽州非常普遍,且占有的土地份额极大。邹怡综合分析华东军政委员会于1952年编写出版的《安徽省农村调查》中的多篇报告后认为:"据调查结果,徽州各县地主占有土地,一般占全部土地一半以上,有的乡村甚至占到了三分之二以上。据此可以大致推测真正地主所占土地不过10%~20%,而宗族公有土地占50%以上。"[1]这一结论虽然是据现代史料得出,但晚清时期的祁门贵溪胡氏宗族也大体如此。公有土地在胡廷卿的家庭生计中占有重要地位,这一点从下面所要讨论的米谷收入中也可见一斑。

(二)购买的土地

胡廷卿在账簿中亦记载了购买土地的情况,其中跟他有关的包括他所在的公共组织的公买和其个人购买的土地。

1. 公买

这里主要是指村中各种与胡家有关的宗族组织所购买的土地。前已述及,胡上机去世后,其子孙设立机祀。光绪二十二年(1896),胡上机的后人就以胡上机祠的名义购买了一块土地[2],但这次购买的是坟地,并未带来收益。四年后胡上机子孙又以"善祀"的名义购买了本村胡鉴三位于救贫义山的田地:"(光绪二十六年六月)十一,支英洋三十二元,买鉴三佛龛前租十秤(善

---

[1]邹怡:《徽州六县的茶叶栽培与茶业分布——基于民国时期的调查材料》,复旦大学历史地理研究中心:《历史地理研究(3)》,上海:复旦大学出版社,2010年,第157页。
[2]刘伯山主编:《徽州文书第2辑》第1册,桂林:广西师范大学出版社,2006年,第335页。

祀)。"①

善祀,即胡上机在世时所设立的宝善局。宝善局虽由胡上机主持设立,却是合村公有。胡廷卿在世时仅有两次管理的机会,分别是光绪二十五年(1899)和光绪二十六年(1900)②,而第一次机会是他通过顶替隆公祀才得到的。也就是说,按照轮流顺序他仅能获得一次机会,而且是代表胡上机一支管理。可以推测,在其他年份,宝善局应该也有类似的购买行为。徽州有众人合作、按股出资拼山兴养木材然后出售的经营活动③。胡廷卿所在的机祀于光绪十三年(1887)与他人合作拼山并占有一股,"金钗形,本家种山一股(光绪十三年,丁亥年)计钱六百六十四文,有新据一纸,在澍廷家收。民国四年乙卯,拼山分得花□洋八元,计一股"④。由此可知,在晚清时期的徽州乡村中,这种以宗族组织为单位的购买土地行为,使得身为其中一份子的族人在生活上又多一重保障。

2. 个人购买

胡廷卿本人亦有置买土地的行为。据胡廷卿账簿记载,至光绪二十八年(1902),他和长子云青共计购买 6 块茶荪地用来种植茶叶:"汪郎冲茶荪一号,计本洋八元,买受五松兄弟业,其契系桂廷兄转买。徐家坞茶荪一号,计价本洋三元五角,买受云耕业。蒋家坞茶荪一号,计价本洋七元,买受汪新发业。山枣弯茶荪一号,计价英洋九元,内阳开妇英洋五元,买受用夫业。乙巳年(光绪三十一年——笔者注)抵还福子账,作价洋十二元。枫树坦茶荪一号,计价洋一元五角,买受金和业。其地租交尚义,钱四十六文。八十五、八

---

① 王钰欣、周绍泉主编:《徽州千年契约文书 清·民国编》第 17 卷《光绪二十六年〈胡氏祠会收支总登〉》,第 149 页。
② 王钰欣、周绍泉主编:《徽州千年契约文书 清·民国编》第 18 卷《光绪三十年祁门胡廷卿立收支帐簿》,第 11 页。
③ 学界研究成果可参见康健《明代徽州山林经济研究》"绪论"部分,中国社会科学院博士学位论文,2014 年。
④ 王钰欣、周绍泉主编:《徽州千年契约文书 清·民国编》第 17 卷《光绪二十九年祁门胡廷卿立〈各项膳清〉》,第 360 页。

十六号东岸园地一备,并茶荴在内,计价英洋六元五角,买受云澄业①"。

又据账簿光绪二十七年至三十年(1901—1904)《采售茶总登》的记载,这些茶荴地置买的时间分别是光绪十一年(1885)、十二年(1886)、十七年(1891)、二十三年(1897)和二十五年(1899),而"东岸园地一备"的购买时间则未见提及②。不过由于在购买该地的过程中与信夫发生了争执,因此胡廷卿将该地的购买过程详细地记载了下来。据载:

> 光绪二十年,买受云澄本都一保东岸园地一备,计契价六元五角,实付英洋五元七角五分。因管业与信夫争竞,将该地东边截取一块兑与信夫,未立据。及阅取来,兆修先年将该地当与社女嬷,其契载:南边至姨母地,则云澄亦应得一半矣。何得信夫藉口以南至地为独有乎?特此注明,以妨后事。况云澄以祖母之地,可以卖与别人,岂我买不能管业耶!③

这里牵涉四个人物:云澄、卖地者、信夫和兆修。信夫为何会因该地与胡廷卿发生争执呢?在胡廷卿的账簿中记载了多次胡氏与他的账务往来,而且从其交给胡廷卿俸洋的历次记载看,胡廷卿所收学生中亦有信夫的儿子,且在光绪二十年(1894)以前,胡廷卿会有时称呼其"信夫弟",可见两家关系曾经较为密切。但是,在该年以后关于信夫的记载比较少,期间有几年未见与他账务往来的记载,其原因应该就是此事。

考诸族谱,可以发现信夫阻碍此次购买有他自己的考量。据光绪十四年(1888)所编《祁门胡氏族谱》记载,信夫,名兆诚,信夫是其字,他与胡廷卿同属积善堂派下。其父胡树林,字艺五,国学生,由此看来他家经济条件不错。

---

① 王钰欣、周绍泉主编:《徽州千年契约文书 清·民国编》第 17 卷《光绪二十九年祁门胡廷卿立〈各项謄清〉》,第 360 页。
② 王钰欣、周绍泉主编:《徽州千年契约文书 清·民国编》第 17 卷《光绪二十七年祁门胡廷卿立〈采售茶总登〉》,第 282~283 页。
③ 王钰欣、周绍泉主编:《徽州千年契约文书 清·民国编》第 17 卷《光绪二十八年〈各项誊清〉》,第 353 页。

信夫兄弟三人，其排行老二，长兄兆信无嗣。兆修，字用夫，是信夫的弟弟，其长子过继于其长兄兆信。而云澄是兆修的次子，在族谱上记载为"云程"，生于光绪十一年(1885)，胡廷卿购买该地时，他年仅九岁，当时其父兆修应该已经去世，否则不会以云澄的名义卖地。正是因为其父去世，这块由其父经过分家继承而来的土地才会再次遗留给他。显然，孤儿寡母的云澄一家，经济上甚为贫困，所以才会出卖园地①。信夫阻拦胡廷卿的行为应是发生在云澄去世之后。据民国《贵溪胡氏支谱》载，云澄和他过继给大伯父的哥哥云舒，皆幼殇②。笔者推测，可能因为兆修一门无嗣，信夫认为自己应该成为这块土地的所有者，故而才会对胡廷卿买卖该地的行为横加阻拦。虽然胡廷卿后来获得了兆修当年将该地当给社女嫚的当契，发现云澄实际上拥有该地一半的权利，信夫的阻拦理由并不成立，但为了息事宁人，还是将其中的一小部分兑回给了信夫，从而少付了英洋7角5分。不过，他心里依然为该地能卖给别人而不能卖给自己而愤愤不平，认为信夫欺负了他。记载中的"别人"应该是社女嫚。据胡氏族谱载：社女，谱名昌裡，名社女，亦属积善堂，嫚应该是他的女儿。社女只有一个儿子曰旺，但未婚而卒，且社女本人亦青年早故，其第二任妻子康氏由于青年守节而得到祁门县令王公的褒奖，称其为"劲节松筠"。虽然社女将别人之子过继过来作为继子，但应该也招赘了女婿。虽然社女亦属积善堂，但据民国《祁门贵溪胡氏支谱》看，他和信夫同属积善堂下之志敏公时言派下，而胡廷卿则另属志敏公时慎派下③，因此，在信夫的观念中，胡廷卿与其关系较之社女要远一层，按照土地买卖"先近后远"原则，他的反对也有一定道理。

这块土地虽列入茶荪地中，但实际上是一块菜地，只零星的有几棵茶树，因为在胡廷卿历年所收茶叶中，仅有光绪二十八年(1902)记载"收东岸菜园

---

① (清)胡廷琛编修：《祁门胡氏族谱》第4册《惟琇公图七·积善堂》，第276a页。
② (民国)胡承祚编修：《祁门贵溪胡氏支谱·愿公图七时彦派下》第87a、b页。
③ (民国)胡承祚编修：《祁门贵溪胡氏支谱·愿公图七》。

茶草二斤"①。所以,在上述光绪二十七年至三十年(1901—1904)的《采售茶总登》有关茶蕛地购买的时间内不见这块地的记载。

不仅如此,他在购买土地的同时,还购买种山的股份。根据学者对徽州山林经营的研究可知②,在徽州,诸多宗族会将族内共有的山地以公有的形式出拼给别人兴养,族内各支会按股分得收益,这种"股"作为一种收益权可以买卖。上述引文中有关金钗形山地股权的购买即是如此。从记载来看,他购买的应该是澍廷所持有的股份,澍廷即胡上机长兄上璠的长孙,谱名兆有,名从亨,字澍廷,号福茂③。由于经过数次析分,一股所占的比例已极小,胡廷卿所购买的股份仅花费铜钱642文,可谓微乎其微了,不过,作为土地收益之一,仍然具有意义。

二、土地收入

由上述对胡廷卿土地来源的分析可知,通过对族产和祖产的继承,胡廷卿在许多土地中都享有权益。虽然每块土地所占份额很少,单独计算意义不大,但由于总额庞大,总体收益也十分可观。这些共有土地,基本上出租给居于附近的小户,每年以各种祀、会的组织形式收取地租。在这些共有土地上所收获的粮食并不全部用于当年消费,而是有一部分贮存于胡氏族人所创设的常丰粮局之类的粮仓内,等到灾荒之年再对族众发放。另一方面,胡廷卿个人所购买的茶蕛地基本用于种植茶叶出售。因此胡廷卿的土地收入包括两个部分,即谷米收入和茶叶收入。

在有关胡廷卿的家庭收入的研究中,王玉坤将胡家的土地收入以"祀产分租"的形式列入,并将"拼山卖树"的收入置入"其他杂项"中,统计较为全

---

①王钰欣、周绍泉主编:《徽州千年契约文书 清·民国编》第17卷《光绪二十七年祁门胡廷卿立〈采售茶总登〉》,第252页。

②关于此,中外学界研究成果极为丰富,具体可参见康健:《明代徽州山林经济研究》第1章《研究述评》的相关介绍,中国社会科学院博士学位论文,2014。

③(民国)胡承祚编修:《祁门贵溪胡氏支谱·愿公图七时慎派下》,第72b页。

面,惜有不确之处①。马勇虎等亦对胡廷卿的收入作了细致的统计,然而涉及"土地"一项时,仅统计了茶叶收入,将谷米一项遗漏②。另一方面,他们皆以"元"为单位核算胡廷卿的收入,关于这一方法所应注意之处,本章第一节已有介绍,此处不赘。下面,笔者即依照前述方法,核算胡家的土地收入。

(一)谷米收入

胡廷卿的账簿中每年都有关于谷米收入的记载,但有一些并非属于其个人收入,而是属于以其祖父胡上机命名的一个小支派的集体收入,胡廷卿称之为"本家"。特别是在他代表本家管理村中的宗族组织时,他会将本家该年的收入记录于账册作为底册以备查账。如光绪二十六年(1900)收入如下:

> (光绪二十六年)本家收占谷:
> 收占谷二秤,守祠丙代交义田租。
> 收分七亩圫占谷一秤十二斤,出占米。
> 收光灿交灰占谷五秤十七斤,并厕租二秤十斤内。
> 收金■交善祀占谷十五斤半,梅树圫。
> 收德祀干大坑井圫占谷十斤半。
> 廿三,义田分稻谷一秤零九斤,常丰粮局分稻谷一秤零八斤。出米二七。
> 廿四,收常丰粮局占谷一秤十三斤,补收。分地王会松木圫占谷一秤零五斤。
> 廿五,收分德祀六亩圫占谷一秤零一斤,又一斤半。
> 廿六,收干合圫占谷八秤零六斤。又方盘圫占谷二斤③。

---

① 王玉坤:《近代徽州塾师胡廷卿的家庭生计》,《安庆师范学院学报》(社会科学版),2015年第3期,第103页。
② 马勇虎、李琳琦:《晚清乡村秀才的多重角色与多样收入——清光绪年间徽州乡村秀才胡廷卿收支账簿研究》,《安徽史学》,2018年第3期,第152页。
③ 王钰欣、周绍泉主编:《徽州千年契约文书 清·民国编》第17卷《光绪三十四年祁门胡廷卿立〈收支总登〉》,第176页。

从这则记载中可以看出,本家本年所收占谷总数为 25 秤 19 斤半,数量不多,然后在本家内再进行均分,数量更少,但这仅仅是占谷的数量,由于占谷在当地的价格较其他谷类价格高①,因此,胡廷卿才会将其单独列出加以记录。胡廷卿账簿中关于谷物收入的记录截止于光绪二十六年(1900),笔者将胡家从光绪七年至二十六年(1881－1900)所收米、谷数量整理为表 4-3-3。

表 4-3-3　光绪七年至二十六年胡廷卿谷米收入表(缺光绪二十三年)

年份	谷(秤)	米(升)	合计(折合米、升)	年份	谷(秤)	米(升)	合计(折合米、升)
光绪七年	7		56	光绪十七年	19.9	121	280.2
光绪八年		16	16	光绪十八年	22.46	11.5	191.18
光绪九年	23		184	光绪十九年	32.6	86.7	347.5
光绪十年	228.3	13.3	1839.7	光绪二十年	46.2	63	432.6
光绪十一年	164.875	44	1363	光绪二十一年	41.875	8.5	343.5
光绪十二年	241.275	39.9	1970.1	光绪二十二年	7.5875	57.8	118.5
光绪十三年	255.03	10	2050.24	光绪二十四年	36.575	104.8	397.4
光绪十四年	162.43	54	1353.44	光绪二十五年	16.03125	728.7	856.95
光绪十五年	285.45	48.6	2332.2	光绪二十六年	22	2747.325	2923.325
光绪十六年	243.375	10.1	1957.1			—	

由上表可知,光绪八年(1882)收入最少,其原因尚不清楚。而光绪十年至光绪十六年(1884－1890)连续七年都收入颇丰,原因在于这七年常丰粮局与庆余粮局都曾开仓放粮。实际上,胡家每年的谷米收入大致可以分为两类,一类是个人土地所收获的租谷,另一类是从宗族组织分得的租谷。在某些年份,还会收到粮局开仓发放的粮食。常丰粮局七年间共发给胡廷卿各类

---

① 如在光绪十五年有如下记载:"(十月十三)宇福弟,去米二十升,二八。又去占谷二升,三三",说明米的价格还没有占谷的价格高,见王钰欣、周绍泉主编:《徽州千年契约文书 清·民国编》第 15 卷《光绪十五年祁门胡廷卿立〈收支总登〉》,第 120 页。

谷米12028.6升,平均每年约1718.37升;庆余粮局则相对要少,为1127升,平均每年161升。据本村人胡益谦先生回忆:"为免子孙拖欠粮赋,受催征之累,成立了'常丰粮局',由各祠会、堂社以及个人按规定的比率免纳。凡收入或买进田租时,均以十分之二归局收管,由局每年代纳粮赋。"[①]显然,常丰粮局是为应对国家的田赋而设,但从胡家账簿的记载中可以发现,该粮局的功能不限于此,在发生灾害的年份里,它和其他粮食机构还发挥赈灾的作用。这七年里,胡廷卿平均每年从两个粮局分得1879.37升粮食,基本是五口之家一年的口粮,数量不少。但宗族组织并非每年都向胡家发放粮食,而是通常出现在两种情况下。

第一,发生自然灾害时。胡廷卿所记账簿具有商业账簿所不具有的一些特点,比如会记录一些他认为比较重要的事件,同时,在有些日期会记录当时的天气状况,因此为我们了解当时祁门的气候提供了可能,而气候状况与谷物收成密切相关。例如,从光绪二十五、二十六年(1899—1900)两年的记载可推测该年发生了旱灾。在光绪二十五年(1899)五月初九这天,胡廷卿账簿上标注"雨大",说明五月初下了一场大雨。一个多月后的六月十五,胡廷卿在账簿中写下"早赐甘霖"[②],说明此时发生了旱情。第二年的七月廿六、廿七、廿九日,胡廷卿账簿中连续出现"接神求雨""接水"以及出钱做求雨仪式的记载。显然,此时祁门县正遭受较为严重的旱灾。或许正是因为这一年严重干旱,胡廷卿一家才从庆余粮局额外地收到了谷米[③]。这符合徽州的状况。据文献记载:

> 新安为郡,在万山间,其地险陿而不夷,其土骍刚而不化。水湍悍、少潴蓄。自其郡邑,固已践山为城,至于四郊都鄙则又可知也。

[①] 胡益谦:《祁门古村贵溪》,安徽省黄山市徽州学研究会编:《徽学通讯》,1990年第1期,第138页。

[②] 王钰欣、周绍泉主编:《徽州千年契约文书 清·民国编》第16卷《光绪二十五年祁门胡廷卿立〈收支总登〉》,第491页、496页。

[③] 王钰欣、周绍泉主编:《徽州千年契约文书 清·民国编》第17卷《光绪二十六年祁门胡廷卿立〈收支总登〉》,第47页、82页、143页、69页。

大山之所落,深谷之所穷,民之田间者层累而上,指十数级不能为一亩,快牛剡耜不得旋其间,刀耕而火种之。十日不雨则仰天而呼,一遇雨泽,山水暴出,则粪壤与禾荡然一空,盖地之勤民力者如此①。

可见自宋代开始,徽州士人就对徽州的农业特点作了概括,当然,罗愿之所以在"贡赋"条中强调徽州农业的艰难,不排除有为减少国家对徽州的赋税而陈诉理由的意图,但其所描述的状况亦属实。这一状况至清代一直不变,在清代康熙年间(1662—1722)的《祁门县志》中亦有记载:"邑田依山开垦,多耕垄上。地高而水少,河溪之水又不能激,而在山三日不雨则田旱,十日不雨则苗稿。"②至光绪二十六年(1900),清明节当天虽下了雨,但并未缓解旱情,至七月,贵溪村民开始接神求雨。为了向雨神献礼,贵溪举行求雨仪式,应该在全村范围内都进行了劝输,为此胡家还交纳了制钱140文。或许正是这一年的严重干旱,让胡家在本年三月和五月分别收到了庆余和常丰两个粮局的仓谷③。或许也正因为如此,胡廷卿利用云鹄在景德镇工作的机会,于本年做起了大米生意,增加了家庭收入。

第二,胡廷卿轮充首人的年份。常丰粮局和庆余粮局是村中常设的两个粮食存储组织,由族人轮流管理,其谷米来自族田或是由村民合资购买。胡廷卿在光绪八年至十一年(1882—1885)、十三年(1887)、十四年(1888)、二十五年至二十八年(1899—1902)管理过常丰粮局,在光绪十五年(1889)、二十五年(1899)和二十九年(1903)管理过庆余粮局④。胡廷卿轮充首人管理这些粮食机构的当年,也会得到机构额外给予的粮食。为了说明问题,笔者以光绪十四年(1888)为例,将胡廷卿的收入项目列为表4-3-4。

---

① (宋)罗愿撰:《新安志》卷二《叙贡赋》,页16a、b。
② (清)姚启元修,张瑷纂:《祁门县志》卷一《水利·塘》,页68b。
③ 王钰欣、周绍泉主编:《徽州千年契约文书 清·民国编》第17卷《光绪二十六年祁门胡廷卿立〈收支总登〉》,第63、69页。
④ 王钰欣、周绍泉主编:《徽州千年契约文书 清·民国编》第14卷,第92页、179页、242页、482页;第15卷,第67页;第18卷,第10页。

表 4-3-4　光绪十四年胡廷卿从宗族组织中所获谷米

日期	来源	种类	数量	单位	性质
三月初二	常丰粮局	谷	72	秤	
三月初七	常丰粮局	谷	1143	斤	出仓谷
五月廿七		洋	0.5	元	贵坑口山价洋,分来
九月十三	粮局	谷	66	斤	
九月十四	永发	谷	38	斤	陞祀利谷
九月十四	洪梅松	谷	8	斤	银秀坞口,陞祀利谷
九月十五	常丰粮局	谷	30	斤	扣亥钱 300 文
九月十七		占谷	8	秤	分来,合丘谷
十月初四	常丰粮局	米	6	升	讨谷米
十一月廿二	常丰粮局	谷	15	斤	分来
十一月廿二	常丰粮局	谷	168.5	斤	
腊月廿一	常丰粮局	米	10.2	升	
腊月廿一	庆余粮局	米	19	升	

说明:据《徽州千年契约文书 清·民国编》卷 15 第 2 页、21 页、33 页、34 页、36 页、41 页和 46 页统计。

光绪十四年(1888),胡家从常丰粮局、庆余粮局及陞祀等宗族组织获得稻谷(含占谷)合 153.43 秤、米 35.2 升、洋 0.5 元。按前述每谷 1 秤出米 8 升的比率,稻谷可折算为大米 1227.44 升。按照光绪十四年(1888)账簿 20 次洋、钱换算的记载,笔者统计后取其平均数,折算率为洋 1 元等于铜钱 1244 文①,0.5 元换成铜钱为 622 文。又据"(光绪十四年)三月初四,支米十九升,加库桶,每石一百零五升半。支米十二升,三三"②的记载,可知当年米

---

①王钰欣、周绍泉主编:《徽州千年契约文书 清·民国编》第 14 卷《光绪十四年祁门胡廷卿立〈进出总登〉》,第 493～500 页;卷 15《光绪十四年祁门胡廷卿立〈进出总登〉》,第 1～70 页。

②王钰欣、周绍泉主编:《徽州千年契约文书 清·民国编》第 15 卷《光绪十四年祁门胡廷卿立〈进出总登〉》,第 2 页。

价为 33 文一升,0.5 元可以买到大米 18.8 升。因此,这一年胡家从村内各类组织获得的谷米收入以大米表示为 1281.44 升,按成年人一日一升的口粮标准计算,可够五口之家近八个半月食用,其数量不算少。

胡家土地收入异常增多的年份,与他作为首人管理常丰、庆余两个粮局的年份大体一致。这不仅意味着轮充首人可获得丰厚利益,而且也表明这些宗族粮食机构在乡村民众生活中具有重要意义。

(二)茶业收入

清代晚期,祁门茶业的收入不仅成为民众经济来源的一部分,亦成为政府进行公共建设的重要资金来源之一。除前已提及的康健所研究的祁门茶业对新式教育的影响外,太平天国运动过后,同治年间(1862—1874),知县周溶对祁门县各个坛庙的重修全部是依靠茶厘收入才得以完成的。如:

> 社稷坛,旧在县治西城门左。……乾隆五十三年,坛毁于蛟。同治十年,知县周溶,奉拨茶厘公款重建。
>
> 风云雷雨山川坛,在县治南一里十王寺社稷坛右。南向,如社稷坛制(万历县志、康熙府县志同)。同治十年,知县周溶奉拨茶厘公款重建。
>
> 先农坛,在县治东上五里牌。……同治十年,知县周溶奉拨茶厘公款重建。
>
> 文昌宫,祀梓潼帝君在西隅庆安祠右。嘉庆六年(1801),奉旨直省、府、州、县建造,春秋致祭,照关帝庙定制,颁太常寺所撰帝君祝文,及后殿祭帝君先代祝文,殿后奉帝君,先代神仁。……咸、同间燹残毁。同治九年,知县周溶奉拨茶、盐厘项兴修。规模如式。
>
> 城隍庙,旧在治西重兴寺侧,徙西隅崇法院故址。……康熙五十二年(1713),置田立祀。教谕徐绪振序之,有碑(见道光县志)。同治九年,知县周溶奉拨茶厘公项重修,规模如旧。
>
> 火神庙,在秀墩街,雍正十三年后,州县皆照京师,以六月二十三日致祭。嘉庆十五年(1810),知县张庆曾劝修,咸丰甲寅后毁于

兵,同治八年知县,周溶拨茶、盐厘项重修①。

由此可见,祁门县每年的茶厘数目定然不菲。那么茶业对于胡家而言又具有怎样的意义呢?如前所述,同村人胡元龙创制红茶赴九江、武汉出售获得成功,引得同村人争先效仿,胡廷卿家亦不例外。他于光绪十一年(1885)购买第一块名为汪郎冲的茶籽地,在随后的十几年间不计菜园和种山股权,又先后购买了六块茶籽地,加上承祖分来的祠背后山,共计七块②。虽然总体面积不大,但从光绪十一年(1885)开始,他专列茶叶账簿,记录每年的茶业收入细账,这说明茶业已成为他们家的主要收入来源之一。

统计胡家的茶业收入非常困难,主要原因是数据处理不易。除前文提及的各种货币间的换算关系复杂外,统计茶业收入的困难还与以下两个因素有关:

第一,胡廷卿茶业账簿中记载的所售茶叶有三类,即红茶、枝茶和茶草。一年中有春夏两次采茶季节,春季所采的茶称为春茶,夏季所采的则称作子茶。春茶一般皆制成红茶,全部用于销售;子茶一般制成枝茶或洋茶,洋茶全部自用,枝茶多用作销售。在胡廷卿正式投资茶叶种植之前,他有多次购买洋茶(绿茶)的记录,如:

(光绪七年)六月初三,支钱二百四十文,买洋茶二斤(本家茶);

支钱一百六十二,买洋茶一斤二两。

(光绪八年)六月十三,支钱一百三十二,买金生洋茶一斤。

(光绪十年)四月十九日,支钱叁佰九十文,买洋茶三斤,(二两称),新生嫂挡来。③

由此看出,当地人喝的是绿茶,而红茶全部用于销售。茶草即采摘下来的鲜叶,有时也会直接出售。对于茶草,笔者将其折算为红茶加以统计。在

---

①(清)周溶修,汪韵珊纂《祁门县志》卷九《坛庙》,第291页。
②王钰欣、周绍泉主编:《徽州千年契约文书 清·民国编》卷15《光绪十七年祁门胡廷卿立春茶总登》,第449页。
③王钰欣、周绍泉主编:《徽州千年契约文书 清·民国编》卷14,第1、30、130页。

统计过程中,如果对此不加注意,就很容易出现错误。

第二,胡廷卿茶叶账簿中记录各类茶叶的重量单位并不相同。一般而言,多为十六两一斤,但有时在计算洋茶或枝茶时会采用十八两秤。对此如果不能准确地换算,也会出现误差。

在细致梳理账簿记载的基础上,笔者统计出胡廷卿的茶业收入,并将结果按照当年的银钱比率和大米价格换算成可购得大米的数量(表 4-3-5)①,以显示茶业收入在实际生活中的意义。表 4-3-5 的统计自光绪八年(1882)始,至光绪三十年止(1904)(中间缺九、十两年)。

表 4-3-5 光绪八年至三十年胡家茶业收入简表(缺光绪九、十年)

年份	红茶(斤)	红茶所售洋数		枝茶(斤)	枝茶所售钱数(文)	洋(绿)茶(斤)	总铜钱数量(文)	可购米数量(升)	资料来源	
		本洋(元)	英洋(元)						卷	页
光绪八年	19.9075	3.886				6.5	4806.3	171.65	14	56—58
光绪十一年	36.25	8				4.75	10032	334.4	14	322
光绪十二年	35	11.2				6	13865.6	462.2	14	322
光绪十三年	51.125	8.22				10.125	10225.7	309.9	14	322
光绪十四年	30	5.31		2.5	兑东川	7.25	6605.6	200.2	14	322
光绪十五年	44.875,另存茶3斤	11.726				3(大斤)	14821.7	529.3	14	322
光绪十六年	46.625,另存茶1.625斤	8.034				15.22(18两)	10460.3	373.6	14	322
光绪十七年	43.5	9.135				13.1875	11756.8	452.2	15	452
光绪十八年	65.625	9.844		1.8125	164	17.25	12843.1	458.7	15	453
光绪十九年	53.75	15.013				6	19141.6	546.9	15	453
光绪二十年	48	8.013				17.5	10208.6	340.3	15	453

---

① 洋、钱、大米的换算,按本章第一节之表 4-1-4。

续表

年份	红茶（斤）	红茶所售洋数		枝茶（斤）	枝茶所售钱数（文）	洋(绿)茶(斤)	总铜钱数量（文）	可购米数量（升）	资料来源	
		本洋（元）	英洋（元）						卷	页
光绪二十一年	83.75（内3斤2两未售）	15.006		8	1173	17	20260.6	675.4	15	435—445
光绪二十二年	88		16.426	5.4375	621	19.625	16866.3	527.1	16	295
光绪二十三年	84.6875		21.049			9.75	20354.4	581.6	16	295
光绪二十四年	102.6875		25.598	不详	1076		25266.2	664.9	16	314—324
光绪二十五年	111.25		32.689+1(售茶草)	3.3125	478	19	33358.5	981.1	17	284
光绪二十六年	109.8125		25.305			15.25	25178.5	662.6	17	284
光绪二十七年	105.75		25.83			18.5	26527.4	552.7	17	284
光绪二十八年	95.75		23.05			21.75	22566	451.3	17	284
光绪二十九年	93.6875		30.011	2.75	兑东川	13.75	27970.3	559.4	17	284
光绪三十年	90.1875		24.283	19.875		18.5（18两）	21417.6	713.9	18	285

说明：表中"卷""页"指《徽州千年契约文书 清·民国编》的卷数和页码。

笔者的统计结果与已有研究有所不同。下面以胡廷卿在光绪八年（1882）的茶业收入为例，详细说明笔者的计算方法，详见表4-3-6。

表4-3-6 光绪八年（1882）胡家茶业收入详表

茶季	日期	茶园	茶草数		出茶数			售茶收入及价格			备注	材料来源（页）
			斤	两	种类	斤	两	钱（文）	洋（元）	价格（元）		
春茶	三月初七	小弯	3	12				252	—		开山，出称3斤	56
春茶	三月十二	小弯、黄土块	12	—	红茶	2	3		0.55		除3.5斤未做	56
春茶	三月十二	后山	5		红茶	1	15	—	0.5	0.26	—	56

续表

茶季	日期	茶园	茶草数 斤	茶草数 两	出茶数 种类	出茶数 斤	出茶数 两	售茶收入及价格 钱（文）	售茶收入及价格 洋（元）	售茶收入及价格 价格（元）	备注	材料来源（页）
春茶	三月十三	后山	9	8	红茶	2	15	—	0.71	0.29		56
春茶	三月十四	小弯、黄土块	3	8	红茶							56
春茶	三月十四	小弯	4	15	红茶	1	5	—	0.2	0.232		56
春茶	三月十七	小弯、黄土块	13	—	红茶	3	7	—	0.627		四店做	57
春茶	三月十八	后山	4.5	—	红茶	1	2	—	0.2		四店做	57
春茶	三月十八	小弯	5.5	—	洋茶	1	7				存	57
春茶	三月廿三	小山、后山、黄土块	12	—	洋茶	3	15	—	—		存。内买花嫂茶草2斤12两，扣钱66	57
子茶	四月三十	—	—	—	红茶	2	5	380	—	0.165		58
子茶	五月初一	—	—	—	红茶	2	12	454	—	0.165		58
子茶	五月初八	—	—	—	红茶		15	150	—	0.16		58
子茶	五月十八	—	—	—	洋茶	1	3	—	—		又买金生洋茶1斤，计钱132	58

说明：表中材料来源"页"是指《徽州千年契约文书 清·民国编》第14卷的页码。

光绪八年(1882)，胡廷卿尚未购买其他茶荄地，仅有承祖分来的小弯、后山和黄土块三块茶荄地，因此出茶数量不多。胡廷卿一家从本年三月初七开山采茶，至五月十八结束，前后共计两月有余。在记载中，胡廷卿做过五次总结，分别是三月十二、三月十五、三月十八、四月廿三及五月十八。前三次是对红茶产销情况的总结，但不包括三月初七所出售的3斤茶草和五月份所产的6斤红茶；后两次是对洋茶产销情况的总结，除买金生1斤外，自己所产洋茶6斤9两，为十八两秤，与红茶的十六两秤不同。其中，三月廿三日所记载的3斤15两洋茶中，包含了从花嫂处购买的2斤12两茶草（费用为制钱66文）。因此，胡家全年茶业收入为：茶草3斤12两（钱252文，扣洋0.22元）、红茶 18 斤 15 两(十六两秤,本洋 2.887 元,钱 984 文,茶厘 252 文),洋茶 6 斤 7 两(内买花嫂茶草 2 斤 12 两,扣钱 66 文)。如果将三月初七售出的茶草(3.75 斤)折算成红茶(按 3.88 茶草≈1 斤红茶算)约 0.97 斤,最后的结果为红茶 19.9075 斤,售得本洋约 3.866 元,本年红茶均价为每斤约 0.194 元。通过核算,胡家该年经营茶业毛收入为:制钱 252(茶草)+984(红茶)=1236 文,本洋 2.887 元,总共合制钱 4882.281 文,可购大米 174.37 升。

(三)土地效益

胡家土地的谷米收入多为租谷,因此其效益无法讨论,笔者仅就其茶籽地的效益进行初步探讨。

根据邹怡对徽州茶叶生产的细致研究,茶叶生产历经栽培、翻耕、施肥、采摘、初制、精制等阶段①。在这几个环节中,茶叶在幼苗栽培之后,一般 10 到 15 年不会重栽,而翻耕、施肥、采摘和初制每年都会进行,精制这一环节则基本与胡廷卿无关。茶叶从栽培到初制,中间需要雇佣人力完成;同时,制茶需用木炭和木柴,这些费用皆需计算在内。然而,由于账簿记载的限制,无法确知有些费用是否直接跟茶叶生产相关。如胡廷卿账簿几乎每年都购买木柴,且随着茶籽地面积的扩大,木柴的购买量也随之增加,但所购木柴是否全部用于烘制茶叶,则不能确定。因此,下面笔者仅根据对光绪二十四年(1896)的相关记载,对茶叶生产的成本加以初步估计,以求对茶籽地的经济效益作一简单讨论。

光绪二十四年(1898)三月廿四日,胡廷卿花费英洋 1 元 5 角,从金和处购买了尚义祀处于背后山枫树坦的茶籽地一备,但购买的仅仅是租佃权,每年还须向尚义祀缴纳租金制钱 46 文②。由于购买茶籽地所需费用不菲,且属于一次性投入,需将此费用分摊于各年中。但因无法确知适用的年限,为便于讨论,故将这一部分费用略去不计。根据光绪二十四年的《收支总登》记

---

① 邹怡:《明清以来的徽州茶业与地方社会:1368—1949》,上海:复旦大学出版社,2012 年。
② 王钰欣、周绍泉主编:《徽州千年契约文书 清·民国编》第 16 卷《光绪二十四年祁门胡廷卿立〈收支总登〉》,第 313 页。

载,笔者将该年用于茶叶种植、制作的费用加以统计并列表格如表 4-3-7 所示。

表 4-3-7　光绪二十四年(1898)胡廷卿的茶业投入

开支项目	支付种类	数量	开支项目	支付种类	数量
柴	英洋	2 元	工	英洋	2 元
	钱	1174 文		米	4.1 升
	米	77.2 升		钱	2475 文
	豆	1 升		亥	1 斤
地租	钱	46 文		亥油	1 斤
厘金	钱	125 文			
总计钱 7931 文,米约 81.3 升,二者共计米约 289.4 升					

说明:(1)本表数字不计胡廷卿购买茶荄地费用;(2)豆 1 升＝36 文,亥 1 斤＝120 文,亥油 1 斤≈175 文;(3)资料来源:《徽州千年契约文书 清·民国编》卷 16《光绪二十四年祁门胡廷卿立〈收支总登〉》。

胡廷卿在支付柴钱和工人工资时,支付方式有英洋、制钱、大米、黄豆以及猪肉和猪油,但以英洋和制钱为主。经过换算,光绪二十四年(1898),胡廷卿在茶叶生产方面投入的资本为大米 289.4 升,加上购买茶荄地的支出共约 300 升大米。同年胡廷卿茶业收入约为大米 664.9 升(见表 4-3-5),据此,胡廷卿茶业经营盈利约为大米 364.9 升,获利率约为 54.88%,获利较高。因此,茶业对当地民众而言,经济意义十分重要。

结语

胡家的收入来源主要有三个,首先是塾师收入。胡廷卿所开办的塾馆,从学生来源看,既有族学形态,又不限于此;从学生规模看,数量基本在二十名以内。通过将塾师收入折算成大米数量,可以发现,作为一项终身职业,塾师的收入十分稳定,对胡家的生活具有重要意义。但笔者认为在晚清时期的徽州，仅凭塾师收入并不能满足家庭的基本生活需求，尚需其他收入辅助。当然，国家教育制度的改革对该项收入亦带来了影响，为此，胡廷卿积极应对，采取多种方式以保证收入的稳定性。

其次，凭借技术性知识所获得的收入。作为一名乡村知识分子，胡廷卿掌握了费孝通先生所称的"技术性知识"，在乡村扮演着多重角色。这些角色不仅为其带来了收入，而且随着其年龄的增长，呈现出职业化的趋势。该项收入的数额越来越多，特别是在胡廷卿历经家庭变故后，该项收入与塾师收入构成他的全部收入来源，在生活中起着重要的作用。

其次是土地的收入。与广大的乡村塾师一样，胡廷卿的生计模式也是亦塾亦农。在塾师收入不能满足其生存所需的情况下，胡廷卿亦借助土地的收入作为生活的另一来源。对于胡家而言，土地收入主要包括公共族产与个人土地两种。其中，族产收入主要以谷米的形式实现，但数量不多；而个人收入则主要是经营茶业所获。在出现天灾农业歉收的情况下，族中具有救济功能的粮食机构亦会开仓放粮，且数量较大。由此可看出，晚清时代的徽州乡村民众在土地方面所获收入主要包括分自族产的租谷，数量不多但较为稳定；具有救济功能的谷米，数量较大，但不稳定；作为经济作物茶叶的收入，其多少与茶叶市场价格的波动密切相关，体现了农业的商品化。而且，茶业在当地民众生活中具有重要的经济意义。

第五章 社会关系、经济网络与社会组织

生活于一定空间中的个人要想生存,必须要借助他人以获取生存所必需的物质产品,由此达成各种关系,产生社会组织,进而组成人类社会。随着社会的发展,人类基本上通过三种方式来结成各种社会关系,即血缘、地缘和业缘。本章主要从两个方面来探讨这一问题,一是复原胡家因各种因素而建立起来的经济网络,二是探讨日常生活中与胡家有联系的各种社会组织。

第一节 社会关系与胡家日常经济网络的形成

经济网络是民众在日常生活中经由经济关系所产生的人际及社会网络,经济关系是其主要内容。学界对于经济网络的研究颇为丰富,自美国人类学家施坚雅提出以市场为核心构建中国区域体系以来,国内学者对城镇体系、城乡市场网络做了大量研究并取得了丰硕成果。然而既往研究成果多着眼于宏观与中观层次,对于以个人为中心所建立起来的经济网络则殊少涉及。胡家在日常经济生活中所产生的经济关系,笔者称之为经济网络。

就经济类型而言,胡廷卿的经济网络主要由两种类型的经济活动构成:第一,账务收支。在账簿中,胡廷卿将每日的每一笔收支都作了记录,这种经济联系最为频繁,也是最主要的经济关系;第二,购物。除此之外,还有在换

钱等行为中所建立的关系。对因购物而产生的经济联系在第四章中已作过经济空间上的探讨,而换钱行为在日常生活中数量不多,因此,本节仅就胡家在日常生活中因账务收支而与个人或家庭产生的经济联系进行探讨。笔者主要解决的问题,是通过研究这一经济网络的形成,分析以血缘为标准的社会关系在其中的不同作用。

一、经济网络的社会关系分析

胡家日常经济交往的对象十分广泛,仔细梳理这些交往对象,结合族谱可以确定其中大部分人的身份以及与胡家的社会关系,由此可以了解胡家经济网络背后的社会因素。

(一)账簿统计

在与胡家有经济交往的对象中,有的持续几十年,有的仅偶尔一次。据笔者统计,胡家每年经济来往的对象不同,次数也不一。由于经济交易并非全部是一次完成,因此笔者对账簿中记载的实际交往次数加以统计。按照这一标准,笔者将光绪七年(1881)(自本年六月份开始)至光绪二十六年(1900)(缺23年)近19年来所发生的来往次数及对象进行细致的统计和分类①。结果显示,在近19年中,与胡家产生经济关系的明确交往对象可分为个人、商号与社会组织三大类。有关社会组织的研究,笔者将在第二节探讨,而商号因与本文无关,故在此从略。本节仅就胡家经济网络中的个人或家庭加以探讨。胡廷卿一家与个人的经济交往共计6075次,涉及对象813人(家,祖孙三代为一家)。而这些对象与胡家经济往来的次数悬殊较大,有多达513次者,也有仅1次者,且后者占大多数。笔者按照交往次数的多少,对其加以粗略划分,列成表5-1-1:

---

①笔者之所以选择光绪七年至二十六年的账簿作为统计对象,原因在于其余年份的流水账没有留下,出于对统计数据相对完整性的追求,本节仅对流水账中的交往对象统计分析。

表 5-1-1　19 年间个人(家庭)与胡廷卿的经济来往次数分段统计表

范围(次)	人数(个)	比例(%)
500 次以上	1	0.12
400~499	0	0
300~399	1	0.12
200~299	1	0.12
100~199	4	0.49
50~99	9	1.11
25~49	25	3.08
10~24	94	11.56
2~9	317	38.99
1	361	44.4

注：表中数字采用四舍五入，保留小数点后两位。

透过上表，我们可以看出，就胡家而言，19 年中与其发生经济往来的个人(家庭)在 25 次及以上的仅有 41 个，约占总数的 5%，但平均每年都联系 1~2 次，可视为一种固定的经济关系。24 次及以下者高达 772 个，约占全部交往对象的 95%，但因只是一种偶尔的经济交往，不具有统计意义，故本书不予讨论。为了更好地说明问题，笔者将与胡廷卿家交往次数在 25 次以上的个人(家庭)加以统计分析，列表如 5-1-2 所示：

表 5-1-2　19 年间与胡廷卿有固定经济往来关系的对象统计分析表(部分)

所在地	人物	总次数	所在地	人物	总次数
	瑞记(店、云路)	530	文硎	复美	37
	宇福	320	板溪	康杰	36
	秋福	211	西路	得(德)(女、妇、竹匠)	34
	周意(父子、兄、嫂)	145	中和	焰文(先、兄、嫂)	34
	地生(弟、厨子)	142		意嫚	32
	观应(嫂)	139		林(妇)	31
	树(澍)廷兄(嫂、记)	114		五松	31
	壬亨(妇)	92		达辉兄	30

续表

所在地	人物	总次数	所在地	人物	总次数
	寿孙(嫂)	85		良(妇、采司、徒弟)	30
	谦益(店)	80		光明(侄、妇)	29
	四盛(店)	77		老余(瑜)	29
	玉发叔婆(叔)	76	侯潭	汪干廷亲(叔岳、叔岳母)	28
	金生	62		黄平天	28
	东海兄	61		长太婶	28
	森林(壬)兄	59		九(嫂)	27
	列全叔(婶)	58		花(嫂)	26
	信夫(弟)	47		家(嘉)德	26
	应麒	43		毛嫚	26
	锦书(店)	41		茂花	25
	喜元(嫂)	40		汪神照	25
	明孙嫂	39			

上表中涉及的41个人(家)中,从交往范围来看,除板溪的康杰、西路的得竹匠以及侯潭的岳父母位于贵溪村之外,其余38个皆位于贵溪村内。值得说明的是,上表中的"人物"一项中,多数是个人身份,但亦有一小部分是个人兼商号,如联系次数最多的瑞记即是如此。瑞记的主人是胡兆瑞,是胡廷卿的堂兄。在与胡家的交往中,他既有因血缘关系而产生的交往,亦有因开办商号而产生的经济往来。为了与那些单纯的商号相区别,笔者将其列入"人物"一栏。

(二)交往对象的社会关系分析

由于表中的大部分交往者皆生活于贵溪村中,绝大多数属贵溪胡氏子孙(当然,因入赘的原因,有少数外姓加入,但数量不多,且其后代一般亦姓胡),因此笔者试图利用族谱来复原他们与胡廷卿的血缘关系。依据族谱,至晚清,贵溪村共有13个支派,胡廷卿属于其中的积善堂。笔者利用光绪十四年(1888)《祁门胡氏族谱》和民国十三年(1924)《祁门贵溪胡氏支谱》两部族谱,将积善堂中与胡家血缘关系最近的久公派与统计表中的人物加以比对,其关系如表5-1-3所示:

表 5-1-3 久公派下与胡廷卿家经济交往对象统计表①

堂号	21	22	23	24	27	28	29	30	31	32	33	34	35
积善堂	相久	周隆	太仆	时中	辉祖	有焊	拱时	邦辐	上政	昌金	明孙	逢春	
									上微	昌鋥	曰痒	记春	
												小春	
												阳春	开域
		周文	太节	时慎	士仪	光懋	拱昂	邦綵	上环	长太	台福		
									上瑁	昌际	树(澍)廷	福子	
									上瑷	昌随	壬亨弟	茂开	
										昌荫	周意(桂廷)		
								思诚		昌陶	兆瑞	冬谟	承谟
												金开	
												夏开	
											地生	神开	
									上机		廷卿	略	
										昌陞	宇福	悦开	
												善开	
												日开	
											秋福	和开	
				时言	士翔	光序	拱昕	邦熹	上灏	昌鍊	东海	顺德	
												田根	
							邦照	上汾	昌镌	五松		
							邦煦	上藻	树林	信夫	云锦	
					光度	拱旦	邦傅	上喜	昌柏	金生	振之	
							邦传	上双	昌桢	森壬(林)	柳根	
							邦从	上珠	昌松	观应	新根	
					光廉	拱昶	邦趣	上璧	列全	顺丁		
						拱旸	邦■	玉法	记寿	金海		
									记松			

① 本表综合(清)胡廷琛编修:《祁门胡氏族谱》和(民国)胡承祚编修《胡氏支谱》两部族谱信息制作而成。

结合族谱考证,表 5-1-2 中的周意兄和桂廷为同一人,悦开为其二弟宇福的儿子,而令则是宇福的妻子,因此三者可合为一家;壬亨和茂开、澍廷和福子、观应和新根三者皆为父子关系,亦可列入一家。不过,由于传统时代人名、号、字都不一,账簿中的姓名与族谱中的姓名记载有诸多不一致,因此有部分无法复原,只能阙如。结合表 5-1-3 可知,久公派下子孙与胡廷卿一家有多次经济交往的对象共计 18 家,其中以胡廷卿所属的周文后裔群体最多。再通过表 5-1-4 可以看出,久公派下子孙在胡廷卿的经济网络中占有核心地位,交往次数高达 2239 次。笔者依据与胡家建立经济联系的个人(家)全部对象和 25 次及以上对象两个标准,然后再按时慎派、时言派和时中派三个层次进行比较,则会发现,在久公派子孙中,时慎派是交往的核心,他们和胡家关系皆在五服之内(详见表5-1-5)。

表 5-1-4　19 年间久公派子孙与胡廷卿联系 25 次以上统计分析表

堂号	祖先	支派	关系	次数	小计	总计
积善堂	相久公	周文				2239
		志敏时慎派下	兄弟	531	1582	
			堂兄弟	672		
			同曾祖	351		
			同高祖	28		
		志敏时言派下			533	
		周隆				
		志敏时中派下			124	

表 5-1-5　19 年间久公派子孙与胡廷卿一家联系 25 次以上所占比例表

堂号	祖先	支派		个人(家)总次数(%)			个人(家)25 次以上(%)		
积善堂	相久公	周文	志敏时慎派下	26.1	34.87	36.92	51.88	69.32	73.37
			志敏时言派下	—			—		
		周隆	志敏时中派下	—					

前已述及,积善堂的派祖是胡宅的十六世孙胡兰孙。传至二十世,其派下有 7 个裔孙,其中志敏是 19 世孙宣和的第四子。志敏育有二子,即相

忠和相久,因此在民国十三年(1924)所编修的《祁门贵溪胡氏支谱》中,即是志敏开头,分为"志敏公相忠派"和"志敏公相久派",其中相忠育有一子,即周镐;而相久则育有三子,即周隆、周文和周道。其中周道后裔不多,在上述表格的人物中也未见周道的后裔。显然,表中所涉及的人物全部是相久的两个儿子周隆和周文的后裔,胡廷卿即属于周文支派。胡廷卿账簿中多次记载的久公祀、隆公祀和文公祀,就是以相久、周隆、周文三人为名而成立的宗族组织。他们皆生活于明代正德以前的成化、弘治年间(1465—1505)。久公祀的设立与25世孙胡守宏有关。据载,"守宏,倡立久公祀,输田租数十秤与本门尚义。又捐田租数十秤与杞公祀。迄今,清明久祀、尚义、杞祀俱标挂公等坟墓"①。显然,久公祀的设立让其派下子孙更具有认同感。

但是在民国的支谱中,他们又以24世孙的时中、时慎、时言再次确立自己的亲疏关系,这又出现了"志敏公时中""志敏公时慎"和"志敏公时言"三个支派。但根据胡廷卿所管理的宗族组织看,他们的后裔并未以其三人为核心建立宗族组织。因此,胡廷卿的经济网络是以隆公和文公为基础的。据此,我们可以看出,在胡家的经济网络中,支派尤其是五服以内的本家起着核心作用,其次是本族,再次是贵溪村所在的本宗,最后扩展至其他(见图5-1-1)。下面,笔者专门对久公派中与胡廷卿家产生经济联系的对象类型作进一步分析,以期明确他们在胡廷卿的经济生活中所扮演的角色。

---

① (民国)胡承祚编修:《胡氏支谱·愿公派下图五》(不分卷),第20页左~21页右。

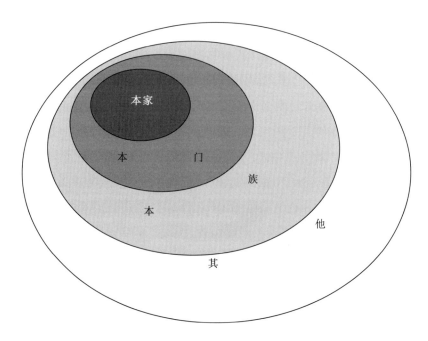

图 5-1-1　胡廷卿经济网络示意图

(三)久公派与胡家的经济联系类型分析

久公派子孙与胡廷卿一家的经济交往主要都有哪些类型呢?

刘永华在谈到利用排日账讨论乡村人际网络的社会关系时,曾将各种关系以"个体""社群"两个标尺分为"日常行事""年节行事"和"人生礼仪"三个大类,下面又分成 13 个小类①。笔者即参照这一划分,对胡廷卿建立的各类经济联系加以分类。由于本文所探讨的仅是个人,因此将"社群"这一标尺舍去。同时,由于内容不同,笔者又将三大类下面的小类稍加扩充。此外,笔者将"个人"分为"时慎派""时言派"和"时中派"三个小标尺进行分别统计。据此分类,在久公派子孙与胡廷卿建立的 2239 次经济联系中,未知原因占 94 次,而在同一次联系中存在多重原因的,如"做工、借贷"等,仅有 6 次,不影响结论。故此,笔者仅对具有单一原因的 2139 次经济联系进行讨论(详见表 5-1-6)。

---

① 刘永华:《排日账与 19 世纪徽州乡村社会研究——兼谈明清社会史研究的方法与史料》,《学术月刊》,2018 年第 4 期,第 134 页。

表 5-1-6　久公派子孙联系 25 次及以上分类统计表

类别	内容	时慎派	时言派	时中派	小计	总计
日常行事	买卖	613	140	39	792	2019
	借贷	366	55	10	431	
	教育	140	88	9	237	
	行会	36	19	2	57	
	做工	162	160	53	375	
	技术	18	6	0	24	
	租赁	4	1	0	5	
	信仰	0	1	0	1	
	接济	3	0	0	3	
	换钱	7	0	0	7	
	典当	1	0	0	1	
	人情往来	27	14	2	43	
	组织事务	35	7	1	43	
年节行事	春节	47	13	0	60	83
	端午	5	2	0	7	
	中秋	14	2	0	16	
人生礼仪	生育	6	0	0	6	37
	科考	1	2	0	3	
	婚嫁	14	7	1	22	
	寿诞	5	0	0	5	
	丧葬	1	0	0	1	
混合型		1	3	2	6	6
未知		76	13	5	94	94
总计		1582	533	124	2239	

观察上表可知，时慎派作为与胡家血缘关系最近的群体，在各个方面与其都有经济往来，在笔者统计的 21 类交往类型中，时慎派涉及 20 种，可见他

们在胡家经济生活中的重要性。与胡家同属周文后裔的时言派子孙,联系类型少一些,包含15种,像"接济""换钱"以及人生礼仪中的"生育""寿诞"和"丧葬"之类不在其中。时中派虽属久公派,但他们是周文之兄周隆的后裔,在社会关系上又远了一层,因此在经济联系类型上也最少,仅有8种。他们与胡家不仅在"日常行事"中的联系少了许多,而且在"年节行事"和"人生礼仪"两大类中也仅有1种。显然,与前两个支派相比,时中派与胡家更多的是日常的经济来往,在重要仪式中联系不多。当然,表5-1-6的统计结果并非全部,也不代表久公派下所有子孙。

从交往类型上看,在胡家的经济网络中,买卖是最重要的因素,其次是借贷、教育和做工。这里的借贷包含"借"和"贷"两种,前者不产生利息,是一种人情上的互助;而后者则产生利息,商业性质较为明显。"借"既包括借钱,也包括对粮食的借还,如生活中邻里对谷米的相互周转等。教育是由胡廷卿的个人身份所决定,在他的职业生涯中,塾师是他的终身职业。而且,胡廷卿的长子胡云青也曾于光绪十四、十五、十七年(1888、1889、1891)开馆授徒,由此他们一家跟周围的民众建立了频繁的经济往来。做工一项则体现出胡廷卿的"乡居"特点。作为一名乡村生员,他们一家通过族产分配、祖产继承以及购买等途径,拥有了少量土地。这些土地大多用于种植茶荈,在对茶荈进行种植、采摘的过程中,每年需要雇佣劳动力,由此也形成了固定的经济联系。另外,表5-1-6中的"技术"即是前已探讨的"技术性知识",随着年龄和经验的增加,胡廷卿由此产生的经济交往愈来愈多。总之,胡家经济网络的形成,与其家庭成员的职业身份、乡村社会特质密切相关。为了进一步说明问题,笔者再将三个支派的联系类型在各自总次数中所占的比例加以统计(详见表5-1-7和图5-1-2)。

表 5-1-7 久公派子孙交往 25 次及以上各自比例统计表

类别	内容	时慎派(%)	时言派(%)	时中派(%)	类别	内容	时慎派(%)	时言派(%)	时中派(%)
日常行事	买卖	38.75	26.27	31.45	日常行事	人情往来	1.71	2.63	1.61
	借贷	23.14	10.32	8.06		组织事务	2.21	1.31	0.81
	教育	8.85	16.51	7.26	年节行事	春节	2.97	2.44	0
	行会	2.28	3.56	1.61		端午	0.32	0.38	0
	做工	10.24	30.02	42.74		中秋	0.88	0.38	0
	技术	1.14	1.13	0	人生礼仪	生育	0.38	0	0
	租赁	0.25	0.19	0		科考	0.06	0.38	0
	信仰	0	0.19	0		婚嫁	0.88	1.31	0.81
	接济	0.19	0	0		寿诞	0.32	0	0
	换钱	0.44	0	0		丧葬	0.06	0	0
	典当	0.06	0	0					

注：表中百分比是指各类联系次数与各支派的总次数之比。

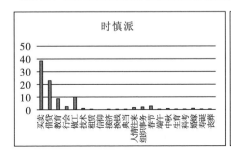

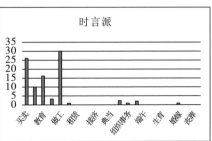

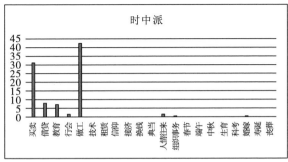

图 5-1-2 久公派子孙交往 25 次及以上各自比例柱状图

结合表 5-1-7 和图 5-1-2 发现,三个支派与胡家建立经济网络的原因类型各有差别。三个支派在与胡家的各类经济联系中,所占比例位居前三的分别是:时慎派:买卖、借贷和做工;时言派:做工、买卖和教育;时中派:做工、买卖和借贷。其中值得注意的是借贷和做工两项。

首先看借贷。无论是"借"还是"贷"都具有一定风险,因此,借贷的对象是以信任为基础的。胡家在借贷行为中,最为依赖的是五服之内的本家兄弟。与之相一致的是胡家另一筹集资金的方式——行会。行会即一般意义上的合会、摇会,这是传统徽州乃至全国大部分地区都普遍流行的筹资方式。表 5-1-6 的统计结果显示,时慎派因行会而与胡家产生的经济交往有 36 次,时言派有 19 次,时中派有 2 次。由此观之,按照五服划分的"本家"在民众筹资中具有重要意义。

其次是做工。做工主要是请人对茶荑地进行施肥、挖土等工作,同时还包括舂米、挑米、建房等,它体现的是一种雇佣关系,商业性质较为明显。从表 5-1-7 可知,在三个支派产生经济交往的总数中,"做工"一项所占的比例依次增高,特别是血缘关系最远的时中派,因做工产生的联系次数(53 次)占其全部次数(124 次)的 42.74%,远高于其他类型。那么,这一经济网络的形成在日常生活中是如何发生的,以及如何将这一网络嵌入胡家的日常生活中?为了解决上述问题,笔者下面将选择一个年份作微观的分析。

二、久公派与胡家的经济生活

笔者拟以光绪二十六年(1900)为例加以说明。之所以选择这一年,是因为该年是胡家与外界经济来往最频繁的一年,也是胡家事业达到顶峰的一年。这一年胡廷卿 56 岁(虚岁,下同),长子云青 34 岁,在读书应举的同时,亦开始熟悉商业知识。幼子云鹄 23 岁,亦于前年完婚,此时在景德镇的"方长春"号已学习商业知识 6 年。在家庭的经营中,胡廷卿除继续担任塾师外,还继续经营 8 年前与堂兄胡兆瑞等人合资开办的茶号,同时利用云鹄在景德镇工作的机会,从当地购买大米运回本村销售。在土地方面,经过历年的购买和继承积累,此时胡家已拥有五块茶荑地,每年可收入英洋 25 元左右。作为一名颇有威望的生员,胡廷卿在该年除代替俊廷管理善祀外,还同时负责德祀、机祀、地王会和常丰粮局的管理。因此,胡廷卿一家这一年十分忙碌。无论如何,胡廷卿在本年心情看来不错,他于本年正月初二在家庭收支账簿中提笔写下了"开笔大吉"四个大字,并于第二天再次写下"满堂吉庆"。此后自四月至腊月,在每月的初一,他都会写下"万事大吉""境遇亨通""福缘善庆""吉星拱照"等吉祥语①。这种书写习惯在此前虽然也有,却很少如此频繁地出现,由此可以看出这一年胡廷卿的愉悦心情。

通过对该年的流水账簿统计,胡家本年共产生经济行为 980 次,除去胡廷卿两个儿子、儿媳以及自家的开销记录共计 26 次外,与他人联系次数为 954 次。其中交往对象不明者 192 次,有明确交往对象者 762 次。其交往类型包括 18 种,详见表 5-1-8。

表 5-1-8　光绪二十六年(1900)经济交往类型分类表

类别	内容	次数	类别	内容	次数	类别	内容	次数
日常行事	买卖	429	日常行事	换钱(洋)	15	年节行事	春节	9
	借贷	64		典当	6		端午	1
	教育	39		人情往来	12	人生礼仪	生育	1
	行会	6		服务	19		婚嫁	4
	做工	131		商业经营	7	未知		23
	技术	16		捎带	1			
	租赁	4		组织事务	167			

透过上表可以发现,本年内因买卖产生的交往依然最多,达 429 次。由于胡廷卿在今年管理了 5 个宗族组织,因此,因组织事务而产生的交往也很多,达 167 次。但交往对象大多为宗族组织,多达 125 次,而与个人交往的仅有 42 次。因此,做工、借贷、教育仍是交往的重要因素。

通过对本年内有明确记载的交往对象进行分析后发现,本年与胡家建立经济交往的各类对象有 231 个,其中个人 190 位、555 次,商号 18 个、84 次,社会组织 23 个、125 次。其中,在"个人"交往中,次数最多者为胡廷卿的弟

---

① 王钰欣、周绍泉主编:《徽州千年契约文书·清·民国编》第 17 卷《光绪二十六年祁门胡廷卿立〈收支总登〉》,第 39、52、62、70、77、83、97、101、108、113 页。

弟宇福一家,为30次;其次是其堂兄胡兆瑞一家,为29次。经过比对光绪十四年(1888)和民国十三年(1924)两部族谱,在个人交往中,久公派子孙有39位,交往次数为216次,占本年经济交往总次数的23％左右,平均次数达5次以上,在有明确交往对象的"个人"一项中约占39％,而人数仅占其21％不到。显然,久公派子孙在本年的经济交往中依然起着主要作用,具体类型如表5-1-9所示。

表 5-1-9　光绪二十六年(1900)久公派子孙与胡家经济交往原因分类表

支派	类别	原因	具体原因	次数	共计	支派	类别	原因	具体原因	次数	共计
时中	日常行事	买卖	购柴	1	43	时慎	日常行事	买卖	购柴	18	103
			购物	3					购物	23	
			售米	14					购物、售茶	1	
			售米、借贷	1					售茶	5	
			售物	1					售米	7	
		教育		3					售物	3	
		借存		4				借贷	借存	11	
		人情往来		1					借贷	2	
		组织事务		2					借米	5	
		做工		12				教育		5	
		未知		1				人情往来		1	
时言	日常行事	买卖	购柴	3	71			组织事务		4	
			购物	7				做工		14	
			售米	9			人生礼仪	婚嫁		1	
			售物	2				生育		1	
		借贷	借存	4			未知			2	
			借贷	1							
		行会		1							
		教育		12							
		教育、技术		1							
		人情往来		4							
		组织事务		4							
		做工		18							
	人生礼仪	婚嫁		2							
		未知		3							

注:因本年账簿中的十月十八日,春九和才九放在一起记载,而本表将其分别统计,故总

次数多出一次①。

从表 5-1-9 可知,光绪二十六年(1900)胡廷卿的经济交往与其总体上经济网络的构成相一致,时慎、时言、时中三个支派的联系次数呈现出依次递减的趋势,且买卖、借贷和做工三类仍是最重要的联系类型。而因教育产生的来往在时言派子孙中仍较高,这一点当与该派的人数最多有关。下面笔者从买卖(购物)、借贷和做工三个方面对久公派子孙与胡家的联系作进一步的分析。

(一)买卖

顾名思义,买卖包括买和卖,但因本年胡家并未开设商店,故该年虽然有 30 次的售米行为,但由于是一种生意,因此与本节讨论无关。而售茶则涉及的大多是商号,售物主要是指胡廷卿将担任塾师或看风水等所收到的礼物售出一部分以贴补家用,次数不多,意义不大。因此,笔者仅对"购物"一项进行探讨。

这一年胡家所购买的东西除日用商品外,还包括竹子、砖和木柴,全年共计 242 次,购买对象中久公派子孙有 56 次(含购物、售茶混合型 1 次),占总次数的近四分之一,其中有 19 次的购物对象是其堂兄胡兆瑞。胡兆瑞与胡廷卿是胡上机家族中较有出息的两位子孙,二人一从商,一求仕,相得益彰。而且他们年岁相同,皆生于道光二十五年(1845),相差仅 9 个月。兆瑞虽非长子、长孙,但由于其兄长兆寅过继给了昌隆,且无后,因此兆瑞在本家中的地位较高。而胡廷卿亦是家中长子,因此二人在家中的地位相仿。可能正是这些原因,使得两家的关系十分密切,其联系的频次超过了胡廷卿与其两个兄弟的交往频次(见表 5-1-2)。当然,这也与胡兆瑞所开办的杂货店有关。胡家在兆瑞店 19 次的购物中,所购买的商品有酒、猪肉、猪油、豆腐干、檀香、火纸、腊肉、鞭炮等,都是日常生活中的消费品以及节日用品。

然而,在贵溪村中这类杂货店为数不少,据笔者统计,19 年中胡家光顾

---

① 王钰欣、周绍泉主编:《徽州千年契约文书·清·民国编》第 17 卷《光绪二十六年祁门胡廷卿立〈收支总登〉》,第 105 页。

过的各类商家有 32 家之多,其范围包括县城、塔坊、程村碣等周边小市镇,但大部分位于贵溪村中,详见表 5-1-10。

表 5-1-10　胡家购物所涉店家统计表

店址	名称	经营内容	店址	名称	经营内容	店址	名称	经营内容
程村碣	育隆	未知	贵溪村	四寿店	杂货店	未知	鼎兴	未知
江西浮梁	鸿昌号	米店	贵溪村	子善店	杂货店	未知	振康祥	未知
贵溪村	百福店	面店	贵溪村	宗贤店	杂货店	未知	顶记	未知
贵溪村	梅开店	糕点店	贵溪村	慈生店	未知	未知	鼎和	未知
贵溪村	日积糖坊	糖坊	贵溪村	宗英店	布店	未知	元丰	未知
贵溪村	如意店	糖坊	贵溪村	耀记店	杂货店	未知	元顺	未知
贵溪村	赐店	杂货店	贵溪村	德店	未知	未知	振记	未知
贵溪村	锦书店	杂货店	贵溪村	亨店	未知	未知	振泰号	杂货店
贵溪村	谦益店	杂货店	贵溪村	明遂店	未知	文硚	复美	杂货店
贵溪村	日盛店	杂货店	贵溪村	四店	未知	邑中	起林店	布店
贵溪村	如屏店	杂货店	贵溪村	天林店	未知	邑中	坤大鹤卿	布店
贵溪村	瑞记店	杂货店	贵溪村	志行店	未知	邑中	祥茂宝号	布店
贵溪村	美具局	杂货店	溶口	复成店	粮油店	邑中	仁和店	粮油店
贵溪村	花子店	杂货店	塔坊	森大店	杂货店	邑中	湧茂号	糖坊
贵溪村	四盛店	杂货店	未知	义昌号	未知	邑中	德茂号	杂货店
贵溪村	新丁店	杂货店	未知	正泰	未知	邑中	源隆	未知

由此可知,在贵溪村内麇集着众多的各类商店(号),显然这里有着巨大的消费能力。据《祁门县地名录》载:"(贵溪村)含 8 个村民小组。人多溪小,溪水贵如油,故名。199 户,840 人。[①]"这份人口统计的时间是 20 世纪 80 年代,在晚清时期这里的人数当少于此数。显然,一个山村中有这么多商店(号),并非全部因为本村的人口和偏僻的地理位置,更多的与当地的茶业经

---

① 祁门县地名委员会办公室编:《祁门县地名录·双平区·平里乡》,上海市印刷四厂印刷,1987 年,第 28 页。

济有关。已如前述,贵溪村的红茶事业在晚清时期十分兴盛,一到采茶季节,就会有大量外来劳动力来此进行茶叶的采摘、制作、购买等[①]。特别是茶号,使得大量外来人口一年中大部分时间生活在这里,因此在胡廷卿的家庭收支账簿中有许多外地人在此生活的记录。在大量外来人口的需求下,这里必然会有较多销售日常生活用品的小店。

面对村内这么多的杂货店,胡家可以选择的范围较为广泛,日常生活中,他们也会向其他商店购买商品,但瑞记店始终是首选。以光绪二十六年(1900)为例,在该年与胡家产生经济往来且确定位于本村的杂货店有瑞记店、复美店、四寿店、鼎兴店、四盛店以及四店6家。除瑞记店外,胡家联系较多的是复美店,达到14次,但购买的商品仅有:一0古1条(未知何物)、香干1扎和五十边爆竹3种,另有3次换钱行为,其余为还账。显然,胡家从复美店所购之物比从瑞记店所购之物要少得多。

除购买商品外,胡家这一年还购买了竹子、砖以及木柴等物。竹子和砖应是本年新建房屋所需,不属日常消费,而木柴则是胡家每年都多次大量购买的东西。据笔者统计,19年间,胡家购柴589次,平均每年购柴20次以上,尤其是在光绪十六年(1890)和光绪二十一年(1895)高达63次。笔者推测,胡家大量购柴的原因除用于自家烧火做饭、过冬取暖外,与制作红茶也密切相关。尤其在雨天时,为了尽快制作,赶上好价钱,红茶的初制需要加以烘烤。因此,当地民众就会将附近山上的树木砍下出售。随着胡家茶荋地的增加,每年采摘的茶草也随之增加,因此,所需要的木柴也相应增多。购柴一般在七八月份,其他月份亦有,但相对较少。

在光绪二十六年(1900),胡家因购柴而产生的经济交往有52次,购买干柴、松柴、棍柴共计5060斤,为此支付户米40.86升、客米32.2升、米54.35升、早米3升、铜钱1234文、英洋1元以及盐子2个,除3次未指明购买对

[①] 详细研究可参见邹怡著:《明清以来的徽州茶业与地方社会(1368—1949)》,上海,复旦大学出版社,2012年;康健:《茶业经济与社会变迁:以晚清民国时期的祁门县为中心》,安徽师范大学硕士学位论文,2011年。

象,其余49次涉及对象15人。其中久公派子孙有4位,分别是小春妇、茂开、悦开和新根,次数分别是1次、10次、8次和3次。人数虽仅占五分之一,但次数却高达22次,占五分之二还要多。小春妇属时中派,账簿中未记载其购买木柴的数量,仅载有"(十月初七)支户米五升,又钱四文,小春妇柴钱讫①",因此,我们仅能根据本年的户米价格和柴的价格加以大致推算。根据本年可计算户米价格的17次记载,可得出户米的平均价格约每升36文②。因不同种类的木柴价格不同,而小春妇木柴种类又不明,因此暂以胡家购买次数最多的松柴为标准计算。根据本年与松柴价格有关的10次记载,可以推算出本年每斤松柴约可售得铜钱0.72文③。据此可以算出胡家从小春妇手中购买的松柴约为256斤,加上茂开等三人的购柴数量,共计松柴2408斤,干柴445斤,两者合计2853斤,约占本年购柴总量的56%。

四人中,小春妇属时中派,数量最少。新根属时言派,购买数量为821斤。悦开是胡廷卿弟弟宇福的三子,据民国贵溪支谱载:"兆润,名宇福,字泽卿,生道光廿八年(1848)六月十九未时,殁光绪丙申六月初六日。""云楸,名悦开,字达材,生光绪辛巳十月廿七巳时"④。光绪丙申即光绪二十二年(1896)宇福去世,这也是光绪二十二年以后不见与宇福有关的记载的原因。光绪辛巳则为光绪七年(1881),至光绪二十六年(1900)悦开已20岁,似未婚娶,而其长兄顺开生于同治七年(1868),此时已33岁,应已成家另起炉灶。其二哥文开又早逝,因此,悦开这时应代表宇福与其伯父交往。但他卖给胡家的木柴数量不多,仅370斤。茂开是胡廷卿从兄胡兆浚(即账簿中的壬亨)的独子,从其与胡家的历次交往中可以发现他家并不富裕。本年中他售给胡

---

① 王钰欣、周绍泉主编:《徽州千年契约文书 清·民国编》第17卷《光绪二十六年祁门胡廷卿立〈收支总登〉》,第102页。
② 王钰欣、周绍泉主编:《徽州千年契约文书 清·民国编》第17卷《光绪二十六年祁门胡廷卿立〈收支总登〉》,第42、48、56、64、65、67、81、90、93、95、96、97、112、118页。
③ 王钰欣、周绍泉主编:《徽州千年契约文书·清·民国编》第17卷《光绪二十六年祁门胡廷卿立〈收支总登〉》,第42、44、64、67、75、94、99页。
④ (民国)胡承祚编修:《胡氏支谱·愿公派下图七·时慎派下》(不分卷),第82页。

家的木柴数量最多,多达1406斤。显然,在购柴一项中,久公派子孙也是胡家所依赖的对象。

(二)做工

在胡家的经济网络中,19年中因做工而产生的经济往来多达1120次,仅次于购物,这一点与胡家家庭成员所从事的职业有关。胡廷卿作为一名乡村知识分子,很少参与农事。前已述及,长子云青致力于读书应举,日常协助胡廷卿处理如购物等家庭事务,还曾担任过几年塾师。幼子云鹄则与长子不同,走的是从商之道。云鹄首次被胡廷卿账簿所记载,是在光绪十三年(1887)。至光绪二十年(1894),16岁的云鹄赴江西省景德镇开始学徒生涯,此后关于他的记载日益频繁。光绪三十年(1904)云青去世后,云鹄回到祁门,在距离贵溪45华里的溶口镇上开了一家商铺。

胡家成员的职业结构使得他们在茶园管理、家庭杂务等日常事务上,需要雇请人手,这也是"做工"何以成为其经济网络中第二大因素的重要原因。光绪二十六年(1900)一年,因做工而建立的经济往来有131次(见表5-1-8),有明确对象者为120次,涉及51人或商号,其内容包括挑米、掘茶蔸、舂米、挑酒、挑谷、烧炭等等,涵盖了胡家一年中的各类事务。其中亦有胡家成员为他人做工的情况,主要是为茶号服务,如:

(四月初十)收拣茶钱一百五十六,永芳祥号。

(四月十三)收永芳祥佛子工俸英洋十二元。

(四月十九),收福和祥拣票英洋二元,九五扣钱一千九百。又钱三百二十。

(四月十九)收永芳祥(旧岁打扫)分花香钱三百九十六,计花香二十八斤,扣英洋二元五角,作六人分,阳开得一股。应麟手①。

拣茶,即茶叶制作中的一道工序,将茶叶按叶片大小优劣进行挑选分类,

---

① 王钰欣、周绍泉主编:《徽州千年契约文书·清·民国编》第16卷《光绪二十年祁门胡廷卿立〈进出总登〉》,第54、56、57、58页。

每当茶季,贵溪村全村上下皆参与其中,因其不太费力,胡家人也会参与并获得收入。一般情况下,茶号不是当即付钱,而是先开票,日后再付,所以会有"拣票"的记载。花香,是将茶叶中的花草拣出,以免影响茶叶的味道。云鹄此时已基本掌握了经商知识,因此会在茶季时从景德镇返回,在本村的茶号中工作,同时也可回家探亲,与家人团聚,待茶季结束后,再返回景德镇店中。由于光绪二十四年(1898)清政府开始实行教育改革,云青的科举之途前景不明,因此他也开始另谋他业,着手尝试经商之道,接触茶号经营。除上述4次属胡家为他人做工,另外127次皆是雇佣别人。

在51位明确交往对象中,久公派子孙14人,交往次数为44次,占全部次数的三分之一,具体内容分类如表5-1-11所示。

表5-1-11 光绪二十六年久公派为胡家做工分类表

月	人物	内容	次数	月	人物	内容	次数
正月	五松	烧炭	2	暑月	新根	挑行李	1
杏月	记春	挑米	1	桂月	记春妇	舂米	1
杏月	秋福	挑米	1	桂月	记寿婶	掘茶蔸	2
杏月	五松	烧炭	2	桂月	荫根	挑力	1
杏月	新喜	斫树	1	桂月	令	掘茶蔸	2
杏月	新根	挑米	2	闰八月	新根	掘茶蔸	1
杏月	新根	挑米	1	闰八月	悦开	挑力	1
三月	新根	挑米	1	菊月	记春	未知	6
四月	顺丁	踩红茶	1	菊月	令	舂米	1
四月	顺丁妇	未知	1	十月	地生	未知	1
四月	小春妇	采茶	2	十月	令	舂米	2
四月	新根	挑米	1	十一月	悦开母子	舂米	1
五月	欢喜	挑谷	1	十二月	顺丁	舂米	1
五月	秋福	挑谷、米	1	十二月	悦开	挑零货	1
五月	新根	挑米	1	十二月	令	舂米	2
五月	令	舂米	1				

注:表中的"令"即是宇福之妻、悦开之母。

通过上表可知,本年内久公派子孙在为胡家做工的类型中,挑谷、挑米和舂米是主要内容,其中挑谷 1 次、挑米 9 次、舂米 9 次,三者共计 19 次。这与胡家本年经营大米生意和庆余粮局开仓分米有关。云鹄此时在景德镇当学徒已有 6 年,对当地已十分熟悉。景德镇位于阊江下游,是祁门出长江至汉口、九江的必经之地。景德镇作为明清时期全国四大镇之一,逐渐取代了浮梁县的地位,是祁门人在此经商的聚集地①。云鹄之所以来此当学徒,就是因为这一原因。他在当地的汪鸿昌米店批发大米,并于本年的二月初二寄信给胡廷卿,说明了第一次购回大米的数量和花费:

> 佛子寄上二月初二回信:
>
> (浮邑)汪鸿昌号顶青米四石五斗,合祁斛四石。二八五扣英洋十二元八角二分五。原担扯三五七,又挑力一百四十,扯三七。又齐米六石七斗五升,合祁担六石,二七扣英洋十八元二角二分五。二共英洋三十一元零五分。外下力足钱二百四十八文。又舟力英洋三元二角,付清。齐子改熟米,每石约四升半,原扯二四一,加挑力钱一百四,价合扯三七五②。

从"舟力"的记载看,该米是通过船运沿阊江于二月十四运到祁门。后云鹄(佛子)又于五月三十、六月十四两次购米回来。大米运至祁门境内后,还需要人工挑回贵溪村。表 5-1-11 中的记春、新根以及胡廷卿的弟弟秋福在二月、五月都有挑米的记录,应与此相关。在有明确记载对象的 15 次因挑米而产生的交往中,久公派占了 10 次。

舂米则与本年村内的粮食储备机构庆余粮局分米有关。如第五章所述,祁门县是缺米之区,同时,以宗族的名义占有大量的土地,出租给民众收取租谷,然后存储于本宗族的粮食机构中,逢缺粮年份就开仓放粮。每当此时,族

---

① 程振武编:《祁门人在景德镇》,内部资料,1998 年。
② 王钰欣、周绍泉主编:《徽州千年契约文书·清·民国编》第 16 卷《光绪二十年祁门胡廷卿立〈进出总登〉》,第 43 页。

内子孙会雇人将所分到的数量不等的稻谷舂出大米。有的粮食机构用于管理族人集资购买的稻谷,在粮食价格低廉时购进,存于仓库或是用于交纳每年的粮赋,或待缺粮时再均分给入股之人及其子孙,如本年胡廷卿管理的长丰粮局即是如此,而记载分粮的庆余粮局则是胡廷卿祖父胡上机倡议集资设立①。该年胡家 3 次从庆余粮局分到稻谷:

> (正月)廿一日,收庆余粮局出仓谷三十秤正,三人仝。

> (正月)廿三,出米九十六升,碎米外。三月初一,收并来仓谷一秤十九斤十三两。又收仓谷二十一秤十五斤。三月初九,出米二百六十四升,三月廿六,又出户米四十三升半。

> (三月)廿五日,庆余粮局分来仓谷五十三秤十斤十二两,存谷六秤,未舂,存谷头约一升。前入来,三次共出户米四百零三升半,计仓谷四十七秤十四斤升十二两。扯米八十四合每秤。舂力钱六百零六,三八扣钱十六升。除舂力,余米六升半②。

由此看出,庆余粮局可能由三人集资而成,本年内他们收到 107 秤 5 斤 9 两的稻谷③,因此,需要人力舂出大米。在全年 13 次舂米往来的记载中,除一次对象不明外,其余 12 次由 6 人完成,其中久公派子孙有 4 位:弟媳(令)、悦开、记春妇和顺丁,共计 9 次。

除此之外,表中的采摘茶叶、踩茶和掘茶蔸,皆与茶叶的管理、制作有关,值得指出的是由于采茶有专门的账簿记载,因此这里仅有小春妇一人。而表中的"挑行李",则是在五月十六日,云鹄离家去往景德镇,由新根将行李送至渡口处而产生的。据载:

---

① 据其账簿记载:"庆余粮局,六月初二旧收钱一千八百,■月■二收洋三元,共付出钱二千六百五十三。今岁付出英洋八元二角七分二。旧岁付出二千六百五十四,九四扣英洋二元八角二分三。除收,仍多付出钱英洋六角八分一。并谷钱约欠英洋十六元■角"。据此推测,庆余粮局为一集资购粮储备机构。见《光绪二十年祁门胡廷卿立〈进出总登〉》,第 78 页。
② 王钰欣、周绍泉主编:《徽州千年契约文书·清·民国编》第 16 卷《光绪二十年祁门胡廷卿立〈进出总登〉》,第 44、51 页。
③ 1 秤 = 20 斤,1 斤 = 16 两。

(五月)十六 佛子往镇,仝秋福。新根存挑力钱一百二十,佛子衣衫、鞋、兰。

(六月)十五日,支钱一百二十文,新根挑佛子衣箱上船到长村口①。

由此说明,云鹄在茶季结束后,与秋福一同去往景德镇,新根将其衣物送至长村口登船前行,为此,胡廷卿付给新根挑力钱120文,但直到一个月后才付讫。

(三)借贷

借贷也是人际交往中一种重要的经济关系,在胡家的经济网络中,因之而产生的记录多达1092次,仅次于购物和做工。借贷一项包括"借""存"和"贷"三类。在胡廷卿的账簿分类中,"借"是指借钱和借物;"存"则是指交易完成后没有马上付酬,如上面的新根为云鹄挑衣物的工钱未立即支付,胡廷卿称之为"存挑力钱",实际上是一种变相的借;"贷",在胡家账簿中从未出现,是笔者根据其付利息的记载加以分类而成的。

光绪二十六年(1900)中,胡家因借贷而产生的交往有64次,包括38个交往对象,内容包括存谷、存钱、存米、借米、借钱、贷款等。其中久公派子孙11人,交往次数28次,约占44%,其具体的情况如表5-1-12所示:

表5-1-12 光绪二十六年久公派子孙与胡家借贷往来统计表

人物	类型	次数	人物	类型	次数	人物	类型	次数
地生	借米	1	五松	存钱	1	临之	借钱	1
地生	借钱	3	新根	借钱	2	秋福	存酒	1
二弟媳	借钱	2	开域	存谷	1	秋福	借米	4
福子	借钱	1	利廷	借米	1	秋福	借钱	8
记寿姊	借钱	1	利廷	借钱	2	瑞嫂	贷款	1

---

① 王钰欣、周绍泉主编:《徽州千年契约文书·清·民国编》第16卷《光绪二十年祁门胡廷卿立〈进出总登〉》,第68、74页。

从上表可以看出,借钱在久公派子孙与胡家的借贷往来中是主要构成。其中,胡廷卿的弟弟秋福借钱次数最多。借钱最能体现人际关系的远近,其背后包含着亲情、借款人的声誉及其经济实力。本年所记载的借钱金额虽然都较小,但能说明借贷双方之间的亲疏远近。在本年33次借钱行为中,发生于久公派下的有16次,接近一半。此外,还有一次是胡廷卿代其妹妹向别人借款。而借米一项也是如此。作为一个严重缺米的地区,米在当地人的生活中占有重要地位。在全年发生的12次借米行为中,久公派子孙占6次,有一半之多。胡廷卿与弟弟之间有4次,占三分之一。显然,无论是借钱还是借米,皆是以与自己血缘关系最近的对象为主。

相较于借钱,贷款的经济关系较浓。本年所发生的6次贷款中,久公派仅有一次,是胡兆瑞的妻子。胡家的所有小额贷款,基本上皆是向家庭妇女借贷,这一点颇能说明当地妇女在家庭中的经济状况。这类贷款数额较小,在英洋1元至10元之间,基本是一年结一次利息。从贷款的对象来看,胡廷卿所在的时慎派较少,基本是在宗族内的其他支派中发生。

第二节 社会组织

在人类交往中,因各种目的而结成了具有不同功能和性质的社会组织。这些组织的存在让组织内的成员获得某种物质和精神上的满足,并由此产生个人与组织、组织与组织之间的各类社会关系。在传统乡村社会中存在着以各种目的而设立的社会组织,它们大多以"祀""会"命名,这一现象引起了学界的注意并加以研究。在有关徽州祀、会的研究中,日本学者涩谷裕子较早地对会进行了初步的探讨①。随后,刘淼根据厦门大学历史系收藏的《徽州会社综录》中祁门县善和里的程氏相关记载,在将各种祀、会进行分类的基础

---

① [日]涩谷裕子:《明清徽州农村的"会"组织》,载周绍泉、赵华富编:《'95国际徽学学术讨论会论文集》,合肥:安徽大学出版社,1997年。

上,重点探讨了"会祭"与宗族组织之间的关系①。周晓光利用相关文书,对整个徽州府的祀、会进行了全面探讨,主要讨论了徽州府众存祀会与众存祀产之间、众存祀会与宗族组织之间的异同,以及祀会组织和宗族祭祀组织之间的相互关系②。除此之外,也有学者对某一类祀会进行专项研究③。上述学者的研究从不同侧面揭示了各种祀、会在传统社会中的作用与特点,但是有关祀、会与民众日常生活之间的关系以及在日常生活中的意义则殊少涉及。笔者在此所要探讨的是存在于贵溪村内,与胡廷卿的生活密切相关的各类组织,它们因各种原因而被胡廷卿多次记录,而这些联系必然会给胡廷卿的日常生活带来一定的影响。

一、胡廷卿生活空间中的社会组织考实

在胡廷卿的账簿中,有诸多有关其管理宗族内各种祀、会的记载。前文已提及,胡廷卿曾对自光绪十五年(1889)至民国五年(1916)所管理过的宗族组织情况作过统计,而对光绪十五年(1889)之前的情况则未单独列出,下面笔者根据账簿中的其他记载对其加以补充。

(一)所管各祀、会数量统计分析

在其账簿的流水簿中,每年都有关于本年的账务总结,总结中所记录的多是一些数目较大、次数较多的账务,其中也有关于祀、会的记载。不过,笔

---

① 刘淼:《清代徽州的"会"与"会祭"——以祁门善和里程氏为中心》,《江淮论坛》,1995年第4期。
② 周晓光:《明清徽州民间的众存祀会》,《安徽师范大学学报》(人文社会科学版),2010年第2期。
③ 对钱会的研究,可参见徐畅:《"合会"论述》,《近代史研究》,1998年第2期;胡中生:《钱会与近代徽州社会》,《史学月刊》,2009年第9期;胡中生:《融资与互助:民间钱会功能研究——以徽州为中心》,《中国社会经济史研究》,2011年第1期。对神会的研究,可参见陶明选:《明清以来徽州会社的祭祀与信仰问题》,《兰台世界》,2013年12月下旬;童旭:《神明之下的结合:论清代民间的神会——以徽州"神会"文书为线索》,《安徽大学学报》(哲学社会科学版),2015年第5期。有关其他区域的研究还有章毅:《祀神与借贷:清代浙南定光会研究——以石仓〈定光古佛寿诞会簿〉为中心》,《史林》,2016年第6期;章毅、李婉琨:《受限制的市场化:近代浙南五谷会研究》,《社会科学》,2013年第9期。

者发现有些组织的账目虽然被胡氏记载,但并非由其管理。例如,胡廷卿在光绪七至十六年(1881—1890)以及光绪二十四年(1898)共计 11 年中都有关于常丰粮局的记载,但是光绪十二年(1886)的首人则是仁和堂,而据后面胡氏对所管理的各种祀、会的统计来看,光绪十五年(1869)他仅管理庆余粮局,未管理常丰粮局。剔除这些情况,再结合胡廷卿的统计,笔者将其自光绪八年至光绪十五年(1882—1889)、光绪十七年(1891)、光绪十九年至民国五年(1893—1916)共计 33 年所管理的祀、会组织列成表 5-2-1:

表 5-2-1　光绪八年至民国五年(光绪十六、十八年缺)胡廷卿所管祀、会组织列表

年份	记载	页码	卷数
光绪八年	壬午年,管年头酌办	66	十四
	壬年陞祀	80	十四
	常丰粮局(润记顶管)	92	十四
光绪九年	常丰粮局	179	十四
光绪十年	德祀	185	十四
光绪十一年	常丰粮局	242	十四
光绪十二年	未见记载	—	—
光绪十三年	管年头,加烛■斤。	481	十四
	常丰粮局	482	十四
光绪十四年	常丰粮局	67	十五
光绪十五年	庆余粮局	10	十八
光绪十七年	久公祀	10	十八
光绪十九年	杞年公祀	10	十八
光绪二十年	德祀,懋祀	10	十八
光绪二十一年	贞一会、普济会、排年会	10	十八
光绪二十二年	宗祀、长新会、酌会、普济会、机祀、祈求会、尚义	10	十八
光绪二十三年	五福会、普济会、社会	10	十八
光绪二十四年	五福会、燦亭祀	10	十八
光绪二十五年	常丰粮局、庆余粮局、尚义、懋祀、义田祀	10	十八

续表

年份	记载	页码	卷数
光绪二十六年	善祀(代隆公祀俊廷管)、德祀、机祀、地王会、常丰粮局	10	十八
光绪二十七年	善祀(轮本祀)、神主会、常丰粮局	10	十八
光绪二十八年	排年会、宅祀(二者代隆公祀三人拈阄管)、神主会、常丰粮局、观音会、添丁会	10	十八
光绪二十九年	神主会、庆余粮局、长新会、久公祀(顶与良管)	10	十八
光绪三十年	神主会、文祀	11	十八
光绪三十一年	神主会、贞一会、社会	11	十八
光绪三十二年	各祀、会均不管。惟五福会是我与金生、记德三人承代隆公祀管。至本年腊月,我与玉开各贴记德洋一元,归记德一人管。社会,八月初四做秋社,因上年收过谷	11	十八
光绪三十三年	丁未、戊申两年,俱不管头	11	十八
光绪三十四年	丁未、戊申两年,俱不管头	11	十八
宣统元年	杞年公祀(佛子管)、懋祀(我管)	11	十八
宣统二年	长新会(佛子管)、机祀(我管)	11	十八
宣统三年	未管头	11	十八
民国元年	佛子管尚义	11	十八
民国二、三年	与茂管善祀	11	十八
民国四年	佛子管久公祀、德祀,三年收谷	11	十八
民国五年	管德祀,久公祀。四年秋收谷	11	十八

从表中可以看出,胡廷卿所管理的社会组织数量,是随着其年龄的增长而不断增加的。光绪八年(1882)时,他38岁,此时尚在距家45华里的溶口坐馆教书,作为长子的他当年不得不负责以其父胡昌陞名的义而设立的陞祀事务,而将管理常丰粮局的事情交给了他的二弟宇福,也就是族谱中所记载的胡兆润(这里的"润记"即指宇福,这一指称是一种习惯,在账簿中多以某人名字的最后一个字再加上"记"字来表示一个单位。如胡廷卿本名胡兆祥,他多次以"祥记"来指称自己)。随后几年他管理的组织数量呈上升趋势,至光

绪二十二年(1896)时已达7个,这也是他管理组织最多的一年,该年他52岁,正是在经验和体力上都最适合的年龄。随后,他管理的组织数目逐渐下降,尤其是光绪三十年(1904)以后,由于家庭的变故和年龄的衰老,光绪三十二至三十四年(1906—1908)以及宣统三年(1911)这四年中他都没有当管头。宣统三年(1911)不当管头的原因,笔者推测跟他的长孙承启生病去世有关①。

通过对表5-2-1中所记载的祀、会组织进行统计,可以发现他在33年中所管理过的组织有26个之多。在一个规模并不大的山村里,竟然有如此之多的各类祀、会组织存在,可以想象,它们在民众的日常生活中定然有着重要的意义。当然,不同的组织对不同的人群或个人所起的作用是不同的。如果再对他管理组织的次数分别加以统计则会发现,对于不同的组织,他管理的次数是不同的,有的多达9次,也有的仅有1次(见表5-2-2)。这表明不同类型的祀、会组织跟胡廷卿的关系并不一样,在27个组织中,常丰粮局被记录的次数多达9次,显示了两者之间的密切关系。当然,管理次数的多少,并不能完全反映组织与胡廷卿之间的关系。如表中的义田祀,胡廷卿虽仅当过一次头人,但被记录的次数却超过了常丰粮局,高达451次,是所有联系对象中的第二位,而常丰粮局仅有137次。因此要真正了解各个组织在胡廷卿日常生活中的意义,还需要对它们与胡廷卿产生联系的频度加以统计分析。

表5-2-2 胡廷卿对祀、会管理次数统计表

祀、会名称	次数	祀、会名称	次数	祀、会名称	次数
常丰粮局	9	尚义	3	酌会	1
德祀	5	五福会	3	祈求会	1
神主会	5	社会	3	燦亭祀	1
久公祀	4	善祀	3	地王会	1

---

① "承启,名望育,生光绪辛丑(1901)二月十五申时,殁宣统辛亥(1911)十一月初三子时。"见(民国)胡承祚编修:《祁门贵溪胡氏支谱·愿公派下图七时慎派下》,页80a。

续表

祀、会名称	次数	祀、会名称	次数	祀、会名称	次数
庆余粮局	3	杞年公祀	2	宅祀	1
懋祀	3	贞一会	2	观音会	1
普济会	3	排年会	2	添丁会	1
长新会	3	宗祀	1	文祀	1
机祀	3	义田祀	1	陞祀	1

据笔者的统计,账簿中所记载的组织与胡廷卿产生联系的次数如表 5-2-3：

表 5-2-3　胡廷卿与各类祀、会组织联系次数统计表

社会组织	次数	社会组织	次数	社会组织	次数	社会组织	次数
义田局(祠、祀)	451	贞一会	20	文会	9	安祀	1
庆余粮局	179	三元会	19	隆公祀	6	璧祀	1
常丰粮局	137	宗祠	19	采成祀	5	闾阳文约	1
尚义	116	社会	18	正祀	5	俸祀	1
善祀	60	懋祀	17	积谷局	4	关帝会(长新会)	1
杞年公祀	57	普济会	17	添丁会	4	汉秀祀	1
德祀	37	周文祀	17	文约	4	禁山局	1
燦亭祀	33	兴文祀	16	庠祀	3	龙祀	1
五福会	30	宅公祀	16	灶司(君)会	3	起祀	1
久公祀	28	敬石祀	14	谱局	3	三排年会	1
神主会	23	长新会	14	祈求会	2	庸祀	1
粮局	21	地王会	12	陞祀	2	赈济局	1
排年会	20	机祀	12				

表中各类组织共计 50 个,超出了胡廷卿所管理组织的数目,说明其在管理组织之外,尚与诸多的各种祀、会保持联系。值得说明的是表中的"粮局",笔者推测就是常丰粮局,但由于缺少直接的证据,故暂时先分开统计。另外,

表中的"阊阳文约",限于资料,不知是否就是另外的"文约",暂时存疑。比对表5-2-2和表 5-2-3 则会发现,胡廷卿所管理过的祀、会组织大多与其联系较多。

二、社会组织的构成与管理

上述与胡廷卿有联系的各类社会组织,由于建立目的不同而性质不同。按此标准,笔者将上面 50 个祀、会组织分成以下几类,列成表 5-2-4：

表 5-2-4　胡廷卿所联系的社会组织分类表

性质	社会组织
祭祖兼经济	义田米局(祀)
祭祖	尚义祀、善祀、杞年公祀、德祀、燦亭祀、久公祀、宗、懋祀、(周)文祀、宅公祀、敬石祀、机祀、隆公祀、采成祀、正祀、陞祀、汉秀(琇)祀
教育	兴文祀、文会、文约、阊阳文约
经济	庆余粮局、常丰粮局、粮局、积谷局、禁山局、赈济局
纳税	排年会、三排年会
宗教	五福会、神主会、贞一会、三元会、社会、普济会、地王会、添丁会、祈求会、灶司(君)会、关帝会(长新)
宗族事务	谱局
未知	长新会、庠祀、安祀、璧祀、俸祀、龙祀、起祀、庸祀

从表中我们可以发现能够确定性质的祀、会共有 6 类,其中具有祭祖性质的最多,计有 18 个,它们多以"某某祀"命名,其人员组成即是其派下子孙。其次是具有民间宗教性质的各种会,有 11 个,它们以不同的地方神灵为祭祀对象,多为合村共享。具有经济性质的机构有 6 个,它们所涵盖的民众范围不一,但其作用一致,或是购买粮食以调剂丰歉,或是保护山林树木免遭偷盗砍伐以长养山林,对民众的生活具有重要意义。而具有教育和纳税功能的各种组织,主要是为了应对科举考试与纳粮当差而设立的组织。此外,由于编修族谱而在县城一本祠内临时成立谱局,虽因胡廷卿参与而被记录,但这种

联系并不常见。当然,尚有 7 个组织因受资料限制而无法确定其性质,但笔者推测它们亦属上述 6 个类别之中①。

那么这些组织又是如何组织与管理的呢？由于目前资料无法做到弄清所有组织的来龙去脉,因此笔者选择有代表性且有资料可依的部分组织加以探讨。

首先来看兼有祭祖与经济功能的义田米局(祀)。"义田"之名来自何处,目前尚不清楚。从"义田祀"的名称来看,它应该是一个以祭祀胡义田为目的的祭祀组织,从目前所获得的资料看,"义田"之名最早出现在乾隆六十年(1795)所签订的一份契约中,具体如下：

> 乾隆六十年四月十二都三图十排②章严之、胡义田等立出议租田约
>
> 立出议租约人十二都三图十排年会,仝业胡义田、胡谷诒、胡鸿顺、胡荣则共有东都四保成字三百五十四号土名茅山下,共计田廿九坵,共计原租七十九秤。今因谷收不便,是以业主眼仝相商出议与黄祥友名下前去耕种,递年议作七五收,毋问荒熟,硬文实租五十九秤零五斤。秋收之日送至上门交纳,不致短少斤两。倘遇大旱之年,接田主到田谷明鉴讫。自议之后,两无反悔。今恐无凭,立此出议租约存照。
>
> 今将业主各得原租数开后：
>
> 三图十排年会分得原租二十九秤零六斤十一两,今议七五收递年硬交二十二秤。
>
> 胡义田并谷诒共分得原租十四秤十三斤五两,今议七五收递年硬交十一秤。
>
> 胡鸿顺分得原租二十三秤,今议七五收递年硬交十七秤零五斤。

---

① 刘淼曾将祁门县善和里的各类祀、会分成五类,可参见刘淼:《清代徽州的"会"与"会祭"——以祁门善和里程氏为中心》,《江淮论坛》,1995 年第 4 期,第 76 页。

② 原书标题此处有误。

胡荣则分得原租十二秤,今议七五收递年硬交九秤。
乾隆六十年四月廿五日
立出议租约人：三图十排年会,经手章严之(画押)
　　　　　　　　　　　胡义田(画押)
　　　　　　　　　　　胡谷诒(画押)
　　　　　　　　　　　胡鸿顺(画押)
　　　　　　　　　　　胡荣则(画押)
中见　　　　　　　　　胡丽友(画押)
　　　　　　　　　　　胡均诒(画押)
代笔　　　　　　　　　胡若君(画押)①

这则租约是十二都三图十排年会以及胡义田等人将共同拥有的田产出租给黄祥友时签订的一份契约,从该租约的内容上看,出租的田产拥有者中除三图十排年会是一个社会组织外,其余皆为个人。这似乎表明这里的胡义田与我们所讨论的"义田米局(祀)"有某种联系,但是遍阅胡氏族谱,笔者并未找到胡义田此人,不仅如此,亦未找到其他参与签订租约的人物。且租约中出现的"三图",笔者也未在胡廷卿的账簿中发现,仅找到一、二两图,由此说明这份契约与胡廷卿甚至是贵溪胡氏的关系不大,甚至其与贵溪胡氏的关系亦十分可疑,有待再考。能够确定与本文所讨论的"义田"有关系的是道光十七年(1837)所签订的一份承佃契约。为说明问题,笔者将全文照录如下：

清道光十七年三月余来兴等立承佃田约

立承佃约人余来兴仝侄神保、有元、光凤、神子等,今承到贵溪胡一本、义田祀名下本都九保余字二百十六号土名井垯,计田一垯,照册计四百廿九步一。四至悉照依本保鳞册计。田租利尽系二祀全业。今身等自愿承去耕种,无问荒熟,递年秋收之日硬交租利共三十六秤整,送至胡一本堂交纳,不得短少斤两。如有短少,听凭照

---

① 刘伯山主编：《徽州文书》第2辑第1册,桂林：广西师范大学出版社,2006年,第231页。

册起业,另召耕种。身等毋得霸占异言。今欲有凭,立此承约存照。

再批:约内改"该"字一个,添"凭"字一个,又照。

道光十七年三月十八日

　　立承佃约人:余来兴(画押)

　　　　　　　神保(画押)

　　　　　　　有元(画押)

　　　　　　　光凤(画押)

　　　书:神子(画押)①

该份契约表明义田祀与一本祠共同拥有田产。前面已提及一本祠是贵溪村共有的一个总祠堂,义田祀与一本祠共同拥有田产,似乎说明这是一个全村的共有组织,且拥有自己的田产,其收入用于该组织的日常活动开销。这种全村共有性,从其管理方式中亦能找到证据。据胡廷卿记载,我们可以确定9个年份中该组织的首人,具体见表5-2-5。

表5-2-5　田米局(祠、祀)部分年份首人一览表

年份	记录	页码	卷数
光绪十一年	义田祀(首家慎徽)	240	十四
光绪十二年	义田米局(仁和首家)	397	十四
光绪十四年	义田米局(报本首人)	63	十五
光绪十五年	义田米局(首家立本)	140	十五
光绪十六年	义田米局(首家中和)	236	十五
光绪二十五年	义田米局(中和首人)	32	十七
光绪二十五年	义田祀(胡廷卿等人管理)	10	十八
光绪二十六年	义田祠(六人管:廷卿、浩卿、四盛、记得、鉴三)	414	十六
光绪三十二年	义田米局(报本首人)	153	十八

上表中义田米局的首人分别是慎徽堂、仁和堂、报本堂、中和堂等各个支

---

①刘伯山主编:《徽州文书第2辑》第1册,桂林:广西师范大学出版社,2006年,第249页。

派,前已说明,至清代贵溪村内形成了 11 个支派。既然义田米局(祠、祀)是由几个支派轮流管理,那么它的全村共有的性质应该是可以确定的。从光绪二十五年(1899)来看,义田米局和义田祀在同一年由不同的人来管理,可说明二者是不同的组织。但是对照其他记载来看,胡廷卿在有关所管祀、会总结中的记载并不准确,从表 5-2-5 中可以看出,他明确记载了光绪二十六年(1900)和其他 5 人一起作为义田祠的头人。不仅如此,在《光绪二十六年胡氏祠会收支总登》中,他亦明确记载光绪二十六年(1900)所管的各类祀会为:"德祀、义田、机祀、懋祀、常丰粮局、地王会。"①以上两项记载虽与胡廷卿后面誊录的总结不同,但因皆是当年所作的记录,因此可靠性更强。除此之外,其他的记载亦为这次的管理提供了线索。在《光绪二十七年至三十年采售茶总登》中有如下记载:

义田米局(五月初二日三人拈阄管理)

五月

初六起,一阄,浩卿。

十一起,二阄,廷卿。

十六起,三阄,春华。②

上面这则记载位于光绪二十七年(1901)采售茶总登的首页,次页才是光绪二十七年的茶叶采摘记录。因此这则记载应是光绪二十六年(1900)的记录,在该年,义田米局(祀、祠)轮到胡廷卿所在的积善堂管理,因此积善堂派下的三大房各派 2 人共计 6 人负责。由此看出义田米局与义田祀应是联系在一起的,因胡廷卿在账簿中大多以"义田"二字指称该组织,只在少数时候才明确指出义田米局或义田祀(祠)。因此,笔者以为"义田"并非是人名,而是一种兼有祭祀和经济功能的混合型组织。该组织以全村部分共有土地的收入作为祭祀一本祠

---

① 王钰欣、周绍泉主编:《徽州千年契约文书 清·民国编》第 17 卷《光绪二十六年祁门胡廷卿立胡氏祠会〈收支总登〉》,第 205 页。

② 王钰欣、周绍泉主编:《徽州千年契约文书 清·民国编》第 17 卷《光绪二十七年祁门胡廷卿立〈采售茶总登〉》,第 211 页。

中众祖先的资金,并将多余粮食加以储存,从而具有了粮食救济与调剂的社会功能。以全村为单位,每年由不同支派的代表轮流作首,对义田祀加以管理,各首人的管理时限是从前一年的六月份至第二年的六月份。

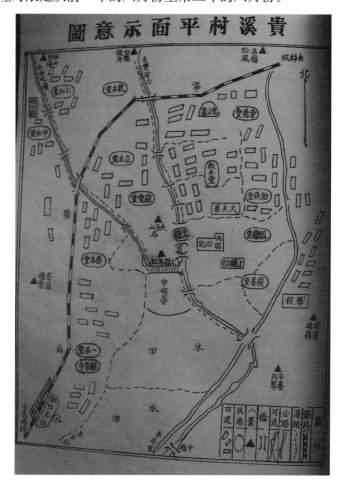

图 5-2-1　贵溪村平面示意图
资料来源:《霭轩文献》,胡景宪编①

除去义田米局(祀、祠)外,这种全村共有的祭祀、经济组织尚有宅公祀

---

① 现藏于贵溪村胡景晃先生家中,该文献有手稿本和出版本两种,本图所据为1992年手稿复印本,承蒙惠允使用,特此致谢。

(为祭祀始迁祖胡宅而设)、汉秀祀(为祭祀胡汉、胡惟琇而设),由于资料原因,暂时从略。除此之外,村中亦有各个支祠所设立的组织,上表中所列的德祀、久公祀、懋祀、善祀、燦亭祀、敬石祀等,皆是如此。它们多以其派下子孙为组织成员,以该人名下部分田产作为经费来源,在清明或其他节日时举办扫墓、挂坟以及祭祖等活动。但有时某些活动并不限于本派子孙,也包括其他姓氏的组织或个人,如燦亭祀即是如此。

燦亭祀,是以胡廷卿的曾祖父胡思诚名义而设立的祭祀组织,据载:"思诚,谱名邦绮,原考名邦英,字代三,号燦亭。增广生。生于乾隆甲戌七月十九酉时,殁于嘉庆丁卯四月初一未时。娶汪氏。"①胡思诚共有三子,他去世后,其三子即以个人名义设立了燦亭祀。一般而言,以其名义而设立的祭祀组织,其内部活动应该全部以其后代为主体,但是一份签订于道光十九年(1839)的拼山契约则表明实际情况并非如此:

清道光十九年六月祁南胡灿亭祀秩下经手胡上机等立出拼山契抄白

立出拼契祁南胡燦亭祀原有买受三四都一保吕字二百三十三并三十四号土名大深坑,又新买汪亨乞兄弟二百三十五号土名周家坞,均系本祀买全,共计山四十六亩有零。新立四至:东降、西田、南汪宽公墓山地、北汪姓众荒山,四至之内在山杉木拣提顶大树一千根。立契出拼与黟邑程如川宝号名下前去做造客饶出水,三面议定时值拼价官洋一百零五元。又净典钱二十千文。其树听客人拣提放印,是本记雇工包斫,照印记交数上堆,均毋异说。但有来历不明及内外人声说等情,出拼人承管,不干受拼人之事。今欲有凭,立此拼契人存照。

当收押契光洋　　　　　　　　　　印
道光十九年六月廿五日　　立出拼人:胡燦亭祀
　　　　　　　　　　　　秩下经手:胡上机

---

① (民国)胡承祚编修:《贵溪胡氏支谱·愿公派下图六志敏派下》,页40a、b。

昌际

王锦廷

胡昌佃

再批：契内光并净典钱，比日收讫

这是一份将燦亭祀名下两块山地拼出去的契约，经手人胡上机和胡昌际皆为胡思诚的后代，上机是其三子，昌际是其长子上璿的长子，但是奇怪的是没有次子上瑗的后代。更令人不解的是，胡思诚是相久公派下，而胡昌佃则属相忠公派下，这与燦亭祀不相符合。而最让人费解的是经手人中出现的王锦廷，既不属于相久公派下，亦不属于贵溪胡氏，其中缘由不得而知。笔者推测出现这一现象的原因，可能跟该地的所有权是合资众股有关，抑或是思诚次子上瑗将其中的股权转移。但不论如何，这提醒我们在查看民间土地的所有权或股份时，要仔细区分其中持有人的身份。

至于所管理的内容，应与组织的性质有关。性质不同，其组织活动亦有异。下面以善祀为例，加以说明。善祀在胡廷卿的账簿中出现了60次（不计账簿总结部分），可见双方联系较为密切。其中在光绪二十四年（1898）的一则记载中，称其为"宝善祀"，该记载为："（光绪二十四年）七月初一，共收租利谷四百十二秤十九斤半，内粮局谷二百五十秤零十八斤半，宝善祀谷一百六十二秤零一斤。"①显然，这里的"宝善祀"，即是善祀的全称。宝善祀，又名"宝善祠"，是胡廷卿祖父胡上机所创设。光绪二十六年（1900）六月，胡廷卿从胡俊廷手中接过善祀的管理权，他首先对善祀的各种器皿作了清点，具体如下：

善祀器皿：

庚年六月初四，俊廷交我收。已于初一祠堂内照簿点过，故未

复点。

① 王钰欣、周绍泉主编：《徽州千年契约文书 清·民国编》第17卷《光绪二十九年祁门胡廷卿立〈各项誊清〉》，第392页。

另有簿一本,契匣二个,箱三只,众锁一把,仍二把,本家锁;契匣锁匙二个,在云智家;花轿房门众锁一把;庚子年新置账箱一只。

家中所收零物列后,以便查检:

双壶八把;十壶罇一把;铜盆一个;铜香炉二个;大锣五面,内三面好,二面破;云锣二面;大拨二付;小锣二面;小拨一付;大青二枝;小青一支,又旧一支;笛二枝;边鼓(新、旧)共二面,打鑽一枝;小花鼓一面,伶人用;战鼓一面;号筒一枝。

辛丑查,俱在①。

光绪二十七年(1901),胡廷卿再次对部分器皿的具体数目进行了清点,应该是为了准备交接,其具体如下:

辛丑年,廷卿所点善祀器皿:

大红呢椅褥四个;大红呢桌围四个;内大红哗叽桌围四个;大红哗叽椅褥四个;大红羽毛椅褥四个;献巾一条;八仙彩一付;百寿彩一付;羽毛彩一付;大红哗叽长彩一付,敬石助;大红哗叽彩一付,隆祀助;旧哗叽彩一付,门口挂;旧又哗叽彩一付;大红哗叽桌套一付;青花桌毡一个;青布包袱一个;大红羽毛一块;刻丝桌围二个;刻丝椅褥四个;石青椅褥六个;石青桌围二个,又旧缎桌■一个,破;旧破白绫椅褥二个;红光二件,有包袱;五彩阵帆一个;孝堂一付;龙皮一张;皮裙一个;金字对联一付。

契匣在应麒,铁锁匙家收,加铁锁一把②。

从上面的两份器皿列单中,我们可以发现,对善祀管理的交接是在祠堂内进行的,祠堂作为乡村民众的公共空间,其意义已为学界所认同。从物品

---

① 王钰欣、周绍泉主编:《徽州千年契约文书 清·民国编》第17卷《光绪二十六年祁门胡廷卿立胡氏祠会〈收支总登〉》,第206页。

② 王钰欣、周绍泉主编:《徽州千年契约文书 清·民国编》第17卷《光绪二十六年祁门胡廷卿立胡氏祠会〈收支总登〉》,第207页。

名单上可以看出首人所要解决的问题,首先是记录善祀内的各种账务,而历年账簿则放入专门的账箱内保存;其次是负责收藏保管善祀历年因各种事务所签订的契约,这些契约亦有专门的契箱保存。这些箱子的钥匙由多人保管,从光绪二十六年(1900)的记载来看,当年参与管理善祀的还有胡云智。胡云智是胡思诚长子上瑨的重孙,低胡廷卿一辈,但由于其是思诚派下的长房,其年龄应与胡廷卿相仿。那么,作为首人,在日常生活中具体要负责哪些事务呢? 由于光绪二十七年(1901)的账簿缺乏,因此笔者仅将光绪二十六年(1900)的管理账目列表如表 5-2-6 所示:

表 5-2-6 光绪二十六年(1900)胡廷卿管理善祀事务表

月	日	收/支	对象	类别	数目	单位	内容	页码	卷数
暑月	初五	支	善祀	钱	625	文	禁牌办夜饭,俊廷手	72	十七
暑月	初五	支	善祀	钱	284	文	上午禁牌伙食	72	十七
暑月	初五	支	善祀	钱	40	文	算账,夜一六支四枝	72	十七
暑月	廿八	支	善祀	钱	500	文	善祀交宗祀大渡派	77	十七
巧月	中元	支	善祀	钱	100	文	度孤施力	82	十七
桂月	初七	支	善祀	大钱	100	文	买油条,又平酒1斤,采演器械点心	85	十七
桂月	十二	支	善祀	大钱	800	文	中秋龙灯、香	86	十七
闰八月	初二	收	善祀	英洋	0.15	元	买洋青布五匹(57)余洋	93	十七
闰八月	廿	支	善祀	大钱	220	文	善祀谷笕,付德竹匠,讫	96	十七
闰八月	廿二	收	善祀	英洋	34	元	柳根手,(四盛)开匣,复封	96	十七
菊月	初一	支	善祀	钱	600	文	贺开祥酌	97	十七
菊月	十五	收	善祀	谷米	2.5	升	讨谷米	99	十七
菊月	十九	支	善祀	钱	450	文	买箱一只,内户米12升1祁同	99	十七
菊月	廿五	收	善祀	英洋	2	元	讨汪姓贵溪坳、大路坵租谷英洋(共九人)	100	十七
十月	初七	支	善祀	英洋	3	元	付修内署派	102	十七

续表

月	日	收/支	对象	类别	数目	单位	内容	页码	卷数
十月	十五	收	善祀	神主筹	2	枝	上赐公、昌进公,存,归首人收	104	十七
十月	廿	收	善祀	钱	200	文	税大红钱二百,朱家	106	十七
十一月	十二	收	善祀	钱	240	文	秋坑谷钱,阳开手	110	十七
十一月	十三	支	善祀	户米	10	升	付本村赈济局给逃荒德化县人,周林手,借义田来米	110	十七
十一月	廿一	收	善祀	钱	100	文	■百福税大红衫钱	111	十七
十二月	初一	收	善祀	谷	2	秤	分来,存仓	113	十七
十二月	初三	收	善祀	早谷	20	秤	分来	113	十七
十二月	初八	支	善祀	钱	50	文	善祀光太接八	114	十七
十二月	十七	收	善祀	米	4	升	(汪南冲)米	117	十七
十二月	廿四	支	善祀	钱	100	文	图差送烛	121	十七
十二月	廿七	收	善祀	钱	1	元	大充坞山租钱850,找出钱150文	123	十七

资料来源:周绍泉等编:《徽州千年契约文书》

从上表中,我们可以看出作为首人的胡廷卿对善祀管理的事务十分广泛,从购买日常用品,到收谷季节讨要佃户的租米开销;从中元度孤到县政府为修内署的摊派,以及胡开祥结婚以善祀名义送去的贺酌钱,都在其中。其中八月初七购买油条和平酒,以及在演习器械上的开销,其实是太平天国运动期间,地方军事化行为的一种延续。前已述及,太平军对祁门县造成了很大的破坏,祁门地方民众为了抵抗太平军,在时任县令唐治的倡导下兴办地方团练。其间虽然被曾国藩取缔过,但曾国藩离开祁门后,鉴于当时的形势,地方团练再次兴起。其中胡廷卿所在的南乡,以平里为中心创办了一心局,贵溪人胡元龙成为了领导人之一。光绪年间(1875—1908),太平天国虽然已被平定,但民团组织依然存在,并会在一年中的某个日期操演军械。胡廷卿所记载的这次即是如此。"支英洋一元八角,(光绪二十七年)八月廿八本门团丁出队,计 9 名。"①由此可知,胡廷卿这一支派,在本次操练中共出团丁 9 名,为此,善祀出资购买洋青布 5 匹为团丁置办衣物。关于此,账簿中亦有具体记载:

> 八月廿八出队
>
> 本门派团丁九名,记春(打鼓),社(背鼓)。
>
> 善祀,洋青布五匹,包头六个,内三匹做包头;裹脚帮六个,一匹做脚帮。
>
> 积海,一匹,未收。收回。
>
> 记德,一,未收,收回。
>
> 田根,一,收回。
>
> 地生,一,收回。
>
> 茂开,一,收回。
>
> 中林,一,收回。
>
> 九,一,收回。
>
> 众作英洋二元正,售与记德、积海②。

据此可知,购买的 5 匹洋青布用于做团丁的包头和脚帮,但是团丁们皆未收,因而由众商议将收回的布匹以英洋 2 元的价格卖于本门的记德和积海二人。团丁的遗存可以看作太平天国对地方社会的影响之一。

除去因祭祖目的而形成的组织外,亦有为振兴教育而设立的组织,兴文祀即是其中的代表。前已述及,贵溪村自明代以后,科举不兴,清代以后,不仅贵溪胡氏,整个祁门县亦是如此。除前面所引资料外,敏德公祀秩下子孙于同治七年(1858)签订的一份合同,更能说明情况:

---

① 王钰欣、周绍泉主编:《徽州千年契约文书 清·民国编》卷 17《光绪二十六年祁门胡廷卿立胡氏祠会〈收支总登〉》,第 145 页。

② 王钰欣、周绍泉主编:《徽州千年契约文书 清·民国编》卷 17《光绪二十六年祁门胡廷卿立胡氏祠会〈收支总登〉》,第 208 页。

立合同文约胡敏德公祀秩下三大房人昌億、上发、昌铀等,缘先祖元璧公扦葬十四都五保周家山,地呼莲花形,递年清明标挂,观看坟茔损坏,树木枯槁,屡年兴唱修整,只因秩下丁繁盛,在家在外,人心不齐。又兼本利山魃因迟缓,今至本年正月初二日,合族商议,又将极乐园志敏公祖茔,地呼虎形。但先人传世,后来其地必须省棺折立墓门,其本祀槽门原先人所造,已有八十余年,合门至今未有利盛之家,又无声大之名。秩下眼全集议,齐心踊跃,立此合同文据。邀仝三大房绅耆房长人等,仔细斟酌,择吉应将两处祖茔并合……①。

显然,八十余年来,敏德公秩下子孙一直"未有利盛之家,又无声大之名",因此合门集众商议将积善堂支祖元璧公与本门支祖敏德公坟茔合作一处。由此可见贵溪科举的衰落状况。正是在此情形下,胡上机创设了合村兴文祀,而且还亲自撰写了每年祭祀时的祭文:

兴文祀祭众位神主章□(胡上机作)

惟声名之,此系莫大,文风气俗之攸关,端资士习。当年探花夺锦,未尝乏人。迩日俗敝教和,原非无故,然风化苟多因循,无恒心者由无恒产。幸今兹率多鼓励,有大志者必有大成,捐输恐后,乃体乃祖之忱,咸发争先,同培后人之本。是以因其后而答其先,规孝劝善,立其主而馨其祀。典重报功,不惟有余补不足,诸子弟一旦同心,即此因旧而培新。各先君九原暝目,将见人文蔚起裕后,正所以光前岁祀。惟隆承先绪兼为启后。爰备酒醴,用伸奠献,伏冀祖考来格来尝!

尚 飨!②

---

① 刘伯山主编:《徽州文书第一辑》第6册《清同治七年正月胡敏德公祀秩下三大房人等立合同文约》,桂林:广西师范大学出版社,2005年,第219页。
② 《贵溪胡氏各种祀、会科仪书》(标题为笔者所拟),现藏于贵溪村胡松龄先生处,承蒙惠允使用,特此致谢。

从这篇祭文中,我们可以看出,兴文祀是为振兴本村文风而设立,胡上机等人成立该祀,意欲通过祭祀列祖列宗,祈祷先祖保佑子孙在科举上取得成功。兴文祀亦有自己的田产以获得收入,这体现在每年缴税的份额上。前已述及,贵溪村与徽州其他乡村相似,在应对国家农业税上,采取共同分担的方式。兴文祀所拥有的田产亦在其中,在光绪十四年(1888)的一份兑则由单中,兴文祀的田产分别属于二图四甲和一图七甲,二者夏、秋两季分别所应缴纳的税则为银一两二钱三分九、二钱九分三。由此可见,兴文祀所拥有的田产收入为贵溪村教育的发展提供了经济支持。

三、社会组织在生活中的意义

贵溪村中如此众多的祀、会组织,必然给村中的生活带来一定的影响,它们在各个方面为胡氏族人提供帮助或者对他们产生影响。下面笔者结合其他资料对其中的几个组织加以探讨。

首先来看义田米局(祠、祀)。义田是与胡廷卿联系最为频繁的组织,其在民众中发挥的作用显然十分重要。笔者总结了其在民众生活中所起的作用,每个方面选择几条记录,列成表5-2-7,加以说明:

表 5-2-7 义田米局(祠、祀)在生活中所起作用记录表

年	月	日	收/支	人物	种类	款目	单位	事由	页码	卷数
光绪七年	暑月	廿二	收	常丰粮局	钱	1000	文	借来,义田来	4	十四
光绪八年	暑月	十三	支	义田	洋	1	元	换钱1240 文	32	十四
光绪十年	暑月	初三	收	义田	米	4	升	买来,30 扣	138	十四
光绪十年	七月	十二	支	义田	洋	1	元	买米,1280 扣	139	十四
光绪十二年	八月	初一	收	常丰粮局	洋	2	元	借来。义田来,克三手。还	359	十四
光绪十二年	三月	初二	支	义田	米	2	石	付给,计211 升	330	十四
光绪十二年	三月	十二	支	义田	米	208	升	付给,计2 石	330	十四
光绪十二年	四月	初一	收	义田	洋	25	元	售米钱,1200 扣钱30 千文	341	十四

续表

年	月	日	收/支	人物	种类	款目	单位	事由	页码	卷数
光绪十二年	四月	初一	收	义田	钱	184	文	售米钱,讫	341	十四
光绪十三年	五月	初十	收	义田	洋	7	元	兑粮	435	十四
光绪十三年	五月	初十	收	义田	钱	1200	文	兑粮	435	十四
光绪二十二年	四月	初八	收	地生弟	俸本洋	1	元	扣米38升正,照义田米价32,本洋价1230	198	十六
光绪二十六年	腊月	满日	收	义田	米	39	升	分米	124	十七
光绪二十六年	十月	十三	支	赈济局	户米	10	升	善祀付给逃荒德化县人,周林手。借义田来米	110	十七
光绪二十七年	六月	初一		德祀	结账钱18484			照义田三月初一价,40扣米	170	十七

上表中的15条记载,涵盖了义田(米局、祠、祀)在实际生活中所发挥的五种作用。其一是货币、大米的借贷机构。当个人或组织在生活中因各种原因而暂时缺钱或米时,义田(米局、祠、祀)就会为其提供货币或大米的出借服务及为村民提供换钱服务,以缓解困境,表中的常丰粮局、善祀等即是如此。其二是价格机制制定者。前已述及,贵溪村形成了自己的价格机制,这个机制的制定者就是义田(米局、祠、祀)。村民在生活中进行账务结算时,时常涉及钱、米之间或洋、钱之间的换算,这时为了公平起见,他们会以义田相关价格标准作为参照,这无疑为解决债务问题提供了方便。其三是大米的买卖机构。每当胡廷卿收获的大米数量暂时超出其消费数量时,他一般会将大米出售给义田米局,待缺少粮食时再向其购买,这也是胡廷卿与义田(米局、祠、祀)之间的主要联系。其四是纳税机构,由于义田(米局、祠、祀)名下拥有公共的土地,因此,在每年纳税之际,它都会作为一个纳税单位而交纳税则。表中光绪十三年(1887)的数额即是该年将银折算成洋、钱的数量,由此可以看出义田(米局、祠、祀)拥有的土地较多,与它的全村共有性是相符合的。其五是祭祀组织。跟其他祀、会组织一样,村中轮流对它进行管理,作为头人,在

负责该年组织各种活动的同时,也会获得该组织田地上的收益。表中光绪二十六年(1900)胡廷卿分得39升大米,就是他作为该年6个头人之一才有的资格。当然,由于义田(米局、祠、祀)是一个全村共有的组织,因此每个人甚至是每个支派获得的机会都较少。

由此看来,村落中的祀、会组织在民众生活中扮演着不同的角色。当然,不同的组织,其所起的作用并不相同,并非所有组织都有如义田(米局、祠、祀)这样全面的功能。如庆余粮局、兴文祀,其作用就较为单一。且对于一个组织来说,它的各种功能所发挥的作用亦大小不一。笔者按照上述义田的五种角色,将胡廷卿账簿中的相关记载作一统计,具体如表5-2-8所示:

表5-2-8 义田分类统计次数表

类别	次数	类别	次数
大米买卖机构	313	祭祀组织	18
借贷机构	30	纳税单位	2
价格机制制定者	28	未知	60

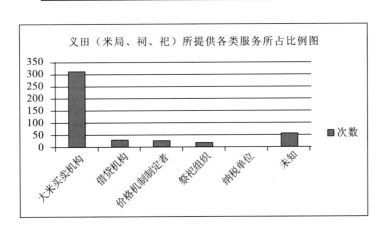

图5-2-2 义田(米局、祠、祀)所提供各类服务所占比例图

从上面的表、图可以看出,义田在胡家的生活中主要以大米买卖机构、借贷机构、价格机制制定者三种经济角色出现,而以祭祀组织和纳税单位的角色出现的情况极少。当然,纳税行为每年都会发生,只是由于胡廷卿作为首人的次数不多,因此被记录的次数也很少。不过它对总体比例的影响应该不

大。由此，笔者认为，存在于徽州乡村的各种祀、会组织在经济上与民众生活联系最为密切，这一状况既与徽州特有的山多地少相关，亦与当地的经商传统关系密切。

结语

通过对胡廷卿账簿的统计分类，可以看出胡家在日常生活中与各类人群、商号、社会组织都有密切的交往。通过分析可以看出，外界与胡家联系次数的多少，与血缘（或虚拟血缘）关系的远近较为一致。以胡廷卿堂兄胡兆瑞为例，由于他与胡廷卿年龄相仿、家庭地位相似，加之经营杂货店，因此他在胡家的日常生活中占有重要意义。笔者进而认为，在徽州乡村中，社会关系的建立并非完全是费孝通先生所指出的那种波纹式的"圆心结构"，而是一种血缘与经济并存，且经济关系占据主导地位的多层次关系结构。

由于各种祀、会组织在徽州乡村中不仅数量众多，且与民众生活密切相关，因此笔者对胡廷卿账簿中所有有关祀、会记载进行了统计，对各种祀、会组织进行了分类，分析了部分组织的性质、范围以及组织与管理方式，并对与其联系最多的义田米局（祠、祀）进行专门讨论，最终形成如下观点：在徽州社会中由于各种原因而设立的各种组织，他们性质不一，功能各异，对民众所产生的影响亦不相同。其中某些组织在实际活动中的范围并不限于派下子孙，甚至会涉及外姓、外村人，这是值得注意的现象。同时，在祀、会的各种功能中，经济功能依然占据主导地位。虽然由于账簿的经济性质，数据的统计会受到影响，但笔者相信这一影响不会在根本上改变结论。

第六章 结论:国家、社会与民众的日常生活

自北宋开始,徽州社会逐渐纳入王朝统治体系之内,并形成了自己的特色。由于徽州独特的地理环境和人文气质,至明代中叶以后,徽商渐成为影响全国的一大商帮势力。然而自清代嘉庆以后,徽商虽依然活跃于商界,其影响却逐渐式微,且由于各种因素徽州本土社会的士子在科举上亦大不如前。然而对于晚清时期的徽州民众而言,徽州依然是其赖以生存的世界。他们的生活空间、生计模式、社会关系等等方面都体现出传统时期的结构特征。本章作为结论部分,结合前面各章的讨论,试图对晚清时期的徽州乡村社会及民众的日常生活图景作一总体描绘。

一、徽州社会的"表"与"里"

自20世纪四十年代傅衣凌先生和日本学者藤井宏先生发表了对徽商的研究成果后,徽商以及徽州便引起了学界的注意。特别是八十年代以后,随着徽州文书的整理出版,越来越多的国内外学者开始投身于对徽州社会、徽州人群的研究,并取得了瞩目的成果。这些成果为我们的研究提供了坚实的基础。然而,由于受史学思想和资料的限制,在关于徽州社会的研究中,学者们多对其结构性的问题展开讨论,如宗族、教育、山林产权与管理等等,而对于这些组织在日常生活中的作用、徽州民众的思想观念以及在这些观念指导

下的行为模式,则触及较少。针对这一问题,笔者在此提出徽州社会的"表"与"里"这两个概念。

"表"与"里"的概念来自日本学者石川祯浩《中国近代历史的表与里》一书①。他在前言中提到,该书名称是岳秀坤提议而成②,但是石川氏并未交代这一名称的具体涵义。就本书而言,笔者从以下两个方面对此概念加以阐释。

如果把社会看作一个有机体,那么"表"是指社会的"骨骼",即社会结构,而"里"指社会的"血肉",即生活于其中的人群的状态。前辈学者的研究对徽州社会的"骨骼"(结构)已有了一个基本认识,当然对于这个"结构过程"(structuring)③尚须作进一步的探讨。但是"骨骼"仅仅是一个架构,且处于长时段内缓慢的变化中。这一变化的动因可以从外部和内部两个方面来考察,其中内因即是生活于其中的人群,这些人群构成了这个有机体的"血肉"。王汎森以"权力的毛细管作用"作为其著作的主书名,副标题是"清代的思想、学术与心态"。据其说明,这个概念来自福柯对权力的研究,"所谓'权力的毛细管作用',是说权力像水分子的毛细管作用一般渗入每一个角落,影响日常生活的每个方面。我借用这个观念来说明我廿年前所做的一个清代的政治压力下,文化领域中无所不在的自我压抑、自我删节的现象"④。显然,王氏此处所指的是在权力无所不至的影响下,清代知识分子内心对自我的一种人为压抑状态(详见该书第八章)。笔者在此所使用的"血肉"一词,与此相一致。生活于国家权力统治下的乡村民众,在日常生活中必然受到传统习惯、国家权力等在思想观念、生活方式上的影响,它们如毛细血管一般通过各个

---

① [日]石川祯浩著,袁广泉译:《中国历史的表与里》,北京:北京大学出版社,2015年。
② [日]石川祯浩著,袁广泉译:《中国历史的表与里·中文版序》,第Ⅳ页。
③ 这一词语来自耶鲁大学学者萧凤霞(Helen Siu),后被刘志伟所翻译,详见刘志伟:《地域社会与文化的结构过程——珠江三角洲研究的历史学与人类学对话》,《历史研究》,2003年第1期。
④ 王汎森著:《权力的毛细管作用:清代的思想、学术与心态·序论》(修订版),北京:北京大学出版社,2015年,第9页。

渠道渗透于社会的每个角落。正是在这个意义上,笔者在本书中试图探讨空间格局、商业传统、国家变革、经济结构以及社会关系等等,对徽州乡村民众的思想观念产生了哪些影响;受此影响的思想观念如何指导民众的日常行为,进而形成某种行为模式;这些行为模式在当地民众中的空间格局、生计模式和经济网络中呈现什么样的面貌。带着这些疑问,笔者在本书中进行了一次探索之旅。下面,笔者即将这次探索的肤浅印象,阐述如次。

二、地理环境与民众的经济生活空间

祁门县地处皖南山区,位于徽州西北一隅。境内的阊江属鄱阳湖流域,也是传统时期祁门民众出外经商、出售土特产品、购买物资的重要通道。祁门民众可以通过阊江到达长江,然后向四方扩展,也可通过阊江到达江西的饶州府,然后沿赣江流域至广州。因此,早在宋代,祁门商人即通过阊江形成了以江西浮梁为核心的商业圈。至明清,景德镇兴起,成为祁门民众出外经商的第一站。晚清时期,景德镇已麇居着大量的祁门民众,成为祁门与外界交换物资的贸易中心。这一空间格局极大地影响了晚清胡家的生活空间,尤其是经济生活空间。

除安徽省外,胡家生意所达地区皆位于长江以南,其中江西与其联系最为频繁,湖北和广东次之。这一情况与祁门县所处的地理位置和商业圈密切相关。首先,祁门大量民众长期在景德镇谋生,在这里建立了广泛而固定的社会关系,他们通过宗族、乡邻、姻亲等各种关系将年青子弟带到这里,胡廷卿幼子胡云鹄的情况即是如此。他通过本村族人胡宝芝的介绍,很容易就在景德镇的商号中开始了学徒生涯,并一直在此生活十余年。在日常生活中,胡家通过云鹄,从景德镇购买了大量日常用品以满足家用。加之信件往来、探亲、捎物、捎钱等事项,胡家与景德镇建立了频繁而长久的联系。其次,传统的商业路线与祁门茶业的发展,让胡家与江西的九江、湖北的汉口以及广东的广州建立了较为频繁的联系。九江、汉口被迫开放,让外商势力大量涌入。此时,国际市场对红茶有大量需求。九江、汉口恰好位于祁门传统商业圈范围内,祁门茶商很容易通过阊江将红茶迅速运至两地。尽管,红茶的国际市场此时被印度和锡兰红茶大量抢占,但祁门红茶仍有一席之地。在此情形下,贵溪士绅胡元龙聘请江西宁州师傅创制红茶成功,胡家也受此影响,往九江、汉口贩茶,并顺带捎回部分商品,由此建立联系。除红茶外,贵溪还生产传统的安茶销往已经形成的广东市场。因此,胡家不仅通过在广东经商的亲戚朋友获得广东生产的商品,同时胡廷卿长子胡云青还代替本村人亲身前往广东贩茶。也是由于茶业的原因,让胡家购买杭州生产的锡箔纸以储存茶叶,但此类联系很少。除此之外,胡廷卿作为生员和塾师,还因游学、科考而与湖南、江苏两省产生偶尔联系。

显然,胡家生活空间的形成,与祁门县的地理环境、经商路线十分一致。他们与浙江联系不多,而与江西联系密切。他们利用传统的商业路线和地理优势,顺应晚清时期国际市场的需求,改制红茶,并运至九江、汉口出售,从而增加了与两地的联系。由于安茶仍然存在,因此胡家与传统的商业区域广东仍保持着为数不多的联系。因职业和身份的缘故,胡家与湖南、江苏也偶有接触。可见,胡家的生活空间格局的形成,虽与多种因素相关,但商业是其主要因素。胡家在本地的生活空间也是如此,限山隔壤的地理环境,将祁门县分隔为大小不同的几个区域。明代中期以后,祁门县逐渐形成了以县城为中心的四乡。胡家生活的主要区域即是他们所在的南乡。在日常的经济来往中,除本村的小店外,县城以及周边的塔坊、溶口、程村碣等市镇都是他们购物的场所。胡家也曾在上面提及的江西、湖北以及广东购物。综合起来,可以发现,胡家的购物地点并不局限于某地,购买的商品种类也未呈现出明显的市场级别。对这一模式,可以对照施坚雅所提出的"区域市场体系"理论以及中国其他地区作一检讨和比较。

首先,徽州地区并未形成北方乡村那种固定的集市或东南地区的"墟"。它们多是沿着交通要道的两侧(沿街或沿河)形成街道,附近民众可随时来此购物,并未形成固定日期的集市①。关于这一特点形成的原因,王振忠曾指出:"在徽州,很难找到华南各地那种定期集市的记录,这可能与十户九商的徽州社会密切相关——从来往书信等资料来看,几乎全部的日常生活必需品通常都由外埠经商的家人寄回徽州,以至于俭啬的徽州人几乎不需要一般农村那样的定期集市。"②这一点与上述对广州、江西、汉口的地名记录的统计分析所得出的历史事实相一致。

其次,在胡家的购物行为中,并未按照商品的种类、生活距离的远近,形成施坚雅所谓的三级市场模式,而是呈现出一种分散模式。决定其行为及变化的因素,与其经商区域、交通路线、售茶时段密切相关。徽州地区特有的购物模式让胡家购物空间相当广泛,除周边零散的市镇之外,还包括府城、浮梁甚至九江、武汉以及遥远的广州。再从购物的种类来看,胡家在各地所购的商品并无多大差异,因此,商品种类与购物地点也未形成必然的联系。显然,成都平原以及其他地区所形成的购物模式对于徽州地区而言,并不适用。这一点充分体现了传统的经商习惯以及由此形成的商业圈,对徽州民众的日常生活所带来的特殊面相。

三、职业身份、经济结构与生存模式

本书所讨论的胡家,账簿的主人胡廷卿和长子胡云青皆是读书应举的知

---

①有关徽州市镇的研究,可参见杨春雷:《试论明清徽州市镇与社会转型——兼与江浙市镇比较》,《安徽史学》,1996年第4期;唐力行、申浩:《差异与互动:明清时期苏州与徽州的市镇》,《社会科学》,2004年第1期;[韩]朴元熇:《明清时代徽州的市镇与宗族——歙县岩镇和柳山方氏环岩派》,《上海师范大学学报》(哲学社会科学版,)2005年第1期;何建木:《商人、商业与区域社会变迁——以清民国的婺源为中心》,复旦大学博士论文,2006年;梅立乔:《明清徽州商业市镇的发展》,载《安大史学第三辑》,合肥:安徽大学出版社,2008年;陶荣:《近代徽杭公路的开通与徽州市镇社会近代化》,《黄山学院学报》,2009年第2期;王振忠:《湮没的古镇》,《读书》,2010年第6期;王振忠:《新安江》,南京:江苏人民出版社,2010年;陈杰:《再论明清以来徽州市镇——以区域史的视野》,《江南大学学报》(人文社会科学版),2015年第6期。

②王振忠著:《明清以来徽州村落社会史研究——以新发现的民间珍稀文献为中心》,上海:上海人民出版社,2011年,第180页。

识分子,幼子胡云鹄则从事商业。这一家庭职业结构,至少在徽州较为普遍。同时,胡家通过各种途径也拥有一些土地和族产或族产股份。他们对土地的经营受制于徽州的农业经济结构,显示出较为特殊的面貌。正是胡家的职业构成、生员身份以及当地的经济结构,决定了他们一家的生存模式。

账簿的记录者胡廷卿作为一家之主,是胡家生活的主要依靠,他的职业和身份是形成他们一家生存模式的主要因素。塾师作为一种既能读书应举,又能养家糊口的职业,成为传统中国众多乡村士子的选择。胡廷卿亦不例外,将塾师作为终身职业。为了扩大生源,他创办的塾学具有综合性质,既不属于官塾、家塾,也不属于族塾,而是兼具家塾和族塾特色。这是胡家最为固定的收入来源。然而,这一职业收入有限,尚不足以养家糊口。为此,长子胡云青也曾独自坐馆招收过学生,但因各种原因,仅持续三年就终止了。由于晚清改革的原因,胡廷卿的塾师职业与长子的职业规划,也发生了某种改变。

就乡村塾师而言,面对晚清改革,他们应对方式不一,给家庭生活带来的影响也各异。河南的王锡彤较为幸运,他利用义和团运动的机会得到地方官员的邀请,成为幕僚,从而成功步入仕途,其两个儿子也都成为新式知识分子①。山西的刘大鹏则放弃了坐馆的职业,改开矿山,与人合伙办企业,以这种方式来养家糊口②。浙江温州府的林骏,在社会变革之际,虽然依然保持塾师身份,但因其身处江浙,渐染新思潮之影响,因此鼓励其儿子步入新式学堂,接受新教育③。同属徽州府的婺源人詹鸣铎在纪实性自传体小说中写道:"时国家诏停科举,起学堂,我以蒙馆一事,不合时宜,因谢散学生,将拟往外谋事。村内丙生唤人来请我上去,他想我以私塾改良,充作学堂,尽先任我

---

① 蒋纯焦:《晚清士子的生活与教育:以塾师王锡彤为例》,《华东师范大学学报》(教育科学版),2006年第2期。
② 沈艾娣著:《梦醒子:一位华北乡居者的人生(1857—1942)》一书的相关论述。
③ 徐佳贵:《废科举、兴学堂与晚清地方士子——以林骏〈颇宜茨室日记〉为例的考察》,《近代史研究》,2013年第4期。

开办,我亦辞之。①"这虽是小说家言,但由于这部小说强烈的纪实性,笔者以为这段叙述亦是事实②。而本文所讨论的胡廷卿及其长子在面对国家废私塾、兴学堂的改革时,并没有完全消极对待,或是顺应时代潮流,及时改变生存策略,利用社会资源转而经营茶业;或是采用立关书、办学校的方式,保证自己的收入来源,继续教书事业。然而,胡氏父子因功名低下甚至没有功名,没有机会如王锡彤那样接触高官从而改变自己的命运;亦因生活于内陆,无法及时获取新思潮,因此也无法实现思想观念的蜕变,转变为新式士子。他们只能跟同处徽州的詹鸣铎一样,或是稍加转变,操持旧业;或是经营当地的土特产茶叶,转而走上经商的道路。但这种转变并非出于主动求新,而仅是对时代变革的被动应对。这种现象无疑是清中叶以来徽州本土社会的部分写照。

除担任塾师外,胡廷卿还通过学习《通书》之类的书籍获得乡村民众所需的"技术知识",在乡村社会中扮演着多重角色,增加了收入。

首先,在很多时候他作为王朝官方意识的表征而活跃于乡村民众中,其表现之一是担任礼生。明清时期的乡村社会中存在着大量的礼生,他们在各个重要场合发挥着重要作用③。在科举极度衰落的晚清徽州乡村,进士、举人之类的高层知识分子十分缺乏,那些王朝意识在乡村实践的重大任务,只能由胡廷卿这类仅具生员身份的低级知识分子来承担。而在徽州,王朝礼仪早已通过宗族这个文化符号在各种祭祀中进入乡村,形成了一种乡风民俗,这就为礼生的存在提供了可能。表现之二是对《通书》的学习和运用。《通书》因脱胎于王朝所颁时宪书而蕴含着十分明显的王朝意识,清代时更是如

---

① (清末民初)詹鸣铎著:《我之小史》第九回《迎新学五门道贺,探爹娘七夕到杭》,第174页。
② 王振忠:《徽商章回体自传〈我之小史〉的发现及其学术意义》,《史林》,2006年第5期。
③ 详见刘永华:《礼仪下乡:明代以降闽西四保的礼仪变革与社会转型》,北京:生活·读书·新知三联书店,2019年。

此①,葛兆光就认为这种《通书》是思想传播到民众的一条重要途径②。他所说的思想即是指"王朝正统思想",特别是其中每年更新的皇帝纪年、年号包含了对王朝的认同。这一思想在《通书》的大量出版流通中,被乡村知识分子所接受,从而由他们传递给普通民众。因此陈进国认为,"从'奉正朔'的黄历到'民间所用'的《通书》之发展,毋宁说官方与民间在文化传统上更为强烈的联结,官民共信的风水习俗无疑是这种文化整合过程中的重要象征资源"。③胡廷卿作为《通书》的阅读者和接受者,在日常为乡民提供服务的活动中,有意无意地传递着王朝的各类信息。

其次,胡廷卿的服务类型与全国相比,既有共性,又有差异。由于茶业在地方经济中具有重要意义,因此乡民的日常生活很多与此相关,这也体现在胡廷卿的服务类型中。而徽州乡村医疗资源的匮乏与民众对医生存在大量需求之间的矛盾,以及自家的遭遇,让胡廷卿刻苦钻研医学,并在晚年成为当地颇为知名的医生,从而增加了数量可观的收入。另一方面,胡廷卿服务的范围相当广泛,这与当地的茶业亦密切相关。茶叶的采摘、制作与销售,皆需要大量劳动力,在当地人手严重不足的情况,大量外乡人前来谋生,使得当地社会中生活着很多外来人口。这不仅使胡廷卿扩大了交往范围,而且也提醒我们在贵溪村这类乡村中,商业在人际交往中占有重要作用。

除以知识为手段获取收入外,土地也是胡家赖以生存的经济来源。通过对本书的相关讨论可知,胡家对土地的占有和经营,都与当地的社会和经济结构密切相关。据刘和惠、汪庆元研究,"明清时期徽州的土地占有者主要是中小地主。根据徽州遗留下来的大量明清有关土地的文书契约资料,可分为四种类型,即经营地主、绅衿地主、商人地主和宗族公堂地主"④。前三类地主所占土地为私人经营,第四类则为共同经营。在传统研究中,地主是一种

---

①王元崇:《清代时宪书与中国现代统一多民族国家的形成》,《中国社会科学》,2018年第5期。
②葛兆光:《〈时宪通书〉的意味》,《读书》,1997年第1期。
③陈进国:《事事生死——风水与福建社会文化变迁》,厦门大学博士学位论文,2002年。
④刘和惠、汪庆元著:《徽州土地关系》,合肥:安徽人民出版社,2005年,第45页。

与自耕农、佃农相对立的群体,从阶级划分的角度看,属于剥削阶级。然而,就本书所探讨的胡家而言,实际情况要复杂得多。

首先从身份来看,胡家的主人胡廷卿终身是一名塾师,同时兼营土地,又间或经营大米和制茶生意。两个儿子在成年后皆开设店铺从商,而他本人在光绪十三年(1887)又获得生员的头衔。胡廷卿所拥有的土地,来自族分、祖分和购买,来自族分或祖分的土地大多为宗族共有,一般出租给他人以收取稻谷或与人合伙经营林木;而购买的土地大多为茶蒜地,用于栽植茶树,出售茶叶,直接获利。其妻、儿皆从事农事劳作,有时他本人也会参与。因此,胡廷卿既可以被划作经营地主,又可以被划作绅衿地主,还可以被划作商人地主,很难用一种身份加以指称。笔者相信,这在徽州是一种普遍现象。

其次,从他对土地的经营来看,公堂占有的共有土地中,山地用于与别人共同经营树木(即合坌),田地用于出租,而自己购买的土地皆用于种植茶树,出售茶叶。这一经营模式与徽州当地的地理环境和社会状况密切相关。徽州多山,有"七山半水半分田,二分道路和庄园"①之说,而祁门更是"九山半水半分田,包括道路和田园"②。胡兆量1950年代初对徽州地区进行调查后认为:"山区生产是徽州专区人民经济收入的重要部分。山区产品是本区贸易的大宗,在全国都占有重要地位。本区经济商品性强,贸易额大,人民生活水平较高等特点,也都与山区生产有直接关系。"③

茶叶和林木是徽州地区的大宗产品,必须对外寻找广阔的销售市场,方能换回可供食用的粮食。明清时期徽商遍布国内各地,将徽州本土所产林业产品输送至全国各个市场。因此,徽州虽地处皖南群山之中,却与全国有着密切的联系,即如明末金声所言:"新安不幸土瘠地狭,能以生业著于土者什不获一,其势必不能坐而家食,故其足迹常遍天下。天下有不幸遭受虔刘之

---

① 参见徽州地区交通志编委会编:《徽州地区交通志》,合肥:黄山书社,1996年,第3页。
② 祁门县地方志编纂委员会办公室编:《祁门县志·概述》,合肥:安徽人民出版社,1990年,第1页。
③ 胡兆量:《徽州专区经济地理调查报告》,《教学与研究》,1955年第2期,第26页。

处,则新安人必与俱。以故十年来天下大半残,新安亦大半残。"①至晚清时期,徽商实力虽大不如前,但商业传统依然如故,从事商业的徽人仍数量众多。据刘道胜、凌桂萍对光绪年间祁门县南乡十五都一图《保甲册》的统计,该册中371户主户,标明"贸易"者有90户,约占总户数的24.3%,而"务农"者24户,仅占总户数的6.5%②。由此可见晚清时期徽人经商的比例仍然很高。祁门的山林经济中,茶业处于重要地位。已如前述,胡廷卿受本村人胡元龙改制红茶的影响,将大部分茶草制作成红茶出售给当地的茶庄、茶号。随着茶业生意的不断扩大,胡家获得的土地收入也与年俱增,经济状况不断改善。综合而言,茶蒎地的获益率高达50%,这与将土地出租或出典的形式相比,收益要丰厚得多③。

此外,胡廷卿虽然也是传统上所称的地主,但占有的土地并不多,且地块十分零碎。正如章有义所总结的那样,徽州的地权较为分散,地主占有的土地仅为总田地数量的百分之十几,有百分之八九十的土地保留在农民手中,远不像江南的苏州那样地主与佃农数量对比悬殊④。他在这里说的是晚明徽州的情形。徽州后来虽有地权集中的趋势,但仍不能与其他地区相比。在华东军政委员会土地改革委员会1952年编写出版的《安徽省农村调查》中,记载了委员会对歙县、祁门和绩溪三个村庄的各阶级土地占有状况的调查情况,从中可以看出三县情况略有差别,地主所占田地百分比依次为63.2%、46.1%和33.5%,且祁门县的钟秀村两座祠堂还占有90亩的田地,占所有土地的13.8%⑤。由此说明,以宗族组织名义所占有的共有土地在祁门县具有

---

①(明)金声撰:《金正希先生文集辑略九卷》卷8《建阳令黄侯生祠碑记》,《四库禁毁书丛刊》集部第50册,北京:北京出版社,1997年,第616页上。
②刘道胜、凌桂萍:《晚清祁门县保甲设置与村落社会——以〈光绪祁门县保甲册〉为中心》表5,《安徽大学学报》(哲学社会科学版),2014年第4期,第117页。
③汪崇筼:《清代徽州土地与商业投资回报率的比较》,《清史研究》,2006年第1期。
④章有义:《明清徽州地权分配状况的蠡测》,收入氏著《明清徽州土地关系研究》,北京:中国社会科学出版社,1984年,第9页。
⑤华东军政委员会土地改革委员会编:《安徽省农村调查》第一部分《徽州专区农村情况概述》,内部资料,1952年印,第32~34页。

重要意义,胡家的情况恰好符合这一特征。因此,在徽州地区,胡廷卿这类人群在土地来源、收入及效益方面,有着自身的特殊性,如何将这一特殊性与全国范围内的普遍性结合起来研究,则需要研究者细心辨别。

同时,胡家幼子胡云鹄曾在景德镇学习商业知识和工作,利用这一机会,胡家在光绪二十六年(1900)从景德镇批发大米回祁门,向本村及周边地区居民零售。同时,每年茶季,云鹄还回到贵溪村内的茶号中临时工作,长子云青在科举改制后,也在村中学习商业知识,并替别人去广州贩茶。儿子们的职业和祁门当地的茶业经济,为胡家拓展了收入来源,与知识服务、塾师和土地一起构成了他们的生存来源。

四、社会关系、经济网络及其社会组织

贵溪村在南宋时期,由于地处通往江西的交通要道,利用国家在此地设置征税机关的机会,迅速崛起,不仅在科举上取得了辉煌的成绩,而且还较早地建立了家族组织,形成了后世祁门胡氏建构组织化宗族的基本框架。至清代,祁门胡氏以贵溪胡氏为中心建立起了一个庞大的宗族群体。此时,贵溪村的胡氏族人在祁门县虽依然保留着始迁地的大宗地位,但声誉已大大衰落。尽管如此,贵溪村的胡氏族人,在此时也已形成了数量众多的各种社会组织,在胡家的日常生活中具有重要意义。本书着重从社会关系的角度探讨两个问题:第一,宗族在家庭经济网络的形成中产生什么样的影响;第二,各种乡村组织在民众日常生活中具有何种意义。

首先是宗族对家庭经济网络的形成所产生的影响。经济关系是人类交往中最为重要、最为频繁的关系,因交往主体的身份、职业、社会传统而各异。那么,个人在选择经济交往的对象时,依据的是何种标准呢?美国社会学家马克·格兰诺维特(Mark Granovetter)曾指出,"我的观点是:对这一(由经济和政治变迁所带来影响的)机制最重要却是最少分析的一个,就是这种经济、政治的变迁对嵌入(embed)经济生活中的社会关系的影响。如果事实确实如此,那么若没有对这些社会关系给予充分的理解,在宏观水平和微观水平的理论之间,就

无法建立起恰当的联系"①。显然,在他看来,要将微观和宏观有效切实地建立起来,就必须对经济生活中的社会关系进行充分的理解。

胡家生活于晚清时期的小山村内,他们终身所生活的世界是一个通过宗族组织起来的乡村社会,其社会关系必然与经济活动密切相关。刘永华对近三十年来我国乡村社会史研究的理论渊源进行梳理后认为,通过对以个人或家庭为核心的人际网络的探讨,"有可能考察不同社会关系在个人或家庭社会生活中扮演的角色及记账者对不同社会群体的参与,在一定程度上打通微观层次与中观层次,从微观层面观察中观社会组织的构成方式与运作机制,在此基础上与以往从中观群体切入进行的社会史研究展开对话,补充、修正、深化以往基于中观群体研究得出的认识"②。这里他所指的是如何利用排日账这类民间文献弥补前辈学者借助宗族这类中观群体研究乡村社会史中存在的不足,与常建华所提倡的日常生活史和刘志伟所倡导的"以人为主体的历史",在学术理念上一脉相承。

本书利用胡廷卿账簿前后共计19年的流水记载,结合族谱资料,探讨了在胡家经济网络的形成中,与其在血缘上远近不同的人群所起的不同作用。其中,以胡相久为支祖的"本门"在胡家经济网络中起着核心作用,而以"五服"为界限的"本家"又是核心中的核心。可以说,在胡家的日常生活中,五服以内"本家"人,满足了他们大部分的经济需求。这为我们进一步探讨宗族、家族、五服这类社会关系在个人或家庭经济生活中的意义,提供了一个生动的个案。当然,这一个案具有多大程度上的普遍性,可以通过其他个案作进一步的探讨。

其次是社会组织。学界对传统社会中各种祀(祠)会组织的组成、运作、规模、功能皆已做了大量研究,并取得一批成果。然而,已有研究多是就某一

---

① Mark Granovetter, Economic Action and Social Structure: The Problem of Embeddedness, *American Journal of Sociology*, Vol. 91. No. 3(Nov., 1985), pp506—507. 本论文承刘永华教授惠赠,特此致谢。

② 刘永华:《排日账与19世纪徽州乡村社会研究——兼谈明清社会史研究的方法与史料》,《学术月刊》,2018年第4期,第135页。

项组织本身作专项研究,关于这些组织对社会的影响、如何影响等问题,作深入探讨的不多。他们在论及乡村社会中某些公共组织的性质、功能时,多在"国家与社会"的框架下强调这类组织的自治功能、国家代理机构的角色①。不过,随着对社会系统论的批判,这一预设的二元对立二分法逐渐被学界舍弃,代之而起的则是"制度与生活"这一分析模式。"'制度与生活'试图通过对具体事件发生过程的条分缕析来厘清正式制度的起源、操作的逻辑,在实践中同其他正式制度以及不同生活需求和逻辑的相互渗透,从而一方面看到一个国家或者社会中制度变迁的方向和逻辑,另一方面看到生活的需求、民情是如何变动的,从而洞察中国社会维续和变动的基本机制和逻辑"②。这里的"生活"即是"指社会人的日常生活,既包括各种权宜性生产的利益、权力和权利诉求及生活策略和技术,又指涉相对例行化的民情和习惯法。"③其意在表明在分析社会中的某些组织和事件时,不能概念化、先验化,而是应该将之置入当时、当地、当事人的具体环境中加以探讨。

在本书中,笔者对胡廷卿账簿中所有有关祀、会的记载进行了统计,对各种祀、会组织进行了分类,分析了部分组织的性质、范围以及组织与管理方式。通过专门讨论与胡家联系最多的义田米局(祠、祀)后,笔者认为,在徽州社会中由于各种原因而设立的各种组织,其性质不一,功能各异,对民众所产生的影响亦不相同。其中某些看似宗族组织,但经过仔细辨析后,在实际活动中其范围并不限于派下子孙,甚至涉及外姓、外村,这是一个应该引起注意的现象。同时,在祀、会的各种功能中,经济功能依然占据主导地位。虽然账簿的经济性质对数据的统计会有影响,但笔者相信这一影响不会从根本上改变结论,这一点应该与徽州悠久的商业传统和数量众多的商人有关。此外,

---

① 郑卫东:《"国家与社会"框架下的中国乡村研究综述》,《中国农村观察》,2005 年第 2 期。
② 肖瑛:《从"国家与社会"到"制度与生活":中国社会变迁研究的视角转换》,《中国社会科学》,2014 年第 9 期,第 103~104 页。
③ 肖瑛:《从"国家与社会"到"制度与生活":中国社会变迁研究的视角转换》,《中国社会科学》,2014 年第 9 期,第 88 页。

透过胡廷卿长达二十多年的记载,可以看出胡家是如何借助组织与宗族、民众发生联系的;而且,也可以看出,这些组织是如何在经济、祭祀、拼山等各个方面对胡家的日常生活发挥着作用。

五、商业传统与日常生活的商业化

关于商业对中国社会的影响以及传统中国社会的性质,学界已有探讨①。但这些研究成果皆从宏观层面作结构性的分析,对于商业因素对个人或家庭的日常生活产生何种影响,目前尚未涉及。从上面讨论的经济活动中,我们可以大体看出商业对胡家的日常生活所产生的诸多影响。其实,商业影响的不仅是经济生活,还有民众的思维习惯和行事风格。由此可以说明,晚清时期的徽州,民众的日常生活已具有了商业化的特点。下面,笔者从三个方面略加说明。

首先来看本书所利用的"胡廷卿账簿"。这是一部家庭日常收支账簿,兼有记事功能,尽管与目前学界所探讨的"排日账"有些差异,但可以归入广泛意义上的"排日账"范畴之内。有关这部文献的性质,以往学者认为是商业账簿,但笔者通过对账簿记录者身份、账簿本身形制以及内容的考察,认为并非如此。因此,确定一部地方文献的性质、种类,必须将其置入当时、当地的环境中作具体考察。这种记账兼记事的特殊账簿类型,之所以产生于徽州并被大量保存,与徽州的社会特色和独特的教育模式有密切关系。徽州商业发达,商人众多,徽州人自孩童时期就接受经商最基本的记账技能训练,训练方式包括写日记和记排日账两种。长大后,大多数学童走进商号,在学习经商知识的同时,继续学习儒家思想。因此,至晚清时期,徽州浓厚的商业意识已

---

① 可参见赵轶峰:《明代中国历史趋势:帝制农商社会》,《东北师范大学学报》(哲学社会科学版),2007年第1期;赵轶峰,《明清帝制农商社会论纲》,《古代文明》,2011年第3期;葛金芳:《"农商社会"的过去、现在和未来——宋以降(11—20世纪)江南区域社会经济变迁》,《安徽师范大学学报》(人文社会科学版),2009年第5期。关于"农商社会"的全面论述,可参见赵轶峰著:《明清帝制农商社会研究》,北京:科学出版社,2017年。上述三篇论文,承蒙常建华教授示教,得以获览,谨致谢忱!

深深地融入徽州民众的生活中,他们即便不从商,也会在家庭生活的日常开支中,将每日的收支记录下来并加以核算。在记录过程中,由于徽州民众所要面对的对象类型很丰富,因此根据不同的经济类型和社会组织,又产生了更为细致的账簿类型。而当地独特的教育模式,也促生了徽州特殊的账簿类型。另一方面,国家对商人关于账簿的规定,也是徽州当地大量账簿得以保存的原因之一。

其次是家庭的经营管理,这一点可从胡廷卿与其家人在经济往来的记载中看出来。光绪三十年(1904)以前,胡家没有分家,在家庭收支上一直是共收、共支。作为一个家庭,家庭成员特别是父子之间,在孩子的少年时期,一般不会发生商业上的经济往来。然而,胡家并非如此。在胡廷卿账簿中,有多次支给儿子、妻子以及儿媳款项的记载,大多用于让他们购物或零用。这种记录,是为了解家庭开支和用途,在情理之中。然而,除此之外,还有支付给儿子、儿媳采摘茶叶的工钱的记录,这不能不引起笔者的注意。幼子云鹄在去景德镇进店当学徒之前,从八岁那年开始在茶季为家中采摘茶叶,此后这一记载逐渐增多。为了说明问题,笔者将光绪十八年(1892)的记载,列表如 6-1 所示:

表 6-1　光绪十八年胡云鹄(佛子)采摘茶草记录表

月	日	内容	页码	卷数
四月	初一	收徐家坞茶草九斤四两,内佛子茶草二斤四两	388	十五
四月	初一	又收徐家坞茶草五斤六两,内佛子一斤十两	388	十五
四月	初二	收汪南冲茶草十三斤半,内佛子四斤	388	十五
四月	初六	收汪南冲茶草十一斤十二两,内佛子茶草三斤四两	389	十五
四月	初六	收汪南冲茶草十三斤十二两,内佛子三斤十二两	390	十五
四月	初七	收蒋家坞茶草十斤半,十八两。内茶草四斤半,内佛子茶草一斤半	390	十五
四月	初七	收背后山,茶草三斤十二两。内佛子一斤半	390	十五
四月	初七	收徐家坞茶草十斤,内佛子三斤四两	390	十五

续表

月	日	内容	页码	卷数
四月	初八	收徐家坞等处茶草八斤十两,内佛子二斤四两	391	十五
四月	初八	收全处茶草十斤,内佛子八斤	391	十五
四月	初九	收徐家坞茶草六斤半,内佛子二斤十四两	391	十五
四月	初九	收全处茶草六斤半,内佛子二斤十三两	391	十五
四月	初十	收汪南冲茶草十二斤半,内佛子七斤半	392	十五
四月	十一	收汪南冲茶草八斤,内佛子四斤十二两	393	十五
四月	十三	收蒋家坞茶草十斤半,内佛子茶草一斤半	393	十五
四月	十四	收蒋家坞茶草十斤,内佛子三斤	394	十五
四月	十七	收徐家坞三处茶草12.5斤,内佛子茶草二斤半。佛子共采茶草48斤	394	十五
四月	十七	又收茶草十三斤半,内佛子茶草三斤	394	十五
四月	十八	收蒋家坞茶草八斤,内佛子三斤	394	十五
四月	廿二	收蒋家坞茶草十斤,内佛子茶草五斤	395	十五
四月	廿三	收汪南冲茶草九斤,内佛子茶草二斤半	395	十五
四月	廿四	(佛子)共摘茶草六十斤,共付钱四百二十	401	十五

光绪十八年(1892),"四月初一日　开山采茶"[①],结合上表可知,从开山采茶的第一天,云鹄就参与了采摘。在接下来的日子里,整个四月份,他有14天都在采茶,前后共计采茶60斤,为此,胡廷卿支付给他480文的工钱,这一记载值得注意。作为家庭的一名成员,去田间采摘茶草,应该是一件义务之举,但胡廷卿却把自己的儿子与其他雇佣工人一样看待,不仅详细记载了茶草数量,而且还支付其工钱。

不仅如此,在光绪十八年(1892),还有几笔胡廷卿与云鹄之间借钱、还钱的记录,如"(四月廿八)收借佛子钱二百,初三还"[②],这里的"初三"是指五月

[①] 王钰欣、周绍泉主编:《徽州千年契约文书》第15卷《光绪十七年祁门胡廷卿立〈春茶总登〉》,第388页。
[②] 王钰欣、周绍泉主编:《徽州千年契约文书》第15卷《光绪十七年祁门胡廷卿立〈进出流水〉》,第329页。

初三,在这一天亦有记载"支钱二百,还佛子"①。此后在该年的七月十二、八月中秋也有类似的借、还账务记载②。这种家庭成员之间在采摘茶叶期间雇用与被雇用的关系,不仅体现在父子之间,也体现在他与其他成员之中,如胡氏与他的妻子和两个儿媳冬桃、巧之间。和云鹄一样,在每年的茶草采摘记录中,都有胡廷卿向他们支付工资的记录。

这一现象表明,在家庭生活中,胡廷卿将茶叶种植视为一项商业投资。相关记载不仅表明了家庭成员之间的经济关系,还呈现每年茶叶收入盈亏的状况。从抛洒茶子到茶荪成熟过程中的松土、施肥,再到最后的采摘,都需要人力。对于每一项与此相关的支出,胡廷卿都会详细记录,并在每年茶季结束之后加以核算。如光绪二十七年(1901),他对该年的春茶开销就作了统计:

> 辛丑春茶开销摘工、做工列左:
>
> 令,仝义开,共采茶草六十一斤零九两,一二扣钱八百三十八,付洋一元,并柴钱内讫。又柴钱一百十六。
>
> 翠,共采茶草二十二斤零三两,一二扣钱二百六十六。五月廿六付讫。
>
> 周意嫂,共采茶草四十四斤三两,又茶草六斤五两,蒋家坞。一二扣钱六百。四月初四付钱三百,又付钱一百。
>
> 田根妇,共采茶草十二斤半,一二扣钱一百五十,付讫。
>
> 小春妇,共采茶草二十八斤十二两,一二扣钱三百四十五。又工钱六十。付饼一斤,五十;又占米一升,五十。存三百零五文。
>
> 做红茶工钱二千一百,付讫。

---

① 王钰欣、周绍泉主编:《徽州千年契约文书》第15卷《光绪十七年祁门胡廷卿立〈进出流水〉》,第330页。

② 王钰欣、周绍泉主编:《徽州千年契约文书》第15卷《光绪十七年祁门胡廷卿立〈进出流水〉》,第342、346页。

摘茶工钱二千零二十九文,总结。①

除此之外,他还会对历年采收的茶草、售洋逐一列出,加以比对②。这一在茶叶的种植、收获过程中所呈现的关系,无疑是商业意识在农业上的体现,我们可以称之为日常生活商业化的反映之一。根据笔者对当地民众的调查走访,这一现象至今仍存在,他们对茶叶的每一笔收入都会详细记录且留有账簿。

胡廷卿在账簿中不仅对每年的茶叶收支进行年度总结核算,而且每年都会对本年内整个家庭的收支进行核算。如他在光绪十六年(1890)账簿的第1页写道:"庚寅年新正月初三日吉立。收旧存洋蚨一元、大钱七百文",以此表明上一年的盈余情况。在该年年末,又对本年收支进行了总结:"以上总结进出,仍存洋一元,又钱六百"。随后,又对本年的全年开销以及年内经常发生经济往来的商号、个人、组织进行了单独核算和记录③。由此看来,胡廷卿在家庭经营方面,不仅千方百计拓展收入来源,而且把家庭事务当作一个公司来管理,将家庭成员对家庭事务的劳动量用货币加以核算,同时,对家庭收支、各来往对象皆进行核算,以此清晰本年家庭收支的盈亏和经济往来状况。

最后,"市"在日常生活中的运用。"市"经常用于商品的买卖行为或市场中,但是这一跟商品密切相关的词语则被胡廷卿用于日常各个场合中。笔者将胡廷卿账簿中的相关记载,遴选部分,列表如表6-2所示:

---

① 王钰欣、周绍泉主编:《徽州千年契约文书》第17卷《光绪二十七年祁门胡廷卿立〈采售茶总登〉》,第234页。

② 王钰欣、周绍泉主编:《徽州千年契约文书》第15卷《光绪十七年祁门胡廷卿立〈春茶总登〉》,第448—454页相关记载。

③ 王钰欣、周绍泉主编:《徽州千年契约文书》第15卷《光绪十六年祁门胡廷卿立〈进出总登〉》,第155、233、234~251页。

表 6-2 日常生活中"市"的使用范围记载一览表(部分)

年	月	日	记载	页码	卷数
光绪八年	二月	初一	往溶口馆,利市	20	十四
光绪八年	四月	初一	利市	24	十四
光绪八年	五月	十五	利市	29	十四
光绪九年	正月	初四	利市,发笔	99	十四
光绪十年	五月	初九	收柳根发笔市洋一元	135	十四
光绪十一年	正月	廿五	开学大吉,收神照市包钱二百文	193	十四
光绪十五年	三月	廿八	廿一日谷雨节,开山采茶,利市	298	十四
光绪十二年	四月	十四	利市。买猪一口,计重十八斤,作17斤算	344	十四
光绪十三年	正月	初五	收尚义首人送来子四元,水酒一壶,发市	411	十四
光绪十三年	正月	初九	支钱一百文,付瑞记店发市	412	十四
光绪十四年	正月	念五	阳开发市开学	498	十四
光绪二十年	四月	十五	收起发发笔市钱一百	34	十六
光绪二十年	五月	初二	收开祯发笔市钱一百	35	十六
光绪二十五年	正月	十六	往石坑岳丈家拜年发市	439	十六
光绪三十二年	闰四月	初八	收连子写字市包钱一百	99	十八
光绪三十四年	正月	初一	元旦发笔,大吉利市	161	十八
光绪三十四年	正月	初五	尚义开丁单,利市	162	十八

从上表中可以看出,胡廷卿对"市"的使用可分为以下几类。其一,在每月的初一、十五或每年之初,都会在账簿中写上"利市"字样,以表达对生活的美好祝愿。"利市"广泛用于商业账簿中以祝愿本人生意兴隆,而胡廷卿则用于家庭账簿中,这不仅表明商业对其日常生活的影响,而且亦表明,他的观念里日常生活的各项内容都已经被商业化。其二,在购买某件商品的日子,他亦会注上"利市"的字样,如表中光绪十二年(1886)四月十四那天,他购买了一头猪崽,在该日写上"利市",表明将养猪这一行为视作一种投资、一种生意。其三,在教书生活中亦有运用。从上表中可以看出,他于光绪八年(1882)二月初一前往溶口教书之际,标上"利市"一词,其后又将学生交纳的

学费、赞敬钱称作"市包""发笔市洋""市钱",并且在长子云青于光绪十五年(1889)首次开馆授徒时,标注"发市开学",这表明他已将教书当作商业活动之一。其四,在每年开山采茶之际,亦会写上"利市",这种茶荪经营的商业化,前面已作过探讨,此处不赘。其五,将在春节期间前往亲戚家拜年的行为称为"发市",可见晚清以降,商业观念对民众日常生活的影响多么深入。

因此,至晚清时期,经过几百年的积淀,商业观念已深深地渗入徽州,成为其文化特质的一部分,变成了"日用而不知"的知识体系,指导着民众的日常行为,笔者称其为"日常生活的商业化"。

参考书目

一、原始文献

(一)政书类

[1](宋)欧阳修.新唐书[M].北京:中华书局,1975.

[2](元)脱脱.宋史[M].北京:中华书局,1977.

[3]中央研究院历史语言研究所.明太祖实录[M].据国立北平图书馆红格抄本微卷影印.上海:上海书店,1962.

[4](明)申时行等.明会典[M].据明万历十五年(1587)重修本影印.北京:中华书局,1989.

[5](清)徐松辑,刘琳等点校.宋会要辑稿[M].上海:上海古籍出版社,2014.

[6](民国)赵尔巽.清史稿[M].北京:中华书局,1977.

[7](清)不著撰者.大清诏令[M].版本待考.

[8](清)昆冈等.钦定大清会典[M].清光绪二十五年(1899)刻本.

[9](清)昆冈等.钦定大清会典事例[M].清光绪二十五年(1899)刻本.

[10](清)昆冈等.钦定大清会典图[M].清光绪二十五年(1899)刻本.

[11](清)田文镜.钦定训饬州县规条[M].清光绪元年(1875)刻本.

[12](清)刘汝骥.陶甓公牍(影印本)[M]//官箴书集成编纂委员会编,官箴书集成第十册.合肥:黄山书社,1997.

[13](清)杞庐主人.时务通考[M].清光绪二十三年(1897)点石斋石印本.

[14](清)载振.大清商律[M].清宣统年间刻本.

[15](民国)黄鸿寿.清史纪事本末[M].据进步书局石印本影印.上海:上海书店,1986.

(二)志书类

[1](唐)李吉甫编撰,贺次君点校.元和郡县图志[M].北京:中华书局,1981.

[2](宋)乐史.太平寰宇记[M].据日本国宫内厅书陵部所藏宋本影印.北京:中华书局,2000.

[3](清)许鸣磐.方舆考证[M].清济宁潘氏华鉴阁本.

[4](清)穆彰阿、潘锡恩等.大清一统志[M].上海:上海古籍出版社,2007.

[5](明)林庭㭿.江西通志[M].明嘉靖间刻本.

[6](清)于成龙.江南通志[M].清康熙二十三年(1684)刻本.(日)京都阳明文库图书五七号,学习院图书馆藏;

[7](清)黄之隽等编纂,赵弘恩监修.江南通志[M].据尊经阁藏板清乾隆二年(1737)重修本影印.扬州:广陵书社,2010.

[8](清)朱云锦.皖省志略[M].清道光元年(1821)金阊传毛上珍书斋刻本.安徽博物馆藏;

[9](清)冯煦主修,陈师礼总纂.皖政辑要[M].合肥:黄山书社,2005.

[10](清)陶澍、邓廷桢修,李振庸、韩玫纂.安徽通志[M].清道光十年(1830)刻本,复旦大学图书馆藏.

[11](清)吴坤修等修,何绍基、杨沂孙纂.重修安徽通志[M].清光绪四年(1878)刻本,复旦大学图书馆藏.

[12](清)李应钰.皖志便览[M].据清光绪二十四年(1898)刊本影印.中国方志丛书·华中地方·第二二四号.台北:成文出版社有限公司印行.

[13](民国)安徽通志馆纂修.安徽通志稿[M].民国二十三年(1934)铅印本.复旦大学图书馆藏.

[14](宋)罗愿纂.新安志[M].据宋淳熙二年(1175)修,清光绪十四年(1888)重刊本影印,中国方志丛书·华中地方·第二三四号.台北:成文出版社,1966.

[15](明)彭泽修,汪舜民纂.徽州府志[M].据弘治十五年(1502)刻本影印,"天一阁藏明代方志选刊"第二十一册.上海:上海古籍书店,1964.

[16](明)何东序修,汪尚宁纂.徽州府志[M].据明嘉靖四十五年(1566)刻本影印.北京图书馆古籍珍本丛刊(29)史部·地理类.北京:书目文献出版社,1998.

[17](明)方信撰,肖建新、李永卉点校.新安志补[M].芜湖:安徽师范大学出版社,2012.

[18](清)高晫纂修.徽州府志[M].清康熙二十二年(1683)抄本.上海图书馆藏.

[19](清)林国柱纂修.徽州府志[M].清康熙二十二年(1683)抄本.上海图书馆藏,胶201.

[20](清)丁廷楗修,赵吉士纂.徽州府志[M].据清康熙三十八年(1699)刊本影印,中国方志丛书·华中地方·第二三七号.台北:成文出版社,1966.

[21](清)马步蟾修、夏銮纂.徽州府志[M].据道光七年(1827)刊本影印.中国方志丛书·华中地方·第二三五号.台北:成文出版社,1966.

[22](清)黄崇惺撰.徽州府志辨证[M].清末(1851—1911)木活字本,一册.上海图书馆藏.

[23](清)童范俨编修.临川县志[M].清同治九年(1870)刻本.

[24](清)金天翮撰.皖志列传稿[M].据民国二十五年(1936)刊本影印.中国方志丛书·华中地方·第二三九号,台北:成文出版社,1966.

[25]何警吾编.徽州地区简志[M].合肥:黄山书社,1989.

[26]《徽州地区交通志》编委会编.徽州地区交通志[M].合肥:黄山书社,1996.

[27](明)黄汝济主纂.祁阊志(外四种)[M].据永乐九年(1411)抄本点校,祁门县地方志办公室整理.皖内部资料性图书2004—129号.

[28](明)余士奇修,谢存仁纂.祁门县志[M].明万历二十八年(1600)刻本.复旦大学图书馆藏.

[29](清)姚启元修,张瑗纂.祁门县志[M].清康熙二十二年(1683)刻本.祁门县图书馆藏.

[30](清)王让修,桂超万纂.祁门县志[M].据清道光七年(1827)刊本影印.中国方志丛书·华中地方·第六三九号.台北:成文出版社,1966.

[31](清)周溶修,汪韵珊纂.祁门县志[M].据清同治十二年(1873)刊本影印.中国方志丛书·华中地方·第二四零号.台北:成文出版社,1966.

[32](民国)胡光钊纂修.祁门县志氏族考·艺文考[M].民国三十三年(1944)铅印本.

[33]祁门县地方志编纂委员会编.祁门县志[M].合肥:安徽人民出版社,1990.

[34](民国)李家骥编.祁门县乡土地理志稿本[M].民国七年(1918)铅印本.祁门县档案局藏.

[35]祁门县地名委员会办公室编.祁门县地名录[M].上海:上海市印刷厂印刷,1987.

[36]国家图书馆编.地方志人物传记资料丛刊(华东卷)[M].下编,第一六二册.北京:国家图书馆出版社,2012.

(三)谱牒

[1](明)胡自立编修.贵溪胡氏族谱[M].明成化四年(1468)刻本.藏于中国国家图书馆.

[2](明)戴廷明、程尚宽等辑,朱万曙等点校、余国庆等审订.新安名族志

[M].合肥黄山书社,2007.

[3](清)胡士著编修.祁闾胡氏族谱[M].清康熙十二年(1673)刻本.

[6](清)胡启道编修.祁门胡氏族谱[M].清乾隆二十七年(1762)刻本.

[7](清)胡廷琛编修.祁门胡氏族谱[M].清光绪十四年(1888)刻本.

[8](民国)胡承祚编修.贵溪胡氏支谱[M].民国十三年(1924)刻本.

[9]胡景宪编.霭轩文献[M].1991年手写复印本.

(四)账簿、契约、日记等

[1]王钰欣、周绍泉主编.千年契约文书[M].石家庄:花山文艺出版社,1993.

[2]刘伯山主编.徽州文书[M].南宁:广西师范大学出版社,2005—2006.

[3](清)胡上祥.光绪十七年(1891)胡上祥分家书[M].现藏于祁门县贵溪村胡松龄家中.

[4](清)大公报[N].上海报馆发行.

[5](民国)胡彩云著.胡彩云日记[M].现藏于美国胡芳琪女士处.

[6](民国)傅宏镇.祁门之茶叶[N].国际贸易导报,1933(5),5.

(五)文人文集

[1](宋)欧阳修著.欧阳文忠公集[M].据中华书局1936年版影印.北京:中华书局,1989.

[2](宋)许景衡撰.横塘集[M].清文渊阁四库全书本.

[3](宋)方岳撰.秋崖集[M].清文渊阁四库全书补配清文津阁四库全书本.

[4](元)方回著.桐江续集[M].钦定四库全书·集部五.

[5](元)方回著.续古今考[M].台北:台湾商务印书馆,1986年;

[6](元)汪克宽著.环谷集[M].清康熙汪氏三先生集本.

[7](元)马端临编纂,上师大古研所、华师大古研所点校.文献通考[M].北京:中华书局,2011.

[8](清)张贞撰.杞田集[M].清康熙四十九年(1710)春岑阁刻本.

[9](清)董浩编.钦定全唐文[M].北京:中华书局,1983.

[10](清)詹鸣铎著.我之小史[M].王振忠、朱红整理校注.合肥:安徽教育出版社,2008.

二、资料汇编

[1]安徽省博物馆编.明清徽州社会经济资料丛编[G]第1集.北京:中国社会科学出版社,1988.

[2]陈学恂主编.中国近代教育史教学参考资料[G],上册.北京:人民教育出版社,1986.

[3]谢国桢著.明代社会经济史料选编[G].福州:福建人民出版社,1980.

[4]杨正泰著.明代驿站考(附:《一统路程图记》、《士商类要》)[G].上海:上海古籍出版社,1994.

[6]张传玺主编.中国历代契约会编考释[G](上、下册).北京:北京大学出版社,1995.

[7]张海鹏、王廷元主编.明清徽商资料选编[G].合肥:黄山书社,1985.

[8]中国社会科学院历史研究所徽州文契整理组编.明清徽州社会经济资料丛编[G]第2辑(集).北京:中国社会科学出版社,1990.

[9]朱有瓛主编.中国近代学制史料[G].上海:华东师范大学出版社,1983.

三、指导用书

[1]范金民著.江南社会经济史研究入门[M].上海:复旦大学出版社,2012.

[2]蒋元卿编.皖人书录[M].合肥:黄山书社,1989.

[3]阚华主编.安徽省馆藏皖人书目(—1949)[M].合肥:黄山书

社,2003.

[4]钱杭著.中国宗族史研究入门[M].上海:复旦大学出版社,2009.

[5]上海图书馆编纂.上海图书馆馆藏家谱提要[M].上海:上海古籍出版社,2000.

[6]王鹤鸣主编.中国家谱总目[M].上海:上海古籍出版社,2008.

[7]王振忠著.徽学研究入门[M].上海:复旦大学出版社,2011.

[8]薛贞芳编.徽学研究论著资料汇编[M].安徽大学图书馆刊印,1995年,内部资料.

[9]严桂夫主编.徽州历史档案总目提要[M].合肥:黄山书社,1996.

[10]严桂夫、王国健编.徽州文书档案[M].合肥:安徽人民出版社,2005.

[11]中国科学院北京天文台主编.中国地方志联合目录[M].北京:中华书局,1985.

[12]王钰欣、罗仲辉、袁立泽、梁勇编.徽州文书类目[M].合肥:黄山书社,2000.

四、研究论著

(一)著作、论文集

[1]卞利著.明清徽州社会研究[M].合肥:安徽大学出版社,2004.

[2]常建华著.观念、史料与视野——中国社会研究再探[M].北京:北京大学出版社,2012.

[3]常建华著.明代宗族研究[M].上海:上海人民出版社,2005.

[4]常建华著.社会生活的历史学:中国社会史研究新探[M].北京:北京师范大学出版社,2004.

[5]常建华著.明代宗族组织化研究[M].北京:故宫出版社,2012.

[6]陈学文著.明清社会经济史研究[M].台北:稻禾出版社,1991.

[7]陈春声著.市场机制与社会变迁:18世纪广东米价分析[M].北京:

中国人民大学出版社,2010.

[8]陈其南著.家庭与社会——台湾与中国社会研究的基础理念[M].台北:联经出版事业公司,1990.

[9]陈慈玉著.近代中国茶叶之发展[M].北京:中国人民大学出版社,2013.

[10]程振武主编.祁门人在景德镇[M].景德镇日报印刷厂印刷,1998.

[11]邓正来、J.C.亚历山大编.国家与市民社会:一种社会理论的研究路径[M].北京:中央编译出版社,1999.

[12]樊树志著.明清江南市镇探微[M].上海:复旦大学出版社,1990.

[13]樊树志著.江南市镇:传统与变革[M].上海:复旦大学出版社,2005.

[14]方光禄等著.徽州近代师范教育史(1905—1949)[M].芜湖:安徽师范大学出版社,2013.

[15]费孝通著.乡土中国生育制度[M].北京:北京大学出版社,1998.

[16]费孝通著.江村经济[M].北京:商务印书馆,2001.

[17]费孝通著,惠海鸣译.中国绅士[M].北京:中国社会科学出版社,2006.

[18]冯尔康著.18世纪以来中国家族的现代转向[M].上海:上海人民出版社,2005.

[19]冯贤亮著.明清江南地区的环境变动与社会控制[M].上海:上海人民出版社,2002.

[20]傅衣凌著.明清农村社会经济·明清社会经济变迁论[M].北京:中华书局,2007.

[21]郭道扬著.中国会计史稿(上、下)[M].北京:中国财政经济出版社,1982、1988.

[22]何廉著,朱佑慈等译.何廉回忆录[M].北京:中国文史出版社,1988.

[23]何兆武、陈启能著.当代西方史学理论[M].北京:中国社会科学出版社,1996.

[24]何炳棣著,徐泓译.明清社会史论[M].台北:联经出版事业股份有限公司,2013.

[25]胡兆量、阿尔斯朗、琼达等编著.中国文化地理概述[M].北京:北京大学出版社,2001.

[26]胡晓真、王鸿泰主编.日常生活的论述与实践[M].台北:允晨文化实业股份有限公司,2011.

[27]华林甫著.中国历史地理学·综述[M].济南:山东教育出版社,2009.

[28]黄国信著.区与界:清代湘粤赣界邻地区食盐专卖研究[M].北京:生活·读书·新知三联书店,2006.

[29]暨南大学商科编.簿记与会计[M].上海:上海民智书局,1924.

[30]冀朝鼎著,朱诗鳌译.中国历史上的基本经济区域水利事业的发展[M].北京:中国社会科学出版社,1981.

[31]梁方仲著.明代粮长制度(校补本)[M].北京:中华书局,2008.

[32]李伯重著.理论、方法、发展趋势:中国经济史研究新探[M].北京:清华大学出版社,2002.

[33]李伯重著.火枪与账簿:早期经济全球化时代的中国与东亚世界[M].北京:生活·读书·新知三联书店,2017.

[34]李琳琦著.徽商与明清徽州教育[M].武汉:湖北教育出版社,2003.

[35]李孝聪著.中国区域历史地理[M].北京:北京大学出版社,2004.

[36]李宝震著.李宝震文存[M].北京:经济科学出版社,2008.

[37]梁庚尧著.南宋的农村经济[M].台北:联经出版事业公司,1984.

[38]林耀华著.金翼:中国家族制度的社会学研究[M].北京:生活·读书·新知三联书店,1989.

[39]林耀华著.义序的宗族研究[M].北京:生活·读书·新知三联书

店,2000.

[40]刘石吉著.明清时代江南市镇研究[M].北京:中国社会科学出版社,1987.

[41]刘淼辑译.徽州社会经济史研究译文集[M].合肥:黄山书社,1988.

[42]刘晓春著.仪式与象征的秩序:一个客家村落的历史、权力与记忆[M].北京:商务印书馆,2003.

[43]刘志伟著.在国家与社会之间:明清广东地区里甲赋役制度与乡村社会[M].北京:中国人民大学出版社,2010.

[44]刘志伟、孙歌著.在历史中寻找中国——关于区域史研究认识论的对话[M].香港:大家良友书局有限公司,2014.

[45]刘永华编.中国社会文化史读本[M].北京:北京大学出版社,2011.

[46]刘永华著.礼仪下乡:明代以降闽西四保的礼仪变革与社会转型[M].北京:生活·读书·新知三联书店,2019.

[47]鲁西奇著.区域历史地理研究:对象与方法——汉水流域的个案考察[M].南宁:广西人民出版社,2000.

[48]孟天培、甘博著.二十五年来北京之物价工资及生活程度[M].北京:国立北京大学出版部,1926.

[49]乔志强主编.近代华北的小农经济与社会变迁[M].北京:人民出版社,1998.

[50]霍俊江著.计量史学基础——理论与方法[M].北京:中国社会科学出版社,1991.

[51]彭信威著.中国货币史[M].上海:上海人民出版社,1958.

[52]任放著.明清长江中游市镇经济研究[M].武汉:武汉大学出版社,2003.

[53]孙进己等纂.东北历史地理[M].哈尔滨:黑龙江人民出版社,1989.

[54]唐力行著.商人与文化的双重变奏——徽商与宗族社会的历史考察[M],武汉:华中理工大学出版社,1997.

[55]唐力行著.明清以来徽州区域社会经济研究[M].合肥:安徽大学出版社,1999.

[56]王笛著,李德英、谢继华、邓丽译.街头文化:成都公共空间、下层民众与地方政治,1870—1930[M].北京:中国人民大学出版社,2006.

[57]王尔敏著.明清时代庶民文化生活[M].长沙:岳麓书社,2002.

[58]王尔敏著.五口通商变局[M].桂林:广西师范大学出版社,2008.

[59]王日根著.明清民间社会的秩序[M].长沙:岳麓书社,2003.

[60]王先明著.近代绅士——一个封建阶层的历史命运[M].天津:天津人民出版社,1997.

[61]王铭铭著.社区的历程:溪村汉人家族的个案研究[M].天津:天津人民出版社,1996.

[62]王铭铭著.乡土社会的秩序、公正与权威[M].北京:中国政法大学出版社,1997.

[63]王铭铭著.社会人类学与中国研究[M].北京:生活·读书·新知三联书店,1997.

[64]王铭铭著.溪村家族——社区史、仪式与地方政治[M].贵阳:贵州人民出版社,2004.

[65]王铭铭著.走在乡土上——历史人类学札记[M].北京:中国人民大学出版社,2003.

[66]王振忠著.徽州社会文化史探微——新发现的16—20世纪民间档案文书研究[M].上海:上海社会科学院出版社,2002.

[67]王振忠著.明清以来徽州村落社会史研究——以新发现的民间珍稀文献为中心[M].上海:上海人民出版社,2011.

[68]王振忠著.新安江[M].南京:江苏人民出版社,2010.

[69]王汎森著.权力的毛细管作用:清代的思想、学术与心态·序论(修订版)[M].北京:北京大学出版社,2015.

[70]王乐匋主编.新安医籍考[M].合肥:安徽科学技术出版社,1999.

[71]吴晗、费孝通等著.皇权与绅权[M].天津:天津人民出版社,1988.

[72]吴承明著.中国的现代化:市场与社会[M].北京:生活·读书·新知三联书店,2001.

[73]厦门大学经济系编.会计学原理[M].厦门:1973年出版.

[74]谢国兴著.中国现代化的区域研究——安徽省,1860—1937[M].中央研究院近代史研究所专刊(64),1991.

[75]许大龄著.清代捐纳制度[M].北京:北京大学出版社,1950.

[76]许烺光著.祖荫下:中国乡村的亲属、人格与社会流动[M].王芃、徐隆德合译,台北:南天书局,2001.

[77]徐扬杰著.中国家族制度史[M].北京:人民出版社,1992.

[78]阎广芬著.经商与办学:近代商人教育研究[M].石家庄:河北教育出版社,2001.

[79]杨懋春著,张雄、沈炜、秦美珠译.一个中国村庄:山东台头[M].南京:江苏人民出版社,2001.

[80]杨念群著.中层理论——东西方思想会通下的中国史研究[M].南昌:江西教育出版社,2001.

[81]杨念群主编.空间·记忆·记忆转型:"新社会史"研究论文精选集[M].上海:上海人民出版社,2001.

[82]杨念群等主编.新史学:多学科对话的图景(上、下)[M].北京:中国人民大学出版社,2003.

[83]叶显恩著.明清徽州农村社会与佃仆制[M].合肥:安徽人民出版社,1983.

[84]叶显恩主编.清代区域社会经济研究[M].北京:中华书局,1992.

[85]余英时著.士与中国文化[M].上海:上海人民出版社,2003.

[86]张玉才著.新安医学[M].合肥:安徽人民出版社,2005.

[87]张晓林著.乡村空间系统及其演变研究(以苏南为例)[M].南京:南京师范大学出版社,1999.

[88]张海英著.明清江南商品流通与市场体系[M].上海:华东师范大学出版社,2002.

[89]张佩国著.近代江南乡村地权的历史人类学研究[M].上海:上海人民出版社,2002.

[90]张杰著.清代科举家族[M].北京:社会科学文献出版社,2003.

[91]张研著.清代族田与基层社会结构[M].北京:中国人民大学出版社,1991.

[92]张研著.清代社会的慢变量——从清代基层社会组织看中国封建社会结构与经济结构的演变趋势[M].太原:山西人民出版社,2000.

[93]张研、毛立平著.19世纪中期中国家庭的社会经济透视[M].北京:中国人民大学出版社,2003.

[94]张仲礼著.中国绅士:关于其在十九世纪中国社会中作用的研究[M].上海:上海社会科学院出版社,1991.

[95]张仲礼著.中国绅士的收入[M].上海:上海社会科学院出版社,2001.

[96]张鸣著.乡村社会权力和文化结构的变迁(1903—1953)[M].南宁:广西人民出版社,2001.

[97]章毅著.理学、士绅和宗族:宋明时期徽州的文化与社会[M].香港:香港中文大学出版社,2013.

[98]赵秀玲著.中国乡里制度[M].北京:社会科学文献出版社,2002.

[99]赵华富著.徽州宗族研究[M].合肥:安徽大学出版社,2004.

[100]赵世瑜著.小历史与大历史:区域社会史的理念、方法与实践[M].北京:生活·读书·新知三联书店,2006.

[101]赵轶峰著.明清帝制农商社会研究[M].北京:科学出版社,2017.

[102]郑昌淦著.明清农村商品经济[M].北京:中国人民大学出版社,1989.

[103]郑建新编著.祁门红茶[M].上海:上海文化出版社,2008.

[104]郑振满著.明清福建家族组织与社会变迁[M].北京:人民大学出版社,2009.

[105]仲伟民著.茶叶与鸦片:十九世纪经济全球化中的中国[M].北京:生活·读书·新知三联书店,2010.

[106]周振鹤,游汝杰著.方言与中国文化[M].上海:上海人民出版社,1986.

[107]周振鹤主著.中国历史文化区域研究[M].上海:复旦大学出版社,1997.

[108]周荣德著.中国社会的阶层与流动:一个社区中士绅身份的研究[M].上海:学林出版社,2000.

[109]邹逸麟主编.历史人文地理[M].北京:社会科学出版社,2001.

[110]邹怡著.明清以来的徽州茶业与地方社会[M].上海:复旦大学出版社,2012.

[111]朱开宇著.科举社会、地域秩序与宗族发展——宋明间的徽州,1100—1644[M].台北:台湾大学出版委员会,2004.

[112][比利时]高华士著,赵殿红译、刘益民审校.清初耶稣会士鲁日满常熟账本及灵修笔记研究[M].郑州:大象出版社,2007.

[113][德]斐迪南·滕尼斯著,林荣远译.共同体与社会——纯粹社会学的基本概念[M].北京:商务印书馆,1999.

[114][法]费尔南·布罗代尔著,唐家龙、曾培耿等译.菲利普二世时代的地中海和地中海世界[M].北京:商务印书馆,1998.

[115][法]弗朗索瓦·多斯著,马胜利译.碎片化的历史学:从〈年鉴〉到"新史学"[M].北京:北京大学出版社,2008.

[116][法]列维-斯特劳斯著,李幼蒸译.野性的思维[M].北京:商务印书馆,1987.

[117][法]列维·斯特劳斯著,张祖建译.结构人类学[M].北京:中国人民大学出版社,2005.

[118][法]福柯著,刘北成、杨远缨译.规训与惩罚[M].北京:生活·读书·新知三联出版社,2007.

[119][法]埃马纽埃尔·勒华拉杜里著,许明龙、马胜利译.蒙塔尤[M].北京:商务印书馆,2007.

[120][美]施坚雅著,史建云、徐秀丽译.中国农村的市场和社会结构[M].北京:中国社会科学出版社,1998.

[121][美]施坚雅主编,叶光庭等译.中华帝国晚期的城市[M].北京:中华书局,2000.

[122][美]詹姆斯·C·斯科特著,程立显等译.农民的道义经济学:东南亚的反叛与生存[M].南京:译林出版社,2001.

[123][美]马歇尔·萨林斯著,赵丙祥译.文化与实践理性[M].上海:上海人民出版社,2002.

[124][美]杜赞奇著,王福明译.文化、权力与国家:1900—1942年的华北农村[M].南京:江苏人民出版社,2003.

[125][美]彭慕兰著,史建云译.大分流:欧洲、中国及现代世界经济的发展[M].南京:江苏人民出版社,2003.

[126][美]黄宗智主编.中国乡村研究[M](第一、二辑).北京:商务印书馆,2003.

[127][美]黄宗智著.中国研究的范式问题讨论[M].北京:社会科学出版社,2003.

[128][美]黄宗智著.明清以来的乡村社会经济变迁[M].北京:法律出版社,2014.

[129][美]罗威廉著,江溶、鲁西奇译.汉口:一个中国城市的商业和社会(1796—1889)[M].北京:中国人民大学出版社,2005.

[130][美]史景迁著,邱辛晔译.皇帝与秀才[M].上海:上海远东出版社,2005.

[131][美]史景迁著,李璧玉译.王氏之死[M].上海:上海远东出版

社,2005.

[132][美]罗伯特·戴维·萨克著,黄春芳译.朱红文、李冠福、金梦兰校.社会思想中的空间观:一种地理学的视角[M].北京:北京师范大学出版社,2010.

[133][美]萧功权著,张皓、张升译.中国乡村——论19世纪的帝国控制[M].台北:联经出版事业股份有限公司,2014.

[134][美]劳格文、(英)科大卫编.中国乡村与墟镇神圣空间的建构[M].北京:社会科学文献出版社,2014.

[135][日]川胜守著.明清江南市镇社会史研究[M].东京:汲古书院,1999.

[136][日]斯波义信著,方健、何忠礼译.宋代江南经济史研究[M].南京:江苏人民出版社,2001.

[137][日]滋贺秀三著,张建国、李力译.中国家族法原理[M].北京:法律出版社,2003.

[138][日]滨下武志著,朱荫贵译.近代中国的国际契机:朝贡贸易体系与近代亚洲经济圈[M].北京:中国社会科学出版社,1999.

[139][日]滨下武志著,王玉茹、赵劲松、张玮译.中国、东亚与全球经济:区域和历史的视角[M].北京:社会科学文献出版社,2009.

[140][日]稻叶君山著.清朝全史(影印本)[M].但焘译订,上海:上海社会科学出版社,2006.

[141][日]沟口雄三、小岛毅主编,孙歌等译.中国的思维世界[M].南京:江苏人民出版社,2006.

[142][日]岸本美绪著,刘迪瑞译.清代中国的物价与经济波动[M].胡连成审校,北京:社会科学文献出版社,2010.

[143][日]石川祯浩著,袁广泉译.中国历史的表与里[M].北京:北京大学出版社,2015.

[144][英]杰佛里·巴勒克拉夫著,杨豫译.当代史学主要趋势[M].上

海:上海译文出版社,1987.

[145][英]莫里斯·弗里德曼著,刘晓春译. 中国东南的宗族组织[M]. 上海:上海人民出版社,2000.

[146][英]鲁惟一著,于振波、车今花译. 汉代行政记录[M]. 桂林:广西师范大学出版社,2005.

[147][英]迈克·克朗著,杨淑华、宋慧敏译. 文化地理学[M]. 南京:南京大学出版社,2005.

[148][英]彼得·伯克著,刘永华译. 法国史学革命:年鉴学派1929—1989[M]. 北京:北京大学出版社,2006.

[149][英]德雷克·格利高里、约翰·厄里编,谢礼圣、吕增奎等译. 社会关系与空间结构[M]. 北京:北京师范大学出版社,2011.

[150][英]科大卫著,周琳、李旭佳译. 近代中国商业的发展[M]. 杭州:浙江大学出版社,2010.

[151][英]沈艾娣著,赵妍杰译. 梦醒子:一位华北乡居者的人生(1857—1942)[M]. 北京:北京大学出版社,2013.

[152]Carlo Ginzburg, *The Cheese and The Worms*:*The Cosmos of a Sixteenth－Century Miller*[M]. translated by John and Anne Tedeschi, The Johns Hopkins University Press,Baltimore,1992.

[153]Harriet Thelma Zurndorfer(宋汉理):*Change and Continuity in Chinese Local History*:*The Development of Hui－Chou Prefecture*,800 to 1800[M]. Leiden,New York:E. J, Brill,1989.

[154]Lynn Hunt and Victoria Bonnell,"Introduction",in *Beyond the Cultural Turn*:*New Direction in the History of Society and Culture*[M]. ed. Victoria Bonnell and Lynn Hunt,Berkeley:University of California Press,1999.

[155]Joseph P. McDermott(周绍明), *The Making of a New Rural Order in South China*,Ⅰ. *Village*,*Land*,*and Lineage in Huizhou*,900—

1600[M]. Cambridge University Press,2014.

[156]David Faure and Helen Siu , *Down to Earth：The Territorial Bond in South China*[M]，Standford University Press,1995.

[157][日]岸本美绪著.明清交替と江南社会——17世纪中国の秩序问题[M].东京:东京大学出版会,1999.

[158][日]熊远报著.清代徽州地域社会史研究:境界·集团·ネットワータと社会秩序[M].东京:汲古书院,2003.

(二)论文

[1]卞利.社会转型期宗族在农村社会中的作用——以祁门历溪、环砂和六都村为例[J]//徽学(第一卷).合肥:安徽大学出版社,2001.

[2]卞利.论明中叶至清前期乡里基层组织的变迁——兼评所谓的"第三领域"问题[J].天津师范大学学报,2003年第1期.

[3]卞利.社会史研究的典型区域——明清徽州社区解剖[J].天津社会科学,2001年第1期.

[4]曹国庆.明清时期江西的徽商[J].江西师范大学学报,1988年第1期.

[5]曹国庆.清代婺源的茶商与茶叶贸易[J].农业考古,1991年第2期.

[6]曹天生.本世纪以来国内徽学研究概述[J].中国人民大学学报,1995年第1期.

[7]常建华.日本20世纪80年代以来的明清地域社会研究述评[J].中国社会经济史研究,1998年第2期.

[8]常建华.宋元时期徽州祠庙祭祖的形式及其变化[J]//徽学(第一卷).合肥:安徽大学出版社,2001.

[9]常建华.跨世纪的中国社会史研究[J]//中国社会历史评论(第八卷).天津:天津古籍出版社,2007.

[10]常建华.从社会生活到日常生活——中国社会史研究再出发[N].人民日报(理论版),2011年3月31日.

[11]常建华.日常生活与社会文化史——"新文化史"观照下的中国社会文化史研究[J].史学理论研究,2012年第1期.

[12]常建华.历史人类学应从日常生活史出发[J].青海民族研究,2013年第4期.

[13]陈其南.明清徽州商人的职业观与家族主义[J].江淮论坛,1992年第2期.

[14]陈春声.中国社会史研究必须重视田野调查[J].历史研究,1993年第2期.

[15]陈爱中.明清婺源茶山习俗采撷[J].农业考古,2001年第4期.

[16]陈琪.祁门县明清时期民间民俗碑刻调查与研究[J].安徽史学,2005年第3期.

[17]陈雁.东汉魏晋时期颍汝、南阳地区的私学与游学[J].文史哲,2000年第1期.

[18]陈明光.走马楼吴简所见孙吴官府仓库账簿体系试探[J].中华文史论丛,2009年第1期.

[19]陈杰.再论明清以来徽州市镇——以区域史的视野[J].江南大学学报(人文社会科学版),2015年第6期.

[20]段义孚.人文地理学之我见[J].地理科学进展,2006年第2期.

[21]范金民.明代徽商染店的一个实例[J].安徽史学,2001年第3期.

[22]方任飞.嘉庆十七年祁门县"毁碑混占"案始末[J]//黄山学院徽州文化研究所编.徽州学研究(第2卷).北京:中国文史出版社,2007.

[23]傅光明.清代的会计账簿、凭证和报告制度[J].财会月刊,1998年第4期.

[24]葛兆光.重建关于"中国"的历史论述——从民族国家中拯救历史,还是在历史中理解民族国家?[J].二十一世纪(双月刊),2005年第4期.

[25]葛金芳."农商社会"的过去、现在和未来——宋以降(11—20世纪)江南区域社会经济变迁[J].安徽师范大学学报(人文社会科学版),2009年

第 5 期

[26] 韩大成. 明代徽商在交通与商业史上的重要贡献[J]. 史学月刊,1988 年第 4 期.

[27] 韩凝春. 明清塾师初探[J]. 中国社会经济史研究,1997 年第 3 期.

[28] 郝锦花、王先明. 论 20 世纪初叶中国乡间私塾的文化地位[J].《浙江大学学报(人文社会科学版)》,2005 年第 1 期.

[29] 何建木. 商人、商业与区域社会变迁——以清民国的婺源为中心[D]. 复旦大学历史系博士论文,2006.

[30] 胡益谦. 漫话祁门瓷土[J]. 载祁门文史第一辑,1989.

[31] 胡益谦. 唐处士胡宅公传略[S]. 手稿,现藏于其侄女胡芳琪处.

[32] 胡益谦. 儿科名医胡兆祥[S](手稿),现藏于其侄女胡芳琪处.

[33] 胡益谦. 儒医胡宝芝简记[S](手稿),现藏于其侄女胡芳琪处.

[34] 胡云隆. 挽胡廷卿先生联[J]//张廷华编辑. 学生文艺丛刊第二卷第八集. 上海:大东书局,1925.

[35] 洪璞. 乡居·镇居·城局——清末民国江南地主日常活动社会和空间范围的变迁[J]. 中国历史地理论丛,2002 年第 4 期.

[36] 洪涛、杨艳. 婺源茶商的兴衰[J]. 农业考古,2009 年第 2 期.

[37] 胡兆量. 徽州专区经济地理调查报告[J]. 教学与研究,1955 年第 2 期.

[38] 胡中生. 理想与现实的调和:传统职业观的前近代嬗变——以明清徽州为例[J]. 天津社会科学,2004 年第 4 期.

[39] 胡中生. 钱会与近代徽州社会[J]. 史学月刊,2009 年第 9 期.

[40] 胡中生. 融资与互助:民间钱会功能研究——以徽州为中心[J]. 中国社会经济史研究,2011 年第 1 期.

[41] 胡中生. 明清徽州的人口结构与经济伦理[J]//安徽大学徽学研究中心编. 徽学(第三卷). 合肥:安徽大学出版社,2004.

[42] 胡益民. 徽州文献综录·前言(附凡例)[J]//安徽大学徽学研究中

心编.徽学(第三卷).合肥:安徽大学出版社,2004.

[43]黄忠垫.农村人民公社生产队的记账方法[J].中国经济问题,1959年第11期.

[44]黄志繁、邵鸿.晚清至民国徽州小农的生产与生活——对5本婺源县排日账的分析[J].近代史研究,2008年第2期.

[45]黄忠鑫.在政区与社区之间——明清都图里甲体系与徽州社会[D].复旦大学博士论文,2013年6月.

[46]黄国信、温春来、吴滔.历史人类学与近代区域社会史研究[J].近代史研究,2006年第5期.

[47]黄应贵.历史学与人类学的会和——一个人类学者的观点[A]//学术史与方法学的省思——"中央研究院"历史语言研究所七十周年研讨会论文集[C].台北:"中研院"历史语言研究所出版品编辑委员会,2000.

[48]黄应贵.历史与文化——对于"历史人类学"之我见[J].历史人类学学刊,2004年第2期.

[49]黄今言.居延汉简所见西北边塞的财物"拘校"[J].史学月刊,2006年第10期.

[50]侯文瑜.索绪尔的结构主义语言观[J].东北农业大学学报(社会科学版),2007年第3期.

[51]贾国静.私塾与学堂:清末民初教育的二元结构[J].四川师范大学学报(社会科学版),2002年第1期.

[52]贾国静.清末的私塾改良及其成效[J].安徽史学,2006年第4期.

[53]蒋威.明清时期塾师业外活动收入及其原因与影响[J].苏州教育学院学报,2008年第2期

[54]姜永德.古代会计账簿体系的国际比较[J].北京商学院学报,1996年第4期.

[55]康均、张雪芬.浅谈江浙钱庄会计[A]//中国会计学会编.会计史专题[M].北京:中国财政经济出版社,2005.

[56]康健.茶业经济与社会变迁:以晚清民国时期的祁门县为中心[D].硕士学位论文,安徽师范大学,2011.

[57]康健.茶业经济与近代教育事业的变迁——来自祁门县的个案研究[J]//安徽大学徽学研究中心主编.徽学(第七卷),合肥:安徽大学出版社,2011.

[58]康健.明代徽州山林经济研究[D].中国社会科学院,博士学位论文,2014.

[59]孔祥毅.山西商人对中国会计史的贡献[A]//中国会计学会编.会计史专题[M].北京:中国财政经济出版社,2005.

[60]李梦白.计账本位之研究[J].会计杂志,1935第5卷第5期.

[61]李梦白.对中式簿记原理之另一贡献[J].会计杂志,1935年第6卷,第5期.

[62]李梦白.对中式簿记原理之另一贡献(续)[J].会计杂志,1935年第6卷,第6期.

[63]李梦白.中式簿记货物登销簿之改良及应用[J].会计杂志,1936年,第7卷第6期.

[64]李梦白.改良中式簿记账簿格式及其登记法之商榷[J].会计杂志,1936年第8卷第2期

[65]李孝林.我国复式计账法溯源[J].安徽财贸学院学报,1982年第1期.

[66]李孝林.世界会计史上的珍贵资料——江陵凤凰山汉墓简牍新探[J].江汉考古,1983年第3期.

[67]李孝林.从云梦秦简看秦朝的会计管理[J].江汉考古,1984年第3期.

[68]李孝林.龙门账辨析[J].财务会计,1985年第5期.

[69]李孝林."四柱法"溯源[J].北京商学院学报,1987年增刊

[70]李孝林.我国固有复式簿记的探讨[J].北京商学院学报,1988年第

2 期.

[71]李孝林.我国复式记账法产生和发展阶段试探[J].北京商学院学报,1988 年第 4 期.

[72]李孝林、孙芳城.中意复式簿记创始比较观[J].四川会计,1990 年第 3 期.

[73]李孝林.从江陵 10 号墓简牍研究汉初赋税史[J].江汉考古,1990 年第 1 期.

[74]李孝林、孙芳城.从旧居延汉简看汉朝会计[J].北京商学院学报,1992 年第 5 期.

[75]李孝林.我国复式簿记产生与发展比较研究[J].中国社会经济史研究,2008 年第 1 期.

[76]李孝林.从秦汉简牍研究古代商业经济[J].重庆商学院学报,1996 年第 4 期.

[77]李孝林.从云梦睡虎地十一号墓竹简研究战国晚期会计史(上)[J].北京商学院学报,1997 年第 2 期.

[78]李孝林.从云梦睡虎地十一号墓竹简研究战国晚期会计史(下)[J].北京商学院学报,1997 年第 3 期.

[79]李琳琦、王世华.明清徽商与儒学教育[J].华东师范大学学报(教育科学版),1997 年第 2 期.

[80]李琳琦、吴晓萍.新发现的〈做茶节略〉[J].历史档案,1999 年第 3 期.

[81]李琳琦.明清徽州进士数量、分布特点及其原因分析[J].安徽师范大学学报(人文社会科学版),2001 年第 1 期.

[82]李琳琦.略论徽商对家乡士子科举的扶持与资助[J].历史档案,2001 年第 2 期.

[83]李甜.丘陵山地与平原圩区:明清宁国府区域格局与社会变迁[D].复旦大学博士论文,2013 年 6 月.

[84]梁淼泰.清代景德镇一处炉寸窑号的收支盈利[J].中国社会经济史研究,1984年第4期.

[85]林美容.祭祀圈、信仰圈与民俗宗教文化运动的空间结构[A]//收入地方文化与区域发展研讨会论文集[C].台北:"行政院"文化建设委员会,1996.

[86]林富士."历史人类学":旧传统与新潮流[A]//学术史与方法学的省思——"中央研究院"历史语言研究所七十周年研讨会论文集[C].台北:"中研院"历史语言研究所出版品编辑委员会,2000.

[87]刘永华.传统中国的市场与社会结构——对施坚雅中国市场体系理论和宏观区域理论的反思[J].中国经济史研究,1993年第4期.

[88]刘永华.从"排日账"看晚清徽州乡民的活动空间[J].历史研究,2014年第5期.

[89]刘永华.小农家庭、土地开发与国际茶市(1838—1901)——晚清徽州婺源程家的个案分析[J].近代史研究,2015年第4期.

[90]刘永华.乡土中国,有多"乡土"?[J].读书,2016年第6期.

[91]刘永华.排日账与19世纪徽州乡村社会研究——兼谈明清社会史研究的方法与史料[J].学术月刊,2018年第4期.

[92]刘志伟.区域史研究的人本主义取向[A]//姜伯勤著.石濂大汕与澳门禅史——清初岭南禅学史研究初编·引论[M].上海:学林出版社,1999.

[93]刘志伟.地域社会与文化的结构过程——珠江三角洲研究的历史学与人类学对话[J].历史研究,2003年第1期.

[94]刘淼.徽州民间田地房产典当契研究[J]//文物研究(第5辑).合肥:黄山书社,1989.

[95]刘淼.清代徽州的"会"与"会祭"——以祁门善和里程氏为中心[J].江淮论坛,1995年第4期.

[96]刘淼.民国时期祁门红茶贷款案与银企关系的建立——关于上海金

融资本对周边产业经济之控制[J].安徽史学,2005年第2期.

[97]刘秋根.明代徽商合伙制店铺融资形态分析——以万历程氏染店帐本为例[J].河北大学学报(哲学社会科学版),2003年第3期.

[98]刘秋根、谢秀丽.明清徽商工商业铺店合伙制形态——三种徽商帐簿的表面分析[J].中国经济史研究,2005年第5期.

[99]刘秋根、张建朋.明清时代工商企业的资产负债表——以〈万历程氏染店查算帐簿〉为中心[J].河北大学学报(哲学社会科学版),2010年第1期.

[100]刘新成.日常生活史:一个新的研究领域[N].光明日报,2006年2月24日.

[101]刘芳正、刘效红.明清以来徽州茶商在上海[J].枣庄学院学报,2008年第6期.

[102]刘芳正.民国时期上海徽州茶商与社会变迁[D].上海师范大学,硕士论文,2009.

[103]刘伯山.清代徽州塾师的束脩——以〈徽州文书〉第二辑资料为中心[J].安徽大学学报(哲学社会科学版),2006年第1期.

[104]刘伯山.晚清徽州乡村塾学教育的实态——以黟县宏村万氏塾学为中心[J].安徽大学学报(哲学社会科学版),2013年第6期.

[105]刘晓东.明代塾师"生计"刍议——以江南地区为中心[J].中国社会经济史研究,2008年第2期.

[106]刘晓东.明代的"私塾"与"塾师"[J].东北师范大学学报(哲学社会科学版),2010年第2期.

[107]鲁西奇.历史地理研究中的"区域"问题[J].武汉大学学报(哲学社会科学版),1996年第6期.

[108]鲁西奇.人地关系理论与历史地理研究[J].史学理论研究,2001年第2期.

[109]鲁西奇.人地关系:地理学之外[J].书屋,1996年第6期.

[110]卢忠民、孙林.民国旅京冀州商帮之账簿研究——基于北京档案馆

藏五金商铺账簿[J].财会月刊,2014年第5期.

[111]卢忠民.也谈商业账簿与经济史研究——以近代旅京冀州商帮所营之万和成及其联号五金商铺账簿为中心[J].中国经济史研究,2011年第4期.

[112]栾成显.改革开放以来徽学研究的回顾与展望[J].史学月刊,2009年第6期.

[113]罗衍军、沈艾娣著.梦醒子:一位华北村庄士绅的生平,1857—1942[J].历史研究,2006年第2期.

[114]马勇虎.乱世中的商业经营——咸丰年间徽商志成号商业账簿研究[J].近代史研究,2010年第5期.

[115]马勇虎.民国徽商、乡村工业与地方市场——培本有限公司经营账簿研究[J].中国社会经济史研究,2011年第1期.

[116]马勇虎.晚清徽州钱号与地方社会的互动——以咸同年间万隆、志成账簿为中心[J].安徽师范大学学报(人文社会科学版),2011年第1期.

[117]马勇虎.咸丰年间货币流通的民间形态——徽商志成号商业账簿研究[J].安徽史学,2011年第2期.

[118]梅立乔.明清徽州商业市镇的发展[J]//载王鑫义等编.安大史学(第三辑).合肥:安徽大学出版社,2008.

[119]聂济冬.游学与汉末政治[J].山东大学学报(哲学社会科学版),2007年第6期.

[120]潘士浩.中式簿记与西式簿记之比较[J].会计杂志,1934年第3卷第1期.

[121]彭凯翔、陈志武、袁为鹏.近代中国农村借贷市场的机制——基于民间文书的研究[J].经济研究,2008年第5期.

[122]彭凯翔.近代北京货币行用与价格变化管窥——兼读火神会账本(1835—1926)[J].中国经济史研究,2010年第3期.

[123]瞿骏.超越的基础——年鉴学派史学范型再认识[J].历史教学问

题,2006 年第 4 期.

[124]阮明道.吴氏经商帐簿研究[J].四川师范学院学报,1996 年第 6 期.后收入氏著.中国历史与地理论考[M].成都:巴蜀书社,2002.

[125]桑良至.珍贵的徽商经营档案——咸丰年间经商帐簿[J].大学图书馆情报学刊,2008 年第 1 期.

[126]邵鸿、黄志繁.19 世纪 40 年代徽州小农家庭的生产和生活——介绍一份小农家庭生产活动日记簿[J].华南研究资料中心通讯,2002 年第 27 期.

[127]申斌、黄忠鑫.明末的里甲役与编户应对策略——徽州文书〈崇祯十三年四月二十日杨福、杨寿立合同〉考释[J].中国社会经济史研究,2015 年第 3 期.

[128]史宏.1916—1951 年华北地区账簿贴花历史考证[J].税史研究,2007 年第 11 期.

[129]申万里.元代游学初探[J].中国史研究,2006 年第 2 期.

[130]宋元强.区域社会经济史研究的新进展[J].历史研究,1988 年第 3 期.

[131]宋冰雁.清水江木商账簿中的记账符号考释[J].原生态民族文化学刊,2014 年第 3 期.

[132]宋秀英.段义孚的地方空间思想研究[J].人文地理,2014 年第 4 期.

[133]孙晶.布罗代尔的长时段理论及其评价[J].广西大学学报(哲学社会科学版),2002 年第 3 期.

[134]谭其骧.中国文化的时代差异和地区差异[J].复旦学报,1986 年第 2 期.

[135]谭其骧.积极开展历史人文地理研究[J]//历史地理(第十辑).上海:上海人民出版社,1992.

[136]唐晓峰.社会历史研究的地理学视角[J].读书,1997 年第 5 期.

[137]唐力行,张翔凤.国家民众间的徽州乡绅与基层社会控制[J].上海师范大学学报(哲学社会科学版),2002年第6期.

[138]唐力行.徽州宗族研究概述[J].安徽史学,2003年第2期.

[139]唐力行,申浩.差异与互动:明清时期苏州与徽州的市镇[J].社会科学,2004年第1期.

[140]唐力行等.论题:区域史研究的理论与实践[J].历史教学问题,2004年第5期.

[141]唐力行,苏卫平.明清以来徽州的疾疫与宗族医疗保障功能——兼论新安医学兴起的原因[J].史林,2009年第3期.

[142]陶荣.近代徽杭公路的开通与徽州市镇社会近代化[J].黄山学院学报,2009年第2期.

[143]陶明选.明清以来徽州会社的祭祀与信仰问题[J].兰台世界,2013年12月下旬.

[144]田正平,杨云兰.中国近代的私塾改良[J].浙江大学学报(人文社会科学版),2005年第1期.

[145]童旭.神明之下的结合:论清代民间的神会——以徽州"神会"文书为线索[J].安徽大学学报(哲学社会科学版),2015年第5期.

[146]王键.新安医学的主要特色[J].中医药临床杂志,2008年第6期.

[147]王珍.徽商与茶叶经营[J].徽州社会科学,1990年第4期.

[148]王铭铭.空间阐释的人文精神[J].读书,1997年第5期.

[149]王裕明.晚清上海德安押当票探析[J].安徽史学,2003年第6期.

[150]王裕明.明代商业经营中的官利制[J].中国经济史研究,2010年第3期.

[151]王裕明.明清徽商典当资本的经营效益[J].安徽大学学报(哲学社会科学版),2011年第6期.

[152]王振忠.社会史与历史社会地理[J].复旦学报(社会科学版),1997年第1期.

[153]王振忠.徽州商业文化的一个侧面——反映民国时期上海徽州学徒生活的十封书信[J].复旦学报(社会科学版),1999年第4期.

[154]王振忠.新近发现的徽商"路程"原件五种笺证[J]//历史地理(第十六辑).上海:上海人民出版社,2000.

[155]王振忠.抄本〈便蒙习论〉——徽州民间商业书的一分新史料[J].浙江社会科学,2000年第2期.

[156]王振忠.〈应急(杂字)〉——介绍新近发现的一册徽州启蒙读物[J].古籍研究,2000年第4期

[157]王振忠.徽州日记所见汉口茶商的社会生活——徽州文书抄本〈日知其所无〉笺证[J]//复旦大学文物与博物馆学系编.文化遗产研究集刊(第2辑).上海:上海古籍出版社,2001.

[158]王振忠.民间档案文书与徽州社会史研究的拓展[J].天津社会科学,2001年第5期.

[159]王振忠.清代徽州与广东的商路及商业——歙县茶商抄本〈万里云程〉研究[J]//历史地理(第十七辑),上海:上海人民出版社,2001.

[160]王振忠.清代一个徽州村落的文化与社会变迁——以〈重订潭滨杂志〉为中心[A]//中国社会变迁:反观与前瞻[M].上海:复旦大学出版社,2001.

[161]王振忠.抄本〈习登日记〉——一册徽州学徒的日记[J].古籍研究,2002年第2期.

[162]王振忠.徽州少年日记(1949)[J].天涯,2003年第5期.

[163]王振忠.抄本〈信书〉所见金陵典铺伙计的生活[J]//古籍研究(卷下),2004.

[164]王振忠.历史社会地理研究刍议[J].中国历史地理论丛,2005年第4期.

[165]王振忠.徽商章回体自传〈我之小史〉的发现及其学术意义[J].史林,2006年第6期.

[166]王振忠、王娜.作为启蒙读物的徽州书信——刊本〈汪大盛新刻详正汇采书信要言〉介绍[J].安徽史学,2007年第3期.

[167]王振忠.清末徽州学生的〈庚戌袖珍日记〉[J].安徽史学,2009年第1期.

[168]王振忠.明以前徽州余氏家族史管窥:哈佛燕京图书馆所藏〈婺源沱川余氏族谱〉及其史料价值[J]//徽学(第六卷).合肥:安徽大学出版社,2010.

[169]王振忠.湮没的古镇[J].读书,2010年第6期.

[170]王振忠.瓷商之路:跋徽州商编路程〈水路平安〉抄本[J]//历史地理(第二十五辑).上海:上海人民出版社,2011.

[171]王振忠.排日账所见清末徽州农村的日常生活——以婺源〈龙源欧阳起瑛家用账簿〉抄本为中心[J]//中国社会历史评论(第十三卷).天津:天津古籍出版社,2012年。

[172]王国键.明代徽州经济类档案发现始末[J].上海档案,2003年第3期.

[173]王日根.明清徽州商人的家族观念及其超越[J].安徽史学,2007年第1期.

[174]王作成.试论布罗代尔对列维-斯特劳斯结构主义理论的借鉴[J].苏州大学学报(哲学社会科学版),2009年第3期.

[175]王玉坤.近代徽州塾师胡廷卿的家庭生计[J].安庆师范学院学报(社会科学版),2015年第3期.

[176]王玉坤.清末徽州塾师胡廷卿的乡居生活考察——以〈祁门胡廷卿家用收支账簿〉为中心[J].贵州师范学院学报,2015年第5期.

[177]王丰龙、刘云刚.空间的生产研究综述与展望[J].人文地理,2011年第2期.

[178]王丰龙、刘云刚.空间生产再考:从哈维到福柯[J].地理科学,2013年第11期.

[179]汪庆元.明代粮长制度在徽州的实施[J].中国经济史研究,2005年第2期.

[180]汪崇筼.清代徽商合墨及盘、帐单——以〈徽州文书〉第一辑为中心[J].中国社会经济史,2006年第4期.

[181]汪崇筼.清代徽州土地与商业投资回报率的比较[J].清史研究,2006年第1期.

[182]汪崇筼.徽州典当业研究的三个可能误区[J].安徽师范大学学报(人文社会科学版),2006年第2期.

[183]吴文藻.现代社区实地研究的意义和功用[J].社会研究,1935年第66页.

[184]吴仁安、唐力行.明清徽州茶商述论[J].安徽史学,1985年第3期.

[185]吴晓萍、李琳琦.徽商的途程观念[J].历史档案,1997年第2期.

[186]吴承明.现代化与中国十六、十七世纪的现代化因素[J].中国经济史研究,1998年第4期,第3—15页.

[187]吴媛媛.从粮食事件看晚清徽州绅商的社会作用——以〈歙地少请通浙米案呈稿〉和〈祁米案牍〉为例[J].安徽史学,2004年第6期.

[188]吴宏岐、王洪瑞.历史社会地理学的若干理论问题[J].陕西师范大学学报(哲学社会科学版),2004年第3期.

[189]吴炳坤.清至民国徽州田宅典当契探析:兼与郑力民先生商榷[J].中国经济史研究,2009年第1期.

[190]行龙.怀才不遇:内地乡绅刘大鹏的生活轨迹[J].清史研究,2005年第2期.

[191]邢维全.账簿装帧溯源[J].财会月刊,2011年第7期.

[192]徐扬杰.居延汉简廪名籍所记口粮的标准和性质[J].江汉论坛,1993年第2期.

[193]徐永祚会计师事务所编订.中式账簿计账须知、西式账簿计账须知[J].会计杂志,1933年第1卷第1期.

[194]徐畅."合会"论述[J].近代史研究,1998年第2期.

[195]徐永斌.明清时期徽州文士的治生与经商[J].安徽大学学报(哲学社会科学版),2013年第5期.

[196]徐梓.明清时期塾师的收入[J].中国社会经济史研究,2006年第2期.

[197]杨春雷.试论明清徽州市镇与社会转型——兼与江浙市镇比较[J].安徽史学,1996年第4期.

[198]杨正泰.现存最早的商旅交通指南[J]//历史地理(第二辑).上海:上海人民出版社,1982.

[199]杨正泰.略论明清时期商编路程图[J]//历史地理(第五辑).上海人民出版社,1987.

[200]杨正泰.明代国内交通路线初探[J]//历史地理(第七辑).上海:上海人民出版社,1990.

[201]杨国桢.明清以来商人"合本"经营的契约形式[J].中国社会经济史研究,1987年第3期。

[202]杨国祯.清代社会经济区域划分和研究架构的探索[G]//收入叶显恩主编.清代区域社会经济研究[M].北京:中华书局,1992.

[203]杨剑虹.居延汉简三类会计簿书窥测[J].西北史地,1994年第2期.

[204]杨念群."地方性知识"、"地方感"与"跨区域研究"的前景[J].天津社会科学,2004年第6期.

[205]于国山.我国会计和账簿产生探源[J].中国农业会计,2000年第12期.

[206]袁传伟.计量史学刍议[J].探索与争鸣,1987年第5期.

[207]袁为鹏、马德斌.商业账簿与经济史研究——以统泰升号商业账簿为中心(1798—1850)[J].中国经济史研究,2010年第2期.

[208]张心徵.未改良的中式簿记原理具备已进化的西式簿记的优点

[J].会计杂志,1934年第3卷,第4期.

[209]张朝胜.民国时期的旅沪徽州茶商:兼谈徽商衰落问题[J].安徽史学,1996年第2期.

[210]张燕华、周晓光.论道光中叶以后上海在徽茶贸易中的地位[J].历史档案,1997年第1期.

[211]张小军.历史的人类学化和人类学的历史化——兼论被史学"抢注"的历史人类学[J].历史人类学学刊,2003年第1期.

[212]张海英.从明清商书看商业知识的传授[J].浙江学刊,2007年第2期.

[213]张晓玲.清代的茶叶贸易——基于晋商与徽商的比较分析[D].山西大学,硕士论文,2008.

[214]张小坡.论晚清徽商对徽州社会救济事业的扶持——以光绪三十四年水灾赈捐为例[J].安徽大学学报(哲学社会科学版),2009年第5期.

[215]张季.清季游学取才的兴起[J].现代大学教育,2011年第2期.

[216]章文钦.吴渔山嘉定账簿初探[J].中华文史论丛,2009年第2期.

[217]章望南.祁门博物馆徽州文书征集及整理概要[J]//黄山市徽州文化研究院编.徽州文化研究(第二辑).北京:中国文史出版社,2007.

[218]章毅.理学社会化与元代徽州宗族观念的兴起[J]//中国社会历史评论,第9卷.天津:天津古籍出版社,2008.

[219]章毅、李婉琨.受限制的市场化:近代浙南五谷会研究[J].社会科学,2013年第9期.

[220]章毅.祀神与借贷:清代浙南定光会研究——以石仓〈定光古佛寿诞会簿〉为中心[J].史林,2016年第6期.

[221]赵华富.祁门县渚口、伊坑、滩下、花城里倪氏宗族调查研究报告[J].安徽大学徽学研究中心编.徽学(第一卷),合肥:安徽大学出版社,2001.

[222]赵世瑜.历史人类学——在学科与非学科之间[J].历史研究,2004年第4期.

[223]赵轶峰.明代中国历史趋势:帝制农商社会[J].东北师范大学学报(哲学社会科学版),2007年第1期.

[224]赵轶峰.明清帝制农商社会论纲[J].古代文明,2011年第3期.

[225]郑振满.茔山、墓田与徽商宗族组织——〈歙西溪南吴氏先茔志〉管窥[J].安徽史学,1988年第1期.

[226]郑振满、郑莉、梁勇.新史料与新史学——郑振满教授访谈[J].学术月刊,2012年第4期.

[227]郑力民.明清徽州土地典当蠡测[J].中国史研究,1991年第3期.

[228]周振鹤.中国历史上的自然区域、行政区划与文化区域相互关系管窥[J]//历史地理(第十八辑).上海:上海人民出版社,2002.

[229]周绍泉.徽州文书所见明末清初的粮长、里长和老人[J].中国史研究,1998年第1期.

[230]周晓光.清代徽商与茶叶贸易[J].安徽师范大学学报(人文社会科学版),2000年第3期.

[231]周晓光.明清徽州民间的众存祀会[J].安徽师范大学学报(人文社会科学版),2010年第2期.

[232]周筱华、程秉国.民国时期徽商与茶叶对外贸易[J].黄山学院报,2009年第4期.

[233]周致元.一份"流水日志"中所见的近代徽州社会[J].合肥学院学报(社会科学版),2011年第4期.

[234]宗韵.明清徽商家庭商业教育述略[J].安徽史学,2006年第3期.

[235]邹怡.产权视角下的徽州茶农经济[J]//卞利主编.徽学(第五卷).合肥:安徽大学出版社,2008.

[236]邹怡.徽州六县的茶叶栽培与茶业分布——基于民国时期的调查材料[J]//历史地理(第二十六辑).上海:上海人民出版社,2010.

[237]朱国华.社会空间与社会阶级:布迪厄阶级理论评析[J].江海学刊,2004年第2期.

[238](韩)朴元熇.明清时代徽州的市镇与宗族[J].上海师范大学学报(哲学社会科学版),2005年第1期.

[239](韩)朴元熇.明清时代徽州商人与宗族组织——以歙县柳山方氏为中心[J].安徽师范大学学报(人文社会科学版)1999年第3期.

[240](韩)洪性鳩.明末清初の徽州における宗族と徭役分擔公議—祁門縣五都桃源洪氏を中心に—[J].东洋史研究,第61卷第4号,2003年3月.又收于日韩文化交流基金编.访日学术研究者论文集:历史[C]第6卷.东京,日韩文化交流基金,2002年3月.

[241](荷)宋汉理.《新安大族志》与中国士绅阶层的发展(800—1600年)[J].中国社会经济史研究,1982年第3期、1983年第2期.

[242](美)萧凤霞.文化活动与区域社会经济的发展:关于中山小榄菊花会的考察[J].中国社会经济史研究,1990年第4期.

[243](日)黑泽清 陆善炽译介.复式簿记源流考[J].会计杂志,1934年第3卷第1期.

[244](日)松浦章.清代徽州商人与海上贸易[J].史泉,第60号,1984年8月.中译文收入刘淼辑译//徽州社会经济史研究译文集[C].

[245](日)永田英正编,余太山译.居延汉简集成之一——破城子出土的定期文书(一)[A]//收入中国社会科学院历史研究所战国秦汉研究室编.简牍研究译丛[C](第一辑).北京:中国社会科学出版社,1983.

[246](日)永田英正编,谢桂华译.居延汉简集成之二——破城子出土的定期文书(二)[A]//收入中国社会科学院历史研究所战国秦汉研究室编.简牍研究译丛[C](第二辑).北京:中国社会科学出版社,1987.

[247](日)臼井佐知子.徽商及其网络[J].安徽史学,1991年第4期.

[248](日)山根幸夫.明代"路程"考[A]//张中正主编.明史论文集[C].合肥:黄山书社,1994.

[249](日)稻田清一,张桦译.清末江南一乡居地主生活空间的范围与结构[J].中国历史地理论丛,1996年第2期.

[250](日)涩谷裕子. 明清徽州农村的会组织[A]//周绍泉、赵华富编. '95国际徽学学术讨论会论文集[C]. 合肥:安徽大学出版社,1997.

[251](日)中岛乐章. 清代徽州的山林经营、纷争及宗族形成——祁门三四都凌氏文书研究[J]. 江海学刊,2003年第5期. 日文见社会经济史学,(72—1),2006年5月.

[252] Lowrencew Crissman, *Marketing on the Changhua Plain, Taiwan*[A]. *Economic Organization in Chinese Society*[C]. Stanford University Press,1972.

[253]Barbara Sands and Ramon H. Myers, *The Spatial Approach to Chinese History: A Test*[J]. The Journal of Asian Studies. Vol. 45. No. 4.

[254] Helen F. Siu, "*Recycling Tradition: Culture, History, and Political Economy in the Chrysanthemum Festivals of South China*"[J]. Corrparative Studies in Society and History,32,4(1990).

[255]Heidi Scott, *Cultural Turns*[A]. Edited by James S. Duncan. Nuala C. Johnson and Richard H. Schein, *A Companion to Cultural Geography*[C]. Blackwell Publishing,2004.

[256]Weipeng Yuan, Richard Macve and Debin Ma, *The Development of Chinese Accounting and Bookkeeping Before 1850: Insights from the TongTai Sheng Business Account Books*(1798—1850)[J]. London School of Economics and Political Science Department of Economic History Working Papers,NO. 220—May 2015.

[257]Mark Granovetter, Economic Action and Social Structure: The Problem of Embeddedness[J]. *American Journal of Sociology*, Vol. 91. No. 3(Nov.,1985).

附录:胡廷卿年谱

道光二十五年(1845),出生。

同治五年(1866),22岁(虚岁,以下同),长子云青(名阳开)出生。

同治七年(1868),24岁,参与签订本年十月(农历,以下同)本门宗族出拼本都七保白石坑东培山业分单。

光绪五年(1879),35岁,四子云鹄,乳名佛子出生。

光绪七年(1881),37岁,本年四月廿七日,父亲胡昌陞去世,开始接手家庭事务,自六月初二日开始记载日常账务。此时,在祁门县溶口村坐馆收徒教书。

光绪八年(1882),38岁,二月初一日往溶口学馆教书,并往返于溶口与贵溪之间。本年承管年头会约,并在郭口倡会。

光绪九年(1883),39岁,移至贵溪开馆(124页)。本年十一月往郡科考(113)

光绪十年(1884),40岁,五月初三经媒人为云青娶妻下聘金洋三十六元,未婚妻为石溪郑氏,并于本年九月廿六完婚。

光绪十一年(1885),41岁,买云耕茶藸田,土名徐家坞,花费洋三元,钱四百。本年由其主持编修贵溪村胡氏支谱,此谱今无存。

光绪十二年(1886),42岁,往郡参加科考,并获二等功。该年内,家中多人生病。

光绪十三年(1887),43岁,贵溪胡氏宗族开始编修族谱,并于祁门县城设立谱局,胡廷卿于该年六月、七月两次赴谱局参与修谱。该谱于光绪十四年完成并刊刻印行,现尚存世。

光绪十四年(1888),44岁。自运通处购买厕所一所,费洋三元。长子阳开,23岁,开馆授徒。本年七月赴南京参加乡试,七月十六出发,八月廿六日归家。

光绪十五年(1889),45岁,次子云鹄(乳名佛子)11岁,开始参加摘茶等家务。

光绪十六年(1890),46岁,独自管理本年本村春社,并组织本村的游乐活动。

光绪十七年(1891),47岁。开始为乡村民众立契、分家起草契约、分家文书,如胡元龙之父胡上祥之分家文书即是由其起草并作为见证人参与此事,为此增加收入来源。同时购买茶籽地一块,土名蒋家坞。

光绪十八年(1892),48岁。与人合伙开办茶厂,请师傅制茶。长子云青(阳开)去县城东山书院读书。

光绪十九年(1893),49岁。茶厂扩大规模。次子云鹄(乳名佛子),16岁,开始在庆余粮局内做事。

光绪二十年(1894),50岁。次子云鹄,17岁,于二月往景德镇方长春号店铺当学徒,长子阳开陪同前往,并在景德镇上的鸿福酒楼请客。四月,胡廷卿亲赴景德镇。堂兄胡兆瑞(乳名赐福),为其设宴祝贺五十大寿。

光绪二十一年(1895),51岁,福子与桂廷构讼,作为调停人,自己代赔本洋七角一分。

光绪二十二年(1896),52岁。大弟胡兆润(乳名宇福)于本年六月初六去世,享年48岁。

光绪二十四年(1898),54岁。次子胡云鹄(乳名佛子),21岁,于本年九月结婚。并于年内新购背后山、枫树坦茶籽地一备。

光绪二十五年(1899),55岁,雇人在村中建造厕所、厕屋一所,以此营利。并于该年购买园地一备。亦曾受板溪康姓族人之请,为其代写谱序,并获笔资洋一元。

光绪二十六年(1900),56岁。本年除继续经营茶号外,开始经营大米生意。经次子云鹄从江西景德镇买米发送回来后在村内出售。为筹集资金,两次行会,并在村内组织善祀组织,利用行会和善祀筹集了大量的资本。

光绪二十八年(1902),58岁,将所创办茶号出租给别人。有外地到此逃荒的难民,并捐米十四升。次子佛子四月前往饶州,并从饶州至九江卖茶叶。

光绪二十九年(1903),59岁,长子阳开代替俊明至广东卖茶。同年妻子汪氏去世,享年57岁。

光绪三十年(1904),60岁,长子阳开病逝,为此本年内将所管祠、会在宗祠内推辞不管。佛子帮瑞馨祥茶号沽茶至九江。

光绪三十一年(1905),61岁,订立关书,将家产一分为二,分别交与次子云鹄和长孙承启管理。由于承启年龄尚小,其代为管理。

光绪三十二年(1906),62岁,次子云鹄在溶口开设裕和昌茶号。因北人盗砍石坑乌茶段山木,他代表本族前去处理,并对其进行惩罚。年内将河南冲之田佃于别人前去开荒。且本年内所有祠、会均不管。

光绪三十四年(1908),64岁,长孙承启(生于1901)订亲,未婚妻为平里章氏。年内代承启购买园地二条。暑月,将学馆移至家中。至十一月,与众合拼洪家坦山生利。

宣统三年(1911),67岁,长孙承启去世,年仅11岁。

民国十二年(1923),寿登八秩,暨泮水重游,县长徐公赠"泮水耆英"匾额。

民国十三年(1924)去世,终年80岁。同村人胡云隆撰写挽联:"具一片热忱,为地方效劳;种种良规,足资后生矜式;值二月下浣,弃天伦至乐;绵绵长恨,徒令弟子怀斯。